《温岭丛书》乙集第三十四册

嘉靖太平县志

丹崖山志

康熙太平县志

ZHEJIANG UNIVERSITY PRESS
浙江大学出版社

总目录

嘉靖太平县志

[明]叶良佩总纂

温岭市地方志办公室整理

毛伟民修订

嘉慶太平縣志

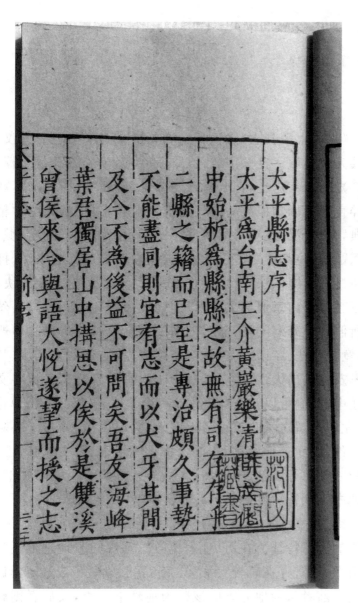

太平縣志序

太平為台南土介黃巖樂清
中始析為縣縣之故無有司存
二縣之籍而已至是專治頗久事勢
不能盡同則宜有志而以犬牙其間
及今不為後益不可問矣吾友海峰
葉君獨居山中構思以俟於是雙溪
曾侯來令與語大悅遂挈而授之志

《嘉靖太平县志》书影

前　　言

　　《嘉靖太平县志》修于明嘉靖十九年，主修知县曾才汉，总纂县人叶良佩。良佩字敬之，号海峰，镜川（今泽国镇金樟村）人。嘉靖二年进士，官至南京刑部主事，著有《周易义丛》《地理粹言》《海峰堂稿》等。据《嘉庆太平县志》记载，良佩"精究坟典，《史》《汉》及星历图纬，百家之言无不披览。""授新城令，刑简赋轻，民甚德之。"以其能，被调往素号难治的贵溪，抵任后犯奸者一绳以法，巨猾不敢肆虐。"案牍丛集，谈笑立决，政声籍甚。擢南京刑部主事，以刑为民命所关，加意详慎，丝毫无所假贷。有富阉当论死，夜馈二百金，欲以移诸同事，严拒之，竟抵于法。""诸司有疑难案，咸咨以决，侪辈多推服。""为人孝友俭约出天性。言貌温恭，士人恒乐亲之。"从这些文字记述中，我们可以知道叶良佩是一个学养兼修的儒者，博览群书，尤精地理之学。为官清正廉洁，关心民瘼，并善于决断疑难案件，因此获百姓称颂，同僚推重。古语云，文如其人。由这样一位德行高洁、学问高深的人来总纂《嘉靖太平县志》，那么此书在刊行后不断受到后人称道，也就在情理之中了。

　　纵观《嘉靖太平县志》一书，主要有以下两个特点。一是鲜明的史书特征。在历史上，地方志到底归于地理书还是归于史书，一直存在着较大争议，尤以清代学者戴震和章学诚为代表。前者认为地方志应该归为地理书一类，而后者则旗帜鲜明地提出"志属信史，当用史法"的主张，将方志纳入史书范畴。方志界素有"史纵志横"的说法，即史书分时期纵向叙事，志书分门类横排记述。还有一种说法是方志体例"只叙不议"，即史书叙事可以是论述，志书只能是记述，不可以夹带评论。《嘉靖太平县志》无论在编排上还是在记述中，均未受此两点所囿，而是很好地融会史书之法于志书编写之中。叶良佩在该书的弁言中说道："且志者，史之一体也，而其法则具史而微。是故兹志之有《地舆》也，犹史之《郡国》也；之有《食货》也，犹史之《食货》也；之有《职官》也，犹史之《百官》也；之有《人物》也，犹史之《列传》也，而刑政、上下、礼乐、律历、兵权，具兹四志矣。顾其为书，史大而志小，史贯穿数百年，章皇九州，志不越乎一邑耳矣。"全书共八卷，分《地舆》《食货》《职官》《人物》《外志》《杂志》六门，体例简明。以《人物志》为例，其编排有纵有横，纵横结合，先分五代、宋真宗至光宗、宋宁宗至帝昺、元代、明洪武至正统、明景泰至嘉靖六个历史时期，然后按各时期人物实际情况分类目，最多时分为《乡贡》《名臣》《节义》《宦业》《孝友》《死事》《文苑》《隐逸》《岁贡》《貤封》《荫叙》《例贡》《遗逸》《贞淑》《一行》《例选》等十六目。重要人物传及某些类目之后，仿效"太史公曰"的笔法，设"赞曰""论曰"。此类"赞曰""论曰"可谓点睛之笔，有力地加强了志书记述之深度，有利于读者认清历史事实，总结历史经验。这些都可说明《嘉靖太平县志》具有鲜明的史书特征。与叶良佩同时代的王度在该书的序言中赞道："今观其书，志地舆而封守明，则人思慎；志食货而国计衷，则人思节；志职官而修废具，则人思理；志人物而监戒昭，则人思劝，凛凛乎良史氏之风哉！"

二是这部古志保存了许多珍贵的史料。诚如蔡宝定先生在二十年前所指出："书中的《水利》一目，文约事丰，保存宋以来兴修水利资料,史料价值较高。所录朱熹奏状、王居安《黄岩浚河记》、杨王休《议凿温岭》诗、台州知府周志伟奏疏,均是极为难得的地方文献史料。"《地舆志》中《岁时土俗大略》,除记述春节、元宵、清明、端午、中秋、重阳、冬至、腊月二十四日、除夕等传统节日习俗,还记载了立春、惊蛰、四月八日、六月六日的土俗,真是弥足珍贵!近几年来,随着国家对传统文化的日益重视,清明、端午、中秋等都已被列为法定节假日。每逢这些传统佳节到来时,这些节日的起源、演变、习俗往往成为人们茶余饭后热议的话题。有的以讹传讹,有的凭空想象,纯属无稽之谈。如果让他们认真查阅《岁时土俗大略》,其中的许多问题当能迎刃而解。当代著名学者、史学家陈高华先生评论《嘉靖太平县志》为明代方志中的"上乘之作",尤其指出书中的《风俗》一目,篇幅不多,叙述恰当,记明初至明代中期随着经济兴衰、法禁张弛,社会风气由崇尚俭约至追逐奢华之变化,实际上反映的正是整个明朝社会的变化,具有一定的典型性。这个评论当是中肯之言。

此次出版《嘉靖太平县志》,是在原《太平县古志三种》(中华书局1997年版)的基础上进行的,参校宁波天一阁庋藏本(1963年上海古籍书店影印出版)。行文格式参照《太平县古志三种》一书,保留影印本原志卷序,大体保留原有行文格局和用字大小模式,采用规范简化字横排。原文小字双行排列的,改为小字单行排列等。与此同时,做了一些适当的修订工作。一是校正原校注本的误字误点,比如原刻本卷一"紫高山"条目,尚书刘麟的"麟"字模糊不清,原校注本辨认有误(刘麟是明嘉靖工部尚书)。又如原刻本卷六"毛南翰",原校注本误作"毛南翔"。二是补注原校注本未发现的问题,如卷一"南松岩"目,记元延祐间建松岩讲寺,而卷八"松岩讲寺"目,却记建寺在元至正间,两处记载建寺时间不一,被原校注本忽略。此次修订均加以补校补注。三是加注某些注释,如宋元祐间提刑罗适来县兴修水利,加注"罗适,三门县人"及其简历。总的说来,此次修订时发现的校注问题并不多,这也从侧面说明了二十年前蔡宝定先生、丁伋先生在标点、校注、审校这部古志时,是非常认真、非常负责的(赵沛先生参与部分初稿标点)。他们的敬业精神令人感动,也非常值得我们学习!

此次出版,得到温岭市地方志办公室原副主任、《太平县古志三种》校注工作主持人蔡宝定先生的悉心指导和帮助,也得到项琳冰先生的热心指教和吴茂云先生的热情关怀,在此表示衷心感谢!黄晓慧先生发现 1997 年版原校注本的一处误字并及时告知,在此也表谢意!浙江大学出版社袁方先生审稿认真仔细,为人谦虚,在此也表衷心的谢意和敬意!

由于受本人学识水平限制,书中该校未校、该注未注以及误字误点、误校误注的情况肯定存在,恳请读者予以指教。

毛伟民
2016 年 6 月 30 日

目 录

太平县志序

太平为台南土，介黄岩、乐清间，成化中始析为县。县之故无有司存，存乎二县之籍而已。至是专治颇久，事势不能尽同，则宜有志；而以犬牙其间，及今不为，后益不可问矣。吾友海峰叶君，独居山中，构思以俟。于是双溪曾侯来令，与语大悦，遂挈而授之。志成，度受而卒业焉。嗟乎！壮哉！县乎其自此闻乎！可以观乎！今天下好文之州，不急于江南矣。家有乘，郡县有纪，何其缛也！以予旅游之所睹记，或连数城无前日事，时时闻故老言，与存几何，不有作者，亦孰知斯二人之为功！虽然，昔之为县二，今之为志三，志其源则太赘，志其委则太略，不志则散。夫审籍无稽，飞税易诡，凡新所置县同，岂唯难于吏，亦难于志。大者志为文献设也，贤者受争，不肖者委弃，中士两忘，故非特作之之难，而述之之难也。是故经备述作，史准经纪事，志变史立例，归于传信而已矣。妄史辱国，妄志辱乡，妄言辱身，况于以其一家之言，而错综乎三县之故，犹之以其三年之功，而纫六十载之缺。是二者，其殆不免乎！今观其书，志地舆而封守明，则人思慎；志食货而国计衷，则人思节；志职官而修废具，则人思理；志人物而监戒昭，则人思劝，凛凛乎良史氏之风哉！即后有作，舍是何镜焉！夫经济之猷，藏于郡县，市朝之节，先于乡党，乡党之所不为，郡县之所有为，于是役也，可以观二君矣。双溪名才汉，字明卿，前令袁之里人。海峰名良佩，字敬之，继谢有志，而俱同时君子，谓不愧其乡云。

　　嘉靖庚子季夏之吉　　赐进士出身中顺大夫知建昌府事前兵部郎中石梁山人王度书。

题太平县志

　　夫志也者，匪徒备物待稽之谓也，有观道焉。昔者，周公系观之九五曰："观我生，非所以语治矣乎？"其上九曰："观其生，非所以语德矣乎？"是故职官也者，以治观者也；人物也者，以德观者也。是故观之大，莫大于两爻；志之大，莫大于二志。阅是编者，于德纯、文华取治焉；于二林、泉溪、畅轩诸儒取德焉，思过半矣。合而一之，拓而充之，道不在兹乎？吾犹有异焉。昔乡先逸陈笕窗之作郡乘也，守屡更，岁十余易，刻乃成。若谢文肃嗣笕窗之绪也，亦然。今是役也，时而始，代时而竣，胡亟邪？海峰叶敬之氏，邑之良也，沉酣乎五乡之故；双溪曾明卿氏，令之良也，攸孚于海峰，兹其所由以无滞与！吾是以知天下事成于两相与，莫病于孤立。呜呼！观于斯，亦可以永叹矣。

　　皇明嘉靖十九年冬十月己卯　临海一所高贲亨题。

序

右《志》六，凡八卷，而吾县之故亦略可举已。先是，曾侯明卿来议《志》事，良佩曰："县僻左，最晚著。历三国六朝，载籍希阔，志难乎其始。又新所置县，析黄岩，截乐清，境土犬牙，莫之旷分，志难乎其中。今子孙之贵显者，孰不欲美其祖先，徇或致讥，否斯速谤，志难乎其终。"侯曰："吾尝商略之矣。自宋嘉定以上，取诸陈寿老郡志，即不备，则采之诸家文集以及断碑残碣。嗣是以后，则《赤城新志》可据也。又黄岩故有《黄岩志》，乐清有《乐清志》，前博士黄君缙常辑之为《太平草志》，顾其文义芜莠，而事或可采。又不备，则问之父老，博之传闻。乃若矢公任怨，吾以身与子同之，又何难矣！"乃除馆县西墅之精舍，聚诸书于馆，选学官弟子博达者四人郑珂、金庆章、沈升、吴中孚相予，凡四阅月而志成。

叙曰：在昔汉成帝时，刘向尝略言其郡国地分，而张禹使朱赣条其风俗，为《地理志》，顾但系之史，无专书。及东汉南阳撰《风俗志》，自后郡县始各自为志。至于今，滋盛焉。且志者，史之一体也，而其法则具史而微。是故兹志之有《地舆》也，犹史之《郡国》也；之有《食货》也，犹史之《食货》也；之有《职官》也，犹史之《百官》也；之有《人物》也，犹史之《列传》也。而刑政、上下、礼乐、律历、兵权，具兹四志矣。顾其为书，史大而志小。史贯穿数百年，章皇九州，志不越乎一邑耳矣。而猥曰"具史而微"，不已夸乎？然有一焉。昔吴越王好画，集画史问难易,有一史进曰:"夫画,摹其似也,然而画龙凤易,画猿鹤难,是何也? 猿鹤人日见之,一不似则以为不似矣,故难。若龙凤,即不甚似,亦难为辨,故易。"夫志之与史也,何以异是!虽然,其大归有三:事核则信,文美则传,义精则法戒立。反是而事或不实,斯为欤言;文或鄙陋,斯致而废;义或亡取,将使人奚所适从。或曰:"是三者,吾为子惧。"予曰:"嘻,其然乎!吾兹志也,核或庶几,即美与精何有哉! 罪我者有余辞矣。"

大明嘉靖庚子岁夏六月望　海峰叶良佩书。

太平县志图

县境之图

县治之图

按《周礼》，九州之图，掌于职方氏，此后世图经之所由作也。志以纪事，而先之以图，义亦如此。是故图县境也，事之所从出也；图县治也，事之所从理也。二图具，而志之事概可考矣。

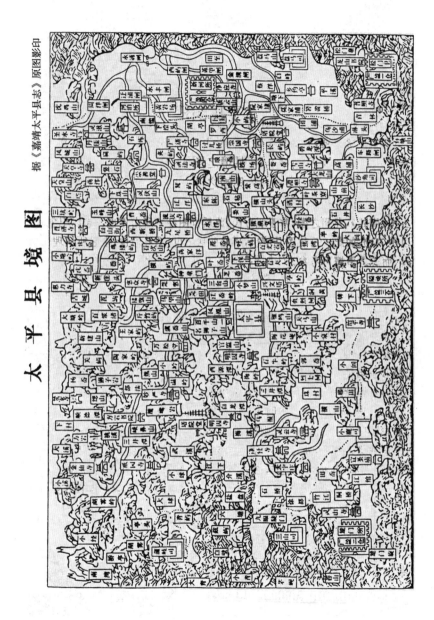

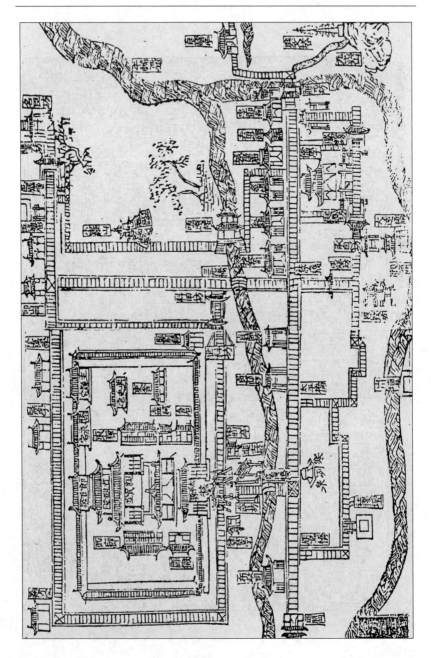

太平县志卷之一

地舆志上

《地舆》志何？志职方也。夫既有方矣，斯有沿革、疆境，斯有分野，斯有山川，然凡职之者之为也。是故聚斯有坊市，宣斯有乡都，济之斯有津梁，利之斯有水利，风焉以风，习焉以俗，斯有风俗。乃次第叙之，作《地舆志》第一。

沿　革

太平，故黄岩县南壤，其在《禹贡》为扬州之域，荒服之地。自夏小康封庶子无余于会稽，号为於越，而此地在其南鄙。历商至周，皆属於越。战国时，越为楚所并，乃遂属楚。秦灭楚，郡县天下，为闽中郡。汉兴，立闽君摇为王，置东瓯国。建元三年，闽越围东瓯，武帝遣兵往救之，东瓯王乃举国徙江淮间，以其地为回浦县，属会稽郡，为东部都尉。光武时，改回浦为章安县。永建四年，析县之东瓯乡置永宁县。三国吴以会稽东部立临海郡，永宁遂属临海郡。梁改为赤城郡，寻复为临海县。唐武德间，以临海县置台州。武后天授元年，改永宁为黄岩。宋因之。元改台州为台州路，升黄岩为州。国朝洪武初，改路为府，黄岩仍为县。成化五年，阮知府勤奏析黄岩南三乡、管都二十一置太平县，治太平乡乡有太平岩，故以名乡，后遂为县名。十二年，袁知县道又奏析温之乐清下山凡六都以附益之,属台州府,隶浙江东道。

疆　境

县治在府城南一百五十里。县境介于台、温之间。广东西相距七十五里,袤南北相距八十三里。是为分方之境。东三十五里新河城,又五里抵海,西三十五里石桥,入乐清界抵海,南三十里隘顽所,又三里抵海,北四十里小唐岭,又五里入黄岩界,是为四正之境。东南五十里松门卫抵海,西北四十里岭店驿入乐清界,西南七十里楚门所抵海,以上俱陆路。东北四十五里新桥入黄岩界,此水路也。是为四隅之境。驿程北至京师五千一百八里,至南京二千一十三里,至浙江布政司六百七十里。或曰:郡县秦法也,而天下理安,何也?曰:封建民有常君,固久安长治之道,及其敝也,击断自恣,冒货黩戎。郡县其制在上,苟能择守令,明黜陟,亦长治之道。然无根据,易动摇,要之,武备不可以不讲也。

章恭毅公纶《新建县治记》:天下之有县治,治之始也。起于五家之邻,五邻之里,而有里胥。四里之酂,五酂之鄙,五鄙之县,而有县大夫。其职掌邦国、稍甸、郊里之域,辨夫家、人民、田米之数,总六畜、车辇之稽,凡道扬风化,抚字黎甿,劝课农桑,兴举学校,躬亲讼狱,止息盗贼,以至赋役、赈济、输纳之事,皆掌而治之。三年则考其绩,而诏废置焉。由是而州郡,而岳牧,而天下,要皆权舆于此矣。故曰县治,治之始也。台之属邑曰黄岩,本汉之永宁县,至唐更名黄岩,元升为州,国朝仍以为县。所生之人多聪明,好读书,知礼义,科第仕宦,绳绳接踵,恒甲于他邑。然东南距邑八九十里,连乐清界,民或依山傍海,呼召猝不能至,征徭赋役往往后时,甚或相率逃避,虽有贤守令弗能治。用是知府阮侯勤具奏添置县治,诏有司议可否。于是参政何君宜、佥事李君昻,会阮侯咨询民情,谋及卜筮,佥谓为宜。且曰:“泉溪太平乡土地肥美,居民庶繁,衣冠簪绂代不乏人,闾阎市井无异县治。”于是相阴阳,辨方位,经野画界,起黄岩三十都,止五十都,为一县,名曰太平。闻奏报可,铸降印信,简除县令常完、学官裴弼等,以次授职。而阮侯暨同知杜俨、通判孔彦纶时来提督,以官藏羡余银千有余镒,命有司鸠工庀材,营造公廨,肇于成化庚寅夏五月,迄辛卯①春正月落成。阮侯谓常尹曰:"不可无文以记其事。"乃砻石束赍,遣儒学生陈彬等来,属余为记云。

分 野

太平,古扬境也,为於越国,历代星书皆以斗、牛、女为吴越之分野。郡志亦云:"台与两浙皆为南斗、须女之分。"须女即婺女。须,贱妾之名。特《晋志》州郡躔次,以会稽入牛一度。陶弘景亦谓天台山当牛、女之分,上应台宿,故以名山。太平地旧属会稽,今为台之属邑,分野当在牛、女之间。于次为星纪,东汉郡志:斗十一度至婺女七度为星纪。于南斗为天梁星,《宋史》:魁三星为天梁,主会稽。于北斗为权星,《文耀钩》:徐、扬主权。于三台为司命下星,《宋史》:上台司命,下星主荆②、扬。于天市垣为吴越星,《宋志》:天市东垣南第六星曰吴越星。于五星为荧惑,《星经》:荧惑主扬、主吴越。于辰为丑,《广雅》:星纪在丑。其占验杂出传记。

占:月蚀南斗,吴越灾。岁星犯南斗,吴越有福。彗孛犯斗,吴越地兵起。水土犯斗,吉。月晕斗,损犊。天梁星不明,广营宫室,妄凿山陵。荧惑出。兵兴。

验:月入南斗,宋至道值此,两浙大侵。岁星犯南斗,春秋时吴伐越,史墨曰:"越得岁而吴伐之,必受其凶。"已而果然。苻③坚议寇晋,苻③融曰:"岁镇斗、牛,吴越之福。"坚不听,果败还。太白犯南斗,晋惠帝永兴值此,陈敏寇吴越。牛、斗间旺气,唐咸通间,豫章人有善术者,望牛、斗间有旺气,因游钱塘,占之在临安,至乾符二年,临安钱镠起,后竟封吴越王。云气干犯,苍多风,赤旱,黑火忧,黄吉。

或问分野之说,曰《周官·保章氏》以星土辨九州之地,观厥妖祥,分野之说,其所从来久远。第吴越之地在南,而星纪在北,其所为相配之理,莫之能明。贾公彦以诸国始封之日岁星所在为其分。盖以吴越受封之日,岁在斗、牛、女之次也。郑夹漈则有"古者封国,命之主祭"之说。如商丘主辰,大夏主参之类,则吴越之封,亦当主斗、牛、女之祀。夹漈又称:唐一行以云汉始终,言十二次④,河山认脉络于两戒,斗罗识升沉于四维,参以古汉郡国区处,分野所在如指诸掌。一行之说详见《唐志》,谓东井为云汉所始,据百川上流,下应秦、蜀,为两戒山河之首;尾、箕为云汉末派,而燕、冀在碣石间,为北纪之终,故柝木为燕分,星纪得云汉下流,而吴越当淮海间,为南纪之终,故星纪为吴越之分。即是而言,则其分野正相当矣。苏太史伯衡又谓地有是形,则天有是星。地有吴越诸国之形,则天有天市垣诸国之星。如水、火、木、金、土之形在地,而其象在天为五星也。曰分野者,指列星所属之分而言,初不谓地也。列国各有其星,而十二次又为列星所属之分,所谓星土者也。其国在此,而星在彼,各不相配,而其象未尝不相属。非地之在北者,其分野在天亦居北,其地在南者,其分野在天亦居南也。吾乡车清臣氏著为《分野图考》,引纬书志注,大率以玑衡七星所主之辰为占候法,如玑衡第一星主徐州,常以五子日候之。第六星主扬州,常以五巳日候之。乙巳为豫章,辛巳为丹阳,己巳为庐江,丁巳为吴郡、会稽,癸巳为九江之类。参诸慎灶、史墨之言,于是乎知有天道。然则天之道可必乎?曰天道远,人道迩,修禳者姑取节焉可矣。

　　岁时杂占《田家五行记》曰:"余自家食以来,日负犁耙,与庸保杂作,听老农老圃之谈,得我师焉,爰次第厥语为记。"正月,斗建寅,自元日迄谷日,皆欲晴。占曰:一鸡、二犬、三猪、四羊、五牛、六马、七人、八谷。晴则所主之物育,阴雨灾。是月也,农始治田,率为缦田,无畎坤,其塍用蓄雨泽。元夜初日占百果,中日晚稻,末日早稻。谚云:"雨打上元灯,早禾一束藁。"月下旬,率锄圃为畦,莳菜茄果蓏诸种,乃孳桑,鸡乃妪伏育子。二月，昏，弧星中。惊蛰占雷鸣，雷即先节鸣，则多雨。是月谷渍种乃播，不欲寒，寒则败秧。山田穤黍，始理蚕事，陈钩斯笛植篷筐。农祭社，祈麦实，圃殖胡麻、芋、木绵。三月，参则伏。三日听蛙上午鸣，原田熟；下午鸣，隰田熟。唐语云："田家无五行，水旱卜蛙声。"是月上中旬始分秧立苗，农务方殷。蚕始生，妇乃事蚕。率用清明日占晴雨，即晴则蚕大宜，桑贵。圃收春芥为菹，殖麻，殖蓝，殖菽。四月，日在毕。八日雨，吉。农率耨，翁稚提筐饷耨。立夏日、小满日率宜雨，谚云："立夏不下，高田放罢。小满不满，芒种莫管。"以梅实卜秋田穰歉，谚云："树无梅，手无杯。"是月也，农乃登麦，晚禾立苗，圃殖早菘瓜。蚕事毕，妇女缉葛绩麻。五月，招摇指南，午，参则见。农喜是月大雨，谚云："五月十三下一满，都去饶州贩巨碗。"言获多也。又云："大旱不过五月十三。"率验。又廿日为分龙日，廿五日为回龙日。此数日率多雨，即不雨，则谷嗛。谚云："分龙不下回龙下，回龙不下干亚亚。"圃灌蓝，食瓜，收梅，小黍乃登。六月，初昏，斗柄正在上，温风始至。即立秋在月晦，则早稻秋始熟。谚云："六月秋，要到秋。七月秋，不到秋。"圃乃艾蓝。七月，昏，建星中。七夕前占河影，影没三日而复见，则谷贱，七日复见，谷贵。是月也，农乃登谷，市豚蹄，祭田祖，食新。圃殖菘、殖芥。八月，日在角，昼夜始分。是月暨来月，率种麦，圃剥瓜，收胡麻。九月，虚中，霜始降。自一日迄九日，凡北风则谷价贱。以日占来年月。是月也，农获晚稻，田事毕。乃入山取薪樵，伐木为炭，圃艾菘、芥，蓄御穷。十月，织女正北乡则旦。是月，妇女纺，以燎继日，农始耕，喜雨。谚云："十月雨连连，高山也是田。"耕率用牛，即无牛，则用三人耕，以二人挽犁。农率相与庸挽犁，圃收柏，笮油作烛。十有一月，斗建子，日南至。农乃修峙田器，治其宅中庐，室塞墐户。十有二月，日在婺女，昏娄中。大小寒多风雪，损畜。四季甲子日率喜晴，谚云："若要谷价平，四季甲子都要晴。"甲寅日顾喜雨，谚云："甲寅无雨六旬悭。"率验。明农子曰：余读夏《小正》，周《豳》《雅》，得农时焉。夫人生以衣食为本，农桑固其源也。是故仁者之在君相之位，观变察化，殷分正至，纪风雨，书氛祲，凡以为田家而已。顾其文义奥雅，不下通谣俗，民鲜能知。余故杂以俚谚，为《田家五行记》，传诸南亩，与宝稼穑者共焉。将食贫之士得之,亦足以亢厥身矣。

祥异 吴主皓时,常无水旱,草稼丰美而实不成,百姓饥。

唐天宝元年,李生葫。

开成四年,饥。

会昌五年,旱。

宋庆历五年夏,海溢,杀人万余。

重和年,邑民陈氏妻一乳四男,诏改其乡为繁昌乡。

乾道九年,久旱无麦苗。

淳熙二年,大雨,郡城垫。

淳熙十三年正月,雪深丈余,民多冻死。

嘉定八年,春旱,首种不入,至八月始雨。

绍定二年九月,大水。

嘉熙二年冬,雷电夜作。

嘉熙四年,荐饥。

淳祐元年,竹华实似麦。

宝祐三年三月,雨。

元大德十一年,大旱,饥,民采草根树皮食。

至大元年,大疫,复饥。

至顺元年闰七月,大水。

至元二年,自春不雨至于秋。八月,郡城火。

至正初,邑中童谣:"杨屿青,出贼精。"

四年秋七月,海啸。

八年十一月,方国珍⑤兵起。

九年六月,地震。

十二年六月,国珍毁黄岩县官亭民居。

二十三年十二月,地震。

国朝洪武三十五年六月,有飞蝗自北来,禾穗竹木叶皆尽。

永乐十四年七月,大水,漂溺人畜田庐不可胜计。

宣德九年、正统五年,皆旱。

成化四年,大雨,海溢。

成化六年,大水,饥。

成化十一年,蝗。

成化十二年,水。

成化二十二年,大旱,饥,郡城火。

弘治元年四月,大风雨,发屋走石,海水溢。

弘治十一年,大旱。

弘治十三年,大饥,民掘草根食。

十八年九月十三日子时,地震有声。

正德三年,夏旱,螟为灾。冬十一月,郡城火。

五年春正月,披云山鸣。夏旱。

十一年春二月,玉峰山鹳生三子,其一鹤。

十三年,大水。其冬,民讹言禁民毋畜猪,率屠宰,几殄类。

十六年,大疫。

嘉靖五年,大旱,饥,米斗四百,民亡盖藏。

十七年春,淫雨百日。

十八年冬十二月十三日,雷震有电。

山　川

太平,古东瓯地,为南纪山河之终。南纪之山,首自岷、嶓,蜿蜒迤逦,缘江南北,其北为湖北襄、邓、江、黄、舒、庐、广陵诸山,其南自荆山南逾江、汉,至于衡阳,乃东循岭徼,达于闽中,稍折而北,达于东瓯。《星传》所谓南为越门是已。越门之山,虽以会稽为望,然括苍山最巨。由括苍而东,北为天台,南为雁荡,复由雁荡折而东北,至盘山入我境。盘山东行五里所,分而为二。其一稍折而北,为大唐岭山,东至于白塔山,东北至于灵湫圣水山,又东至于白枫山而尽。圣水山、白枫山皆在黄岩南境。其一稍折而南,为王城山,东至于楼旗山,东南至于峤山,东至于梅岭、鹤鸣山。又分而为二。其一南行为石盘、大雷、玉环诸山,其一东行为亭岭、五龙山,东至于叶茶寮山,东北至于紫高、长屿,又东北至于盘马山而尽。两山之间,沃野弥望,自西徂东,以尽于海。厥有条连而支分,则为百千山、大闾、狮子、石粘、楼山、玉山、丹崖、灵伏诸山。脉隐而精露,则为瓦屿、关屿、鹜屿、夹屿,木杓、茶、叶诸屿。厥有邃而隩则为岙、为坞,高而秀则为峰、崖,险则为岩嶅,石则为岭,穴则为洞,迸则为泉,冽则为井,流则为溪、为涧,漫则为湖,渟则为潭,通则为河,支则为泾,堰则为塘、为埭,泄则为浦,汇则为漩,率缘山之势以行。率发源自西,曲折东北行,以入于海。郡志称黄岩南八乡有九河、九百三十六泾,今循其遗迹而求之,太平得三之二云。江浙之山多自南来,故其水多北流。朱晦翁云。

　　盘山在县西北四十五里,黄岩境上。宋王梅溪十朋诗:"一岭迢迢十里赊,行人终日踏烟霞。青山遮莫盘千匝,归梦何曾不到家。"国朝郑郎中善夫诗:"绣岭行不极,盘山霄汉长。谁将钓渭意,同寄雁湖傍。野宿雀芋饭,岩居木槿墙。晨征莫相失,云气正茫茫。"

　　王城山在县西北三十三里,邑之镇山也。本名方城山,王羲之《游西郡记》®云:"临海南界有方城山,绝巇壁立如城,相传越王失国,尝保此山。"唐天宝六年改今名,俗又呼为方岩云。中有渔翁岩、石柱峰、仙人濯足滩、烂柯石、鸡母石、平霞嶂、石棋盘、露台石、仙棺岩、牛脊陇、水帘天窗诸境,皆绝胜。山顶平旷可百余亩,人垦而耕之,号仙人田。国朝谢贞肃省《登方岩记》:成化庚子冬,友人陈儒珍期登方岩,折简招端朝郭先生来会,适黄秀才汝彝至,合凡五人,乃登。天小雨忽霁,众奋勇相先。及岩,岩四面皆壁立千仞,独东面中一岩去地近,可立梯。缘青碧而上,梯不及岩之半,予褰裳先登,梯尽,攀崖而上,众愕然久之。鸣治命斫去峻土,杀其危,众得以次登云。时从行者凡二十人。周行其上,南北径五许里,洞谷逶邃,窍穴谽谺,堆阜起伏。陟高降洼,入幽造遐,嘉卉美箭,败藤枯柚,触石之泉,悬岩之溜,倚天之柱,出云之岫,猝不可穷尽。游目四瞩,海东南与天通,山西北与天际,众意大惬。日既昳,乃扫石分长幼坐,酌酒相劳。天忽作阴,又小雨,遂返。至所登岩俯视,势益危,至股栗目眩。复从梯下,乃返。凡唱和联句,共得诗六十首。限韵联句诗曰:“此会频年约,穷高尽力跻。极天擎一柱,绝地着孤梯。腾踏离鞋袜,扶携废杖藜。身危巢幕燕,心苦触藩羝。半岭分台雁,千村隔犬鸡。路愁牛背窄,山怯虎头低。怒瀑寒飞雪,奔崖险截溪。涂平潮涨海,河断草分堤。吟剧仍催雨,归途忽听鹈。颠危知仆力,延伫诧人徯。路酌坚投辖,村耕已辍犁。诗成浑草草,囊锦付苍奚。”

　　金山在王城山西稍北,上锐下阔,宛若金字。宋王侍郎居安作堂面之,号金山堂。

　　华盖山在王城山西,其北有小屿,下有金仙寺,今谢文肃公之墓在焉。又其东南有虎头山。

　　缌山在王城山北,旧名杜山,谢太守省作会缌亭其上,改今名。廷评夏镦有记。

　　楼旗山在县西北二十里,一曰娄崎,又呼为天马山,极雄峙,海舶率视为向背,故称楼上旗。顶有龙湫,每云雾罩则多雨。其下出石米,通明如雪,世称仙米。晋王氏尝居焉,种菊满山,有王氏墓。赵宋时,复有王氏来居,亦衣冠大族。其西有惠众寺,旧传有八景诗,不知谁氏作。谢文肃诗:“参差石外峰,仿佛楼上旗。空怜太常绩,不作磨崖碑。”良佩尝有《登高和杜诗》:“仙坪寂寂酒杯宽,世路悠悠常鲜欢。百世轮回同过客,十年奔走误儒冠。振衣晓触云涛壮,望斗夜禁风露寒。阮籍疏狂成底事,独将长剑倚愁看。"

西原山在县西十二里,亦名西山。其绝顶有丹灶、丹井,唐张兆期修真之地。宋陈耆卿《访赵公戴》诗:"西原仙境即西山,流水桃花隔世间。自笑重来湖海客,红尘惹到白云关。"

峤山　一名温岭在县西十里,有东西两峰,东大西小,故有大岭小岭。《方舆胜览》云"其地常燠少寒",故名温岭。路通乐清及江下海道,有市有街,宋时有温岭驿,今废。

龙鸣山在温岭南,上有龙湫,旧传山顶有龙鸣,故名。

百千山在县治后,由峤山东行七八里为梅岭,分而为二。其一稍折而北为百千山,实县之据山也。其西北为官鉴山,东五十步为凤凰山,折而北,过江吞岭,为太师山、三台山、下保山。其一由梅岭稍折而南为石牛岭,稍东为鹤鸣山云。国朝陈彬《官鉴山》诗:"青山千古对樵庄,花县潭潭见仞墙。荆棘芟除狐兔远,惟余明月照琴堂。"

小罗山在县治东五百步县之东偏,去山稍远,溪流湍泻,风气亏泄,今尹曾侯才汉疏两溪,以砂石崇为山,堪舆家谓罗星,故名。侯复建亭其上,名罗山亭。良佩诗曰:"两溪流水去溶溶,百丈岩前翠巘空。圹埌波澜添华表,虚无楼阁见芙蓉。"

凤凰山山形如凤,阴阳家谓之禽星。侍郎林公鹗居宅在其东。

下保山在县北五里,与太师山相连。有下保堂。

石牛山在县南一里,岩石奇怪,厥状如牛云。

鹤鸣山在县南,与儒学相直。势若飞腾,一名雁鸣山。国朝林郎中璧诗:"兹山秀压蓬莱岛,古洞云深长瑶草,仙人天上骑鹤来,长鸣一声秋月皎。飘然去此三千龄,至今人世犹知应,何当候尔重来过,相从绝顶吹瑶笙。"

天马山在县治南稍东十里,如天马行空。今县尹才汉改儒学门面之,诸生升堂,出辄见天马云。

石盘山在县南二里,山脊平衍如盘,相传仙人弈棋其上。自雁荡至此,绵亘起伏六十余里。山有二石笋,巍然并峙,下有石潭三,其形如釜,亢旱不竭。林处士铭可居之,号石盘山人。

大雷山在县南十七里,即洞黄后山。南接芳杜、徐都,北接石盘、横山,周围三十余里。峭拔峻绝,高数千丈。大间、姥岭、莞山、长沙皆其支山。其上有龙湫,每山顶着云雾如帽,乃雨候也。其北为金字山,侍郎黄文毅公祖墓在焉。

大间山在大雷山东,有东西两峰,为火楼尖,旧置烽堠。

莞山在县南十五里,与大雷山相连,山顶有叠来峰、火楼峰。北连磊石、沙角,西南至斗头、蛤蜅呑,而东海石塘、童燋、骊洋触目而在。陈敬所彬居之。其北为堂山,右笔架峰⑦,有青松径、芙蓉巷。陈氏之祖茔在焉。

桂岩山在县东南二十里,长沙之北。山椒平衍,可百余亩,旧有凌云庵。其南有岐头山,与骊洋对,今隘顽所置烽堠其上。

马鞍山在县南四十里。由大雷山南行,逾二十里为马鞍、金竹、丫髻诸山,又十里,至玉环山而尽。

金竹山在玉环乡,与马鞍山相连,俗呼竹冈。

丫髻山在玉环乡。方铠诗:"奇峰高崒嵂,秀出白云端。气拥青鬟湿,香凝翠黛寒。氤氲春沐后,缥缈晓妆残。几夜凭阑际,微吟拄颊看。"

玉环山在县西南七十里楚门港中。顾野王⑧《舆地志》:乐清东南港中有地肺山。一名木榴山,避钱王讳,改今名。一云宋高宗南渡,遗玉环于此,故名。宋曾觌诗:"天宝胡尘暗两京,祸从妃子笑中生。玉环两字真堪恨,好与青山改别名。"元潘省元伯修诗:"海气兼天赤,山云捧日黄。波涛开雾景,岛屿极清光。南下思秦帝,东巡忆武皇。弓刀清似水,神物敢跳梁。"时方国珍反,故云。

灵山在楚门港中,与玉环山相连,有灵山寺。潘伯修诗:"玉环诸山灵山深,环以大海根太阴。空青水碧澹相映,散为风露来萧森。嗟予赋命落台雁,调笑鱼雁成滞淫。南游华盖动连月,胜地在近徒歆歆。风帆泾⑨度不再宿,绥裹长剑携青琴。种榆琼田中,吹笙玉山岑。吾将于兹养年命,歧路四断谁能寻。"

五龙山在县东南八里。《临海记》云："五龙山脊有石耸立,大可百围,上有丛木,如妇人危坐,俗号消夫人。父老云:昔人渔于海滨不返,其妻携七子登此山望焉,感而成石。下有石人七躯,盖其子也。"今人率呼为石夫人云。一曰消山,其下有消湖、消村。又按《寰宇记》谓山北湖阴有萧御史庙,故俗误称消山、消村为萧山、萧村云。宋徐渊子《石夫人》诗:"消山偃蹇消湖碧,夫人此恨消未得。海上人归会有时,怪尔鬓云非旧色。"国朝谢省诗:"山前云雨长朝暮,不是阳台梦里身。"

锦屏山在县东南,与五龙山相连,奇石峭立如屏,每春夏花开,五色如锦。其傍有卓笔岩、抢珠岩、仙局岩。

楼山在县东稍北十里。岩石如楼阁,旧传为仙人石楼云。

紫高山在县东十五里,王静修特墓在焉。状元罗洪先题曰明儒静修王先生墓,墓前有尚书刘麟吊诗,又前,厥子廷倧建望云台、孝思亭、雨露坛。

屏山在县东三十里,下有戴石屏庙。旧志云:东西二石,耸立如屏,故名。

叶茶寮山在县东稍北三十里,昔有隐者于履居之,自号药林,履尝垦山得楛矢云。山际有应声岩。

黄监山在长屿深谷中,产石,堪为桥梁柱础,居民利之。有石妇人,一名石新妇,又呼石师婆云。其南有长墈①屿。

狮子山在县东三十三里,与叶茶寮山相连。上有石庵,方广五丈,高三丈五尺,修炼者常居之。傍有道士岩。

雪山与狮子山相连,一曰晋源山。南有百丈岩、罗汉洞、智者泉、荷花池、碧萝潭。相传晋王居此山。其下有晋湖、明觉寺。或曰建寺在暑月,天忽雨雪,故名雪山。有小碑曰晋王游适之地云。

盘马山在县东稍北三十八里海上。山形四断,盘旋如马,南有仙人洞,西观音岩,产青木香、半夏、木贼。

石粘山在县东北二十三里,由紫高铁场来,两石相累,故名。石高广可三尺,伐①之如鼓声,故又名鼓岩云。

大唐岭山在县西北四十里，山脉由盘山北折而来，其岭始通自唐，故名。宋时有碧云庵，后毁。元至正间僧心源重建，又凿池贮水，名碧泉池。国朝洪武末归并灵石寺。缪恭《晚过唐岭》诗："倦足巉岩道，登⑫登势欲奔。巍峰崭日脚，飞瀑泻云根。儿蕨新春意⑬，枯松旧雨痕。行行十余里，灯火半柴门。"

白塔山在县北三十里，旧传⑭上有石塔，遇晦则光⑮彩旁烛，土人怪而撤⑯之。山顶有龙湫，旱亢祷雨感应，又名岩潭。其下环数十里居民，每望见岩白，顷⑰之银瓶现，辄有雨。其乡村亦号白塔里云。国朝释⑱宗渤诗："青石悬萝花幂幂，绿田分涧水泠泠。人家深住黄猿坞，鱼网高张白鹭汀。"

天翁山　一名天王山在白塔山东，冈阜相连，以其下有天王庙，祀毗沙门天王，故讹称天王云。山高大⑲与楼旗山对峙，其下有护法禅寺、钱王女墓。过白塔而西为翁岙，有双瀑布泉，其下有普济寺。

凤城山与天王山连，稍折而北，群峰环峙如城，故名。有岭旁走两麓，曰聚石。

灵湫山在县北四十里，圣水山之南，有威神寺。崖壁峭立，瀑布喷薄而下，可数十丈，旁有郑公台。

丹崖山在县北⑳三十里。脉自天王山来，一名檐牙崖。石俱赤，有金银星，世传葛洪炼丹于此，故名。有池深可尺许，群乌浴其上，俗名老鸦井，或曰即洪丹井。宋胡融《葛洪井》诗："荒巅有野井，古意豁冥搜。薜石已摧剥，云萝秘清幽。忆昔抱朴翁，炼液楼㉑高丘。丹成已蝉蜕，岩花几春秋。"宋郑进士有《八景诗》，曰丹崖古迹，曰碧沼遗踪，曰双桥秋月，曰四泽晓罾，曰南野暮镕，曰西崖伏虎，曰官塘竞渡，曰葛井涵秋。

新淢山在县北三十里。宋乾道间，黄岩尉杨王休㉒凿山下河以通水道。开禧间，令蔡范复浚治之，故名新淢。其上有走马岗。国朝黄伦《走马岗》诗："山脊昔年曾走马，垄头今日但眠牛。金鞭堕地豪华尽，铁笛横烟草树秋。"

玉山本名白山，在县西北三十三里。由唐岭分支东南行十里许为灵伏山,其南为新建山,西北玉山。山巅有石,色白而润,故名。今崖厂^②有"玉坡"二大字。左麓曰象鼻山,右两障对峙,曰古塘门,其前面丹崖山,宋蔡博士镐之故址在焉。蔡镐《山居》诗:"水从白塔流玉^③环,门对葛洪丹井山。老去腰镰更垂钓,时与渔樵相往还。"

下珠山在白山东南。应郡^⑥阳公志和晚岁于此营菟裘焉。今其子黟县先生纪之墓在西麓。

灵伏山一名小茅山,在县北三十里。山形如龙布爪而伏,又其上有龙湫,其龙常伏不现,故名。山三峰,中高,左右参差,似勾曲^⑥茅山,故又名小茅山。其南有流庆寺。右峰顶有贮云亭,左峰顶有崦,地平旷可五六亩,有井有池,或云葛洪亦尝炼丹于此。国初,予家父老筑庵其上,号栖云庵。川水自西麓下萦环而南而东而北,其圆如镜,曰镜川,应郡阳志和尝绘为图云。少保黄淮诗:"灵伏之山高插天,云开叠嶂含青莲。镜川之水流寒玉,风扬晴波散文縠。川回路转林木丛,浮岚暖翠千万重。中有仙人炼丹井,相传自昔居葛洪。仙翁一去渺无迹,夜夜丹光照泉石。云深芝草有余香,洞口桃花自春色。"

新建山在县西北三十里。王南郭太守弼有四景诗。山度水而南,有石屿,一曰双屿。谢太守诗:"明月满滩人系艇,清风隔树客临窗。"

松门山在县东南五十里海中。王羲之《游西郡记》^⑰云:"永宁县界海中有松门岛,屿上皆生松,故名。"宋时有松门寨,今改为卫。元潘伯修诗:"沙港^⑧蛟涎白,松门蜃气平。强弩支江断,长枪落日明。"

伏龙山一名崇宝山,在松门卫城。其上有崇宝院。

茶山在县东南五十里,旧普照院茶园。

苍山在县东南四十五里,山下有普照寺。

石塘山在县东南六十里海岛中,旧属黄岩之六十六都。国初以倭寇数犯境,徙其民腹里,遂墟其地。有西岙、后岙、茗岙、蒲屿、大小姑岭、杜岙、西沙、新岙、大岙、慈岙、大小田湾、磊石、大小菱城,总曰石塘。东有青礁洋、大小塔、绿屿、钓砰、崖崎、洋崎,南有五百屿、石龟峰、礁头、竿屿、永屿、党屿、箸屿,西有鹿星、横子、片屿、鸡齐、深竹、母珠、上童、下童,北有积谷、佛坛、三所、白望。在台极南,而远达海外诸国。惟百屿最大,与石塘对峙。

积谷山上锐下阔,如积谷场圃状,故名。

赏头山山下有石,阔寻丈,窦而得泉,居人皆汲之。

悟空山以悟空寺在焉,故名。

三女山有二石如松状,号石松,潮平则没,舟行必避之。世传为如来出世山,距东镇一港云。

丕山　赤礁山　大陈山自积谷山以下至大陈山,皆在东南海岛中。

黄龟山　黄茅山　鞍山在县南第三都。

凤山在县东二十五里,形如飞凤,故名。下有孝感坊。

鹳顶山一名金鹅山,在县东二十二里。下有资圣寺。

白峰山在县东二十五里。山南岩石峣险,岩畔有穿石洞,其下有庙。

石龟山在县东第四都。

披云山在县东三十里。每云冒则雨,居民常以为候。山形如趺坐,又名趺踝山,俗呼为净应山,有净应寺。下有古墓。国初置烽堠于上。

北五龙山在县东三十五里,新河城垣亘绕其上。山址有书院,宋陶昭建,绘渊明小像于壁。朱晦翁诗:"慧远无此冠,靖节无此巾。此巾要亦有,无此漉酒人。"元盛圣泉象翁诗:"尘居趣自幽,脱巾挂龙石。浮云宿檐端,幽篁翳暝色。万卷伊吾声,半山灯火夕。笑谈紫阳诗,跻扳谢公屐。皓鹤唳海东,月明松露滴。"

花园山在县东第十都。

锦鸡山一名鸡鸣山,与花园山相连。旧传有天鸡鸣其上,故名。

镇岩山在县东三十五里,迂浦后山也。中多奇怪,有二石壁,高广四丈,古刻漫漶不可辨,颜真卿姓字列焉。岩前有小石井,久旱不涸。后山有崇岩,岩中有大小二石佛,世传下有龙潭云。

阻浪山在县东北三十五里,其阴距海浪入,时借以为阻,故名。

峨山一名鹅鼻山,在温岭北,下临湖雾,状如鹅鼻云。有三井、龙鸣禅院。

椒山在西源山北。

湖雾山在县西二十五里,屹起湖侧,西连雁荡,北接唐岭,常有海气升腾如雾,故名。

小球山在县西三十里。

大球山在县西三十里。

大济山在县西山门乡。

毛陶山在县西二十八里,有大、小毛陶。

石鼓山　白壁山俱在县西二十二都。

旷望山在县西二十三都,又有花坞山。

横山在二十三都。

大小乌山在山门乡南海中。水通花坞,旧名乌根,其海名乌洋云。

琴山在县南玉环乡。

大陡山在县西南二十五都。

金钿山在二十六都。有笔架峰。西南有小山,岩石突起,方五尺许,如砚,分朱、墨迹。

大尖峰在石盘山顶,有笔架峰,有瀑布,有蟆头岩,并大尖为四奇。

石柱峰在王城山,一名文笔峰,其顶广可二亩许。

金字峰在楼旗山北,一名青丝尖。又有饭阄峰。

象狮峰在屏山南。

娄峰在县东二十里娄岙山。

五龙峰在泾岙,一名望海峰。

笔架峰在金钿山。

百丈岩在五龙山横湖上,一名白象岩。有古桧二株,森耸可爱。岩之左可登。世传有禅师来游,曰:"此吾百丈禅师也。"故名。又呼为拍掌岩。

太平岩在县东十五里,高三百余丈,乡名太平取此。

龟岩县东十里,与五龙山相连,下有井,泉常白色。

乌岩在石盘山,有穴深邃。又有云梯岩,石级如斫成者。

晒鳞岩在石盘山东,相传龙晒鳞其上。岩高数十丈,下有石溜,名龙榻肚,光平如砥。

玉楼岩在锦屏山,连甍上下二层,其傍有香火岩,有侍者岩,屹立如人。

桂岩在二都长沙。又有象鼻岩。

石壁岩在莞山海际。

响岩在叶茶寮山侧,下有石屋,可容数十人,或笑语则谷声响应,一名应声岩。

虎岩在九都铁场。又有乌岩。

香炉岩在凤城山。又有石龟岩。

双岩在丹崖山南,两峰对峙。国朝应志和诗:"双龙蜕骨留丹谷,二剑腾光射碧空。"

狮子岩在王城山,以其状类狮子,故名。

南松岩在王城山南。由部溇上,岩门壁立,路从石桩上入,境极幽胜。元延祐间②,僧如秋月建松岩讲寺,又名水月禅院,国初归并澄照寺。

石夫人在五龙山。

石屏在南塘。宋戴敏才《屏上晚眺》诗:"人行踯躅红边路,日落子规啼处山。"今其下有戴式之庙。

石船在长屿山。

石镜在新溇山顶上。

瓦屿在县东南五里巽位。堪舆家谓为木星,当有芒,杪宜建塔,于法利士子科第。今泰和曾侯倡谕父老,建塔其上,名兴文塔云。

东屿在金山下。宋王侍郎居安作轩,号东屿斋,前列奇石花卉,今皆为人剜去,唯一巨石尚在。其上有老梅,亦宋时物云。王侍郎诗:"平生爱奇石,如见古君子。一卷窗牖间,时复为隐几。"

关屿在县西北三十里,一曰莞屿,俗呼冠屿。四山环拱,水自唐岭诸山来,有月溪、白箸滩。宋宣义处温之墓在焉。今其裔孙道州守彦达居之。

木杓屿在关屿南,有治中郑炜明墓。

王家屿在新建山东。

长屿在县东北二十五里。山自紫高铁场来,率粗厉雄猛,无蓄水川,至此独柔嫩蜿蜒,有浦有河。国朝李都宪匡、肇庆守璲居宅在焉。李璲诗:"独秀峰边翠作堆,幽栖如入小蓬莱。山中瑶草无人识,洞里桃花空自开。"

撮屿在长屿东。近海突起平地而可远望,下有庙。国初置烽堠其上。

夹屿在县东北三十里,两山仅容河流,傍有二小山相对如眉,名夹屿门。有广济、演法二寺,有街有市。

鸯屿在县北三十里。山形如鸯,故名。其北有金鸡弄,世传常有金鸡鸣,仙人持杖斫其山成弄,飞去。

小屿在第九都。郡志云:"屿面南,其东当十之二绝无林木,又名秃屿。遇夜有赤光,俗传宝所藏云。"王太守应璧居焉。

叶屿在县北十五里,一名星屿。傍有虾蟆屿、苍屿、龟屿、鸡鸣屿、建平屿、林家屿、蒜屿,合而为七,如北斗七星。

横屿在楼旗山东五里。

朱砂屿在楼旗山惠众寺西,砂状如铁,研之可为朱,居人以曲撒其上,小⑧间即有。

油屿在王城山东五里。又有麻车屿、仇家屿。

篁竹屿在新建山北。

南瓦屿在新建山南。

茶屿在凤城山东,与聚石相对,一名蛇屿。又有龟屿。

褊屿在丹崖山南,一名鳖屿。

腰屿在楼旗山西北。

杜家屿在镇岩山北。

金华屿在雪山南。又有李家屿,对峙晋岙口。

前屿在莞山海上,一名船屿。又有双屿、步屿。其北有礁二处,曰礁门,潮退礁见,潮平见屿,双屿浮沉,变幻不测,居人据此为晴雨之候。

嵊屿在峤山西北。

罗屿在楼旗山东,南有神童门。

杉屿在唐岭东南,一名三屿。

截屿在县西二十五里。又有星屿、蔡屿。

杨梅屿在县西南三十五里。

龟屿在松门城外,状如伏龟。

青屿在县西三十里。

梅岭在县治西,通温岭西江下。

江岙岭在县治北,通莞田大路。

芝岙岭在县治东北,通下保。

莞田岭在县北,通虞岙。

虞岙岭在县北五里,通温岭。

石牛岭在县治南,通六珠。

珠村岭在县南石盘山,通三山巡检司。

十八曲岭在县南一里,通楚门。

亭岭在县东南五里,南通隘顽,东通松门。王修撰叔英故居在其下。

间岭在县南十里,岭上峻绝,名百步峻。

半岭在县东南一十五里。旧志云:地甚平旷,初欲以建州^⑤云。

河呑岭在县东南一十五里。又有小岭。

高浦呑岭在县东三十里。

铁场岭在县东二十里。又有黄川岭。

楼旗岭在县北二十里。有楼旗堂。

小唐岭在县北三十五里，大唐岭东。

半岭　月岭在县西北四十里，岭西黄岩柏呑。绣岭至盘山，实台温分界，故名半岭。又傍有月岭，形如覆月云。国朝鲍纪善原弘《半岭》诗："石径沙田陇树新，数家烟火岭头人。片云不必分台雁，花落鸟啼都是春。"

椒湾岭在县东、西北一十八里⑨。

萧村岭在县东南一十里。

湖雾岭在县西北三十三里，通乐清路。

乌根岭在县西二十五里山门乡，岭背有庵。曹南吴主一诗："峡门云散路如挂，江上潮来山欲浮。人生何必专支遁，到处青山是沃洲。"

隘门岭在县北三十三里，通乐清路。

石桥岭在县西三十五里山门乡。又有隘岭。

竹冈岭在玉环乡。又有蒲田岭、章呑岭。

田呑岭在县西南玉环乡。

炉殊岭在玉环乡。有峰林岭、雾岭、邢田岭、后岭。

江呑在县治北。林亚卿鹗之族居之。

范呑在县北隅。

郭呑在第一都。

黄淡呑在县东南亭岭下。

莞呑在县南十五里。有陈敬所故居。

三呑在第二都。又有东呑。

黄仙呑在第三都。又有阮呑。

河岙在县东南二十里。

高浦岙在第四都。

甘岙在第五都。又有夏公岙。

晋岙在第六都雪山。

塘岙在第八都。

娄岙 狼岙俱在第九都。

翁岙在十三都。

曹岙在灵伏山北。叶氏居之。

茅岙在茅山西北。缪先生恭居之,号小茅山饿夫。

沈岙在十五都。古莘潘教谕所居。

赵岙在王城山北。有谢文肃公故居。

洋岙在十六都。

虞岙在十九都。元陈石门遗址在焉。今邵少卿诚居之。

泾岙在二十都。

金岙在十四都。产杨梅、李果。

蟠蝠洞在锦屏山。深不可测,以石投之,有声如雷,及底而止。

梅花洞在小泉村。有庵。逸士林原缙、翁子实、丘海、何及、丘镡、王礼、何起直、狄常、程完九人,尝于此结为吟社,号“花山九老”。陈彬诗:“梅花洞口夹深溪,九老当年任品题。今日青山不容隐,五桥车马听骄嘶。”

罗汉洞在雪山百丈岩。

穿石洞在白峰山中,高广各一丈。

仙人洞在盘马山南,高广一丈许。

太乙洞在紫高山。

童雠在东南海上,有上下二处。天霁分明突见,阴雨或见或伏,风雨大作,望之如伞、如船、如屋。舟人凡值阴风,辄不敢过其侧。

白玉坡在莞山海上,出石率莹洁如玉,或可为笔架云。

花坞在山门乡龙鸣山南。一名大坞,元赵万户师间之族居之。

云门峡在二十二都。

泉溪在县治南。有二溪:后溪自梅岭山谷发源,至石林溪;前溪自三井潭发源,至江家溪。谓之双溪。以其地常有泉鬻沸仰出,总名泉溪。东流入峡口河。先是,溪流沙塞,每暴水至,邑屋辄荡折,泰和曾侯才汉督民疏浚之,且作碶杀其悍怒,赖以无患。然东偏襟抱亏泄,侯复垒石为水洞,作飞阁跨其上,曰钟鼓楼,由是邑居益宏壮云。

桃溪在王城山下。其源出自王城山,南北二派,俱东流会百桨渚,入新建河,旧名桃夏溪。宋于恕之遗址在焉。今谢文肃有《桃溪书屋》诗曰:"浅水难容棹,繁花自作村。分明幽绝地,不是武陵源。"

大溪　小溪在十六都。大溪自乐清大安山发源,小溪自湖雾山发源,各流五里,将至泥桥合流,达于外河,总名双溪。有双溪堂、侍郎街,宋王侍郎居安之遗址在焉。

南岙溪在十六都,接黄岩界。自盘山发源,至下村入河。

大唐岭溪在大唐岭下。发源唐谷,南流至白箬滩入河,与桃溪、南岙、大小溪水会于百桨渚。

翁岙溪在十四都。源出尹长岙,东南流入河,至白塔泾,与天王诸水会于官塘。

三坑溪在十三都灵湫山下。东流入河,山瀑如鹤,有水横其前如鱼,名曰白鹤啄鱼。有盛圣泉遗址。夏廷评镃诗:"两舍鸡声篁竹地,数椽林影白云村。千山北望连华顶,万壑东行到海门。渡口风烟留短照,道旁冰雪霁微痕。谢家酒赋经年断,去坐方岩仔细论。"

松溪　兰溪在十八都。自西原、温岭诸山发源,并东流达河。

桐山溪在鹅鼻山下,发源自合瑞峰,至新山入河。

珠溪在第一都。自石盘山发源,珠村入河。

闾溪在大闾,一名练溪,其白如练。

莞溪 在莞吞。其流自黄仙吞，又一派出于长沙、梅岭，溉田数十百亩。

平溪 在六都。金氏自闽平溪徙居焉，故名。

梅溪 西溪 俱在二十二都，西流入温岭江。

赵吞溪 在二十三都，西流入山门港。

徐都溪 在玉环乡，西流入清港。

章吞溪 在二十四都，与徐都溪俱西入清港。

小间溪 在二十五都，发源自大雷诸山谷，东流入海。

横溪 在亭岭南，源出练溪。宋虞司马似良⑧寓居其上，号"横溪真逸"。

流庆溪 在十五都。源出新城山，东南流入水门泾达河。

横湖 在县东百丈岩下，凡东南溪流三十有六皆会焉。地最洼下，稍雨辄溢，田淹没。谢文肃有歌："横湖之水清兮清且渊，方岩之山高兮高极天。"实吾邑之形胜云。县令袁道诗："新县迢迢台更南，水村如釜海涂咸。临行泪滴横湖上，流作忧民万顷潭。"

湖没 在消湖南，俗称湖末。

淀湖 在长屿山下，广数丈，源深色淀，大旱不涸。

消湖 在五龙山下。长二里许，发源自县东南诸山谷，澄深不测。下接横湖。有石壁插水，高四十丈。宋虞司马仲房诗："野草闲花洞口春，碧潭如鉴净无尘。江山好景携不得，漾入酒杯和月吞。"

湖雾 在二十一都，出海错。

东湖 在邢田山外。旧有大小东湖。

月河 在十七都，一名官塘。北通黄岩官河，西南达温岭，东南抵太平县治，盖舟楫交会之冲也。杨王休诗云："黄岩形势南如窝，四十余里趋月河。"即此。又有西官塘，通百桨诸二派河。

浃口河 在县东隅⑨，发源自梅岭诸山谷。

渭漳河 在县东五里。自三井发源，历江家溪，会于石林溪，入浃口河。

新河在十都戴山西北,通新河所漕运。

新建河在十五都。发源自桃溪、大溪诸山谷,东行会于月河。

能仁河在二十四都章岙。

江心河在玉环乡徐都。

寿昌河在二十四都庙弯。

永宁河在二十四都前岙。

蒲田河在二十四都蒲田。

洋渚河在二十四都竹冈。

百桨渚泾在新建河西北二里。桃溪、南岙、大唐岭、双溪诸水俱合流会于百桨渚,分而为二:其一南行由麻车屿桥至石次,入五里泾,又南至水洋,为齐江;其一稍北流,由新建河至潘郎桥,东北至西官塘,为致江云。

白塔河在十三都。发源小唐岭、翁岙诸山谷,东流十余里,会于月河。

蔡家泾在灵伏山西。

五里泾在十七都,通官塘。

小泾在十八都。

横泾在十一都。

鸦鹊泾在十都。

临清泾在六都,实团浦支流。

泽库一名泽国,在十三都。以三坑、天王及柏岙分水桥诸水皆萃于此,故名。戴大参豪诗:"不受京尘染,真怀泽国清。平生无所爱,观水独多情。柳外新矶净,鸥边小艇横。沧洲未得去,吾欲濯吾缨。"

江洋在十四都。以致江环绕,故名。或云江逌裔孙尝居之。水色明净如镜,故又名镜川。黄文简诗:"山接平畴望不迷,镜川南面足幽栖。钓丝曙拂波千顷,烟笠寒冲雨一犁。"王太守原贞之遗址在焉。今叶氏居之。

水洋在十七都。由五里泾东南行三里为水洋,有东洋、西洋、南洋、祥里,皆金氏居之。

蒋洋在十七都,一名蛟川,又名长洋。金六合魁所居。

迂江在新河城外,阔二里,凡水乡月河及山谷诸水,皆至此入海。

温岭江在温岭南,俗称江下,南出山门港、楚门港入海。凡海舰西去温州、乐清,北至台州、黄岩,率于此舣舟云。

大闾港在长沙海口。南有骊洋,其下有骊龙窟。出此茫无畔岸,中国外夷,靡所不通。永乐间征西番㊱,官军舰舶自福建长乐港过骊洋,遇怒涛大恐悸,即此。

松门港在甘岙海口,过此为石塘山。

麻车港在九都狼岙,东流入海。

净社港在二十三都。

山门港在山门乡。水源出温岭、三山、芳杜诸山谷,南流入海。

楚门港在楚门城外,通山门港。此外海洋无际,海舰于此出入,故曰门。

清港㊳在玉环乡。水源出自山门乡诸山谷,南入海。

高浦在第四都。源出晋岙诸山谷,南流入海。

车路浦在第五都。旧名南浦,宋高宗南渡时,于此上车,因名曰车路。水源出于晋岙,南入海。

乌沙浦在第五都,北流入海。

团浦在第六都。会于平溪,南至于松门,入于海。郡邑漕运所经之处。

后峰浦在第六都,北过盘马山入海。

迂浦在第十都,近海。凡水乡河泾,皆由此宣泄云。

金清浦在第八都。水自麻车港宣泄,东入海。

三井潭在县治南梅岭山谷中。旧传与鹅鼻山三井相通云。

牛轭潭在钟鼓楼东。旧深靓不测,善溺,今沙塞渐浅。

鹅鼻山㊲三井潭在县西北十八里。穴怪石上,龙出入则云气翁然。有龙鸣禅院。

白塔潭在白塔山。土人常见龙出入。旧传潭在山顶，广不盈尺，牧童续蔓坠石，累十数莫能测，俄大雷雨，群儿惊走，翌日过之，已失潭所矣。宋嘉定中，里人祷之，岩罅水流如线，忽有小鳖从旁窍出，因盛之以归，既而大雨。

白龙潭在方岩山上。春夏晴明，远望有白练布于岩上。上下有二潭，下潭在岩脚，正潭在岩顶。尝有一樵者见一小蜃喷涎沫，有异香，用石投之，水涌出，樵者急走，溪辄溢。

楼旗潭在楼旗山顶。每欲雨，则云绕半山，土人谓"楼旗裹帽"云。

白溪潭在白溪山。岩石峻绝，高广数十丈，中有穴，石壁如削。大旱祈雨，扳藤缘木而登，往往有验。

大雷潭在大雷山。

圆岩潜济潭在松门山下，宋高宗南巡赐额，其上有庙。

碧萝潭　一名晋源潭在县东二十五里雪山百丈岩侧。相距一涧，水常泅涌，中有巨石如牛，欲诣潭，则俯循牛背以度。岁旱致祷，或雷声发于潭底，则大雨随之。先时有大小二磬浮水面，居民取其小者，而大者复沉。

碗潭在长屿山。潭口大仅如碗，其底空洞莫测[⑧]。

淀岩潭在楼山上。宋徽宗封为圣水都督龙王。

花园潭在丹崖山南。

袁五娘潭在温岭丛上石上[⑨]。相传袁五娘浣纱溺死于此。

碧水潭在紫高西岙山下。

沙头井在县北江岙。深不二尺，日汲不竭。

陈婆井在黄淡岙山脚。泉甘而洌，陈妇所浚。

上林井在石盘山下。深五丈，泉味甘美。

石井在三都石井铺前。

后山井在松门城外。

石池井在长屿。深不满二尺，大旱不竭。

张师井在披云山下。相传张天师所凿。

仙人井在锦鸡山。旧志：葛洪炼丹丹崖，道经此山，以杖击地成泉云。

镇岩井在万安寺前。

钱井在十一都。相传井底有钱，至今水尚铜臭。

老鸦井在丹崖山。

官井在温岭。味甘而冽，暑月饮之，可愈腹疾。

龙聪井在鹅鼻山。至正间，大旱祷雨，至三井，不得蜃，公孙氏溺焉。还至井所，见净盂浮出，中有蜃，舁归辄雨。

横山井在二十三都横山。

智者泉在雪山明觉寺东。非溪非井，但于竹间有小窍，插以筇筒，引至二石槽，昼夜点滴不绝。其水仅供缁流一日之用，无余无欠。后有秽妇盥左槽，其水遂浊，至今右槽犹清冽如故云。

沙冈泉在盘马山南沙岸，不溢不涸。成化丙午大旱，居民取汲，日至数百，而水溢如常。

瀑布泉在方岩山。雨后高挂岩端，清彻可爱。

范庄池范五经所居，一名范章池。今学宫泮池即其地。

砚池在锦屏山中，旁有卓笔岩。

茭池在晋峇碧萝潭下。广数十亩，岸侧多茭，或曰蛟池。

九亩池在三坑下泾中。大鳗出则风雨。

自涌池在十四都致江中。池方十丈，常鬐沸，或移徙不定，盛冬不冰。

荷花池在十六都小溪。

濯缨池在缌山。

长池在十四都。

双茭池在十六都。

形胜陈彬《太平赋》略曰：山则磅礴蛇蜒，开合牵奔。两屿龟伏，千崖马屯。鹤雁齐鸣,凤凰不群。三台上应列宿,华表下竦穹旻,太师正位,夫人俨存。亭岭玉带,锦屏绣文。望花山兮委羽,窅梅溪兮桃源。雁荡西连天际,蓬岛东接海垠。水则浩浩洋洋,弥漫濒沦。西原三井,横湖一津。月河釜底,龙堤海唇。渭漳莹彻鉴湖,灵泉隐显昆仑。

论曰:山川能出云为雨,以利生民,于法得书,而旁及赋咏何?《传》曰:"登高能赋,可以为大夫。"斯山川之教也。古者,采诗恒于山川。陈尚书徐陵尝使北,过邺,读《韩山碑》。及还,陈士人问北朝人物,陵曰:"唯韩山片石耳。"然则赋咏可尽没乎? 录之亦尚友之一也。

①辛卯:原文作"辛亥",据《康熙志》《嘉庆志》改。　　②荆:原文作"刑",据《宋史·天文志二》改。　　③苻:原文作"符",据《晋书·载纪第十四》改。　　④十二次:我国古代星占学观点,根据星辰的十二缠次(后亦根据二十八宿)将天下划分为十二个区域,使两者相对应,并根据某一天区星象的变异来预测、附会相应地区的凶吉。这种划分,在天称"十二分星",在地称"十二分野"。其对应情况详考《周礼·春官·保章氏》《晋书·天文志上》。温岭古属吴越地,扬州、吴越对应天区为"星纪"。⑤方国珍:原文作"方谷珍"。谷,山谷也,方言与"国"谐音,但此处用法含贬义,据《明史》本传改。下同。　　⑥游西郡记:"西"当作"四"。⑦右笔架峰:原文作"左笔架峰",《嘉庆志》"左"作"右",核之地图,以"右"为是,从改。　　⑧顾野王:原文脱"王"字,据《陈书》本传补。　　⑨泾:《康熙志》作"径"字。　　⑩塓:原文字迹不清,疑为"塓"字,待考。⑪伐:原文作"代",据文意改。　　⑫登:原文为墨钉,据《嘉庆志》补。⑬儿蔽新春意:原文为墨钉,据《嘉庆志》补。　　⑭传:原文为墨钉,据《康熙志》补。　　⑮则光:原文为墨钉,据《康熙志》补。　　⑯撤:原文作"撒",据《嘉庆志》改。　　⑰顷:原文为墨钉,据文意补。　　⑱释:原文为墨钉,据文意补。　　⑲大:原文作"人",据文意改。　　⑳北:原文误作"地",据上文改。　　㉑楼:疑作"栖"字。　　㉒杨王休:原文作"杨

玉休",《嘉庆志》作"杨壬休",据《象山县志》改。杨系浙江象山县人,字子美,宋乾道间任黄岩县尉。以下各志均改作"杨王休",不另出校。

㉓厂:原文作"广"字。广,音 yǎn,依山崖建造的房屋。厂,音 hǎn,山崖石穴。据文意推之,以"厂"为是,因改。　　㉔玉:《嘉庆志》作"如"。

㉕鄱:原文作"番",通"鄱"。　　㉖勾曲:即句曲,山名,在今江苏省句容县东南。相传汉茅盈与其弟固、衷修道于此,故又称茅山。上有蓬壶、玉柱、华阳三洞,道家以为十大洞天中的第八洞天。　　㉗游西郡记:原文脱"游"字,据上文补。"西"当作"四"。　　㉘沙港:"港"原文作"巷",据《江槛集》改。　　㉙元延祐间:卷八"松岩讲寺"条目,记为"元至正间僧如秋月建"。另外,两处原文都为"僧如",据文意疑为"僧伽"。　　㉚小:原文作"卜"字,据《康熙志》改。　　㉛建州:疑为"建县"之误。《嘉庆志》卷三《建置志·城池》:"初议县立于半岭,距今治东南二十里地平旷处。"

㉜在县东西北一十八里:"北"疑为"各"字。按"椒湾"今为"焦湾",境内有二,一在城区东八公里处,一在城区西十公里处,即上文"椒山"。参见《嘉庆志》"礁山""南礁山"条。　　㉝虞司马似良:原文"似"作"以",据卷六《人物志》本传改。　　㉞东隅:原文脱"东"字,据《嘉庆志》补。　　㉟征西番:即指郑和下西洋事。　　㊱清港:此下原有"截屿渡""清港渡"两条,文字与卷二《津梁》完全重复,此处从略。　　㊲鹅鼻山:原文"鹅"作"峨",据上文改。　　㊳测:原文作"侧",据《康熙志》改。　　㊴原文如此。

太平县志卷之二

地舆志下

坊　市_{村镇郭附}

古之为都邑也,取法井田。百夫之井,有遂,有沟,有洫;千室之邑,有街,有巷,有坊。坊之言防也,古以辨方、堤民。稍后,乃有表厥宅里之制。今之立坊,或以其地,如四隅坊厢之类,或以其人,如科第、官爵、旌表坊牌之类,皆古之遗制也。古者后一区为市,今率混于通衢,而乡镇聚落,亦多为市。各随其类,具列如左云。

牧爱坊在县治南直街口。正德八年知县祝弘舒建。

腾蛟起凤坊在儒学南,横街左右。成化二十二年知县刘用建。

四门东曰迎辉,南曰观海,西曰延照,北曰仰山,各有楼。正德八年知县祝弘舒建。

十字街在县治东稍南二百五十步。东迎辉门,通新河、长浦;南大远桥,通隘顽、松门;西延照门,通梅岭;北江峇岭,通温岭、乐清。旧称泉村街,后作县治,仍其旧而广之云。元明天东诗:"五桥风月双溪水,两岸楼台十字街。最是夜深难及处,家家灯火在书斋。"

县前直街在县治南,有牧爱坊。又南五十步,有阜民桥。又十步,通十字横街。

县前横街在县治前,东二百步通十字直街,西五十步通后街。

县后街在县治后。弘治十六年,知县刘弼新筑。

学前街在县治东南五百步。东腾蛟坊,北折为解元坊,巷通镇东桥,西起凤坊,南折通大远桥。

宅前街在县治东南大远桥西北,宋戴少监良齐宅前,故名。

县东巷在县治东五十步。正德二年知县卢英辟。

县西巷在县治西三十步。弘治十六年知县刘弼筑。

中阳园巷在县治东南五十步。

小泉村在县东南隅大远桥南。元潘松溪从善之故宅在焉。

南四坊在县治东南。

北二坊在县治西北。每坊各置运长里甲,轮年应役,与乡都同,但在坊厢者,曰坊长云。

镇东桥市 鸣远楼市俱在县治。

温岭街在十八都峤岭。南通江下水路入海,西陆路通乐清、温州,北水路通路桥官河,东陆路通本县、黄岩。贾舶交会,人烟辏集,实一大市镇云。宋时为峤岭镇,有驿,有关,后省罢。今五日一为市。

夹屿街在第九都。旧有夹屿酒坊,后废。今有市。

南监街在十都。宋时为于浦监,今黄岩场、河泊所在焉。

塘下街在七都。宋元时,南塘戴氏筑此。今有市。

泽库街在十三都。四畔皆水,宋郑进士诗云“中流拥出一廛市”,旧传即郑氏所筑。今五日一为市。

白山街在十四都。宋蔡武博镐所筑。

陈家宅街在十八都温岭之北,陈氏筑。

桃夏街在十六都登云桥上。

侍郎街在十六都大溪,宋侍郎王居安筑。

迁浦市在十一都北闸头。

大闾市在第二都。宋元时居民业海作市,今废。

下村市在十六都，今民居稍集，有街。近南岙、大安诸山谷，有菅茅、薪樵之利。

莞山渔市在第二都莞山南沙塘。

石塘酒坊在县南四十里海上，今其民徙，坊废。

大珠村在第一都石牛山南。林氏居焉，产竹木。

小珠村在十八都楼旗山南。

消村在五龙山东南，产杨梅、桃、李、菜、茹。

松门西郭在松门城西。居民以海为业，渔舶千数。

世科坊一曰奕世天官坊，为进士黄彦俊、文选郎中黄孔昭、黄俌建。

科甲联辉坊知县曾侯才汉为历科进士举人建。

天官坊旧阜民坊，在阜民桥北。弘治元年知县刘用建，后为郎中林璧改题今名。

名臣坊为刑部侍郎林鹗建。

进士坊为刑科给事中林霄建。

继美坊为举人李谟建。

进士坊为佥事林克贤建。

联辉坊为进士潘从善、给事中潘时显建。

解元坊为给事中戴颙建。

恩荣坊为钦天监司晨陈操建。

承恩坊为鸿胪寺①主簿邵冲建。

司寇坊为侍郎林鹗建。

恩教坊为司训丘元善建。

贞节坊为高端妻陈氏建。

旌节坊为王新妻金氏立。

旌表坊为丘械妻吴氏建。已上俱在县治。

节妇坊在莞田，为郑谷祥妻陈氏立。

神童门在范岙,为神童詹会龙建。已上俱县北阡。

联锦坊在大间,为宋进士陈甲、陈申建。

步蟾坊在洞黄,为举人黄彦俊建。

进士坊在莞岙,为知县陈进建。

郡守坊在三岙,为赣州守姜大化建。已上俱二都。

贞节坊在三都山前,为蒋江童妻朱氏立。

孝感坊在第四都,元至正间,为孝子张寿朋立。

旌义坊在第六都盘马司侧,为义民江允孚立。

节妇坊在第七都塘下东北,为王存仁妻潘氏立。

延英坊在长屿淀湖,为举人李阳立。

世科坊在长屿东庄,为举人李会立。

进士坊在金清闸南,为进士陈绮立。

旌节坊在长屿,为李霞妻赵氏立。

聚秀坊在长屿东溪,为举人李珏立。

祥麟坊在东溪,为举人李洪繁立。

百岁坊在屿头,为县丞陈瑞立。以上八都。

进士坊在第十都牛桥,为刑部主事叶凤灵立。

世英坊在十四都白山,为举人应纪立。

孝友坊在赵岙,为元孝子谢温良立。

励俗坊为谢乾妻赵氏立。

宗伯坊为礼部侍郎谢铎立。

攀龙坊在登云桥,为进士谢省立。

奉直大夫坊在关屿,为道州守赵崇贤立。

贞节坊为赵鈝妻叶氏立。

百岁坊在殿下屿,为赵湛立。

贞节坊在赵岙,为谢兴毅妻金氏立。已上俱十六都。

巍科坊在温岭,为进士戴豪立。

攀桂坊为举人戴镛立。

桂香坊为举人戴通立。

进士坊为评事戴驳立。

内翰坊为翰林庶吉士戴颙立。已上俱十八都。

经魁坊在虞岙,为少卿邵诚立。

擢秀坊为举人邵恒立。

承恩坊在叶屿,为太医院吏目陈德立。已上俱十九都。

双桂坊在二十四都,为举人彭俊、彭昭立。

翔凤坊在枫林②,为举人张俌立。

擢科坊为举人张用立。已上俱二十六都。

乡　都

唐《十道图》,凡州县皆置乡里,其制以百户为里,五里为乡,廓内为坊,郊外为村,里及坊皆有正,以司督察,而吾台之详莫考。宋神宗行保甲法,乡各有都,都各有保。南渡以还,累修经界,考诸郡志及经界录,有乡、里、保而无都。元承宋制。国朝洪武中,遣官疆理天下,乃去保,立都图,特税粮上中下则仍依各乡之旧云。太平割黄岩、乐清五乡之地以为两隅、二十六都,总八十五里,后稍稍减耗为七十二,为六十六。今略具沿革,用备览考云。

太平乡宋、元管里五:繁昌、三门、练溪、白水,游屿。国初犹隶黄岩,管都九。东南隅凡四图,原黄岩县三十九都上。西北隅凡二图,原黄岩县三十九都下。第一都凡三图,原黄岩县四十都。第二都凡二图,原黄岩县四十一都。第三都凡二图,原黄岩四十二都。第四都凡二图,原黄岩县四十三都。第五都凡二图,原黄岩县四十四都。第六都凡二图,原黄岩县四十五都。第七都凡二图,原黄岩县四十六都。第八都凡四图,原四十七都。《黄岩志》属繁昌乡。二十都凡三图,原黄岩三十八都。

繁昌乡旧名万岁乡。宋政和八年九月,本乡民陈丑儿妻一乳四男,诏改今名。宋、元管里三:赞善、横屿、回浦。国初犹隶黄岩,管都八。第九都凡二图,原黄岩县四十八都。第十都凡三图,原黄岩县四十九都。十一都凡一图,原五十都。《黄岩志》属灵山乡。十二都凡二图,原三十四都。《黄岩志》属方岩乡。十七都凡二图,原三十五都。《黄岩志》属方岩乡[③]。十八都凡四图,原黄岩县三十六都。十九都凡三图,原黄岩县三十七都。

方岩乡宋、元管里五:古城、仙岩、湖南、湖北、白塔。国初犹隶黄岩,旧管都七。十三都凡二图,原黄岩县三十三都。十四都凡二图,原黄岩县三十二都。十五都凡二图,原黄岩县三十一都。十六都凡三图,原黄岩县三十都。

山门乡宋、元归义上下里,国初犹隶乐清,管都三。二十一都凡五图,原乐清县二十九都。二十二都凡四图,原乐清县三十都。二十三都凡三图,原乐清县三十一都。

玉环乡宋、元金钿上下里,国初犹隶乐清,管都五。二十四都凡九图,原乐清县三十二都。二十五都凡六图,原乐清县三十三都。二十六都凡五图,原乐清县三十四都。

津 梁

先王之制,既有舟楫之利,以济不通,而又岁成徒杠、舆梁者,凡以为涉也。太平地三面皆山,唯东一面并海,形如仰釜,河泾织结,无津梁,民奚以济?故录之为志。然历古至今,或作于官,或作于民,或哀众力,或用己资,前者创,后者述,非一人功也,其作者之名氏,不能悉具,惟旧志著者仍存之。

阜民桥在县治前直街。

三元桥在十字直街。

社堂桥在十字街。

镇东桥在迎辉门外。

大远桥在学宫西南五十步。

江家桥在江家溪上。

渭漳桥在县治东二里。

横湖桥在县东五里。

塔前上下二桥在瓦屿北。

绛桥在瓦屿南。

新牛桥在县东北下岙。

沙埭闸桥在县东北三里。

长沙闸桥在长沙塘,下设闸堰水以溉田。

石桥在石井铺之东。

清河桥在第四都,旧名广利桥。

赵家桥在乌沙浦。

普照院桥在县东北沙。

箸横桥在盘马司西。

王库桥在盘马司南。

下伏桥在团浦西。

娄子大桥在六都官道。

塘下五桥在七都塘下,宋戴氏建。

虹桥在八都官道。

长屿桥在八都。

寺前桥在净应寺前。

阮家埭桥在八都，旧有埭，阮华筑，埭废造桥。

黄板桥在十都，通金清闸。

牛桥在十都，叶秋官凤灵之居在焉。

下冒桥在县东下冒，上下有二桥。

撮屿桥在撮屿山前。

金佛桥在娄奁北。

郑行人桥在五都，宋行人郑越建。

东麻车桥在县东麻车港。

小屿桥在九都。

光桥在南监中街。

叶朗桥在十一都。

湖亭桥在县北三十五里。

新渎桥在新渎山下。

光明桥在十二都。

前陈大桥在鳖屿南。

沈桥在十二都。

官塘桥在鹜屿，一名月河中桥。

假山桥在泽库，东偏无山，立此以应丹山云。

泽库大桥在泽库，一名月河上桥。

新桥在泽库之北，与黄岩分界。

丹崖桥在丹崖山南。

竖石桥在竖石南。

金鉴桥在三坑泾口。

应钱桥在十四都，应、钱二家建。

西新桥在白山街西。

鸦鹊桥在下珠山之东。

双桂桥在十四都，叶检校德骥建。

白菩桥在江洋东北。

泾边上桥在灵伏山北。

九星桥在江洋。

潘郎桥在茅岙南。

新建桥在新建山南。

下戴桥在楼旗山北。

西麻车桥在赵岙之北。

登云桥在方岩山东。

俞家桥在油屿北。

白箬桥一名八娘桥，在关屿南。

横峰桥在横屿东，旧志作月河桥。

楼旗桥在楼旗山南。

通济桥在马望山前。

望云桥在温岭照山下。

松溪桥在温岭松溪上。

钟秀桥在虞岙。

三王桥在县东三王。

彭家桥在消湖上。

石桥在二十三都。

江心桥在楚门城外。

灵山桥在灵山寺前。

上阳桥在县治北十里河边。王静修特所居，有尚书黄绾《唐龙无逸堂》诗，门人戴颙记。

截屿渡在二十二都截屿，过渡为乐清县界。

清港渡在二十四都，三山、楚门往来之冲。官签渡夫二名，然潮水湍急,舟小逆流,往往有覆溺者。诚得官舟稍大,令渡夫主之,随坏随修,庶几便民云。

磊石渡在县治南廿五里,今废。

水 利

太平割黄岩南三乡为县,地最洼下,昔人谓为釜底,田十岁率九荒,民或茭牧其中。宋元祐间,罗提刑适④始兴水利,已而朱文公熹提举浙东,乃奏请官缗修筑堰闸,民始得岁。详具彭椿年、林昉所为记。阅世滋久,渐复湮废。郡守南康周公至,首询民瘼,邑尹曾侯以是对,遂亲行视诸闸,倡率两县大夫相几兴役,以尽复先贤之旧。仍奏复故所裁革河泊所官,俾其兼理闸河,用垂久远。噫!势穷则通,固其时也。昔西门豹为邺令,有令名,史起曰:"魏之行田也以百亩,邺独二百亩,是田恶也;漳水在其旁,西门豹不知用,是不智也;知而不与,是不仁也。"于是魏以史起为邺令,引漳水溉田,以富魏之河内。民歌之曰:"邺有贤令兮为史公,决漳水兮灌邺旁,终古舄卤兮生稻粱。"噫!斯仁贤之赐也。余有感于今日之事,故详具颠末为志,庶司民者后将有考焉。

汉唐以前无考。今按:淮南王安上书,谓越地卑湿,近夏瘅热,暴露水居,疾疢多作,自三代之盛不与受正朔⑤,以为不居之地,不牧之民,不足以烦中国也。《汉志》亦称越地卑湿,民以渔猎山伐为业,皆窳偷生,而亡积聚。魏晋以还,民稍稍盛,然水利未兴。故谢灵运《游赤石》诗有云"水宿淹晨暮,阴霞屡兴没"。至唐杜甫,有诗亦云"台州地阔海冥冥,云水长和岛屿青"。此可以想见其概云。

宋水利

永丰闸旧监侧小埭。**黄望闸**旧黄望埭。**周洋闸**旧葡萄棚二埭,俱在黄岩县繁昌乡,今入太平县境。俱元祐间罗提刑适始建为闸,淳熙九年朱文公修。

迁浦闸旧迁浦埭,属灵山乡,后分属繁昌乡。金清闸旧金清埭,在繁昌乡,今俱入太平县境。俱淳熙间朱文公熹建。

西屿闸旧细屿埭,在繁昌乡。宝祐间黄岩令王华甫建。

沙埭上下二闸在太平乡。端平间林乔年建。

鲍步闸旧鲍家埭。长浦闸旧长浦埭,俱在灵山乡。交龙闸旧交龙埭。陡门闸旧陡门仙埭,后徙于仙浦,名仙浦闸,俱在飞凫乡。俱淳熙间朱文公建。已上四闸今俱在黄岩境上,以与本县水利相关,故书。

高浦埭、浦敦埭、临清泾埭、车路大埭、西堡埭、娄子埭、五婆埭、蒋家埭、牸牛埭、月河埭、黄三浦埭、流沙埭,俱太平乡。李家埭,在繁昌乡。净社埭,在山门乡。

按旧邑志,官河自南浮桥南流至崎岭一百三十里,又别为九河,各二十里,支为九百三十六泾,长七十五万丈有畸,分为二百余埭,其名不可殚纪,绵亘灵山、方岩、飞凫、繁昌、太平、仁风、三童、永宁八乡,溉田七十一万有畸。八乡之田,卑高不等,形如仰釜。而仁风以上,西而为三童、永宁,率负山麓,东而为飞凫、灵山,率滨海斥卤⑥。负山则接溪源,滨海则近沙涨,皆釜唇。繁昌、太平、方岩三乡,处山海之中,地形最下,实居釜底。河泾虽经纬其间,然蓄泄弗均,稍雨则卑乡受垫,南晴则高乡虞暵,此利彼害,交相为愈,农无数岁之稔,屡以禾旱奏报官廪捐租者,踵相接也。宋元祐间,提刑罗公适持节本路,知此邑之水利为详,因其埭之大者,增置永丰、周洋、黄望诸闸,旱则闭以蓄水,潦则开以泄水,民大以为便。岁月滋久,前后兴修者,往往功力不至,辄复湮废。绍兴九年,黄岩令杨炜量地广狭长短,赋民工一百七十余万有畸,疏治河道,田能支水旱者,凡二十有六祀。乾道初,令孙叔豹、尉杨王休复修浚之,厥功未就。至淳熙九年秋,朱文公熹提举浙东路常平公事,始奏请重修建诸闸云。乾道初,杨王休倡议欲凿温岭以杀水势,尝有诗曰:"黄山形势南如窝,四十余里趋月河,年年七月八月雨,稻田弥漫涨风波⑦。异时都水使者至,东开铁场分水势,地绵力短功未成,尺一催归卒吞志。旧画茫茫如弃井,百年遗恨如灰冷,我来吊古更穷源,并水沿流至温岭。岭之首尾少低昂,如衡称物锱铢强,外即大海枕平麓,相去往往寻丈长。天造地设巧乃尔,胡为弃此而取彼? 兴废成否抑有时,不独今非古皆是。此来经营烦令君,便有异议争云云,常情自古惮谋始,岂料疲秦终利秦!"已而议者谓不便,遂止。今堪舆家谓温岭乃县治来龙山,尤不宜凿断云。姑闻其诗于此。

朱文公奏状宣教郎直秘阁新提举两浙东路常平茶盐公事具位臣朱熹。臣体访到本州黄岩县,界分阔远,近来出谷最多,一州四县皆所仰给,其余波尚能陆运以济新昌、嵊县之阙。然其田皆系边山濒海,旧有河泾堰闸,以时启闭,方得灌溉,收成无所损失。近年以来,多有废坏去处,虽累曾开淘修筑,又缘所费浩瀚,不能周遍。臣窃惟水利修则黄岩可无水旱之灾,黄岩熟则台州可无饥馑之苦,其为利害委的非轻。遂于降到钱内支二万贯,付本县及土居官宣教郎林鼐、承节郎蔡镐公共措置,给贷食利人户,相度急切要害去处,先次兴工,俟向后丰熟年分,却行拘纳。其林鼐曾任明州定海县丞,敦笃晓练,为众所称;蔡镐曾任武学谕,沈审果决,可以集事。但本县知县范直兴不甚晓事,恐难倚仗,欲乞依本司已获降到指挥,特与岳庙理作自陈,别选清强官权摄县事,庶几兴役救荒不至阙误。伏候敕旨!

彭殿撰椿年《闸记》台之五邑,黄岩为壮。邑境之濒海者率三之二,故其地势斥卤,抱山接涂,川无深源,易潦易涸,非资乎畎浍⑧之利,则不可也。官河贯于八乡,为里九十,支泾大小委蛇曲折者九百三十六,其泄水至于海者,古来为埭几二百所,足以荫民田七十余万亩。元祐间,罗公适持节本路,因其埭之大者增置诸闸,今之黄望、石湫、永丰、周洋皆其遗迹也。岁月滋久,前后兴修者往往功力不至,随成随坏,遂谓诸闸终不可建。惟漕运干官谢敷经、乡士支汝绩、陈谦、徐弗如、陈纬深知其利病。淳熙间,考亭先生朱公及西蜀勾公昌泰相继为常平使者,按行田野,闵闸事不修,于是用其谋,请大府钱及出度僧牒为直一万四千缗,勾公又自以本司钱六千缗成其役。乃檄宁海丞永嘉林季友、邑丞四明刘友直董其事,又委乡寓居与士人分领之,而武学博士蔡镐于规摹条画尤所究心。自甲辰仲春首役,至乙巳孟冬讫事。所建者六,回浦、金清、长浦、鲍步、交龙、陡门是也。增修者三,黄望、周洋、永丰是也。于是置庄以守之,垦田以赡之,择人以主之,有钩索以备其器用,有夫匠以供其役使,其所须者纤悉具至。连岁之间,民享其利。乡人追念先贤始事之勤,相与筑为堂宇,肖其像而祠之,所以报也。岁在甲寅,提举李公谦以永丰之闸又复废淤,从而新之。是用叙其始末,以告来者。

　　黄岩浚河记侍郎王居安记曰:黄岩县为田可百万亩,而水乡之田实居大半。言水利者,有浚河、置闸二事而已,而二事又复不审不密。昔之为河者,虑未及闸也,是之谓不审;其为闸者,虑未及河也,是之谓不密。元祐以前,初未有闸,大率为埭以堰水,颇为高田之利,而下田病之。水潦大至,下乡之民十百为群,挟挺持刃以破埭,遂有斗争格杀之事。于是乡先生罗公适提刑本路,始议建闸,酌高下以谨启闭,解仇怨以全乡井,意则美矣。然继述匪人,诸闸既立,开时常少,闭时常多,潮水一石,其泥数斗,潮汐淤塞,浸成平陆。时当巨浸,闸虽启而流实壅,于是下田被害,反咎夫闸之闭水,曾不若埭之可以破决,其泄水易且速也。东嘉蔡君范来宰吾邑,深究水之利弊,初年遂疏决闸内外诸港,使水有所泄;明年遂开浚田间诸河,稍令广大,使水有所潴。又用叶森议,建为爬梳之法,设长铁爬及辊江龙①,因潮之方退,合人力以鼓荡之,泥淤乘流而下,力少而功倍。此不特于河有功,而闸亦永利矣。

　　附录朱文公诗才到重阳气便高,雁声天地总寥寥。客怀今夜不能寐,风细月明江自潮。

　　此文公经始闸河,夜宿洪亭长家诗也。文公以淳熙九年来提举浙东,是年秋,议浚河筑闸事,规画已定,请太府钱二万缗下黄岩,已而以劾唐仲友改江西。明年,蜀人勾昌泰继公政,请益二万缗讫其功。彭殿撰作诸闸记,当勾公之时,其归重于勾固也。王侍郎记浚河,乃无一语及朱。陈箃窗郡志作于嘉定末年,在淳熙之后,亦略而不书。又林萧伯和、弟萧叔和,皆从游文公之门,公前后所与书四首,今载文集《台寓录》可考也,而叶水心作二⑩林墓志,亦无一语及朱,若未尝为门人者,皆不知其何故也。或谓当时伪学之禁⑪方严,故诸公皆讳言之耳。若然,则亦不得为直笔矣。

元水利

周洋新闸，元大德三年韩知州国宝重建。谢文肃铎曰：此闸众流要冲，地形卑下，闸常易坏，必先于闸侧依山荒地，别创河泾一派通黄岩场中扇，分缓水势；闸之上下，又筑埭以分限山水、海潮，而后闸之功可施。如此不惟农人获灌溉之利，而盐场亦借之以通运矣。

金清闸、西屿闸、永丰闸、黄望闸，已上四闸俱大德中韩知州重修。

车路闸在太平乡。元至正庚寅年建。

九眼陡门、六眼陡门在山门乡。俱元至正间筑。

萧万户塘在太平乡，北起盘马山，东抵松门。长沙塘、塘下塘俱在太平乡。截屿塘在山门乡。能仁塘、江心塘、灵山塘俱在玉环乡。已上诸塘，俱胜国⑫时筑。郡志云：太平诸塘，乃筑堤以捍海者，非如天台之塘，所以蓄水而灌田也。牌下塘今尚书黄公绾创筑，在太平乡洞黄山外。

先贤祠堂在迁浦监街，韩知州国宝⑬建。林昉记曰："黄岩为田亩百万，其在南乡者七十一万五千有畸。元祐中，赤城先生罗公适奏建永丰、周洋、黄望三闸，启闭溢涸，大为农便。淳熙九年春，朱文公提举浙东，锐意增筑，规画已定，请太府钱二万缗下黄岩，工⑭兴而衣绣江西。明年，蜀人勾龙公昌泰继公政，请益二万缗，遂建回浦、金清、长浦、鲍步、交龙、仙浦六闸。最后王君华甫建细屿。由是黄岩号乐土。岁月浸久，捷腐石泐，水泄潮冲，前人之志荒矣。元大德三年，岁己亥，武略将军韩侯国宝来守黄岩，断以治水为养民第一义，乃命修闸。凡所经费，一毫不仰于县官，而率诸闸之系其田者，搜材石，募丁匠，苦心三年而后成。乃为祠堂祀罗公以下，示不忘也。《礼》：御大灾有功于民者祀之。由侯修治之艰而思建者之不易，崇而祀也亦宜。余谓侯奋独断就此大役，勇也；激劝上下，匪怒伊教，智也；功施百世，仁也；祠昔贤，义也。一举而四德备矣。"

国朝水利

金清闸，景泰间知县张彦修。都御史李匡记曰：黄岩中乡之水，如棋道交布，至南监而分流入海者，河凡五道，金清其一也。先是，濒海之民为咸潮所害，齐民率筑坝以捍潮。时或积雨，则中乡沉灶，往往窃而启之，至不可复筑，民甚苦焉。宋淳熙中，徽国朱文公先生提举浙东，始为闸桥五道，又稍北一道，蠲并道之人杂役，俾以时启闭。闭则约其板之下，量其水之出，使不为中乡害，民甚赖之。岁积既久，金清闸为潮水啮毁，不复可启闭。景泰甲戌，今监察御史张君彦来知县事，首询及此，乃曰："此有司首务也。"遂以白诸太守刘公铺，专委县丞何海、主簿魁伦董修，民庶工匠靡不和会从事。再逾月而告成，来征余记。余谓世之为治者，惟知以簿书期会为急，谁复念及是闸为文公所置，一方所赖，修复不可后者乎？刘公可谓知要，而张侯亦不为负所托矣。文公先生旧有《宿洪家》诗，余今幸得置石先生手泽，有荣耀焉，恶可以不文辞耶！于是乎书。**弘治正德间知县刘弼、通判王宸再修。** 故老言朱文公议闸河时，尝谓蔡博士镐曰："南监五闸，底石须齐平如一，使河流五道俱通。若一闸稍卑，即众流并归之，久而余闸必湮。"已而勾公昌泰用其议，乃于净应山上树旗置铳，俟潮退正及闸底时，即拽旗放铳，五闸俱志定水则，由是五闸齐平，河五道俱通。国朝张令彦修金清闸，下其底仅二寸，刘令弼复下三寸，至王公宸复移闸去旧址南可一里许，由是众流皆归，而金清之河愈深，波流湍悍，不可复御，而诸闸湮矣。噫！先贤之规画，不可轻议如此哉！姑记其言于此，以为绍文公之政者告焉。

永通闸先是天顺初，同知钟鼎尝修黄望闸，成化中知县袁道修迁浦闸，已而旋复湮废。及周洋、细屿诸河皆塞，凡遇旱潦，即饥馑相仍，民萧索甚。嘉靖己亥年，郡守周公询黄岩、太平二县之故，知闸河为文公遗迹，民命所仰，乃锐意修复，属方侯介、曾侯才汉度工兴役。先浚周洋、迁浦及诸支河，凡百有数十余里。周公亲行视诸河，舍于野次者凡几越宿。见海涂淤涨，去旧诸闸且数里许，水尾不通，于是又浚海口涂接旧河，凡十余里。又请于巡按傅公出羡锾金建斯闸焉。闸凡三洞,高广比旧倍差。所以捍潮淤使不得入,无尾塞不通之患,故名曰"永通"云。

太守周公奏疏 浙江台州府知府臣周志伟奏为复除职官兼管水利事。臣闻农者天下之本,水利者天下之农之本,水利兴废实生民之所休戚者也。臣窃见本府各县山多田少,土地最瘠,人民最贫,唯黄岩、太平两县稍称平壤,然亦负山濒海,中虽平坦,四面地势颇高,形如仰釜。雨则众水奔趋,顿成湖荡;旱则诸источник隔绝,易成斥卤。故两县为台州之最,而水利之在两县尤为切要。宋元祐间,提刑罗适开河置闸,地始可耕,民大称便;淳熙九年,提举朱熹奏请官钱增修诸闸,而又继之勾昌泰之精思力行,遂迄成效。旧在黄岩者五闸,若长浦、鲍步、蛟龙、陡门、委山是也。今分隶太平者六闸,若金清、迂浦、周洋、黄望、永丰、细屿是也。潦则泄之,旱则蓄之,潮则捍之。而又立为爬梳之法,以时洗荡之,经画区处至为详备。其间田亩约计七十余万,尽为膏腴。故朱熹之奏有云:"水利兴则黄岩可无旱潦之灾,黄岩熟则台州可无饥馑之苦。"熹之斯言最为洞究利害。

我朝景泰、天顺间,两次差官修筑,添置夫板,民获其利。弘治以来,有司废不之讲,沿河居民规图海利,以致各闸启闭不时,旋复壅塞。频年旱潦,束手无谋,饥馑相因,盗贼生发,民日消索。臣于到任之初,访之父老士人,皆云此河不复,民无生日。臣于去年冬间,督同黄岩县知县臣方介、太平县知县臣曾才汉往来相度,故闸虽存,诸河淤塞率与田等,乃知养民大计,莫先于此。遂行两县起倩人夫,协力开浚,未几两月,幸已通流。臣又见各闸去海颇远,潮淤日积,未免有尾塞不达之患,乃请巡按御史傅凤翔动支无碍官银,于近海之地建闸一所,今亦渐次工成。窃惟诸闸之复,不惟旱潦有备,两县粮运皆由此达,较之往年海运陆运,风波之险、人力之繁,利已数倍。但数十年间旋修旋塞,其最为患者海潮耳。潮水一石,泥淤数斗,积之旬日,即以丈计。最为要者启闭耳。两县去闸颇远,率难照应,平时启闭不过委之一二闸夫。细民希图小利,不知远大之计,往往旦暮窃发,无怪乎浚之未几而塞之甚易也。臣查得黄岩县南监地方,先年设有河泊所大使一员,专管沿海课米,嘉靖十年巡按浙江监察御史端廷赦题准裁革。臣采择众议,反复思维,唯有仍复此官,使之兼理诸闸,责之启闭爬梳各以其时。事本因旧，计实经久。南监正两县之中，诸闸之会，本官虽省，衙门印记见存，此于事体无大更张。本官月支实俸一石，所费于民岁不过一十二石而已，而其所利于民何啻万倍，则亦何惜一官而不为百姓造无穷之福乎？况各项裁省官员近多奏复，事体应复者亦已复除，况今两县水利关系民命，其于利害委之匪轻，伏乞皇上察臣所言，如果有益于民，敕谕吏部将黄岩县河泊所官照旧铨除，兼管水利，则两县生民不胜幸甚。为此具本，敬差吏赵宪章赍捧，谨奏以闻。

　　赞曰：吾乡之田稍平旷。故老言水利方兴时，民力作其中，岁可三收。既获稻，乃艺菽，收菽种麦。宋语云："黄岩熟，五县足。"不虚也。自闸河湮废以来，恒雨则平陆化为巨浸，旱又靡所于溉，即禾稼常不得秋，尚安议菽麦哉！往景泰、天顺间，盖尝三致意焉。顾无专司，是故随成随坏。乃周公作永通闸，既迄成功，复奏请河泊官专领其事，继始自今，诚得民田岁三熟，是周公与其二也。嗟尔民，公之德，将在尔之子孙，与考亭埒。迁浦庄旧有先贤祠，盍图诸。

　　附《潮汐余论》余襄公《海潮图序》曰："潮之消长皆系于月，月临卯酉则潮涨乎东西，月临子午则潮平乎南北。"此不易之说也。顾吾邑潮候，常早于钱塘六刻，则以去海有远近故也。钱塘海口有龛、赭二山，壁立如门，故其潮汹涌砯轰。吾邑之潮，西南自楚门港入，东自松门港入，皆有山为障，不得至中乡，惟东北自永通闸入，直至中乡。然其潮惟漫波拍拍入浦溆，渐满沙碛，无冲激之势。惟其漫缓，故泥淤易停。闸官于潮涨之时，勿宜开闸，庶潮淤不得入河。潮退可以暂开，使海口泥淤得以乘流入海。此一日开闭之法也。又闸河既通，缘海鱼盐之贾亦大有便饶。盖异时惟肩挑驇诸民家，故其利薄。今得任舟以载，视肩挑则不啻倍蓰。又出海之船，或当稽其越境惹寇。若入浦之舡，皆邑民货什一之利者，闸官及诸巡逻勿宜盘诘拦①阻，以滋侵牟之弊。此又御吏者所当知也。潮候之说，余得之沈子积云。

风　俗

　　古称风俗之美恶，系于所习，风以倡之，俗斯习之矣。风之道有二，随君上之谓风声，系水土之谓风气，二者皆所以习也。今夫赤子之啼，无五方声，及其长也，而言语不通，其事有至死而不相为者，习则使然也。台之风俗，昔之君子尝亟称之矣。大略谓其人朴静，其俗俭约，间阎礼让见⑥《方舆胜览》。家诗书而人逢掖，宛然邹鲁遗风。即有达官归故乡，至城府必舍车而徒，见父老以齿为序。民皆质直愿悫，以耕凿刍荛为生，安土重迁《赤城新志》，自古称风节地。浙东西数郡，浮荚柔华，而台皆反之。其气用刚，易兴以善义云郑郎中善夫记。

　　外史氏曰：猗！此皆然矣，固台之实录也。矧吾太平，在台最南，号僻左，民尤质直愿悫。其君子则亢言而厉行，其小人则少械而寡求。比之他邑，尤差近古。然而风激气荡，今昔亦稍稍变异。於越之世，好剑轻死前汉《地理志》，斯夷荒故俗也。后渐文教浸改，火耕水耨，民食鱼稻，以渔猎山伐为业，饮食还给。然气躁，性轻扬善讦，俗信鬼神，好淫祀《两汉志》《晋志》。厥后始有为吴尚书仆射以忠节自奋者谓屈晃，见《三国志》，斯文物之初也。由是君子尚礼，庸庶敦庞，风俗澄清，道教隆洽《隋志》。迨宋建炎南渡，作都临安，台称辅郡，于是耆儒以道德名，硕辅以勋业名，文学之士以文章名，始班班焉与上国齿《赤城新志》。不吊宋亡于元，缙绅先生往往窜匿山谷不仕，或服衰麻终其身《逊志斋集》。小民皆结垒自相战守，力尽则阖门就死而不辞《林公辅集》。入国朝来，乃有磔身沉族、从容自殪以殉其旧君者《备遗录》《革除遗事》。於乎，愊矣，信台之为风节地也。然此其大凡也，未及乎委巷穷里之细。

　　余闻之故老，国初新离兵革，人少地空旷，上田率不过亩一金。是时惩元季政媮，法尚严密，百姓或奢侈逾度犯科条，辄籍没其家，人罔敢虎步行。丈夫力耕稼，给徭役，衣不过细布土缣。仕非达官，员领不得辄用纻丝。女子勤纺绩蚕桑，衣服视丈夫、子。士人之妻非受封，不得长衫束带。居室无厅事，高广惟式。至宣德、正统间稍稍盛，此后法网亦渐疏阔。豪民率募浮客耕种，亩税什伍。任侠之徒时时微官府短长，把持要结之。里人有争，居其间辄听，或武断亦辄服。即不服，则为巧作文牒嗾使讼，又为之请求于官，因以为利。即忿怒格斗，辄群数百人，杖梃荷矜相搏击。官府恶之，是后吏治又益严猛，按其党箠杀数十辈，风亦渐衰。至成化、弘治间，民浸驯善，役轻省费，生理滋殖。田或亩十金，屋有厅事，高广倍常，率仿效品官第宅。丈夫衣文绣，袭以青绢青绸，谓之衬衣，履丝策肥。女子服五采衣，金珠石、山虎魄、翠翟冠。嫁娶用长衫束带，资装缇帷竟道。富室子弟率粘雀张鸟猎狐兔，不事生产作业。农盯益惰窳。主妇率婢视童媪，虐杀无忌。正德中年以来，浸复贫耗，无高訾富人。郡西北界高山岭峻，溪流悍急，大商贾不通，又无薮泽之饶。特东南濒海，以鱼盐为利，比年海舶被漳贼倭寇，率亡其假贷母钱。闸河湮塞，水乡田数被潦失收，民由是益困，加官调私求，中户以下大抵多破产流亡。虽日挞而责其奢靡佚游，不可得已！然自宋元以迄于今，故家大族率重清议，尚礼文，士人矜名而喜节。男婚女嫁，择先门地，庆生吊死，礼靡敢失。营居室必作家庙，享献以礼。丰于延宾，啬于奉己。妇女无故不出户庭，不事耕获，薪水不行鬻于市。此其俗之美者。顾其人好气善告讦，一不相能，讼缠孥裔不解，甚至自残，或以病亡为被杀诬赖人。嫁娶奢靡，女生多不育。男壮出分，或亲亡争分父产，兄弟速讼。丧葬惑于风水，暴其柩累年。婚聘不谛审，有轻诺而致讼者。此皆俗之流失，莫之省改。昔吴越之民好淫祀，赖第五伦作守会稽，严令禁绝，俗为之丕变。可贵哉，仁贤之化也。兹欲移易其不善以归于善，微良有司谁与望者。

岁时土俗大略

元日乡俗于是日举家长幼男女，皆夙兴盛服，先设香烛茶果，焚纸钱，列拜于上下神祇，次谒祠堂。无祠堂者，或设祖宗影像，或设神位于中堂，具香烛茶果酒馔，以祀其先而列拜焉。然后拜于尊长，其下各以长幼为序而拜。已，乃出见乡党宗族邻里及亲旧，交相拜贺。已，乃诣母族妻家拜贺。杂遝数日而后已，谓之贺岁。各家或具酒食以相延款。是夜祀灶，谓之迎新灶。

立春前期一日，邑宰率僚属迎春于郊，倾邑人士聚观，土牛以牛首红白等色占水旱等灾。是日清晨，邑宰祀太岁毕，行鞭春礼，碎土牛。民家奉土地神者，各具酒肴，祀以送旧而迎新焉。士人家以生菜作春盘，茹春饼，谓之会春。客席谓之春台座。

元宵自十三四日为始，市民无贵贱各于门首悬挂灯球。其灯有莲花灯、百花灯、走马灯、灯塔、字灯之类，各极伎巧以争胜，或五夕，或三夕而止。

惊蛰人家以石灰少许置柱础，谓不生虫蚁。

清明是日插柳于门，人簪一嫩柳，谓能辟邪。具牲醴扫墓，以竹悬纸钱而插之，谓之标坟。又率取青艾为饼饵食之，犹存禁烟寒食之意，半月乃罢。

祭社村落醵①钱为会，春社率于立苗后祭社庙曰祈，俗谓之洗苗，秋曰报，俗谓之食新，又祭田祖。

四月八日浮屠皆于是日浴佛，有五色香水，人家采乌桐叶染饭，青色有光，谓之乌饭，即青饭饭®相馈遗。

五月五日是日民家男女皆饮菖蒲酒，插艾，为角黍以相馈遗。先年或有作龙舟，使善操舟者，竞渡以争胜负。今衰焉。

六月六日人家晒衣，士人晒书。父老或食鸡粥，谓能补阳。是时阴极，故云然。

中秋登楼玩月，多用西瓜、团饼，亦取月圆之义。

九日士人率于是日登高赏菊赋诗，人家亦或有作糕以相馈遗者，谓之重阳糕。

冬至是日民家各具酒肴以祀其先，率屑米为丸食之，曰冬至圆。

腊月二十四日是日扫屋尘，谓之除残。其夕祀灶，谓之送故灶。又祀品率用粉团、糖饼，俗谓灶神朝天言人家故失，用糖取胶牙之意。

岁除前三四日民家率具牲醴以祀其先，为酒食以会所亲，谓之分岁。又各以食物相馈。至除日则换桃符，写春帖，夜则烧火盆，响爆竹，燔辟瘟丹，老少相聚，谓之守岁云。

方　言

风土不同，语言亦异。太平故越地也，在上古为东夷，汉以后为会稽郡，故自浙以东，谣[19]俗之言，大略相似。吾邑以人为"乇"，音"阊"。自称曰"我侬"，我或讹为"厊"。称人曰"你侬"。你与"荣"同音，盖古"尔"字之讹。指他人而称曰"陷侬"。陷，跟回切，即"渠"字之讹。以取为"驮"。以唤为"凹"。呼人曰"誧"，应人曰"欸"。以去为"慨"。以几许为"几海"。以罢休为"歇厘"。以在此处为"是个里"，以在彼处为"是旁里"。以如何为"嗟生"，又或讹为"斋生"，宁绍人曰"亨生"。以宁馨为"瓢馨"。凡此之类，不能悉举，姑缀其一二，以续輶轩殊语之后云。

①鸿胪寺："胪"原文作"鸬"，据文意改。　②枫林：《康熙太平县

志·舆地·乡都》："第二十五都,玉环乡,凡一图,原乐清三十三都,管村七:田岙、路上、枫林、寨门、蒲洞、都顿、岭下。"此处将枫林归入二十六都,未知孰是。　③黄岩志属方岩乡:据《万历黄岩县志·舆地上·乡都》,原三十五都属繁昌乡,共四图。　④罗提刑适:罗适(1029—1101)字正之,号赤城,今浙江省三门县海游街道马家山人,治平二年(1065)登进士。他为官清正,关心民间疾苦,是北宋有影响的水利学家。提点两浙刑狱任上,亲临黄岩,倡导百姓疏浚官河 90 里,并首创在内河分段筑堤建闸,控制水量,田亩受益 70 多万亩。　⑤正朔:即帝王新颁的历法,正谓年始,朔为月初。　⑥斥卤:原文脱"卤"字,据下文补。　⑦涨风波:按《嘉庆志》作"浸沧波"。　⑧浍:原文作"亩",据《嘉庆志》改。　⑨辊江龙:水利疏浚工具,表面有成排齿钩的圆铁筒,拖在船后或以人力滚动之,使淤泥与海水搅为泥浆,随潮退去。　⑩二:原文作"工",据上文改。　⑪伪学之禁:宋庆元间,韩侂胄执政,斥朱熹所倡道学为伪学,规定士人不习伪学才许授官。开禧三年韩死,禁除。　⑫胜国:被灭亡的国家,指元朝。　⑬韩知州国宝:原文"宝"作"室",据下文改。　⑭工:原文误为"二",据《嘉庆志》改。　⑮拦:原文作"栏",据文意改。　⑯见:原文作"现",据文意改。　⑰酿:原文作"剧",据文意改。　⑱青饭饭:即道家所说的青精饭。《韵会》:"饭,粉滓也。"台州俗称乌饭麻餈。　⑲谣:原文作"徭",据文意改。

太平县志卷之三

食货志

《食货》志何？食取诸农殖，货谓布帛可衣及五金钱刀。王者兴教致理之端，率由是也。是故叙户口、物产，以志厥生之之源；叙田赋、贡赋、役法，以志厥用之之流。呜呼！今之与民也已悉矣，若夫通其变使不倦，用其一使罔有孚，则又上之人之责焉。作《食货志》第二。

户　口

台在古昔，号为不居之地。按地志诸书，晋合郡不满二万户，至唐武德，始及八万三千八百六十云。自是以来，乃浸蕃衍。宋嘉定间，黄岩一县主客户已及六万八千八百九十八。至德祐、景炎，又蘼耗甚矣。元至大抄籍户口，黄岩总南北户四万九千二百九十一。

国朝洪武二十四年，人户五万三千三百八十九，人口二十四万二千六百四十九。永乐以后，顾复减少，志皆不著，以县治未置故也。今断自成化八年为始，详著其登耗如左云。

纯皇帝朝成化八年户七千二百四十九，口二万九千五百八十一。成化十三年，乐清县分拨户四千四百，口一万八千七百二十七。成化十八年户一万一千六百五十一，口四万七千三百九十。敬皇帝朝弘治五年户一万一千六百五十一，口四万七千五百一十六。弘治十五年户一万一千八十二,口四万六千六百八十六。毅皇帝朝正德七年户一万八百九十二,口四万六千八百八十二。今上皇帝朝嘉靖元年户一万九百四十八,口四万六千八百九十二。嘉靖十一年户一万八百九十二,内民户六千八百六十六,军户二千八百九十七,灶户六百五十三,匠户四百七十六;口四万六千八百八十二,内男子三万一千三百六十二,成丁一万五千七百四十一,不成丁一万五千六百二十一,妇女一万五千五百二十,大口一万一千二百一,小口四千三百一十九。

民　业

太平无富商巨贾巧工,民不越乎以农桑为业。间有为贾者,盐利大,鱼次之,已而商次之,工又次之。今志之可著,则有业于农者或田而稼,或圃而蔬,或水而渔,或山而樵,或畲而种植,或操舟于河,或取灰于海,或为版筑,或为佣工,各食其力,而无或惰焉。业于工者八都长屿石仓山有攻石之工,二十二都梅溪有攻木之工。又概县有竹工、皮工、染工,有缝衣之工,有捆屦织席之工,率不甚精。远而业于商者或商于广,或商于闽,或商苏杭,或商留都[1]。嵊县以上载于舟,新昌以下率负担运于陆,由闽广来者间用海舶。近而业于贾者或货食盐,率担负鬻于本县诸民家,近年始用船载,鬻于天台、仙居,率至中津桥阅税云。或货米谷,毋敢越境。或货材木,率于黄岩西乡诸山,近年有至温州、闽中者。或货海鱼者,率用海舶在附近海洋网取黄鱼为鲞,散鬻于各处,颇有羡利。又有以扈箔[2]取者皆杂鱼,厥利次之。货海错者,率在海涂负担鬻于县境诸民家。其次则屠酤亦有利。按官法禁屠牛,即有牛合屠者,亦必告诸官,归皮角筋骨云。惟屠豕自城市及乡村率有之,一豕之利常十之二。酤在宋、元时有榷税,今免焉。大率用糯米五斗,曲一斗,造酒一坛,燔而熟之,越岁不败为老酒。用糯米二斗,曲五升,造酒一坛,随时食用为时酒。又有金酒,则以面为曲,绿豆酒以豆为曲,菊花酒以干菊花为曲,其制率如老酒,而味加美。计其所得糟戴,足以偿酒工及薪榧,而

71

酒之利率十之四五云。又其次有货杂物，肆而居者比比，不能尽著。此外又有业医、业巫、业星命、业卜筮、业僧道之流。乃若业儒而为士，不过数十家已耳。

古者，四民各专其业而世习之，即无常业，则为游惰疲民，载师、闾师得以罚惩。我朝大诰天下，亦有互知丁业之条。汉史臣作《货殖志》，谓"安邑千树枣，燕秦千树栗，蜀汉江陵千树桔，齐鲁千亩桑，渭川千亩竹，以及万家之城，千亩姜韭，此其人皆与千户侯等"。吾邑地狭土瘠，即不能千，然而种植亦各有宜。其近山地宜种榛栗、木绵，近海地宜种柑桔及桃，近溪地宜种松，人家傍隙地宜种桑，其墙下宜种棕，城市镇地宜种姜韭以买者多。园圃宜种果蓏菘芥蓝，它可类推。顾其机在长民者，诚能作之劳之，重本抑末，以成其亹亹，此皋陶在安民之说也。

物　产

太平所产，乏珍奇异品，皆世所常有之物，亦不甚富，特海物错有，又靡堪致远。然以资民生日用，则不待外求而足也，故区而别焉。

谷之类　稻《异物志》云："丹丘谷，夏秋冬三熟。"夏熟曰早禾，秋熟曰中禾，冬熟曰晚禾。早禾蒙里白，一名梅里白，谷有芒，又名糯米白，色如糯米。随犁归，一名六十日。占城种，来自占城。九十日，满三月而熟。旱棱宜高田，水棱宜下田。中禾红地暴一名红婢暴，米红。白地暴，米白。班地暴，谷班。八月白、乌散、金裹银、迟青、秆地暴、早糯、糖糯、乌节糯。晚禾白粘籼、黄才籼、缠枝籼、乌嘴籼、樱珠籼、黄板籼、白香籼、钓竿籼。白锦，一名白堇。乌棱、南棱、黄糯。西糯，一名细糯。麻糯、矮子糯。胭脂糯，一名荔枝糯。混酒糯。寄生，以寄种早禾中，故名，一曰晚儿。金城。水乡畏水,晚稻少,山乡畏旱,晚稻多。宋大中祥符五年,以两浙微旱,使于福建取种三万斛,分给种之,今土俗谓之百日黄。谷之种类虽多,总其目曰秔,曰糯尔。所谓粘与不粘者,是其别云。

稷 稷为五谷之长,北方所谓穄米,其秔者宜为饭,其糯者宜为酒。

黍粟 与粱相类,其颗粒大者为粱,小者为粟,今人多不能辨。唐《本草》①注云:“粟类多种,而并细于诸粱,北土常食。”陶隐居曰:“凡云粱米,多是粟类,惟其牙头色异为分别耳。”苏恭云:“青粱谷穗有毛,粒青,米亦微青,而细于黄白米也。黄粱穗大毛长,谷米俱粗于白粱。白粱穗亦大,毛多而长,谷粗扁长,不似粟之圆也。”

麦 麦有三种,有大麦、小麦、米麦。米麦颗大,《本草》所谓穬麦也,俗呼裸麦,亦谓之大麦云。小麦有赤、白二色,又有茴香麦、早齐光麦,皆小麦也。《本草》注谓:“北地麦,秋种冬长,春秀夏实,得四时全气,故无毒。南地麦,冬种春秀夏熟,少一气,故有毒。”

麻 胡麻,即脂麻也,以其种出于大宛,故云胡麻,与白油麻为一等。《图经》云:“胡麻,巨胜也。”陶隐居云:“其茎方者为巨胜,圆者为胡麻。巨胜者,大胜也,言八谷之中,此为大胜。”又一种大麻,可为乳酪。

豆 菽谓之大豆,有黑豆、黄豆、白豆。山田中所种白豆,颗粒大,有六月白、八月白。有绿豆,可为粉,名真粉,能解酒毒。又有赤豆、川豆、豇豆、饭豆、豌豆一名蚕豆、田豆一名寒豆、虎瓜豆、羊角豆、刀鞘豆、白扁豆、筋豆(有青、红二种,宜点茶,亦谓茶豆云)。

蔬之类 芥 一名水苏,有紫芥、黄芥、青芥、油芥数种。出石礶者曰山芥,味极辛,俗呼山芥辣。菘 大曰白菜,小曰菘菜,又有白头、牛肚、早晚等数种。波棱 叶尖理细如波纹,出颇棱国,有僧携子而至,俗讹为波棱云。蒿 一名同蒿,又有蒌蒿,叶细而香。荠 有花荠、红荠二种。韭 一名草钟乳,一剪一加粪,岁不过五剪云。胡荽 一云元荽,又云鹅不食草。蕨 《尔雅》曰蕨鳖。郭注:“初生者可茹。”土人多以配笋焉。葱 四时有之,惟冬其白愈长。莴苣 出莴苣国。苦荬 字书曰苦苣,蚕妇所忌,即芸苔菜。子菜 以其子可榨②油,故名,即油芥也。冬种春成。莙荙 一名甜菜,其茎

73

和灰汁,可浣衣。**笋**有早笙、晚笙、江南、含肚、石笋、箭笋、燕笋、苦笋等种。**薤**似韭而叶阔多白。**苋**苋有数种,赤、白、紫三色,又有马苋、五色苋。**芹**《本草》作蕲。《尔雅》云:"芹,楚葵,一名水英,可作菹及瀹食之。"有两种:荻芹,取茎叶白色;赤芹,取茎叶赤色。生在高者宜食之,生在水中者不宜食。**葫**⑤有重台者,有独子者,其味辛温,有毒,主散痈肿风邪。**蒜**按《本草》:"蒜,小蒜也。"《尔雅》所谓"蒚、山蒜"是已。苗如葱针,头如葫而小,俗呼为蒚头。**蕈**多种,出深山。**姜**有黄、紫二色。**莱菔**俗呼罗卜,生沙地者尤大。**牛蒡**三岁一花,根可食,土人以中元日晡之。**木耳**生木上。又有生石上者,曰石耳。生木上而细者,曰天花蕈。**瓜**有冬瓜、王瓜⑥、甜瓜、西瓜、瓠瓜、稍瓜⑦、荔枝瓜等数种。**芋**若蹲鸱谓之芋魁。今出沙田者佳。**苔**出山门乡海中。**紫菜**茎纤而稀,出松门海山石上。土人以春初者为贵。**海藻**生松门海山。又一种甚大,俗名大菜。又一种⑧细而紫色,名鹿角菜。又一种虆菜。**香菜**有细、大二种。**苏**有紫苏、花苏、板苏三种。**茄**其爷切。一名落苏,有紫、白二色。**薯蓣**有红、白二种。生山中曰山药。

果之类　**梅**多种,花白者为盛,余则有绿萼梅、红梅、双梅、香梅、千叶梅、夏梅、寒梅,其实之酸一也。实之熟者,以火熏之作乌梅,以盐杀之为盐梅;青者,以糖和之作糖梅,以蒜醋和之作蒜梅。又有一种花黄色者,名蜡梅,无实。**桃**种皆夏熟,惟紫桃一名昆仑桃,秋熟。更有名寒桃,十月熟。又有实小如梅者,曰御爱桃。又有水蜜桃、绵桃、饼子桃。其无实者,为碧桃、绯桃。**李**花与梨花类,有绿李、蜡李、朱李、紫抹李数种。**杏**花类红梅。圆者曰金杏,扁而青者曰木杏。又一种曰梅杏。旧传天台山有六出五色者,号仙人杏。**梨**花雪白。有雪梨、梅梨、青消梨、水梨、红縻、黄縻等数种,其大小不类。**莲子**花有红、白二种,俱结实。又有碧莲、朝日莲。**藕**《尔雅》云:其本蔤,其根藕。盖茎下白蒻在泥中者,曰蔤。藕偶生,又善耕泥引长,故藕之文从偶。俗云藕生应月,月生一节,闰辄益一。**安石榴**花有单叶、百叶。一种号花石榴,藏其实至花开不坏。**枇杷**

叶阴密不凋,冬花夏实。**橘**花颇香,有榻橘、绿橘、乳橘、朱橘等种。**柑**有乳柑、青柑、山柑数种。又有金柑,金色如弹丸。**橙**皮辛色黄,有青橙、香绵橙、皱橙等种。**朱栾**实大如瓯,理粗而皮厚,其瓣坚,酢不可食,俗呼沙柑。又有香栾、蜜罩二种。**柚**《尔雅》注云:"似橙实。"今土产大者如瓯盂。**杨梅**子如弹丸,赤色,五月中熟,出消村、金岙。**樱桃**一名荆桃,一名含桃,盖此果绝小,莺鸟含之,故以名,亦名莺桃。**林檎**本名来禽,谓味甘来诸禽云。**葡萄**二种,紫者微酸,青绿者甘。甘者名水晶,味尤胜。**栗**《本草》注云:"剡及始丰,皮薄而甜。"始丰,今天台也。本县出桃夏、湖雾、消村,小者号茅栗。**榛**似栗而圆小。又有二种,曰钩栗,俗呼巢勾。**椎**音与"株"同,科子也小而圆黑。又一种名储,差大而味涩,俗呼曰苦槠。**银杏**本名鸭脚子,言叶如鸭脚也,后以其色白,易今名。北人呼为白果。试子煮食之,截小水。⑨**枣**有马头枣、钟枣、盐官枣数种。又一种名棘子,实小而圆。**柿**有红、白、乌、黄数色,及牛奶、八棱无核、丁香等种。又有椑柿,形似柿,青黑色,一名绿柿。**杨桃**《临海异物志》云:"色青黄,其核似枣,盖今山枣,又一名羊桃。"《本草》名藤梨,或名猕猴桃。**瓜**有金瓜、银瓜等种。又有土瓜,藤如葛,其根入地,结为瓜,味甘香,解酲。**木瓜**一名木梨,春深未发叶先开花,结实如瓜而小,味酢,用作蜜煎佳。**菱**有牛头菱、绿菱、三角菱等数种。**芡**俗名鸡头,陂塘间有种者。**茭**手即菰也,生水中。八九月间,中心生苔如小儿臂,甘美可啖。**荸荠**一曰葧脐,种宜硬底田,盖根入土到硬处则盘结平正云。性善毁铜,味苦甘,微寒,无毒。**甘蔗**有竹、荻二种,其茎有节,春种冬成。其汁煮之则成黑糖,又煮则成白糖。今闽人糖霜多取诸此。**葛**春生苗,引蔓,根大如臂。主解酒渴。**茨菰**即凫茨,《东汉书》作凫茈。叶有桠如燕尾,生水田中。

药之类　茯苓老松余气入地而生,离根者为茯苓,傍根者为茯神。**芍药**有赤、白二种。**天南星**二月生苗似荷茎叶,两头相抱;五月开花似蛇头,黄色;七月结子作穗,似榴子;根似芋而圆,如蒟蒻。**天门冬**《尔雅》

谓之虆,杜诗作天棘。其藤柔弱轻盈,冬夏生白花,秋结黑子,俗呼贯藤。
麦门冬叶似韭,冬夏长青,其子附根生,形如穬麦,故名。俗呼沿街草。
苦参春生夏凋,开花黄,结子作荚,根味至苦,一名水槐。元参陶弘景
云:"道家用以合香,能通气去疯。"薏苡形如珠而稍长。地黄有三种,以
水浸试,沉者曰地黄,最佳;半沉者曰人黄,次之;浮者曰天黄,为下。枸
杞一名王母杖,其根即地骨皮。茱萸似椒而浅青色者,曰山茱萸;粒大而
黄黑者,曰吴茱萸。又有一种紫色,曰食茱萸,九日人以泛觞。卷柏丛生
石上,以叶似柏卷,故名。半夏独茎生,皮黄肉白,一名守田。椒红色,香
胜蜀椒。细辛白者良,土名马蹄香。牵牛子有黑、白二色,蔓生篱落间,
一名鼓子花,碧色。陶弘景云:"此药始出,野人牵牛以易之,故名。"蛇床
子一名蛇米,每枝上有花头百余,结同一窠。车前子俗名七根草,丛生,
大叶长穗,又呼虾蟆衣。决明子叶似苜蓿而大,实似马蹄者,号马蹄决
明。又有草决明,类细豇。苍耳一名羊负米,俗呼兼丝子。何首乌赤者
雄,白者雌,本名交藤,因何首乌服之,故名。覆盆子以老者食之,可温水
脏,故名。俗呼大麦莓(音妙)。菖蒲生石罅者,曰石菖蒲,叶细;生陂泽
者,曰水菖蒲,叶大。五棓子子青,大者如拳。葶苈《月令》:冬夏蘼草
死。注云:藤草、荠、葶苈是也。革薢茎有刺者根实,无刺者根虚,虚者
胜。又一种俗名山阿娘。黄连状若连珠,其九节者妙。苽蒌一名黄瓜,
《诗》所谓"果蠃[①]之实"是也。龙胆状如牛膝,味苦,故以胆名。艾类蓬
蒿,土人于重午前一日收其叶以制艾。桔皮有青、陈二种。香附子即莎
草根,丛生道傍,一名蓑草,俗呼地久僵。蓖麻紫茎,子青褐色。薯药一
名工延,一种根圆而长,名山药,其下品曰水薯药。又一种紫黄色,曰虎掌
薯,以形似故名。土人参出王城山。香薷生唐岭南者佳。薄荷经久根
不死。山栀子一种百叶者,开花不结子,[①]其结子者多是单叶。然亦有
二种,小而多棱者入药用。豨莶一名火杴草。骨碎补一名胡孙姜,唐明
皇以其主折伤有奇效,故名。干姜气温生气,微温,去皮热。芎劳一曰

胡荽,即蘪芜根。**过海藤**出海山中,治疯,生穿硼者佳。**马兰**生泽旁如泽兰,气臭。**羊蹄**一名蓄,或又名秃菜。**金银花**一曰金钗股,一曰忍冬花,以其花一黄一白相间,故谓之金银花。藤右缠曰灭毒藤。**桑螵蛸**即桑枝上螳螂蛹也,一枚出子百数,因得桑皮津气,故入药用。**桑白皮**取桑皮去外壳为之,又其枝可取油。**红花**与根俱入药品。**干葛**解消渴。**莺粟壳**一名御米壳。**茜**俗呼过山龙,又呼五叶藤。**百合**花白者入药佳。**蜀漆**即土常山苗。**紫苏**下气,发表。**大小蓟**即牛口菼根。**益母草**即茺蔚子,俗呼野天麻。**地肤子**一名落帚。**石斛**按《本草》,温台亦有之。以广南者为佳。**茵陈**叶类香薷而细,有山茵陈、家茵陈二种。**旋覆花**⑫一曰金沸草,俗呼金钱花。

花之类 **牡丹**多种。五季时,钱氏喜栽植,盛若菜畦。今富家多有。**芍药**多种,亚牡丹。**酴醿**一名木香。有花大而独出者,有花小而丛生者,丛生者尤香。**海棠**红色,以木瓜头接之,则色白。又有二种,曰黄海棠,曰垂丝海棠,以樱桃为接头,垂丝淡红,而枝下向。**岩桂**一名木犀,红者号丹桂。又有黄、白、紫、碧四色与重台者,而黄者尤香。**山茶**有红、白二色。**蔷薇**红紫色,枝干有刺,又有黄色者。**拒霜**一名木芙蓉,有红、白二种及白叶者。**山樊**极香,木⑬高数尺,北人呼曰"玚花"。**菊**有四十余种。又有自海外得种者,曰过海菊。**瑞香**一曰睡香。**丁香**一名巽花,有紫、白二色。又一种有金线叶,出海山。**杜鹃**俗号映山红,一曰红踯躅,又有一种紫色。**丽春**茎生花,媚而香。**金钱**深黄,花圆如赤仄⑭。**玉簪**质素而香,其形似簪。**金棣棠**淡金色。**迎春**一名黄雀儿花。**金沙**有紫色者。**锦带**长条而花缀其上,若锦带然。**金凤**有五色,状若飞凤,一又曰仙凤。**八仙**状如琼花,八蝶簇一心。又有小蝶簇聚如碧玉者,曰玉蝴蝶。**雪玫瑰**白色。又有紫色者,曰徘徊花。**长春**色红,一名月月红。**胜春**一⑮名月季,又名斗雪红。今按此花与长春相类,而加富丽。**滴滴金**黄色,一名滴露花。**山丹**一岁着一花。**木笔**初发如笔状,一名辛夷。**凌霄**附木蔓生，有毒，或凌晨仰视，花露滴目，则能丧明。**木槿**《诗》名舜华，一曰日及花。**玉绣球**白圆如球。**剪金**叶分数歧，如剪裁之状。**宝相**蔓生，类长春。**密橱**红黄色，千叶。欧阳公《牡丹记》作此"橱"字，俗云"密友"者非。**水仙**本名雅蒜。又有一种曰金盏银台。**栀子**一作支子，一名鲜支，佛书称"檐卜"，花六出。近有一种花瓣尤多且大，名川栀。**蜀葵**《尔雅》曰苚戎葵，释曰蜀葵也。一种曰夏葵，有红、白、紫三色。**石竹**一名锦竹，颇多种。**百合**红白色，根如胡蒜，叠生二三十辨[⑩]。又有川百合，先实后花，杏黄色，上有墨点，如洒墨然。**罂粟**以状如瓶罂，其中似粟，故名，俗云"莺粟"者误。**鸡冠**其状似之，佛书所谓"波罗奢花"是也。**紫荆**俗呼百日红。**刺桐**其枝干有刺，叶如桐，其华侧敷如掌，形如金凤。先叶后花，则年丰之兆。

　　草之类　**芝**按芝与菌蕈等皆不种而生，菌蕈是土木气所蒸而生，芝是天地和气所蒸而生，故芝瑞草也，世不常有。**兰**每干一花而香浓者兰，五七花而香薄者蕙。**萱**一名鹿葱，可以忘忧。夏开者高大，秋开者短而叶细。**蒲**生陂湖中，似莞而褊，有脊，其根可丝为蜜煎。**浮萍**考《本草》浮苹，江东人呼曰藻，乃今池塘溪涧中所生。叶浮泛水上，无根蒂，其生最易蕃。治恶疮。又五月采取阴干，烧烟去蚊子。**白苹**或云苹开白花，而蓼开红花，故世称白苹红蓼。今考《本草》收入"水萍"项下，而别其体性与苹异。苹叶圆，阔寸许，叶下有一点如水沫，始生可糁蒸为茹，古采苹供祭祀即此。若浮萍，则不可食。**蓼**有二三种，其高而大者为家蓼，秋开花，作穗红白色。生江岸者，曰水蓼。生道旁者，曰辣蓼，可造面蘖。又一种曰水荭，比水蓼稍大。**三白**农人云："一叶白，则稻熟。"**茜**生山谷中，三棱，可以染绛。**马鞭**茎方，花银色，下如鞭鞘。**仙掌**生石壁上，如人掌，故名。**芦**或谓之葭，小者曰菼。**黄**《尔雅》谓之薍，又曰芒。江生者为淡黄，近海生者为咸黄。土人以为缆，为蓆，为屦。**苕**可为帚。**络帚**可为帚。**茅**可用覆屋。**灯心草**泽地丛生，茎细圆，可为席。**菅**干可织壁。**龙须草**可用结鞋。**莎**缘地遍生。**稗**实赤，可食。**蓍草**出蓍岙，今稀有。**候**

潮草叶间有荚,如榆荚,潮至则开,退则合。

竹之类 班竹晕紫黑而点大,又号越竹。紫竹紫色,张文潜所赞紫君是也。筀竹生二三月为早筀,其皮暴干,可照夜。生四五月者称晚筀,此竹色苍白,其性坚硬,可破篾箍桶。方竹以茎方故云。箭竹《尔雅》谓之筱箭,即《禹贡》"会稽之竹箭"是也。淡竹肉薄,节间有粉,可造纸,南人多烧取沥云。石竹节疏而平,可编壁。狗竹《谱》云节间有毛。堇竹[17]音与斤同,坚而促节,肉厚,窍中可为弩。慈竹又名子母竹,丛生。苦竹以笋味苦,故名。《临海异物记》云:"以苦毒竹为枪,中虎即毙。"江南竹一曰雪竹,干叶苍翠,异他竹。佛面竹节如人面。钓丝竹可为钓竿。桃枝竹《尔雅》云:"凡竹相近四寸有节者名桃枝。"今所产其节相去逾尺,可为筊箸,又可为簟,不假丹藤。又曰蒲葵竹。茅竹俗名笆篱竹。公孙竹长尺许,成丛。四季竹长笋不绝。筱竹叶云[18]箬叶,以裹物,不渍润。猫竹此竹极大,两二[19]本足一人担。越岁益坚,取其近本者破之,可与铁钉互钉橡板。

木之类 松土产最盛,皮皴散如鳞,其叶每三鬣共一簇,材中梁栋。山谷间有怪松如画。富室园亭又有蟠松。杜松杉叶柏身。柏叶扁而香。又一种名侧柏。桧有御爱桧、海桧二种。梓《尔雅》云椅梓,注云:"楸之属。"桂香酷烈。今天台山有八桂。槐《尔雅》作"櫰",叶大而黑。杉有刺杉、细杉、瑞杉等种。樟此树最大,可解为船及屋梁,色微赤,气辛。桐有黄桐、毛桐、梧桐等种。枫厚叶弱枝,善摇,脂可为香。檀黄色,或名黄檀。柽河柳也,俗呼天杉。其树似松,皮赤,叶可以卷胚。楠根生瘤。《吴赋》云:"楠瘤之木。"支材美,中室料。榗实可食。檽子似茱萸而香。榆其类有十,叶同而理异。柞性坚,得土之正,可为梳材。栎叶似栗,可染皂,其实橡也。朴皮粗朴,故名。楮一名谷,旧传皮班而有瓣[20]者为楮,皮白而无瓣者可为谷。冬青宫中号万年枝,四时常有。桦桃皮可为烛。唐人所谓"朝天桦烛香"是也。金荆木坚有文,可为床。

练子可熟绢。樗形干类椿,叶脱处有痕如樗蒲子,故名。然无用,庄子所谓"匠者不顾"是也。黄心以其心黄,故名。乌臼实如鸡头,液如猪脂,可压油为烛。柳其叶下垂,细者曰西河柳。又一种曰櫺,杜甫诗所谓"櫺柳枝枝弱"是也。黄杨岁长三寸,遇闰则缩一寸,东坡所谓"厄闰年"者是也。水杨叶圆而阔,且梗短,生水滨。苦条材可为弓。桑有黄桑、青桑、花桑、水桑、过海桑。柘叶不类桑,蚕惟三眠者食之。桐其实可食。

货之类　茶近山处多有之,惟紫高山、鹅鼻山者颇佳。盐出迁浦、沙角、高浦、平溪、青林、车路、湖雾,率于二月、六月、八月间取土渗卤,用铁盘煎成。或夏秋多雨,咸土被伤,即盐贵。蜜近山人家多产,岩穴中亦有产者。木绵花山田多产,春夏间种,秋开,色白者上,淡黄下。蓝靛有三种,曰木蓝,曰松蓝,曰蓼蓝。近自汀得种,然终不似汀之宜染。蛎灰滨海民率取蛎壳置窑炉中烧为灰,细者馒壁,粗者粪田。黄蜡煎家蜂窠成之佳。白蜡小满日,用虫子系冬青树枝或苦锦树成,次年小满前数日,捨之成蜡。红花可用染绛。棕榈一名栟榈,须可作绳,耐水,叶可为帚。槐花可用染黄绿。柏油乌柏树冬月结白实,可以压油。王原道诗曰"无烛尽烧乌柏子",即此。油烛炊乌柏子取外脂为烛,其仁为心油,合仁脂为柏油。桐油桐实大如鸡子,八月取压油。香油用芝麻压为油。茶油用山茶子压为油。菜油用油芥子压为油。麻有白麻、黄麻、青麻。花老则刈,穴地为大坎,置薪其下,复以石,燎之红透,梗以横木,置麻其上,封以泥草,四畔穴小隙以水沃之,声如雷鸣,其气自蒸,谓之烘麻。伺熟曝干,旋浸以水,剥取其皮,则软而易绩。今罕种,以苎易绩故也。梅溪人多绩麻。苎一年三收或四收,出古城、桃夏。纯用苎功织布,漂白染红佳,兼丝成者,曰苎兼丝。葛山乡多产,采剥煮熟,用水漂白。惟纯用葛织布者佳,兼丝次之。转致他郡染红紫佳。桑丝宜为绸绢,今诸家妇女多治蚕,其丝比杭湖稍次云。柘丝作琴瑟弦,清鸣响亮,胜桑蚕丝。绵二季蚕茧多绷绵。绸有三四品,以丝成者曰丝绸;合丝为线成者,曰合线绸;以绵抽丝成者,曰绵绸;以绵丝杂木绵线成者,曰假绸。**土纱**选净丝染青为之,出关屿、长屿。**绢**有二品,以生丝成者,名生绢;以靛染丝成者,曰练青绢。**苎布**不纺者曰扁纱,俗呼散制;纺者曰圆线,俗呼生苎。**木棉布**粗者名蛮布,稍细者名腰机,以苎经合木棉纬成者,名散制纬。**麻布**缉麻为之,出梅溪。**葛布**纯用葛者,曰上路葛;以丝为经,缉葛为纬者,曰丝葛;以苎为经者,曰淡葛。**草席**出渭川、莞田等处。**皂荚**可用浣腻。又一种名肥皂,可浣衣。《南史》云:"黄尘污人衣,皂荚相料理。"**金漆**其木似樗,延蔓成林。种法:以根之欲老者为苗,每根折为三四,长数寸许,先布于地,一年而发,则分而植之。其种欲疏不欲密,二年而成,五年而收,取汁涂物似金。宋时入贡,今绝稀少。**冶铁**锅、釜、犁、锄等器,出泽库街。

畜之类 《周礼》以马、牛、羊、猪、狗、鸡为六扰,是为家畜。**马**蹄圆,其尾毛而散垂,其力健,用以骑乘。又有似马而小者曰驴,驴与马相牝牡而生曰骡。**牛**有黄牛、水牛,其首角,其蹄枝,其耳无窍,其齿有下无上,尾肉而末毛,其食齝齝(音怡),谓既食复出而嚼之也,是谓耕农之畜。《礼》谓大牢,亦充宾祭。**羊**其首、其蹄、其齿与牛同。注:其尾秃。其未成羊曰羜。《礼》谓少牢,以充宾祭。**猪**别呼为豗、为豕、为豨,其喙长,其足枝,其尾善摇。猪子曰豚。其为牲,在羊之次。**狗**其耳垂,其尾卷,其牙相制,其足蹯蹯,后有悬爪。一①曰犬。性善守,遇非其主则嗥,近则噬。又有猎犬,长喙曰猃,短喙曰猲獢。又家畜有猫,能捕鼠云。**鸡**雄者有冠有距,毛羽烂班,雌者暗然无章。其鸣知时,其食相呼,其斗勇,古三牲,鸡居其一,今为常食。又按家畜有鹅,《礼》所谓舒雁也。有鸭,《尔雅》所谓舒鹜也。六扰未尝及之,今附见。

禽之类 **乌**《说文》云,一名慈乌,以其能反哺而名。其腹白者曰鸦。又一种名寒鸦,状差小,初冬来自西北云。**鹊**俯鸣则阴,仰鸣则晴,闻其声则喜,故曰喜鹊。**鹳**有两种,以鹊而巢木者为白鹳,黑色曲头者为乌鹳。**鹰**苍黑色,亦名鸷鸟。又有啁唶而声悲者曰鹠,苍褐色而似鸥者曰隼。**鸠**斑色,方言曰鵻。又一种色不班,人视其鸣为耕候,名布谷。**黄鹂**

一名启庚,俗呼为黄莺。雉即《书》"华虫"。竹鸡自呼为"泥滑滑",俗传白蚁闻之,即化为水。山鸡嘴与足皆红色。鹌鹑《列子》云:"蛙变为鹑。"又云:"鼠亦为鹑。"善斗,人以密网取之。鸲鹆人畜其雏,以竹刀剔其舌,可使能言,似鹎而有帻者是。鸽一名舶鸽。翠碧毛可为饰,南方呼为红翠。郭公身赤而头尾黑。画眉白眉褐质,善鸣好斗。雪姑毛羽黑白相间。白头翁似雀而大,首有白点。谢豹一名杜鹃,又名子规,曰谢豹者,以其声。雀斑褐色。又有黄色者,曰黄雀。八九月群飞稻田间,人取为披绵②鲊。或云海鱼所化,八月为雀,十月复入海为鱼。啄木按《本草》,褐者为雌,斑者为雄,穿木食蠹。捣药禽其声丁当似之。婆饼焦似雀而大,羽褐色。青丝似雀而小,羽青色如丝。山鹧长尾而碧色,嘴与足皆红。伯劳一名鵙,一名博劳。鹈鹕颐下有皮,可容二升物。又名淘河。鸦似水鸡而色白。青菜嫩绿色,腹下黄色。黄头褐色,喜斗。鹗③似雕而小,一名雎鸠。鸬鹚毛五色,善敕水取鱼。鸬鹚口中吐雏,土人以捕鱼。鹭足修而羽白。《南越志》云"随潮上下"。鸥臆白翅青。《南越志》云"能随潮上下"。凫飞甚速。鸳鸯毛羽五色,雌雄相逐水滨。红鹤身白,嘴与足皆赤。鹞似鹰而小。又有一种名鹘鸼,似鹊尾短。花腊似④雀而大,色黄褐白黑相间如花,善鸣。噪天似雀而大,性善鸣,愈鸣即飞愈高。百舌一名孟桑,遇春初作百鸟鸣。十二红羽毛红褐碧绿相间。

兽之类

虎山兽虎为之君。口中牙有棱,上下相吻合无缝。其舌生倒刺,爪钩戟,藏缩不露,其毛浅,其须刚,其脏无小肠。及怒而作势,则毛张爪露,大号风飒飒生,食不择肉。豹有赤、黑二种。又有文圆者,名金钱豹。熊形类犬豕,而性轻健,好攀缘上树,见人则自投而下。背上有脂,曰熊白,寒月有,夏则无之。其掌为珍味,胆可入药。豺方言曰豺犬。狼似虎而小。野猪牙利如镰刃,毛黑如锥,一名豪猪,即封豕也。山羊有筋力,善走。山犬似家犬,赤色,黑文,好食果实。鹿瘦身高脚,长颈秃尾,色黄,有白点,性最惊虞,角脱新生为茸,补虚劳。麂似鹿而小。獐亦似鹿而小,毛粗。香狸形如羊而小,有力,味甚珍。一名牛尾狸。兔兔生缺唇,前两足短,后两足长,其行必跳。其尾下粪窍,一岁生一窍云。猿猿善援,故名。有通臂猿,左引则右短,右引则左短。其臂可作箫。猴亦猿类,最黠。狐似狗而小,尾如长帚,能作妖惑人。鲮鲤似鲤而有四足,能陆能水,一名鳞鲤,又名穿山甲。刺猬足短,多刺,近人则缩。獭似犬而口锐,毛细,水不能濡,善捕鱼。人有鱼鲠,以其爪爬项即愈。鼠狼生田野中,似鼠而尾如帚,善捕鼠。鼯似蝙蝠。栗鼠一名鼯鼹鼠。竹䶄凡竹刺入肉不能出者,唼此物立消,以其食竹,故能化竹毒云。

鱼之类 鲈肉脆者曰脆鲈,味极珍。又有江鲈,差小。然此鱼与鳜鱼相类,能食诸鱼,凡池塘放鱼秧,拣而出之,不然则败鱼。石首一名鲮鱼,首有两白石,故呼石首鱼。其色黄,能消瓜,故一呼黄瓜鱼,又呼金鳞鱼。其小者曰郎君。曰黄衫,又其次。盛于春者曰春鱼,仅尺许。此鱼腌暴为鲞,不腌而暴曰白鲞。其鳔可作胶。鲥一名鲥,俗称乌狼。腹多刺,肝毒杀人,烹之必去齿目涎血。冬月为上味,有脂白如酥,名西施乳。又一种小而黄,春半方出,名黄鲥。鳖本名鲍鱼,俗呼作鳖。三鳃曰鲍,四鳃为茅狂。鳢似鲂鱼而腻,宜盐煎炙。鲮身扁而短蹙,色苍,无鳞与鲠。以其首锐腹广尾细,有似镖枪,故呼鲮鱼。或谓当作枪,枪从仓,言其色也。或又言其与百鱼交,字当作娼云。马鲛身圆而狭长,色亦苍,无鳞与鲠。谚云:"山食鹧鸪獐,海食马鲛鲮。"皆言其美也。其实马鲛亚于鲮。鲨二十四种,有白浦沙、黄头沙、白眼沙、白荡沙、青颔沙、乌沙、斑沙、牛皮沙、狗沙、鹿文沙、鲦沙、鲢沙、燕沙、虎沙、犁头沙、昌沙、丫髻沙、刺沙,其类甚众。比目双则比目,单则王余[①]。鱼状如牛脾,鳞细、紫黑色,眼相合乃行。枫叶形似枫叶,而肉薄味佳。《海物异名记》云:"枫叶入水,化质为鱼。"鲎鲎,前启切,子多而肥,夏初暴干,可以寄远。又有大者曰马鲎,可脍,亦呼鲂鱼。缁身圆长而鳞缁黑,味甘。鲤无大小,行背有三十六鳞。陶弘景称为鱼王。银鱼口尖身锐如银条,以为鲊,尤美。鲋一名箭鱼,最膏腴,但多骨。蟹亦鳖类,小者曰康蟹。白鱼板身肉美,多细鲠。
鲳似鲻而目大,似鲤而鳞粗,能以鬣刺水蛇食之。鲫出海中曰海鲫,出溪
塘中者止曰鲫。其形皆扁,而鲫首味甘。梅首形类石首鱼而小,俗呼梅
童。土人暴以致远,次于鲞。鲂与鲋鱼相似,但薄耳,骨多肉白。火鱼随
潮满江结阵而来,身圆,通赤,故以火名。鳈身如膏髓,骨柔无鳞。竹夹
近鲂,尾有硬鳞。白袋形似牛而白,每自海入江,则为水潦之兆。乌泽
与鲻相类。柿核一名秀才鱼。魟形似扇,无鳞,口向下,尾长于身。最大
曰鲸魟,次曰锦魟,又次曰黄魟。鳓形似魟,以盐裹,暴干,俗呼老鸦鲞。
地青尾有刺甚长,逢物则拨之,毒能中人。色白者曰地白,与红鳓相类,
又名邵阳鱼、鼠尾鱼。细鳞生溪塘中,以鳞细,故名。石勃卒一名末鱼。
鲇《尔雅》鳀鱼。大者长尺余,无鳞,亦名鳡,又呼为鮧。子鱼味最珍,亚
鲋鱼。华脐形如箬笠,有帔,可食,一名老婆鱼。带鱼修若练带,故名带
鱼。鳝黄色,状如蛇,或传荇蓼根茎所化。鳗出海中者,齿尤铦利,冬阴
干之,名风鳗,宜于致远;出溪洞者,曰鲛鳗;出江湖者,曰湖鳗。鳙背青,
无鳞,多腴,目旁有骨,名乙。《礼》曰鱼云乙。郑注云:"东海鳙鱼也。"品
最下,不登宾俎,惟盐裹以为鲞则佳。青鳞大如拇指,长四五寸,色青,鳞
厚。鳅生泥中,品颇下。章巨八足,首圆正,名曰蛣蝓。郭璞《江赋》"蛣
蝓森衰而垂翘"是也。海滨人讹曰章鱼,又曰章举。一种形似之而小,曰
望潮。江珧《尔雅》蜃小者曰珧。以柱为珍。郭璞《江赋》曰玉珧。螺多
种,其厴白可作香曰香螺,其味辛辣者曰蓼螺,身长有刺者曰刺螺。又有
丁螺、斑螺、黄螺、白螺、田螺之类。又有生深海中,可为酒杯者,曰鹦鹉
螺。车螯乃蛤之大者,其壳光泽,色微黄,肉坚,含浆不放,用火炙开之,
加椒酒令滚,其味甚丰。一名魁蛤。虾有赤白青黄斑数色,青者大如掌,
土人®珍之,多以饷远。梅熟时曰梅虾,蚕熟时曰蚕虾。状如蜈蚣而大者
曰虾姑。身尺余,须亦二三尺者,曰虾王,不常有。皆产于海。其产于陂
湖者,曰湖虾,二钳比他种其长倍之。鳖一名团鱼,其肉四边垂者曰裙,乃
食品之珍者。乌贼一名乌鲗,腹有墨。性嗜乌,浮水上,伺乌啄其腹,则

以须卷食之。骨名海螵蛸。土人以元夕阴晴卜多寡云。**蛤蜊**善醒酒,一种小而壳薄者,名蛤蜊姑。**蛏**大如指,长二三寸,壳苍白,头有两巾出壳外,割其纽煮食之,味甘。**蚶**《尔雅》谓之魁陆,有瓦垄蚶、毛蚶数种。又有乌头而似蚶者,一名蚹云。**蝛**似蛤而长,壳有毛。**龟脚**以状似之。郭璞《江赋》"石蜐应节以扬葩"是也。**牡蛎**生海际崖石上,魂礧相连如房,曰蛎房。又有一种曰金钱蛎云。**蝤蛑**八足四螯,随潮退壳,一退一长,肉亦随潮而生,潮大则虚,小则满。其最大者曰青蟳,斑者曰虎蟳,后二足扁阔名拨掉云。**蟹**类蝤蛑而壳锐,螯铦利,断截如剪,故一名曰蛫。有赤膏者,俗呼为母蟹。冬以卤渍之,曰刚蟹,其无膏者,曰白蟹。**螃蟹**俗呼曰蟹,螯跪带毛,糟之可致远。东坡云"蟹微生而带糟"是也。**彭越**《尔雅》名彭蜞。土人以其色青,呼为青越,螯赤者名拥剑,名执火。又一种为彭蜞,性极寒。**千人擘**《海物异名记》:"聚刺傀壳,擘之不能入。"**蚌**有珠。郭璞《江赋》曰:"琼蚌晞耀而莹珠。"**海月**形圆如月,亦谓之蛎镜,土人刮磨其表,取通明者,鳞次以盖天窗。谢诗所谓"挂席拾海月"是也。**石帆**生海中石穴,紫黑色,枝柯相连。**石磕**形圆色紫而有刺。**鲎**雌常负雄而行,渔者双取之。子如麻,酱之可藏。**蛇**一名水母,形如覆釜,常有虾随食其涎缕。其肤缩以矾,可致远。**蛤**每一潮生一晕,海滨人以苗栽泥中,伺其长,然后取。**淡菜**一名夹壳,或有产珠者。**蟣**一名老婆牙,生于岩,或篱竹上。**龟甲虫**龟为之长,背有文,应八卦,胁肋有文,应二十四气云。**跳鱼**生海边泥涂中,其大如指,色黑味丰,土人呼为摊涂,一曰弹涂。

虫之类　蛇十余种。青竹蛇与竹同色。花蛇黄色,喜捕鼠。蝮蛇[①],胎化,腹裂子生,最毒。惟乌蛇不螫人。蜈蚣腐草所生,足有青、赤二种。蜥蜴似蛇,四足,以备四色者为雄,余为雌。缘篱落而黑色者,名蝘蜓;在壁名守宫。蝇虎似蜘蛛而灰色,善捕蝇。蛙三足者名蟾蜍,大者名封蛤,又水中鸣者名虾蟆。蚯蚓俗名曲蟮。蜘蛛织网取蚊,小者名蟢子。蚁有黄、白二种。虻能啖牛马血。蜗雨时涎壁如银色。蜻蜓小而黄者曰胡梨。**蜂**有蜜蜂、沙蜂、山蜂数种。**蝶**大者曰蛱蝶,有黄、白、黑数种。**蝇**色苍,其首赤而差大者,呼为影迹。**萤**《淮南毕术》:"萤火却马。"注云:"取萤火裹以羊皮,置土中,马见之鸣,却不敢行。"**螳螂**青色,长臂。**蜩**《诗》云:"五月鸣蜩。"本生土中,夏则登木而蜕,秋鸣为蝉。**蟋蟀**一名促织,有尾为雌,无尾雄,雄者能鸣,鸣于九月后为寒螀。**蝙蝠**一名伏翼,又名天鼠。**斑猫**生大豆叶上。**蚊**有水草之交则生蚊,善咂人。**水蛭蛭**(音质),俗呼马黄。**鼠负**瓮器底虫。**蚕**有蚕,有原蚕。原蚕者,再登之蚕也,俗呼二季蚕。

解曰:已上诸物,皆兹乡所产,今皆列其名,本旧志而注释之。其名或自古昔,或从方俗曲期。厥有不能名者不书,而于一物之中,名器不一者,亦不能悉究也。古之君子耻一物之不知,其为政也,亦耻一物之不得其所,是故有土宜之法,以辨土物壤物。而蕃鸟兽,而毓草木,而教稼穑树艺,庶物咸若,山川鬼神,亦罔不宁,由是道也。然则物产之志而岂徒哉!

田　赋

唐口分世业之制,一夫授田百亩,岁输租米二石,而田赋之数,旧无纪载,莫得而详。宋绍兴十八年,李侍郎椿年建行经界,履亩授砧基,贰藏之官,岁输两税。黄岩经界田九十三万九千一百六十三亩,而涂田、学田、寺观田不与焉。夏税绸绢总一万五千七百匹有畸,秋税苗米三万八千九百三十三石有畸,而物力钱不与焉。后六十二年为嘉定辛未,令杨圭又修复之,稍增于旧。元至大间根括田税,比旧稍复减少,夏税中统钞⑧一千四百八十六锭二十三两有畸,秋粮三万六千九百九十六石有畸。

国朝洪武十九年,遣官经量田土,黄岩总官民田地塘计一万一千六百九十顷九十亩有畸，税粮载于典籍。太平割黄岩南三乡暨乐清东二乡为县，其田赋自成化庚寅以后始得厘列如左云。

成化六年，割黄岩南三乡立太平县。官民田地山塘四千五百六十四顷五十八亩四分五毫，官房四千七百四十二间半五十八厦®。夏税麦二千七百一十六石八斗二升七合，秋米一万八千八百二十八石六斗二升六合七勺，地税钞三百三十二锭三贯五百九十二文，农桑地税折绢一十三匹二丈七尺七寸。

成化十二年割乐清东二乡隶太平县。官民田地山池一千十顷二分五厘六毫八丝二忽，沙水七处，官房五十五间一厦一庙。夏税麦四百二十六石六斗五升五合，秋米一千二百九十石八斗五合三勺，地税钞二百一十六锭二贯三十七文，农桑地税折绢三匹三丈五尺八寸二分。

成化十八年。官民田地山池五千二百二十二顷三十九亩三厘八毫九忽，沙水七处。岁征麦三千一百八十一石七升六合八勺，秋米二万四百七十五石九斗一升三合，农桑地税折绢一十七匹二丈三尺五寸二分。

台州等卫军田本县居民带种。田五十六顷六十六亩八分五厘，米五百六十六石六斗八升五合。

松门卫军人屯种。田二十四顷一十三亩二分，米六百二十二石九合。

嘉靖十一年。官民田地山塘五千七百四顷四十一亩六分三厘五毫八丝二忽，并沙水七处。岁征麦三千一百九十四石三斗七升五合，内夏税麦九百三十五石九斗三升三合，麦苗麦二千二百五十七石八升二合，夏租麦一石三斗六升。起运折色二千八十一石三斗二升四合，存留本色一千一百一十三石五升一合。米二万四百八十八石一斗八合五勺，内秋粮米一万六千三百石一斗八升三合九勺，秋租米四千一百八十七石三斗五升三合二勺，麦租麦五斗六升一合五勺。起运折色三千二百五十九石八斗五升五合八勺，存留本色一万七千二百二十八石二斗五升二合八勺。食盐米一千八十七石九斗三升三合六勺。鱼课米二百五十六石九斗六升九合六勺。有闰月加米二十四石七合六勺。钞二千一百四十五锭四贯六百七文,内夏税钞二百五十四锭一贯一百一十文,秋租钞七十五锭四百三文,税钞九十八锭,赁钞二百五十八锭一贯八百三十文,牛租钞四锭五百文,盐粮钞一千五十六锭七百六十文。盐米铜钱一万五百六十文,内起运五千二百八十文,存留五千二百八十文。鱼课钞一千一百八十八锭二十四文四分,有闰月加钞九十三锭三百四十五文六分。农桑地额种桑二千三百六十八株,丝绢一十七匹二丈七尺七寸六分。

贡　赋

　　贡赋之来尚矣,大抵下之所供曰贡,上之所取曰赋,若《夏书》之厥贡厥赋,《周官》之九贡九赋,其遗法可稽也。吾台之贡,自唐以后见于郡志,至宋南渡,乃有杂赋,若今之岁办然者,而各色课程亦杂赋之类,故并书之,以备历代取于民之制云。

　　历代土贡　旧贡金漆、干姜、乳柑、甲香、飞生鸟、鲛华。郡志称南齐孔琇为台守,尝贡干姜,则其来久矣。唐岁贡《元和郡国志》:"阖郡甲香三斤,鲛鱼皮一百张。"宋岁贡《元丰九域志》:"阖郡金漆三斤,甲香三十斤,鲛鱼皮一十张。"嘉定锡贡柑子一万三千颗,见林昉记。元岁贡阖郡柑子二万三千颗,沙鱼皮一百六十七张,鱼鳔一百四十斤,狢皮一千一百二十四张。

　　历代杂赋　宋和预买太宗时,马元方为三司判官,建言方春乏绝时,预给库钱贷之,至夏秋,令输绸绢于官,谓之"和预买"。宝元后,改给盐七分,钱三分。崇宁三年,钞法既变,盐不复支,三分本钱亦无,直以和买额数委之于民,使与夏税并输,谓之上供。吾郡以诸县第一等户输绸,以第二、第三等户输绢,皆于起纳夏税和买内科折起发纳左藏库。阖郡绸二千五百三十五匹,绢一万一千一百一十二匹,绵二万八千九百一十四两一钱。**折绢折帛钱**咸平三年,始令州军以夏税折绢折帛。高宗建炎三年，车驾初至杭，两浙运副王琮言本路上供和买绸绢，自后可减半，每匹折纳钱四千以助国用。既有夏税折帛，又有和买折帛，民始不堪。此外，又有上供钱，阖郡七千六十七贯文，籴本钱九万贯文，在京官吏顾钱一千四十二贯六百文，实花纱钱一百七十七贯五百文，僧道免丁钱六千六百二十三贯五百文，历日钱五十贯文，耗剩米钱一万贯文，代发平海军银一千两。征科无艺而民益困矣。**元和买**宋太史景濂《浦阳图经》云："元时和买无定价，但欲买时对物支值，民便之。"**历日钱**元岁降《授时历》，大小七千六百八十三本，解定价中统钞一百三十七锭二十三两。

国朝洪武初　岁供旧亦曰岁贡。海错、石首鱼、鲻鱼、鳗鱼、鮸鱼、鲈鱼、黄鲫鱼、龙头鱼、海鲫鱼、银鱼、虾米、泥螺、水母线、螟干、白蟹、蚶、茶芽、蜂蜜、黄蜡、药味、肥猪、肥鹅、火熏猪肉。**岁办**段匹、皮张、历日纸、颜料、弓矢弦翎。

弘治以来额办派办物料　凡民出其土之所有以供上用，谓之岁办，今谓之额办，皆有常数。其或非土所有，则官给价钞，或准折税粮，令民收买送官，谓之买办。后因钞价多为吏胥所侵，惠不及民，由是不复支给，故直谓之派办。**段匹**折白银一百二十二两六钱六分八厘。**颜料**米一百三十八石八斗八升八合三勺。**弓**二百一十六张。**箭**一千八百一十支。**弦**一千八十五条。已上三项，共银二百三十九两六钱九分六厘四毫。**鱼油**折解银朱五斤八两九钱七分八厘。**翎鳔**折解黄麻二十一斤六两一钱九分四厘。**皮张**杂色皮二十三张，折银二百九两七钱九分九厘一毫。**药材**白术二十五斤，台芎五十斤，猪牙皂角一斤，粟壳一十二斤，半夏曲一斤，生地黄二十斤，价银二两六钱三分二厘。**茶芽**二斤四两，内四两折耗。**历日纸**价银一十七两四钱七分二厘。**进士牌坊**派银一十三两三钱二分四毫。**举人牌坊**派银一十九两九钱八分六毫。**科举**派银三两三钱九分一厘。**乡饮酒**该银二十两。**祭祀**该银一百三十六两。**柴薪马户**柴薪银一百八两，闰月加银九两，马户银一百六十两。**驿传**该银五百三十两。

马价该银二百九十四两。浅船料银二百三十六两二钱一分六厘二毫。军器七分⑧料银三十五两二钱七分九厘四毫。城垣七分料银四十四两七钱五分七厘。孤老五十七名，冬夏布帛柴每名计银六钱。

历代课程　宋经总制钱宋自李宪经始熙河，始有经制司钱。后陈亨伯以大漕兼经制使，至绍兴五年，复置总制司，以诸州酒务、商算及头子⑨、牙契等钱起发录该司，充军需。建中靖国以后，至取雇役钱附益之。阖郡计经总制钱一十五万六千五十四贯。此外，又有坊场正名钱、七分宽剩钱、七分酒息钱、五分净利钱，皆取之课程者也。黄岩县煮酒暴酒并商税钱一万二千七十七贯六百五十四文。

元课务钞酒醋课中统钞七百六锭一十五两二钱，窑灶课中统钞四十两，茶课中统钞一锭四十三两三钱五分。州税务岁办中统钞三百一十五锭八两五钱，松门税务岁办中统钞九十五锭一十六两四钱。已上皆黄岩州课，而阖郡不与焉。

国朝诸色课程　房地赁钱钞二百五十六锭二贯四百一十文，内房赁钞一百四十一锭四贯三百九文。商税钞一百七十七锭四贯九百六十文。鱼课原四百七十五名，今惟四百五十三名，钞见田赋下。酒醋课钞五十锭三贯九百三十文。

盐法源流　三代之时，以盐充贡而已，官未尝榷之以为利也。自齐用管夷吾，而盐利始兴，汉以桑、孔领大农事，而盐禁始重，其源一开，不可复塞。唐刘晏上盐法轻重之宜，令亭户粜盐商人，纵其所之，此商盐所由始。郡县有常平仓盐，每商人不至，则咸价以粜，官收厚利，而人不知贵，此官鬻盐之所由始云。

宋盐法始用常平仓盐，官自运卖，其后令铺户衙前趋场取盐，运赴县仓交纳，脚力钱则官给与之。计丁给盐而纳钱，以充官用。《黄岩志》云："于浦盐场，岁纳盐三万五千石。"

元盐法其法大略似宋。《黄岩志》载总管王居敬奏状可考，于浦监场岁办额盐九千五百九十引。

国朝盐法有户口支给之食盐，有客商中卖之引盐。商盐客商输粟于边,官给引目,支盐于场,任其货卖,然虑其私贩之为患也,特差御史一员往来巡视,而军卫有司皆有巡盐官员,鬻盐所在又有巡盐火甲,关津去处又有巡检为之盘诘,其禁治之严如此。又虑旧引影射之为弊也,故支盐出场而经过关津,盐引有截角之法,卖盐既毕,而往卖官司旧引有缴纳之例,其防范之密又如此。本县灶丁一千七百九十七丁,每丁岁办黄岩场盐二引六十二斤一十二两七钱。每引四百斤。额盐三千八百七十六引四十斤一十三两七钱。煎法:每年例定二月起煎,先用牛杷土浮松,挑积堆垛,筑小槽如炕,封涂其底,覆以剖竹,铺以净茅,实土槽上,灌沃清水,渗及周时,泥融水溢,卤方溜入池内。每卤一担,成散盐一斗。其色白,其味咸。食盐有司开具户口名数,令人赴运盐使司关支回县,而计口给散,市民、官吏则令其纳钞,乡民则令其纳米,各随所便。其后,有司以关支搬运之艰故,其盐不复请给,而纳米纳钞则仍其旧云。本县户口食盐米钞铜钱,俱见田赋下。

役　法

夫上之役民,民之往役,皆义也。顾后世往往以役为病,则役之不均故尔。今郡县役民,有正役,有杂役,以民则有贫有富,以役则有重有轻,皆不可锱铢爽失也。用是备志历代役法之异同,以为长民者告焉。

唐　正役以百家为里,设置里正一人,五百家为乡,设乡正一人,掌按比户口,课植农桑,检察非违,催驱赋役。在邑居者为坊,别置坊正以掌坊门管钥,督察奸非。在田野者为村,亦别置村正,掌与坊同。皆选勋官六品以下、白丁清平躯干者充,而免其课役云。其后御史韩琬上言,往年里正、坊正每一员缺,先拟者十人,今差人以充,犹致亡逸。至宣宗大中之诏,遂有轮差之议,民始有不愿为里正者矣。

杂役租庸调法:有身则有庸,民之役于官者,岁不过二十日,不役者,日为绢三尺,有事而加役者,则免其租,免其调。

宋　差役法里正、坊正,皆仍唐旧。以里正、户长、乡书手课督租赋,以耆长壮丁逐捕盗贼,其他杂役,多以厢军给之,罕调丁男。其后乃有三等衙前,及承符、人力、手力、散从、祇候之役云。惟乡户衙前之役为最重,或主典仓库,或辇运官物,往往至于破产。皇祐中,禁役乡户为衙前,令募人为之。**熙宁保甲法**王安石变里正之法,以十家立一保长,五十家立大保长,五百家立都保正,又以一人为都保副,皆用有心力材勇之人,以讥察盗贼,不当他役。故朱子言其犹有联比居民,入长出治之意。**助役法**令民出免役、助役之钱,而罢衙前之役,凡主典仓库,纲运官物,及耆户长、壮丁之类,皆募人充应。其意亦非不善,但行法之人迫切苛刻,多取宽剩,民有不堪。况其行之未久,而耆壮之役归于保甲之正长,户长之役归于催税甲头,多有不给其雇值者,是使民出钱免役,而复使之执役也,其害有不可胜言者。**嘉定义役法**淳熙中,朱文公行部,邑士童蒙正、诸葛蒸硕请使民自结义役,文公奏行之,乡都亦间有不能承命者。嘉定四年,令陈汶至,始劝人一以义役从事,随都分阔狭、役户多寡,以物力高下为应役之岁月,次第排定,周而复始。仍俾役户亲立契约,均出田亩,都置役首,以统其纲。钱谷出入,动有绳墨,掌以主事,储以义庄,有代役以供乡落之走趋,有递帖以应有司之期限。于是义役之法,遂遍邑境,鼠尾旧式,屏去不用云。

　　元　役法县各四隅设坊正,外则乡设里正,而都设主首。后以繁剧难任,每都设一里正,主首则随其事之难易而多寡之,专以催输税粮,追会公事。其初以周岁或半年一更,后又改季役,大率以粮多者为役首,其次为帖役,其杂役则弓手、祇候、禁子、斗子、曳刺、铺兵、船夫、房夫、马匹之类。而制度之详,多寡之数,未有考焉。

　　国朝　正役以一百十户编为一图,选其丁粮多者为里长,其余皆为甲首,十年而轮役一次,专以催办钱粮,追摄公事。本县坊长六名、里长六十名,又有粮长,以征收二税,本县粮长五十五名,是皆所谓正役也。**老人**每图设老人一名,本县老人六十六名。**总甲**每图设总甲一名,统管小甲十名。本县总甲六十二名。以上二项亦皆正役。**杂役**其役过里甲,又充均徭之役,谓之杂役。本县均徭有银差、力差二项。力差。布政分司门子一名,银二两;按察分司门子一名,银二两;金衢道借拨皂隶一名,银七两二钱;贴堂道皂隶一名,银七两二钱;南关轿夫二名,银七两二钱。本县直堂门子二名,每名银三两;耳房库子一名,银六两;直堂皂隶二十八名,每名银六两;狱卒四名,每名银七两二钱;解户二名,每名银三十两;预备仓斗级二名,每名银七两二钱;际留仓斗级一名,银三两;广盈三仓斗级四名,每名银三两;广盈四仓斗级一名,银三两;公馆门子一名,银二两;儒学门子三名,每名银七两二钱;库子二名,每名银七两二钱;射圃门子一名,银二两;沙角、三山、小鹿、盘马、蒲岐伍巡检司,每司弓兵七十名,每名银五两;渡夫二名,每名银二两;冲要七铺司兵共三十二名,每名银四两五钱;偏僻一十五铺司兵共四十五名,每名银三两;闸夫四名,每名银二两;林侍郎坟夫一名,银二两;谢侍郎坟夫一名,银二两;山川坛门子一名,银二两;社稷坛门子一名,银二两;邑厉坛门子一名,银二两;义冢土工一名,银二两。银差。本府县新官家火银二十一两二钱四分;本府儒学膳夫四名,每名银一十两;本县柴薪皂隶九名,每名银一十二两;马丁银一百六十两;岁贡水手一名,银一十二两,路费银三十两;加贡水手一名,银一十二两,路费银二十两;富户七名,每名工食银三两。儒学斋夫六名,每名银一十二两;膳夫八名,银八十两。松门卫经历司柴薪皂隶四名,每名银一十二两。

　　论曰:夫役法布于宪章者,法也。卷之舒之,使民宜之者,人也。故曰有治人,无治法。

①留都:燕王朱棣"靖难之变"后登上帝位,迁都北京,南京为留都。
②扈箔:竹制网帘状渔具,用竹竿固定在河道湖泊中,游鱼穿网被卡,即为渔者所获。　　③本草:原文脱"草"字,据下文补。　　④榨:原文作"苲",据文意改。　　⑤葫:即大蒜,重台指蒜头多瓣,独子不分瓣。
⑥王瓜:一说指土瓜,葫芦科多年生攀援草本;一说指黄瓜之别称。此处疑指后者。　　⑦稍瓜:越瓜的别称。又称菜瓜。《本草纲目·菜三·越瓜》:"越瓜以地名也,俗名稍瓜,南人呼为菜瓜。"　　⑧种:原文作"名",据文意改。　　⑨截小水:据《辞海》,银杏子功能敛肺定喘,主治痰哮喘

咳、遗精、带下、小便频数等症。此处当指能愈尿频。　⑩果蠃："蠃"原文作"蠃"。《诗·豳风·东山》："果蠃之实,亦施于宇。"郑玄注："果蠃,栝楼也。"今据改。　⑪结子:原文脱"子"字,据下文补。　⑫旋覆花:原文"覆"误作"茯",据李时珍《本草纲目·草四·旋覆花》改。　⑬木:原文误刻为"水",据文意改。　⑭赤仄:古代一种外沿为赤铜的钱币。　⑮一:原文"一"字为空格,依本志体例补。　⑯辨:疑当作"瓣"。　⑰筻竹:"筻"原文作"堇",据李时珍《本草纲目·木五·竹》改。　⑱云:疑当作"如"。　⑲二:据文意当作"三"。　⑳瓣:原文作"辨",据下文改。　㉑一:原文无"一"字,依本志体例补。　㉒披绵:黄雀脂厚者称为披绵。　㉓鹗:雕属,俗称鱼鹰。明李时珍《本草纲目·禽三·鹗》："鹗,雕类也。似鹰而土黄色,深目好峙。雄雌相得,鸷而有别,交则双翔,别则异处。能翱翔水上捕鱼食,江表人呼为食鱼鹰。亦啖蛇。《诗》云:'关关雎鸠,在河之洲。'即此。"鸺鹠,即鸮,俗称猫头鹰。此条目将两种鸟相混。又文中"似雕而小","雕"原作"鹏",据《本草》改。　㉔似:原文作"以"字,据文意及本志例改。　㉕王余:比目鱼的一种。因鱼目共生一侧,鱼身看上去只有一面。传说越王鲙鱼未尽,因以残半弃水中,为鱼,遂无其一面,故曰王余。见《文选》刘逵注。　㉖土人:"土"原文作"上",据文意改。　㉗蝮蛇:"蝮"原文作"腹",据文意改。　㉘中统钞:元中统年间颁行的钞票,称中统交钞,不限年月通用,与银并行流转。　㉙厦:原文作"夏"字,据下文改。　㉚七分:按《民国台州府志》:"宋时国狭用广,赋敛多立名色,所以征只七分,余则三年一敕,不尽征也。"　㉛头子:唐宋时按比例在常赋外加收的杂税。

太平县志卷之四

职官志上

《职官志》，所以志王政也。是故首之以职官之氏名焉，志其人也。次之以公署、学校、坛壝、庙祠焉，志其地也。又次之以职掌、礼仪、恤政、兵防焉，志其事也。然而三者以人为本矣，故曰："神而明之，存乎其人。"作《职官志》第三。

职官源流

唐承前代之制，县置令、丞、尉各一人。宋以京朝官知县事，其下有丞，有主簿，有尉。元初黄岩犹为县，有达鲁花赤①，又有县尹，有丞、簿、尉，后又有典史，为首领官。元贞初，升县为州，有达鲁花赤以为监州，又有知州一员，同知、州判各二员，幕职吏目一员。国朝设知县一员，总治县事，与前代同，秩正七品月俸七石五斗；县丞一员，秩正八品月俸六石四斗；主簿一员，秩正九品月俸五石五斗。丞与簿不分职掌，凡县事皆同金署，随上官所委，则各治其事。然水利、清军多属之丞，税粮多属之簿，即知县缺，则摄署其政。首领官典史一员月俸三石，主盗贼巡缴，掌公牍。凡公牍必待其书，然后以次达于上而完署云。

职官名氏

知县　考之郡志及官守表,在南齐,治为百城最,有若萧景;在宋,兴学校,有若翁仲通;疏浚水利,有若杨炜、孙叔豹、蔡范;正经界、均赋役,有若杨圭、王华甫;愤赋急弃官去,有若周蒙,要皆有功德吾土者也。顾犹在黄岩,故不书。今断自太平立县为始,具列其氏名如左,厥有政绩显著者,就疏于下方,以附于太史氏劝惩之义,后之莅是邦者可以观矣。

常完山阳人,由举人,成化六年以彭泽令调至。县治初设,经理营建悉出其手。未几,坐罢免去。

袁道字德纯,吉水人。成化十年由进士至。公存心正大,莅政廉平,视民患如切在其躬。有强盗林环者,诬指应华等二十三人,司府已锻炼成狱矣。公力为辨理,至纳冠带以去就决之,曰:"民冤如此,何以官为?"一时旁观者为之泣下,华等卒得白。又备倭张总督勇以沿海仓粮腐折责偿于民,郡县莫之敢后,公独据法与抗,曰:"粮在仓而责之民,吾官可去,实不能以是令民。"张卒亦无如之何。黄岩县界有贼杀捕盗官姜昕者,民惊悸甚,相率拒,户竖白旗,几至激变。公亟至其地招谕之,曰:"独杀人者死耳,吾为尔白之,无忧也。"上之人卒从其言,民以不扰。顾嫉恶严甚。先是,盗贼充斥,豪民持官府短长,武断乡曲以为利,公一置之法,境内大肃。居常杜私谒。公庭无事,乃衰锾金新学校,建乡贤祠,行保伍法,纠察奸细,廉请耆宿主乡约,月朔呈报善恶,以示劝惩。布衣有行义者,公必躬礼于其庐。疏治迁浦闸,兴水利,岁以大穰。邑西乐清民闻其风,皆愿属焉,乃奏割东南凡六都隶吾邑。然不善事上官,府符下,设有令非其令,违民好,公执而不行。郡守刘公忠憾之,欲以法中公,诃无他过。会粮储道参政行部,督粮急,公念夏月民艰食甚,约民使以货物为质,权宜令仓官预出朱契以粮完报,俟秋熟输米还质。刘诃得,以白于巡按御史,逮公责问。民老稚相扶携,无虑数百人,控监察御史,愿代公罚,已,竟释公。逾一考,以忧去,行李萧然,假贷以给路费,而赆赗一无所受。起复尹宜兴,治如太平。征入,擢监察御史,出按广东,踔厉威严,至有望风解印绶去者。行部至惠州龙川县,暴卒。传者谓有赃墨吏畏公按治,以毒中公,幸自脱云。公既去邑,士民列状于府,转请于巡抚彭公韶,为立去思祠,有司岁一祀之。仍祀名宦祠,谢文肃公为碑文。民至今伏腊公不衰。

丁隆字时雍,南昌人。成化十七年以进士至。寻迁监察御史,未几降为州判官。

刘用上饶人。成化二十二年由举人至。才既不足,而簠簋之饰又不及丁②。未几以忧归。

樊轩崇明人。弘治三年由监生至。视刘又复不及,而袁之政于是益大坏矣。述职以不谨去。

罗政新喻人。由进士,弘治九年以黄岩知县起复至。有吏才,然刑法峻甚。已而怙威③顾金钱,重赋酷罚,又数侵牟声流闻,以罢免去。

刘弼字邦直,南京锦衣卫籍④,华阴人。弘治十六年由进士至。承罗之后,一反其旧,以袁为师表,筑县后街,修学宫,民翕然称之。以调繁知黄岩,升南京兵部主事、户部员外郎中⑤,仕终袁州知府。

卢英字文华,四川崇庆州人。公,古之遗清也,由进士知黄岩,百姓爱之如父母。已而车御史梁劲公才任治简,调吾邑,以正德元年至。黄岩民相率走吁于朝,曰:"有成命。"乃砻石请谢文肃公为去思碑。其为太平,攻苦食淡如寒士。时公母太孺人就养官舍,公三日一市肉,仅以为养具,而公与家人止食菜茄豆腐以为常。或以事至司府及行都鄙,皆自赍饷具,一不以烦民。遇过客乡士夫,礼物戈戈,过客率懊恼去。字民如子,审里徭二役均甚,尤详于治狱,民自以不冤。催科第严限程,不甚箠楚,顾独严于吏胥及势要之家,一犯科条,辄痛箠,置之法,不少贷。用是,公庭斩斩,豪强敛迹。暇则校试诸生,为说作文课书之法。一日秋祭毕,召屠户,以公所得丁胙坛胙悉与之,曰:"吾将以考满上京,尔三日馈吾母肉一斤。馈已,呼吏人扃吾舍门,署封之,乃退。"屠者持其肉去,亹亹叹。及行,有松门卫官一人持赆来馈,公却不受。卫官曰:"闻公囊橐萧然,到都下费大,恐公在铨部前侍候,求一杌子坐亦不可得。"公徐应曰:"坐阶石上、地上,

97

何伤?"卫官亦蕡蕡叹罔休。已而以征去,邑老稚留靴为别。擢户部主事。值逆瑾擅权,凡经劾官,例调教职,调公教授镇江。瑾诛,复南京礼部主事。数月卒,贫无以归,同官鸠赠赙金归公柩。吾邑称贤令,盛以公比袁吉水,谓之"袁卢"云。今与黄邑皆祀于名宦祠。公二子,曰介,曰某,两邑士民日冀其贵显,已竟不显。

颜槚龙溪人。正德三年由举人至。以才力不及,改教职去。

梁瑾顺德人。正德五年由举人至。未几以监司按治去。

祝弘舒字文安,温江人。由进士,正德八年以含山知县调繁至。公综理有方,剖决无滞,吏民咸詟服,不敢欺以私。第持己在清浊之间,士论颇不满云。后迁户部主事,历员外、郎中、楚雄知府、两淮盐运使致仕。

林正长乐人。正德十一年以国子博士改至。公慈祥有余,而刚断颇不足,以朝觐复请教职去。

吕川同安人。正德十二年由举人至。短于吏才,然质朴无他肠,以述职卒于途,民颇惜之。

邹山龄丰城人。正德十五年由举人至。性暴戾,箠人不以数,民怨甚。又不善检制其下,颇为行赂人所赚。然遇事晓了有干局。觐于朝,调僻小县,卒罢免去。

毛衢吴江人。嘉靖二年由进士至。君字大亨,明敏有治才,莅任之初,悉心民事。先是,市豪类包揽里徭二役,侵渔都鄙,君一切革去之。进田野小民服役公庭,教以礼法,民欢悦甚。迂浦街有金星菩萨阁,横湖堂亦有神祠,祠主岁敛民金钱为穿臂会,云能消灾致福,远近赴者如归市。君毁其阁若祠,曳神像火之,罪主者数人,其害乃息。民苦盗窃,君选饬游徼捕盗贼,知名者悉瘐死狱中,偷党散落。尤重学校,礼遇诸生,即诸生以门户琐细事速讼,顾置弗理。无何以治繁调永康,士民遮道留公靴袁公祠,以志去思云。后升刑部主事,历员外郎、四川按察司佥事,今任副使。

李伯润字文泽,山海卫人。由举人,嘉靖四年以永康知县调至。公在邑,念民徭役繁,欲请于上官减去五寨民兵十之二三,已而以朝觐迫期,弗果。觐已,吏部考公才力不及,调去。公犹具减省民兵移文上吏部,转闻于朝,得报檄布按二司勘议。民曰:"李公于我有遗爱乎!"然事竟停寝不果行。

刘友德漳浦人。嘉靖八年由举人至。公善人也,虽短于吏治,然不失为仁厚。述职以左调去。

陶秀字子实,南城人。嘉靖十一年由举人至。先是,里役不均,田多脱漏。公至,会其年编造黄籍,乃设为十甲均田之令,又清稽脱漏田以充旧额,民甚宜之。濒海故多军卫庄田,弗属编管,军豪率逋租抵禁,公建议立为军图三,奔走服役视齐民。已,又垫甃道路,起皇华、息肩二亭,筑治义冢,民益欢悦。第讼牒羁縻弗辄决,用是浸失上誉,竟左调高淳去。父老为立政绩碑云。

曾才汉字明卿,泰和人。由举人授将乐县知县,未任,丁外艰,起复改除,以嘉靖十七年六月至。

县丞 丞、簿、尉之贤尤难。其人在宋有若赵子英、许景衡、郑伯熊,皆尝为黄岩丞尉,已而入朝皆为名流。杨王休尝欲凿河温岭以苏民困,功虽不就,今读其行视河道诗,亦沨沨可诵。若是者法宜特书,矧其职皆亲民之官,苟贤矣,亦乌得而不书?书之亦以愧夫居高位而才猷弗称者。

齐礼无极人。由举人,成化六年至。清谨自持,未几以忧去,行李萧然,赙赆礼亦却不受。

王渊旌德人。成化八年由监生至。几两考,以致仕去。

李仓德化人。成化十三年由监生至。未一载,以忧去。

范瑛山阳人。成化十五年由监生至。卒于官。

范亮瓯宁人。成化十九年由监生至。慈祥廉慎,勤恤民隐,尝摄署邑政,修学宫两庑,改创公馆,缮治镇东桥。岁旱,素食草履,祈祷恳切,甘雨如注。已而,以奏荒事忤当道,罢去。去之日,民依依不忍舍,然贫无以归,父老相率赆之,一无所受。民又列状于府,欲以配祀袁公祠,竟亦弗得请,以为恨云。

万友谅长寿人。成化二十三年由吏员至。

邹胜弘治五年由吏员至。

魏能弘治十二年由吏员至。

常盛弘治十七年由监生至。

姚积正德二年由监生至。

庄敬正德七年由监生至。

莫通⑥正德十二年由监生至。

王凤鸣辽东人。正德十五年由监生至。性疏爽,善办事,尝为贡院供给官,膺奖劝。已而以忧去,卒于家。

张镇泰和人。嘉靖四年由官生至。世禄之家,落拓不善事上官,以免去。

王元辉维扬人。嘉靖十年由监生至。廉健有干局,凡上官有所委遣,致期必办。亦尝为贡院供给官。逾一考,升林县知县去。

卢潮字文溥,江都人。由监生,嘉靖十六年四月至。

主簿　史驯临朐人。成化六年由吏员至。

张沔沔阳人。成化十二年由监生至。

张质安东人。成化十八年由监生至。

黄熺永福人。成化二十一年由监生至。

陈俊岳池人。弘治元年由监生至。

陈禹建平人。弘治五年由监生至。

董珍扬州人。弘治八年由吏员至。

谭章由监生至。

柏凤由监生至。

蔡昂正德五年由吏员至。

王元宝福州人。正德十三年由监生至。

梁穰⑦泰和人。嘉靖二年由监生至。

唐翰_{抚州人。嘉靖七年由吏员至。}

康磐_{潞州人。嘉靖十年由监生至。}

张钰_{邵武人。嘉靖⑧十四年由监生至。}

高举_{字凌汉,柳州府象州人。嘉靖十七年六月由监生至。}

典史　王琮_{杞县人。成化六年由吏员至。}

崔富_{成化十年至。}

汤志_{当涂人。成化十一年由监生至。}

陆安_{上海人。成化十六年由吏员至。}

吴珍_{电白人。弘治二年由吏员至。}

江铨_{贵溪人。}

马琏_{宁国人。}

陈赋_{弘治十五年由吏员至。}

傅智_{新喻人。弘治十八年由吏员至。}

吴松_{正德六年由吏员至。}

钱毅_{正德十二年由吏员至。}

高忠_{高邮人。正德十六年由吏员至。}

张篪_{福建莆田人。嘉靖五年由户部书算至。}

戴唐贤_{麻城人。嘉靖十一年由吏员至。}

周时雍_{南昌人。由知印,嘉靖十五年二月至。}

儒学设官　宋旧制无学官,而令佐皆得兼之,故以勾管学事系衔。理宗景定间,始置主学一员_{黄岩县主学姚镛、项大发、许近光,见旧志}。咸淳元年,转运提学檄下,选请学正、学录、直学各一员,学谕二员,长谕四员,小学教谕一员。未几,以宋亡废。元设教谕一员,选请训导一员。国朝设教谕一员,训导二员,国初用儒士,其后专以会试乙榜进士⑨及岁贡之士为之俱月俸三石。学分二斋,额设生员、廪膳、增广各二十名,附学则不拘其数云。

教谕　郁珍江浦人。成化六年由举人改授,未至,以忧去。

黄初字明复,莆田人。壬午解元,成化七年至。平易旷达,尝三典文衡,秩满升温州府教授去。

黄缙字绍荣,莆田人。成化十七年由举人至。节缩学费,立乡贤祠,修邑志。群诸生课,具业校房,常自侦,厥勤怠,劝督之,弗以束脩为利。以满去,诸生益思之,至今不衰。

陈彝吴江人。弘治六年由举人至。

吴杰字世英,湖广兴国州人。弘治十五年由举人至,病去。

张泽莆田人。正德三年由举人至。严学规,至死不倦。卒于官。

傅举金溪人。正德六年由举人至。月试第诸生高下颇核。升罗田知县去。

陈义延平人。正德十六年由训导升至。后升平羁卫教授去。

陈策全州人。嘉靖七年由训导至,致仕去。

张廷器闽县人。嘉靖十一年由举人至。克勤敷教,矩矱严整,捐己资作先师龛幔,诸生有贫乏者济之。尤善论时事,上官多咨访之云。未几以忧去。

陈光明字道昭,莆田人。由举人,嘉靖十五年以五河教谕起复至。

训导　裴弼辽州人。成化六年由举人至,后升长洲县教谕去。

张奎孝感人。成化六年由举人至,秩满去。

张濬字文哲,侯官人。成化十七年[①]由举人至。性褊气豪,顾勇于为义。庠生毛津颇有才名,卒而贫,张买棺殓之。秩满升广东饶平县知县。

冯祥字世祯,安仁人。由监生弘治元年至。

叶濬字仲哲,怀安人。弘治二年由监生至。

刘祥济宁人。弘治十年由监生至。

蔡琏弘治十一年由监生至。

吴寅 连江人。弘治十六年由监生至。肫肫然笃实君子也,秩满去。

张儒 歙县人。正德元年由监生至,卒于官。

杨文命 莆田人。正德三年由教谕左迁至。宽厚长者,后升绍兴教授。

鲍凤 字鸣岐,桐城人。正德六年由举人至。性爽朗,善品藻,得士子心。升宜黄知县。

袁釻 麻城人。正德八年由监生至。温雅恂恂,不见有喜怒色,升砀山教谕。

徐锐 当涂人。正德十五年由监生至,升余姚教谕。

程绪 歙县人。正德十五年由监生至。

罗文明 长汀人。监生,嘉靖七年至。

朱文珊 繁昌人。嘉靖八年由监生至,引年致仕去。

胡礼 字子敬,安溪人。由选贡,嘉靖十七年六月至。

张习 字以翔,东莞人。由岁贡,嘉靖十八年闰七月至。

论曰:予读《彰德志》,有味乎后渠先生之言也,曰:"学官与长吏对置,育材化民,此其责岂不重耶?而士或耻就焉,岂非重权利故耶?洪武、永乐间,学官主教,而升黜诸生在守令,当是时学官尊贵甚。今地广士众,视学宪臣或间岁一至,每至率仅留四三日,阅卷稽课力犹不给,矧暇及其他。守令以学有专司,多委而不问,顾学官饩廪或不继,师生多者逾月不相见,此子衿所为悲叹也。"予作志及《师儒篇》,姑识其言于此,用谂吾同好云尔。

诸属官 县属官有巡检、仓场、河泊大使,皆不载名氏,第述其职制如左方。

巡检 宋时黄岩特设松门寨巡检一员,元仍之。国朝改松门为卫,移界首寨于长浦,又增设盘马、温岭今徙三山、沙角三巡检司。后又割乐清土入我境，有小鹿、蒲岐二巡检司，总巡检五员，俱从九品月支俸米五石。

仓场河泊大使　广盈一仓在松门、二仓在楚门、三仓在隘顽、四仓在新河，总大使四员。黄岩场在十都南监，宋名迁浦监，咸平间设，监官一员，押袋一员。元改升盐司，置令、丞、管勾。洪武初设黄岩场，选灶户总催一人充百夫长，二十二年始给印记，置大使一员，掌九仓一团。河泊所亦在十都南监，洪武中置，额设大使一员，与仓场大使俱未入流。月支俸米三石。

医官　元设学正一员，今设训科一员。以医生精其业者为之，其属有医生五名，耄老则代。

阴阳官　元设学正一员，今设训术一员。以阴阳生之通其术者为之，其属有阴阳生五名。

僧道官　洪武十五年，县设僧会一员，道会一员。僧会以僧人为之，道会以道士为之，廨宇率在寺观。本县无观，僧官亦缺。

吏役　宋初，人吏每差税户。康定初，以不省文牍，遂募有田业人为之，人多惧，不肯从。元时，以吏为出身之阶，有自尉司吏至显官者，人争欲为之，不俟募云。国朝亦以吏为出身之阶，在郡县以三年为一考，六年两考，赴京拨各衙门当该，又为一考，吏部考试中式，乃得冠带附选。其官职之高下，以历役衙门大小为准，授职有差。其初由郡县守令自行选用，近年以来又令纳银于布政司以资公用，而吏皆从藩府或巡按御史考选差拨云。

吏、户、礼、兵、刑、工六房并粮科，总司吏七名，名各月米三斗，典吏十四名，承发、架阁、铺长、儒学吏各一名，巡检司吏五名，黄岩场吏一名，广盈仓吏四名。

公　署

凡官师视事之所谓之公署，其规制之大小视品秩。太平公署自县治外,有部使行部之所视事者焉,有属司杂职之所视事者焉,下至僚幕、吏舍、仓库、邮亭之属,莫不各有其制云。

县治 在太平乡百千山下,成化五年己丑知府勤营度位处,越明年庚寅知县完庀役建。中为治厅曰琴堂,后改为亲民堂。右耳房为县库,税科[①]镪金、赃物藏焉。左耳房为仪仗库,籍册藏焉。又其左为幕厅,幕僚居之。琴堂之前为露台,为甬道,为戒石亭,翼以两廊,为六曹。其东廊为吏、户、礼房,粮科;其西廊为兵、刑、工房,承发科。又前为仪门。仪门之外左为土神祠,稍南为际留仓,右为禁狱之门,狱屋凡九间。又前为外门,外门之两介为榜廊,犹象魏[②]也。治厅后为川堂,左耳房为架阁库,凡邑之文案皆在焉。又后为知县宅,其左为县丞、主簿宅,左前为典史宅,又前为六曹吏舍。缭以周垣,覆垣以棘,严之也。后三十五年弘治甲子,厅屋老,刘令弼葺修之。后又十五年,两翼廊坏;又十二年,六曹吏舍坏,邹令山龄、陶令秀相继葺修。嘉靖己亥岁,今令曾侯才汉视川堂库陋,一撤而新之,颜曰“省观”。邑之治于是复完矣。

良佩《记省观堂》 嘉靖己亥,日小南至,我县厅事后建省观堂成,翼翼濯濯,仓楹斫桷。庀斯役者,曾侯才汉也。比崇酒落之,予则适至,有同坐者私语予曰:“厅之言听,省之言视,观之言见,侯出坐厅事,听罔非事,入而视,厥心见焉,是谓省观。”予曰:“岂近是乎?抑予意之:听,听诸其心;省观,省观诸其事。侯尝问道阳明先生,得其正传,是故出而事事,罔非心者,入而省观,罔非事者,是谓体用合一之学。”已而问厥役事,有父老言曰:“县厅旧有穿堂,久而屋坏,靡议修复,四纪于兹。侯一日选饬民兵,俾逻海徼,会海寇与私货板枋船斗,毁其船半,贼望见我兵,遁去,侯贳私货者罪,籍其板枋,得三十六,归于官,于是出镪羡金僦工经费,成斯役云。”予曰:“役有三善:贳罪集材,费罔官损;出羡僦工,劳匪民妨;省观以名,有政有学,咸可记也。”翼日乃记。

谯楼 旧在县治前东五十步,今曾侯才汉相视东偏山稍远,溪流湍泻,风气亏泄,乃徙楼跨溪上,去旧址三百步强。其下垒石洞水栅,横木为街,楼之上榜曰:"鲸音鸣远。"

际留仓　在县治仪门外左,土神祠后。凡官吏之月俸、使臣之廪饩,与凡祭祀百周之需皆在焉。

申明亭　在县治门外牧爱坊左。凡民有作奸犯科者,书其名揭于壁,而耆民里长会断民讼者亦于是云。

旌善亭　在县治门外牧爱坊右。凡民间有孝子顺孙、义夫节妇,则书其实行揭于亭,以寓劝善之意云。

按察分司　在县治东南三百步,成化六年知县完建。旧为布政分司,后三十五年为弘治甲子,屋老且敝,知县刘弼撤而新之,改为按察分司。其制正堂三间,中庭一间,后堂三间,左旁厨屋三间,堂之左右廊庑各四间,外为仪门,又其外为外门。凡宪臣之行部以察吏治而询民瘼听民讼者,则居之。即巡按御史至,则以为行台,而以府馆署其门为按察分司云。

布政分司　在县治西南三百步,旧为按察分司,成化六年知县完建,后改为今司。其制如按察分司。先时布政司官未尝出巡,靡有分司,比年以来出而行部,谓之分守,乃建是司为视事之所。

府公馆　在按察分司东五十步,成化二十年县丞范亮建。旧在社堂桥北,后移今址。其制正堂三间,中庭一间,后堂三间,旁有厨屋三间。正堂南东西两廊各三间,门屋三间。凡郡之守贰以公务至者,皆居焉。

黄岩场盐课司　在第十都南监街。旧隶黄岩,宋时名迁浦监,国初改今名。洪武二十二年建。厅屋三间,后屋三间,门屋三间,石碑一座在正厅西。仓凡九所,惟青林、平溪、高浦、沙巷在本县境,余在黄岩。其得字、峡门、华严、清港四仓在县西二十四、五等都,隶天富北监场。

黄岩河泊所　在第十都南监街。旧隶黄岩。洪武十七年建。嘉靖八年裁革,今郡守南康周公奏请复置,兼管周洋等九闸云。

广盈一仓　在松门卫城西南。仓廒四座,凡二十间,厅屋三间,后屋三间,门屋一座。**广盈二仓**　在楚门所城西北。仓廒二座,凡十五间,厅屋、后屋、门屋与一仓同。**广盈三仓**　在隘顽所城西北。仓廒、厅屋、后屋、门屋俱同。**广盈四仓**　在新河所城西北。仓廒二座,凡十二间,厅屋、后屋、门屋俱同。

阴阳医学　其制肇自元初,国朝因之。本县阴阳学、医学俱在县治后街南向,弘治十一年建。俱正厅三间,左右耳房各一间,门屋一座。

僧道会司　洪武十五年设,寓于各寺观,初无定所。

邮铺　置邮传命,古制也。在今日为大备,每十里为一铺。铺之内为屋三楹,傍有两廊,中建邮亭,其外为门,颜榜以某铺。太平北至黄岩,达台州,东至松门,南至隘顽、楚门,西至乐清,达温州,凡四路,总为邮亭二十二处。凡铺司二十三名,铺兵九十名。县前总铺旧即三元堂故址,成化十七年改置,东北至黄山铺,南至亭峰铺,西至温岭铺各十里。黄山铺在总铺东北十里。铁场铺在黄山铺北十里。新河所前铺在铁场铺北十里,由此而北行十里则为黄岩之冯洋铺,若东行十里则为塘下铺。塘下铺在新河所前铺东十里。箬横桥铺在塘下铺东十里,盘马司之西。横路洋铺在箬横桥铺东南十里,由此而东行十里则为松门,若西行十里则为高浦铺。松门卫前铺在横路洋铺东十里。温岭铺在县前总铺西十里。武溪铺在温岭铺西十里。小球铺在武溪铺西十里。青屿铺在小球铺西十里,由此又西行十里为岭店驿,入乐清界。亭峰铺在总铺南十里,由此而南行十里为油亭铺,若东行十里则为石井铺。石井铺在亭峰铺东十里,沙角司之北。高浦铺在石井铺东十里,由此而东行十里则为横路洋铺。油亭铺在亭峰铺南十里,由此而东北行十里则为石井铺,若南行十里则为芦殊铺。芦殊铺在油亭铺南十里，隘顽所城外。**张家井铺**在芦殊铺南十里，小鹿司之北。**隘山铺**在张家井铺南十里。**金田铺**在隘山铺南十里楚门所城。**清港铺**在金田铺西北十里，三山司之南。**九眼陡门铺**在清港铺西北十里，由此北行十里则为武溪铺。

皇华亭在镇东桥东五百步，知县陶秀建，有政绩碑。

罗山亭在县治东北小罗山之上，知县曾侯才汉建。

学　校

古之建国，君民必以教学为先。《记》有之："大学始教，皮弁祭菜。"是故设为学校，又必立庙祀先圣先师焉，凡以示之的也。太平新创为县，厥学校之制以渐而备，是用志之，而以历代礼典附于其后云。

文庙儒学　在县治东南五百步。初知县完相地县西北百千山下吉，建之，已而湫溃甚，成化七年徙今址。文庙旧名大成殿，今制改先师庙。庙凡三间，丹楹耆桷，窠拱攒顶，中画盘螭，边画菱花、龟背，门用青琐，基高五尺许，南有露台。成化十七年知县丁隆重建，塑先圣四，配十哲像于其中。今制毁像为木主。庙左右为东西两庑，七十二子与从祀诸贤之主在焉。庑屋东西凡十四间，又其后左二间为神库，右二间为神厨，最后四间为号房，共二十二间，成化二十年县丞范亮重建。两庑之外为戟门，知县完建。乡贤祠在戟门之右，名宦祠在戟门之左，其外为泮池，旧即范公池，池之上为泮桥，桥之外为棂星门，门凡三座，高二丈有奇，率知县袁道修建。又辟广前街，凿明沟行水，学宫内有槛泉，故沟水春夏流常不竭。启圣祠在明伦堂西，知县陶秀奉制建。学制明伦堂凡三间，在文庙之后，堂东北立卧碑一座，东西序用板牌刻历朝科第岁贡氏名。堂之左腋为学仓一所，师生之廪藏焉。右为会膳堂，凡三间。堂之南为题名碑亭，其左为东斋，曰存心；右为西斋，曰养性，各三间。儒学门在棂星门之左，面天马山。敬一亭在儒学门内东偏墙里，旧即杏坛，今改为亭云。号房在敬一亭后，凡三座，各五间，今以前二座改为新训导宅。射圃在西庑之西，缭以石墙，广五丈，长三十丈。有观德亭，今废。教谕宅在西斋之西，南向。旧训导宅在东斋之东。凡学之廨署，皆知县完建，而丁隆、刘弼、毛衢与今令才汉相继葺修云。

历代礼典 唐太宗诏州县皆立孔子庙，先是房玄龄建言："周公、仲尼皆圣人，然释奠于学，大业以前皆以孔子为先圣，以颜子为先师，别祀周公。尊孔子为先圣，以颜子配。"贞观四年乃诏州县皆立庙，以左丘明等二十一人配享⑬。玄宗朝始追谥孔子为文宣王。开元二十七年诏祀先圣，乐用宫悬，舞用六佾。二十八年诏祭春秋二仲丁⑭，初献州则刺史，县则以令，其仪具在《开元礼》。宋真宗加谥为玄圣文宣王，后诏改至圣。制以守令初献，佐贰亚献，学官终献，其仪具于《政和五礼》。朱文公守长沙，尝申明之。其祭之时日、省馔行事，大略与今同。元成宗加号大成至圣文宣王，元时释奠多因宋旧，其详未有考焉。配享从祀。东配二位：颜子，唐赠兖国公，元加赠复圣公；子思子，宋封沂国公，元加赠述圣公。西配二位：曾子，宋封郕国公，元加赠宗圣公；孟子，宋封邹国公，元加赠亚圣公。东哲五位：闵子骞、冉雍、子贡、子路、子夏。西哲五位：冉耕、宰我、冉求、子游、子张。皆宋咸淳间封为公。东庑五十三位，澹台灭明起，许衡止；西庑五十一位，宓不齐起，吕祖谦止，皆唐、宋、元间率封赠公、侯、伯，升从祀。

国朝诏旨 洪武三年六月初三日诏曰："其孔子善明先王之要道，为天下师以济后世，非有功于一方一时者比，所有封爵宜仍其旧。"成化十二年用礼部左侍郎周洪谟奏，将十笾十豆增为十二笾豆，六佾之舞增为八佾之舞。笾则实以糗饵粉糍，豆则实以饣意实糁食。余皆如故。嘉靖九年十一月十三日，礼部尚书李时等奉旨议孔子祀典：谨按《礼记》，凡学释奠于其先师，观此则古者有道有德、祭于其学皆称先师而已。伏读圣制《正孔子祀典说》，理明义尽，无复容有他议。臣等看得人以圣人为至，圣人以孔子为至，宋真宗称孔子为"至圣"，二字之义备矣。孔子神位宜题称至圣先师孔子神位，其王号及大成、文宣之称不宜复用。庙宇亦止宜称庙，不宜称殿。其四配称复圣颜子、宗圣曾子、述圣子思、亚圣孟子神位，十哲以下，凡及门弟子皆称先贤某子神位，左丘明以下皆称先儒某子神位。凡一切公、侯、伯，不宜复称。其章服之加，起于塑像，但钦遵圣祖首定南京国子监规制，止制木以为神主，一切塑像尽令屏撤，勿得存留。笾豆，两京国子监遵照国初旧制，用十笾十豆，天下府州县用八笾八豆，乐舞止宜用六佾，以别郊庙之祭。又令国子监及天下学校别立一祠，祀叔梁纥，题称启圣公，以颜无繇、曾点、孔鲤、孟孙氏配。两庑从祀申党，即申枨，宜存其一。公伯寮、秦冉、颜何、荀况、戴圣、刘向、贾逵、马融、何休、王肃、王弼、杜预、吴澄十三人，俱宜罢祀。林放、蘧瑗、郑众、卢植、郑玄、服虔、范宁七人，俱宜各祀于其乡。后苍、王通、欧阳修、胡瑗四人，俱宜增入从祀。奉钦依都准议行。今制释奠祭用春秋仲月上丁，取阴火文明之象，以所在长官行三献礼，教官分献，仪注具《会典》。

社　学

　　今之社学，即古之小学也。古者家有塾，里有序，党有庠。大夫七十致仕，老其乡里，大夫为父师，士为少师。岁事已毕，余子皆入学，年十五则入小学，见小节，践小义焉。王公以下之子皆八岁入小学。顾其书已亡，子朱子复搜辑古传记为书。国朝洪武八年，礼官以上意檄府州县，率五十家设社学一所，请秀才为师，教民间子弟。于时有司奉行惟谨，已而稍稍废。正统间，既设提学官，乃诏天下绍复圣祖之旧，累朝因之，于敕提学官也，必兹谕之云。太平新创县也，前未之有立，今渐次兴举矣。乃为志列学校之后，用为他日之饩羊焉尔。先是正德丁卯，提学欧阳旦檄州县立社学，嘉靖十三年，许守继请于提学道立郡城小学，已而同守朱世忠修毁诸淫祠为小学，而太平皆未之及。今令尹才汉权宜以袁公祠、忠节祠及明因寺为社学，选儒士为师，取阳明先生《小学教约》界之，令民间子弟年八岁以上、十五岁以下皆入焉，教以习礼歌诗。顾乡村未有社学，各家率九合比邻，请师以教子弟云。阳明先生《教约》曰：

"童子惟当以孝悌忠信为专务,其栽培涵养之方,则宜诱之歌诗以发其志意,导之习礼,以肃其威仪,讽之读书,以开其知觉,使之渐于礼义而不苦其难,入于中和而不知其故。庶几先王立教之微意云耳。"

书　院

县有学矣,而复倡为书院,奚以哉？空同李梦阳有言:"夫学以规之者,常也；耸耳目以新之者,书院也,异也。若是则俊异其有兴乎!"故志之。

回浦书院在县东北三十里南监街,一名迁浦书院,元元贞中建,今废。方岩书院在县西北三十里方岩山北,国朝封翰林编修谢世衍与弟宝庆守省所建,文肃公铎在告,邑之俊秀多从之游。李文正公东阳有记。龙山书屋在松门伏龙山麓。龙鸣书屋在松门城西一里许,俱知县曾侯才汉建。

坛壝庙祠

国之大事在祀,是故古者立国必立坛壝诸祀,于社稷则有血祭,风伯雨师则有橀燎之祭,山林川泽则有狸沉之祭,追论功德则有瘞宗大烝之祭,至于无祀鬼神又有泰厉、公厉之祭,皆在祀典,掌于春官大宗伯。今之郡邑有土有民,视古诸侯,则事神之礼其不可忽,故志坛壝,而以城隍庙及诸祠附焉。

社稷坛社为五土之祇,稷为原隰之祇,能生五谷者,以其有功于民,故东汉建武以后令郡县皆祀之。坛在县南半里所,知县完建,其制北向,东西二丈五尺,南北如之。高四尺四,出陛各三级。坛下前九丈五尺,东西南各五丈。瘞坎在其西北,以垣缭之,由北门入。神以石柱为主,长二尺五寸,方一尺一寸,剡其上,厥形如钟,埋于坛上正中近南,上露员尖,距坛边二尺五寸。神牌以木为之,高二尺五寸,博四寸五分,厚九分,趺座高四寸五分,博八寸五分,神号曰县社之神,曰县稷之神。祭用春秋仲月上戊日，右社左稷，祭毕藏主于库。其神厨库房、宰牲房、斋宿所，旧尝如制建而未备云。

里社坛洪武八年，令每里置社坛一所，周以土墙，坛而不屋，凡遇春秋二社，里中父老备物以祈报云。祭物羊一、豕一，祝文曰："某都某里某敢昭告于五土之神、五谷之神曰：惟神博厚载物，播种资生，凡我庶民，悉赖休德。时维仲春，东作方兴（秋则曰岁事有成），谨具牲醴，恭伸祈告（秋则曰恭伸报祭）。伏愿雨旸时若，五谷丰登，官赋足供，民食充裕，神其监知。尚享！"今里中率无坛而有庙，或祭或否，即祭亦多不循礼。成化间，陈敬所先生彬尝率其乡人去淫祠，立社坛，乃其后亦稍稍废。今姑附存其礼于此。

风云雷雨山川坛风云雷雨皆天地之功用，能生育万物，而名山大川能出云雨，皆有功于民者，故祀焉。国朝洪武二年，令有司于城南以风雷雨师合为一坛，用春惊蛰日告祀，至雨旸时若秋成有望，则于雷收声日报祀，著为定式。其山川，则洪武元年有旨祀山川，府州县一体祭祀。至六年，以风云雷雨山川之神共为一坛合祭。后又以城隍合祭于坛云。本县坛在县治南大远桥。坛制坐子向午，高二尺五寸，方阔二丈五尺，四围共一十丈，四出陛，惟午陛五级，子卯酉皆三级，与社稷坛同。燎坛在其东南，木主，制与社稷同。神号曰风云雷雨之神，居中，太平县境内山川之神居左，县城隍之神居右。祭器三坛，视社稷增一坛之数。

邑厉坛厉，祭死而无后者。《左传》云："鬼有所依，仍不为厉。"以其死而无所凭依，或为人害，故祀之。坛在县治北旧五通庙基，知县卢英改建。其制南向，高二尺四寸，前出陛三级，缭以垣墙，前立门额厉牌。临祭日，长官率僚属迎城隍神主于坛上，以主其祭，仍设神牌二于坛下之左右，题曰本县境内无祀鬼神。祭器，城隍位与常祭同，余随用。

乡厉坛洪武八年，令每里置一所，周以土墙，坛而不屋，与邑厉同日致祭，里中父老备物以祀。今里中率无坛，凡疾病之家率祭于通衢云。

城隍庙凡郡邑皆有之，国初犹封显佑伯，洪武三年六月始正神号，曰某府州某县城隍之神。又令各神隍庙依各府州县公廨起盖，率用兽头，其坐椅书案并如官府制造,去塑像为木主。今庙中犹有像设,未详其故。本县城隍庙在县治东迎辉门里,知县完建,陶秀重修。《圣政记》曰:城隍之祀莫详其始。先儒谓既有社矣,不应复有城隍,故唐李阳冰《缙云城隍记》谓祀典无之,惟吴越有焉。然成都城隍祠,太和中李德裕建,张说有《祭城隍文》,杜牧有《祭黄州城隍文》,则不独吴越为然。又芜湖城隍建于吴赤乌二年,高齐及梁武陵王《祀城隍文》皆书于史,又不独唐而已。宋以来其祀遍天下,或赐庙额,或颁封爵土,或迁就附会,各指一人以为神之姓名,如镇江、宁国、太平等郡皆以为纪信,龙兴、赣、袁、临江、南康皆以为灌婴是也。张九龄《祭洪州城隍文》曰:"城隍是保,甿庶是依。"则前代崇祀之意有在矣。**更定祭祀礼仪**国初祭城隍,用祭山川后一日,其祭器、祭物、仪注并与社稷同,但祝文云:"惟神正直无私,生民保障,御灾捍患,众所瞻依。某等钦奉上命,忝职兹土,今当仲春(仲秋),谨具牲醴,用伸常祭。尚享!"厥后以城隍合祭于风云雷雨山川坛,及行厉祭,则告于庙而迎其神主位于厉坛之上,春秋庙中不复专祭。惟守土官到任,则备牲醴而合祭,应祀神祇于庙云。

宣圣庙旧宣圣祠,在二十六都江绾孔氏。洪武初,孔克铺为大名府知府,谒阙里⑮,考宗谱,知为唐袭封文宣公齐卿之后,因建祠江绾。岁久屋坏,今尹曾侯才汉重建,改名宣圣庙,复表其门曰"阙里遗芳"⑯云。**怀德堂**孔公本承爵、承贤等建,以怀曾侯之德,故名。良佩有记。

乡贤祠在文庙戟门之右。祠屋三间,知县袁道建。初祀乡先达王居安、戴良齐、盛象翁、郭槚、王原采、叶麟,凡六人。已而续祀谢省、应志和、林鹗、黄孔昭、谢铎等又十二人。谢铎记:"太平故黄岩南壤也,成化庚寅始分为太平。邑小力不足,甫营县,治学之制未备也。令尹今御史袁君道至,进诸生谓之曰:'学则孔孟尚矣,然居是邦,语其风声气习之近,则所谓乡先生者,可不知其人哉?'遂即学之左建为祠,取黄岩所尝祀者祀焉,曰泉溪先生戴公、曰圣泉先生盛公,而又益以方岩先生王公、台南先生郭公、静学先生王公、拙讷先生叶公,则故秋卿林公鹗、今通政黄君孔昭,合吾一乡士论之,公而为之也。未几,袁君以忧去,吏代者,祠毁于风雨,弗克治。于是教谕黄君缙顾而叹曰：'是吾责也！'遂节缩其学之羡，因戟门之两翼而葺之，以其右祠诸先生，其左则六经子史与诸先生之遗籍皆在焉。嗟乎！自有吾台以至今日，不知几千百载，其间乘时富贵，起而为君长、为将相者，不知其几，今吾人之所尊崇而尸祝之者，乃在此而不在彼。於呼，士之生于斯而游于斯者，盍亦知所慕乎？慕而不止，若沿河以至于海，虽孔孟之道亦于是乎阶矣。《周礼》'大司乐掌成均之法，以治建国之学政，合国之子弟，使凡有道有德者教焉。死则以为乐祖，而祀于瞽宗'。《祭义》亦曰：'祀先贤于西学。'凡以此也。"

名宦祠在戟门左翼。祠屋三间，知县刘弼即旧藏书库改建。今以祀知县袁道、卢英云。

烈士祠在第一都谷岙。曾侯才汉为溧阳教授林古泉先生梦正建。

去思祠在城隍庙之右，以祀知县吉水袁公道。谢文肃公铎有记，其乱辞曰："台之山兮秀而峙，台之水兮清以驶，孰颓我山兮亦浊我水？我民之怨兮山高，我民之恨兮与水滔滔。孰屹而挽兮砥柱，遥瞻望弗及兮我心之劳。"

烈妇祠一在县西三十五里灵山，知县弘舒建，祀朱烈妇吴氏。一在县治东北二百步，郡守罗公侨橄县建，祀林烈妇王氏。

忠节祠在县治东五百步镇东门里，祠屋五间，门屋一座，令尹曾君创建，以祠故修撰王静学先生叔英者也。先生邑人，与宁海方逊志孝孺俱死节，革除年[①]，宁海有方特祠而吾邑无先生祠，论者谓为缺典。用是曾侯以请于监司，报可而祠成焉。去县五里而近曰黄淡岙，有贞烈祠以祀先生之内子安人及二女为先生而死者。方伯蔡潮记曰：先生初本黄岩人，今分隶太平之一都，庠生金世蒪所居近地，其故址也。洪武中，为汉阳令，革除初召拜翰林修撰。会靖难师起[⑧]，因募兵广德，知事不可为，乃沐浴具衣冠，书绝命词并自赞于案，遂自经以死。祠山道士、台人盛希年收葬祠山之麓。寻有诏治奸党，妻金氏毙于狱，二女并投井死，呜呼贞哉！今太平令泰和曾侯才汉秉义笃道，旁求先生遗裔欲树立之，竟不可得。恒念邑无特祠为缺典，谋诸庠士丘云鹤、高振辉，议创兴作。适郡侯南昌朱公按部，请允而赞其决，乃即校邻隙地，改移私庵作祠，曰忠节，明先生近圣人之居，无愧乎读圣人之书，蕲以风励人人，不徒便于展敬而已。时世葩以曾侯命，偕族贤复让所居近地故址，建贞烈祠，合祀金夫人并二女云。曾侯檄闻郡守南康周公，议以克协，征余为之记。嗟夫，食焉不避其难，固其所也，于时台士立朝者，一死于人[19]，一自死之，均一绝命之词，均一从容就义。正学方公、静学王公，迹虽异而心无不同，迄今百五十祀，而始表扬于其乡，无乃有数存其间邪！今而后乡人士仰忠节之祠，而臣子有所法，瞻贞烈之祠，而闺阃有所效，典刑具在，非细故也。为此举者，其敦本识治者欤！公绝命词并赞仍刻诸碑阴云。

朱子祠旧佑圣观，在南监街。嘉靖十七年同守朱公世忠、邑侯才汉改为今祠。

兴文塔在县治东二里雅屿山上，凡七成。前有钟楼，僧舍及诸羡室咸备。先是，诸生咸谓东偏山卑下，不足以配西之高峻。堪舆家每谓雅屿山巅能建一塔，则人材大振云。曾侯才汉乃谋诸县丞卢潮，主簿高举，典史周时雍及教谕陈光明，训导胡礼、张习，佥曰："然。昔前令陶秀亦尝有志而未及举，兹有其机，宜不可缓。"曾侯乃请于府，复捐俸以倡，于是僚佐、学官，及乡大夫、士，及都隅约正、约副、保长、父老、子弟，举欣欣然相告曰："兹义举也。"相与出资以助工用，不待戒令而翕然四集，乃托致仕训导高崇文主其事，始于己亥冬十月望日，成于庚子夏六月望日。顾其资咸出于士民之乐助，而官府无督责之劳，其经费皆士人及耆民自主出入，而吏书不司其牍，君子以为是役也善。其钟铭曰："风浏浏，云油油，据上游，声实流。"亦侯所撰云。

①达鲁花赤：元代职官名，蒙古语掌印官之意，为所在地方、军队和官衙的最大监治长官，位于当地官员之上，掌握最后裁定的权力。　②簠簋之饰又不及丁：簠簋不饰是对做官不廉正者的一种婉转说法。丁，指前任丁隆。　③估威：应为"怙威"。　④卫籍：指军籍人员。军籍是世代相承的，除非朝廷除免，世代不变。　⑤户部员外郎中：《康熙志》作"户部员外郎"。　⑥莫通：《康熙志》作"黄通"。　⑦穰：原刻作

"穋",然字书无字,据《嘉庆志》改。　⑧嘉靖:原文脱,据《康熙志》补。
⑨乙榜进士:乙榜即乙科。唐宋后进士皆有甲乙科。《文献通考·选举一》:"自武德以来,明经唯丁第,进士唯有乙科而已。"明清乙科即指举人。此处借用唐宋说法。　⑩成化十七年:原文脱"十七年"三字,据《康熙志》补。　⑪科:原文作"料"字,据文意改。　⑫象魏:古代天子、诸侯宫门外的一对高建筑,为悬示教令之处。　⑬按此段文字系据《新唐书·礼乐志五》,然表述有误。兹录正史原文:"(高祖)武德二年,始诏国子学立周公、孔子庙。七年,高祖释奠焉,以周公为先圣,孔子配。……(太宗)贞观二年,左仆射房玄龄、博士朱子奢建言:'周公、尼父俱圣人,然释奠于学,以夫子也。大业以前,皆孔丘为先圣,颜回为先师。'乃罢周公,升孔子为先圣,以颜回配。……二十一年,诏左丘明……二十二人皆配享。"　⑭诏祭春秋二仲丁:唐开元时定每年阴历二月、八月的上丁日祭祀孔子,称"丁祭"。　⑮阙里:孔子故里,在今山东省曲阜市城内阙里街。　⑯阙里遗芳:"芳"原文作"坊",据《嘉庆志》改。　⑰革除年:明成祖夺取帝位后,下诏革除建文年号,复称洪武,臣民乃称建文年间为"革除年"。　⑱靖难师起:明惠帝即位后,用齐泰、黄子澄策,削弱诸王势力。建文元年七月,燕王朱棣起兵,以讨伐齐、黄为名,号称靖难,史称"靖难之变",又称逊国之变。　⑲一死于人:指方孝孺(宁海人,宁海时属台州)被杀。燕王朱棣兵破南京后,授命方孝孺起草即位诏。方不从,被杀,灭十族,死者达八百七十余人。

太平县志卷之五

职官下

职　掌 乡约附

　　国朝官政具载《诸司职掌》一书，厥在外司，若郡守、县令，则于《到任须知》备言之，乃若庶人之在官者，亦率有攸司，是皆不可以不志云。

　　到任须知具载洪武敕谕，今有《大明会典》可考。

　　吏员承掌凡各房司吏承掌该房之事，典吏分投典管，具载永乐间《须知式样》。《会典》可考。

　　诸属职掌巡检，岁役弓兵若干名，专以盘诘奸细、逃军、逃囚，禁治私盐，巡捕盗贼为职。然县徼率沿海，即有倭寇潜入，亦与守御官军协力策应云。三年考满。仓库官，专以会计收支为职，以历俸周岁为满。收支少者以存数交付，代官给由，多者以半俸守支，毕日给由，虽经改除，亦以九年通论。河泊闸官，专以催办鱼课、启闭蓄泄为职，三年考满。盐场官，在依时催督煎办，守支尽绝，依例给由。阴阳官，专率阴阳生卜择时日，相观面势向背。医官，专率医生攻治药饵，疗民疾病。僧官，统治缁流。道官，统治羽流。本县税课数少，无税课官，止设巡拦十名。凡民间田宅、头匹之典卖，物货之贩鬻，屠宰、酒保之间架，皆税之，岁输其课钞于县转解云。

　　民役掌任每里岁役：里长一人在官，专以催办钱粮、追摄公事为掌任。而里中十图凡一千八十九户，皆其司察，民有善事恶事，以告令长而建治之,亦犹汉之有里魁、亭长也。坊长即里长之附郭者,供办官府急需,其他与里长同。每里又选年高有德者为老人,给以教民榜文,使之助官司之不及,亦犹汉之三老①也。有粮长以征收二税②,旧例县凡几区,区凡几名,有正有副,择里长之丁粮近上者为之,谓之未充。今更以都为限,都一名或二三名,岁轮流为之,犹汉之有啬夫焉。有总、小甲以巡捕盗贼,总甲里一人,小甲十人,其下有火夫,随乡村远近大小,各立更铺,守望相助,犹汉之有游徼焉。此外又有书算,县有总书,都有里书,里有壕手,专以掌田粮户口,藏籍于官,岁会计其赋役,犹汉之有乡佐焉。是皆所谓正役也。其役过里长仅五年复充。均徭之役,则有皂隶、狱卒、禁子、门子、库子、马夫,皆服役府若县。民兵隶之县,弓兵隶巡检司,皆以逐捕盗贼,讥察非常。巡拦专司商税。铺司兵专司传命。膳夫、斋夫隶儒学,馆夫隶驿舍,供庖膳刍牧。闸夫掌诸闸开闭蓄泄。渡夫掌诸渡过旅往来。京解大户常转解官物过京。水手掌驾使客船只。是皆所谓杂役也,亦犹汉之有更赋,唐之有庸后云。宋王华甫曰:古者比闾族党之长,以士大夫为之。在汉则亭长、乡老皆有禄。唐初里正取勋官六品以下及士之白丁为之,而工商不与焉,贵之也。唐末里正谓之贱役,由是始有轮差之举,贤者、能者、老者、疾者皆不舍,而贵者独舍。于是豪右窜于其间,而官又制为之法,曰儒科、武勋③,率以去役为荣,役者益殆且困,而古者闾胥族师之意亡矣。

乡约　先是,御史周公汝员巡按两浙,檄谕守令举行乡约,有司率视为具文。今知县曾君才汉至,乃令每都为一约,推举年高德望者一人为约正,多不过二人,以有才力能干济者为约副,人无定数。约所立大木牌一座,楷书"圣教六训"置于上方,而以《泰和云亭乡约四礼条件》谕令约正副相参讲行。凡同族或乡里有争,先以闻于约副为直之,不服则以闻于约正,又不服则以闻于县。及官司有律重情轻或恩义相妨事理,亦判牒送约所为直。由是吾邑健讼之风浸衰焉,是用志之以告于继君为政者。"圣谕六训"孝顺父母目凡六,尊敬长上目凡二,和睦乡里目凡四,教训子孙目凡四,各安生理目凡四,毋作非为目凡十六。"云亭四礼"议:一、冠礼,行者甚少,皆因宾宴谢礼太盛之故。今约凡有子弟可冠者,令赴会中,请有德者或有爵者作宾,而傧赞各执事随请善礼者,不必设席,可用春盛酒随意多行数周，礼毕而散。力薄者茶果亦可。或欲在家举行，随宜酒馔，率不具谢礼，庶易从事，其仪节一遵家礼。每约中有一二行之，则更相仿效，习以为常矣。一、婚礼，亦多可议，姑申明其一二尤切要者。凡资装丰俭须称家有无，男家决不可责备。论财之风既殄，溺女之惨自不忍为。凡女家决不宜重受聘礼，以开论财之隙。又凡因旧亲缔新好者，往往过存形迹，反致疏阔，宜一切无改于旧，情理斯两全矣。一、父母之丧，衣衾棺椁所当尽诚。其吊家不拘宗族亲友，近者一茶，远者随宜一饭，此外并不得设酒席以宴宾亲。一应葬具悉依《文公家礼》，亲友祭品亦须适中，过则勿受。今乡俗多用僧道起七追荐，极为非礼，所宜痛革。一、拘泥风水，停丧日久不葬，非礼也。又况其间甚有可虑之事。温公曰："死者以窀穸为安宅，死而未葬，犹行而未得归也。"然则孝子当知所处矣。但择干燥藏聚之地，土色光润，不犯五不葬去处，坚筑坟墓，则亲之体魄安而孝子之心尽矣。一、祭礼，乡邑诸大家不能尽合，宜取程、朱二子之说，参酌而行。洪武中，用行唐县知县胡秉中之奏，许庶人祭三代，以曾祖居中，祖左考右，虽与家礼尚右之制稍异，窃意古今庙制不同，此宜可从。

论曰：夫教化恒自近小，是故莫首乎乡人也。夫天下，乡之积也。乡人皆立，而天下均矣，吾不病其难施也。

礼　仪

《礼》备于成周之三千三百，而散落于秦火，汉、唐、宋稍稍讲求之，至我朝洪武礼制既成而复大备。其颁之郡县、行于臣民者，世多有仪注刻本，故不著。特著"乡饮"、"乡射"，以图写其揖让之概云。

乡饮酒洪武十一年颁仪，今每岁孟春之望、孟冬之朔，官行于学宫，士庶行于各乡。其学宫行礼以知县为主，择本处致仕官年爵高者为僎，以乡人年高有德者为宾，其次介，又次为众宾，又选有德者一人为司正（今以教读为之），二人通文字者讲读律诰（今以生员为之），各乡则以里长或粮长为之主云。

乡射洪武三年八月日有旨:"各府、州、县儒学训诲生徒,每日讲读文书罢,于学后设一射圃,教学生习射,朔、望要试。有司官闲暇时,与学官一体习射。钦此。"本县射圃在西庑之西,而射礼久废。今考古乡射仪,略附著如左。古燕射图:主一、宾一、遵一、士一、众宾二,坐宾于堂北少西,坐遵于宾席之东,并南面;主席于阼阶上,西面;士及众宾席于西序,东面。以北为上,与乡饮之席略同。樽于宾席之东,设洗于阼阶东南。侯者一,立于主之少南。司马、司射、司中、释获、执旌、张侯各一,扬觯、设福、设丰各二,执弓矢十,约矢四,俱于众宾射位之后退一二尺许。乐生在西阶上,俱东面序立,以北为上。司鼓、乐正、歌生俱于阼阶之下,与西班司马等相对。司尊、洗觯、执爵者俱于洗盆之南退后一二尺许,俱西面序立,以北为上。燕射器豆、俎、爵各十,觯六,樽、筐各二,桌十,勺一,洗盆一,布侯一,乏一,旌福、鹿中各一,算六十,弓十六,矢六十,决、拾各十六,丰、朴各一,鼓一,磬二,琴二,笙四。仪节:序立迎宾,三揖入门,又三揖升阶,再拜就位。主献宾,宾酢主人,主酬宾,宾举旅行酬,主献众宾,同一起受爵。主迎遵献酢,举旅行酬,悉如宾礼。乃乐宾,合乐,工歌,备,乃立司正,行射礼。司射曰:"主有枉矢弱弓,聊以乐宾,使某敢请。"宾辞,又固请,乃许。司射纳射器,司马延射者于庭,扬声曰:"奔军之将,亡国之大夫,与为人后者不入,其余皆入。"扬觯者升,乃扬觯①曰:"幼壮孝弟,耆耋好礼,不同流俗,修身以俟死者。否? 在此位也。"又一人扬曰:"好学不倦,好礼不变,耆耋称道而不乱者。否? 在此位也。"扬觯者退,乃比耦。司射选弟子之中德行道艺之高者,以为三耦,请即俟位,曰:"某与某子为一耦,某与某子为二耦,某与某子为三耦。"皆应曰:"诺。"乃张侯,获者倚旌于侯中,迁乐诱射,三耦各与其耦让,取弓矢,即射位。行初射礼,获者执旌负侯而俟。三耦以次升射,凡升必三揖。司马命去侯,司射升阶,当耦前,北面,戒之曰:"无射获,无猎获。"乃射。上射先发一矢,下射继发一矢,更迭发乘矢,射毕,揖降如升数。将降而二耦进,与一耦交于途中。及三耦射毕,司射告于宾曰:"三耦卒射。"初射凡有中者,则获者举旌大言曰:"中。"而未释算,乃约矢执旌负侯设福。行再射礼,主、宾为一耦,士、遵为二耦,众宾三耦,仪如初射,第戒词则易曰:"不贯不释。"凡中则释算,卒射请数,释算者数毕，立堂中，面宾告曰："右贤于左几纯。""左贤于右几纯。"均，则曰："左右均。"乃设丰、洗觯，饮不胜者。饮已，撤丰。行终射礼，如再射仪，但增请以乐乐宾，乐奏《采蘩》之章，戒词易曰："毋失射，毋失听，能射能听，斯为美。"卒射，饮已，旅酬，合乐，撤俎，请宾还坐。燕饮已，撤席送宾，再拜乃出，乐止，礼毕。

恤 政

国家恤民之政，以赈凶荒有预备仓，以惠茕独有养济院，而又有惠民药局以疗疾病焉，有义冢以葬其死而无归者焉。噫！亦备矣。司民者第能勿视为具文也，而民有不被其泽者乎？故书以为志，而以子朱子及周文襄之荒政附焉。

预备仓即隋唐义仓、文公社仓之遗意也。汉常平仓止立于北边，至赵宋，以其法遍行天下。元令民间每社立义仓，社长主之，如遇丰年，各家验口数，每口留粟一斗，以备歉岁就各家诸人食用，官司并不拘检借贷，社长明立文历收支。行之十年，仓庾充斥，然社长不得其人，反以厉民，后稍稍废。国朝洪武年间，每县于四境设立预备四仓，用官钞籴谷储贮其中，又于近仓之处佥点大户看守，以备荒年赈贷。官籍其数，敛散皆有定规。至宣德间渐复放失。侍郎周忱奏立济农仓，设为劝借、赈放、稽考则例，民咸赖之。至正统五年，少师杨士奇、少保杨溥奏令天下郡县俱修理预备仓，如谷有侵欺亏欠者，悉令陪偿完足。其秋成丰稔之处，正官于见在官钞、官物照依时价籴谷备荒，年终具所籴实数奏闻。郡县官考满，给由开报境内四仓储粟实数，吏部计绩以定殿最云。本县预备仓在县治仪门外东偏墙里，仓凡五廒，官厅一间，垣墉门屋完备，凡积谷若干石，岁设大户六名看守，本县委官以司出纳云。

朱文公社仓淳熙八年十一月，浙东提举朱熹奏：臣所居建宁府崇安县开耀乡，有社仓一所，系乾道四年乡民艰食，本府给常平米六百石，委臣与土居朝奉郎刘如愚同共赈贷，至冬收到元米。次年夏间，本府复令依旧贷与人户，冬间纳还。臣等申府措置，每石量收息米二斗。自后逐年依此敛散,或遇小歉,即蠲其息之半,大饥则尽蠲之。至今十有四年,量收息米,造成仓廒三间收贮,已将元米六百石纳还本府,其见管三千一百石并是累年人户纳到息米。已申本府照会,将来依前敛散,更不收息,每石只收耗米四升,遇敛散时,即申府差县官一员监视出纳。以故虽遇凶年,人不阙食。窃谓其法可以推广行之他处,妄意欲乞圣慈行下诸路州军,晓谕人户,有愿依此置立社仓者,州县量支常平米斛,责与本都上⑤等人户主执敛散,其有富家情愿出米本者,亦从其便,息米及数,亦与拨还。如有乡土风俗不同者,更许随宜立约,申官遵守,实为久远之利,伏望圣慈详察施行。圣旨:"下户部看详,合依上件施行。"十二月日,三省同奉圣旨:"依户部看详到事理施行。"文公《劝立社仓榜》:兹当司恭奉圣旨建立社仓,已行印榜遍下管内州县劝谕。寻据台州司户王迪功若水等状,乞各出本家米谷置仓给贷。当司契勘前件,官员心存恻怛,惠及乡间,出力输财,有足嘉尚。除已遵依具闻朝廷外,须至再行劝勉,量出谷米,恭禀圣旨,建立社仓,庶几益广朝廷发政施仁之意,有以养成里闾睦姻任恤之风。再此劝谕,请各知悉。**陈氏本价庄**杜清献公范记曰:吾邑土广人稠,厥田作斥卤,岁入鲜少,积粟者且数泄之他境,丰年犹仅自给,比少不登,辄以艰食告。陈君益之恻然,曰:"古人言:'千斛在市,市价自平。'吾今度吾余已足,若但规商贾之利而坐视人殍死,可乎?"乃会其家所入,除供公上、给宾祭外,赢斛几万计。当粒米狼戾,则谨窖藏,绝商贩,一遇艰籴,则倾困以升斗粜,率减市直之半,环邑数千家日仰给焉。于是,凡廪之闭者发,价之昂者抑,人不病饥矣。戴少监良齐文集云:"陈容,字益之,本新建陈氏后,迁居旧邑之澄头云。"

　　周文襄济农仓宣德九年正月十九日,巡抚京畿、工部右侍郎周忱奏,奉圣旨:"准他这等行,钦此。"劝借则例:一、每岁秋成之际,将商税等项及盘点过库藏布匹,照依时价收籴;一、丰年米贱之时,各里中人户每户量与劝借一石,上户不拘石数;一、粮里人长有犯迟错斗殴等项,情轻者量其轻重罚米上仓。赈放则例:一、每岁青黄不接、车水救禾之时,人民缺食,验口赈借,秋成抵斗还官;一、孤贫无倚之人,保勘是实,赈放给食,秋成不还。稽考则例:一、府县及该仓每年各置文卷一宗,俱自当年九月初一日起,至次年八月三十日止,将一年旧管新收开除实在数目,明白结数,立案附卷,仍将一年人户原借该还粮米,分豁已还未还总数立案,付与下年卷首,以凭查取。

救荒本草永乐三年,周府⑥见饥民多食草根木皮,乃购田夫野老掇拾草木野菜,共一百四十余种,植于一圃,躬自阅视,俟其滋长成熟,乃召画工绘之为图,仍疏其花实根干皮叶之可食者,汇决为书,名曰《救荒本草》。次年八月书成,左长史卞同为之序。今河南有刻本云。

养济院宋谓之居养院,元谓之孤老院,洪武二年改今名。本县养济院在县治后西,弘治十年知县罗政建,中屋三间,东西侧屋各五间,外为门屋一座。凡民之笃废残疾及茕独鳏寡不能自存者,皆收养焉。每人岁支冬夏布一匹,月米三斗,柴三十斤。

惠民药局自宋以来盖已有之,专为修制药饵以惠养民之疾病者云。本县药局未之有建,贤有司能加之意焉,将吾民之夭昏札瘥庶其有瘳乎。

义冢宋崇宁中,令州县以常平钱置漏泽园,以葬民之死而无归者。绍兴年,臣僚奏请每处置二庵,募僧主管收瘗,亦以常平钱给棺并絮纸葬之。今制郡县率为义冢。本县旧未有建,正德九年春,祝令弘舒至,有县民林台出庵山头地三亩有奇,乃始建焉。嘉靖十二年,陶令秀复买地凰杨山下若干亩,缭以垣墙,为门识之,由是暴骨始有所归云。今里中率以无主古冢为停棺之所,外无周垣,而棺复松薄不固,骼胔往往为猪犬乌鸢所残。宋绍定间,新昌人陈雷倡立义阡于其里中,吾郡中亦间有一二效之者,今也则亡。於乎!诸里中有行义如陈雷者乎?有,则吾将表之。

兵　防清军附

宋制州兵有厢军,供杂役;有禁军,教战守。诸县巡徼则有弓兵,控扼海道则有寨兵,率招募以充。元改州为路,有万户府,升黄岩为州,有千户所,添设诸寨为巡检司,而军制未闻。比其衰也,方贼起海上,据有三州,遇大师来讨,辄航海走,已复僭据,胜国莫之能制。我圣祖有天下,咨诹人士,乃命信国公汤和筑设沿海卫所，军皆取之民间，三丁抽一，及配以犯科之徒，错置巡司，兵取之徭户，岁更，赳赳乎真雄断也。由是海徼晏安，重译来贡。顾倭寇漳贼⑦犹稍稍有烽堠之警，故志兵防为职官终焉。

　　松门卫在县东五十里。在宋为松门寨，元为巡检司，洪武二十年始城为卫。城高二丈四尺，周围九里三十步，内设五所。谢文肃铎《重修卫城记》：吾浙地滨大海，实邻倭夷。备倭官军，自临山以至盘石，凡若干卫所，而吾台之所谓松门卫者在焉。松门在宋为寨，入国初，信国公汤和始城为卫。城环九里，内设五所，而隘顽、楚门二守御千户所亦属焉，岁久渐坏。成化中张总督勇实增修之，未几复坏。弘治改元，今按察副使文公天爵循海至，顾而叹曰："边城若是，何以清海道？何以壮国威？况将领卒伍无所于处，又何以号令奔走而服役其间哉！"乃议选把总指挥葛奎权⑧署卫事，而因以修治之役属之。工既讫功，来请予记。予谓之曰："今圣天子在上，海宇晏宁，边烽消息，若是功者诚亦在所得已。然天下事宁备而无所用，不可欲用而无其备，此朝廷所以建立是卫之深意与。是卫今日之所以不可以不修者，盖如此。"故为记之。计总小旗军二千二十五名。

　　武职官　指挥使四员，指挥同知三员，卫镇抚一员，左所副千户五员，右所正千户二员，副千户三员，中所正千户一员，副千户四员，前所副千户二员，后所副千户二员，百户五十员。

　　军政考格　掌印指挥一员，签书指挥二员，管操指挥一员，出海指挥二员，巡捕指挥一员，管屯指挥一员。

　　经历司在卫治东。经历一员，知事一员。

　　旗纛庙在卫治东。军器局十五间在卫城南山下。

　　教场在卫城北郭外。

　　楚门守御千户所在县西南六十里。城高二丈四尺，周围七里一十步。洪武二十年⑨信国公汤和建。计总小旗军七百九十九名。正千户五员，副千户四员，镇抚一员，百户十员。

军政考格　掌印千户一员,签书千户一员,管操千户一员,巡捕千户一员,贴守指挥一员。

隘顽守御千户所在县南三十里。城高二丈四尺,周围五里三十步,洪武二十年信国公汤和建。计总小旗军五百六十七名。正千户五员,副千户四员,镇抚一员,百户十员。

军政考格　掌印千户一员,签书千户一员,掌操千户一员,巡捕千户一员,贴守指挥一员。

新河守御千户所在县东北三十里,隶海门卫。城高二丈三尺,周围五里六十八步。洪武二十八年信国公属广洋卫指挥方鸣谦建。旗军八百六十三名。正千户五员,副千户二员,镇抚一员,百户十员。

军政考格　掌印千户一员,签书千户一员,管操千户一员,巡捕千户一员,贴守指挥一员。

盘马巡检司在第六都盘马山,旧隶黄岩县,洪武二十年广洋卫指挥方鸣谦奏建。墙垣周围一百五十丈,高一丈八尺,厅屋三间,吏舍一间,弓兵房三间,城门一座。旧额弓兵一百名,今裁减止存八十名。

沙角巡检司在第三都海角,旧隶黄岩县,在岐头山下,后徙今址,去岐头一里许。洪武二十年,台州卫指挥霍远偕百户徐成建。墙垣周围一百四十丈,高一丈六尺,公廨、弓兵数俱与盘马巡检司同。

三山巡检司在二十四都,与苔山对,旧隶黄岩县,在乐清县瑞应乡界,国初徙温岭,后徙今址。洪武二十七年安陆侯吴杰建,墙垣、公廨、弓兵俱与沙角巡检司同。

蒲岐巡检司在二十一都亭头,旧隶乐清县,在瑞应乡塘山寨,洪武初徙薄岐,二十年改筑蒲岐千户所,徙亭头,二十八年,倭寇犯茅岘,乃徙茅岘,后又徙还亭头。永乐十五年,浙江都指挥谷祥重建,墙垣、公厅、弓兵俱与沙角巡检司同。

小鹿巡检司在玉环乡枫林下场,旧隶乐清县,元时置,在小鹿海中悬山,故名。洪武三年徙楚门横山,后即其地立楚门千户所,仍徙还今址。洪武二十年方鸣谦檄巡检岳麓建,墙垣、公廨、弓兵俱与沙角巡检司同。

本县教场在县西南三里。旧设民兵四百名,后裁减,量存二百名,分班操守。《吏部条陈事宜略》:都察院勘,札准吏部咨,该本部尚书桂。仰体圣意,遍询来朝官员,条陈事宜内一款:"太平县知县李伯润,议得原设民兵二百名,分班操守。但本县沿海设有卫所,又置盘马等五巡检司,每司弓兵一百名,皆出本县徭役,实为繁费。已经具申上司,每司量减二十名。此为宽民一分之说,不若罢去民兵,仍照旧每司编审弓兵一百名,止留五十名在司,轮拨五十名在县,听巡捕官操演,以准民兵之数,诚为便益。"前件未经申议。窃惟兵贵豫养,患防未然,若使每巡司减去弓兵五十名,本县民兵又一切罢去,设或地方有警,何以策应?况沿海各卫所军士畏缩,折冲御侮,胥此是赖。合无查照近年裁减公移,每巡司弓兵八十名,常川在司巡檄,本县民兵二百名,仍分为两班,其操练季分,支与工食,下班之日就行裁支。设或地方有事,两班一并操练,全给工食。如此则不必拘于减罢,而省费亦存乎其中矣。

论曰:吾邑缘海,军卫一,守御所三,率以备倭为名,兵近五千。五巡司有故,策应兵五百。民借是以缓带咽哺,故岁出衣食衣食之。往七八岁,寇虏山门何氏,泊舟海碛,悬其男妇为质,许赎,赎之人五金。宿留逾四十日,无能驱逐之者,则将焉用彼卫御矣。且昔之为寇一,谓倭也。今之为寇二,谓漳贼也,与导漳之贼也,而倭不与焉。凡漳贼与导漳之贼,率闽浙贾人耳。贾赢则以好归,即穷困,则为寇。顾其人不皆武勇,然而官军恒畏之,罔敢与敌者。予尝备询其故矣。盖兵之所仰者食,或粮给不以其时,则饥。又其人率以商贾为活,不闲操练,弱弓败矢,置之废橐,是教之不豫也。武职官皆生长兹地,素不能服属其众,是令之不严也。有指挥任龙者,以奋勇无救死于贼。又有曰乔汉者,今亡矣,尝选骁擒福宁贼陈磊等数十人。磊故有势力，自辨数谓为贾人，问贾人何以有戈甲，曰自卫耳。于是官军咸夺赏而复逮讯，官与囚骈列庭下，磊等卒从末减，官军由是咸剸指为誓，勿复捕贼，是赏罚之不得其程也。由教之不豫、令之不严、赏罚之不得其程之故，而我兵益偷。乃有司稍以法绳之，顾复喃喃出怼语，是不惟偷又且横。噫，弊也甚矣！孰有能驯之使可操纵，作之使用死力者乎？属者郡县所遣民兵颇得力，能兼用以为控御之术，亦一策也。

清军之法凡军士之老、疾、逃、故者，则取户丁补役。其初各卫多差旗军往各州县勾取，而开报军由不明，徇私作弊，有应勾解而不勾解，应分豁而不分豁者，军伍不清，民遭其害。宣德以来，始令该卫通类造册送部，敕差御史一员，责委布、按二司及各府、州、县官专行清理，而罢差卫所旗军，然后民免勾军之扰。其清理之法，有因逃、故而解丁补役者，有户无壮丁而以幼丁纪录者，有原逃不在而挨解者，有在营有丁而解查者，有丁尽户绝者，有挨无名籍者，有改调别卫而误勾者，有同姓名而冒勾者，有分户在前而充军在后者，有以义男女婿而冒替充军者，非止一端，详具《军政条例》。递年查究而具结徼报，莫能欺隐，此清军之法也。

屯田之政塞下屯田，古人谓之得策。国家平定天下以来，思所以休兵息民。洪武末，下屯田之议，令军卫于有司置屯。永乐初，又增置屯。故老云：洪武间屯，皆括取废寺及绝户田土，田多美好。永乐间再屯，未免照刷，畸零之余，中间多驾空补辏，指证丘段。今军民告争，往往指民田之膏腴为军家之抵业，此其过在军。若屯田夐远而为豪民任种逋租，久则冒为己业，此其过在民。是用缀之兵防之末，以告于折断者。

①三老："三老"及下文"啬夫""游徼"均为汉代乡官。《汉书·百官公卿表》上："十亭一乡，乡有三老，有秩、啬夫、游徼。三老掌教化，啬夫职听讼、收赋税，游徼徼循禁盗贼。"唯三老县亦设置。《汉书·高帝纪》上："举民年五十以上，有修行，能帅众为善，置以为三老，乡一人。择乡三老一人

为县三老,与县令丞尉以事相教。"　　②二税:夏秋两季完纳的赋税。
③勋:原误刻作"动",今改。　　④扬觯:举起酒器致祝词,乡饮中的礼
仪。　　⑤上:原文作"出",据《嘉庆志》改。　　⑥周府:即周王府。明
太祖朱元璋第五子橚,洪武十一年封为周王。　　⑦倭寇漳贼:明代侵扰
浙江沿海地区的武装匪徒,一为日本浪人,一为福建漳州海盗。
⑧权:原文作"拳",据《嘉庆志》改。　　⑨洪武二十年:"二"字原脱,据
《康熙志》《嘉庆志》补。《明史·太祖本纪》洪武"二十年十一月,汤和还,
凡筑宁海、临山等五十九城"可证。

太平县志卷之六

人物志上

志人物何？将以树之化也。谚有之"近朱赤，近墨黑"，信也。乡党之化人深矣哉！郡志有人物表，有选举氏名，又有儒林、宦业、文苑、孝义、隐逸、列女诸传，故一人有四三见者。兹志皆略而去之，合表、传二体而一，以编年之法书焉，第著其类目于氏名之上。作《人物志》第四。

五代梁篡唐，后唐灭梁，晋篡后唐，汉灭晋，周篡汉，
共八姓，十有五主，通四十六年。

隐逸 于履后唐时人，与宁海郑睿俱以文名。睿仕吴越王为都官员外郎，履遂隐居不仕，自号药林。陈筼窗《志》载：履隐于邑之叶茶寮山，尝开山得楛矢云。《赤城会通记》有郑都官事迹。

赞曰：吾邑多名山秀川，予独怪古无显者，意其必有深藏遐蹈，而辐轩之使或未之知乎！若于隐君者，其一也。灼见险微，贤于郑都官远矣。

黄绪其先闽人，为昭武镇都监。石晋时，避王审知兄弟乱，徙居邑之洞山。以忠厚立家传世，历宋、元至国朝，而子孙益蕃且显。

赞曰：《传》称"种德者求用于百年之后"，若黄都监者，岂其人乎？

宋真光志 起真宗咸平戊戌,历仁、英、神、哲、徽、钦、高、孝,
至光宗绍熙甲寅止,凡十朝,通一百八十九年。

仕宦　陈甲大间人。宋咸平间进士,官至枢密院副使。弟申亦进士,官至户部侍郎。见《会通记》。

戴舜钦南塘人。宋宣和间上书危言,赐同进士出身,授南康军司户。

文苑　徐似道字渊子,上珙人。乾道二年萧国梁榜进士。历官太常丞、权直学士院,迁秘书少监,终朝散大夫、提点江西刑狱。渊子力学攻诗,与虞仲房为友,自号竹隐,有文集藏于家。

戴敏字敏才,舜钦从子①。博学强记,以诗自适,号东皋子。平生不肯作举子业,终穷而不悔。且死,一子方褓襁中,语亲友曰:"吾之病革矣,而子甚幼,诗遂无传乎?"为之太息,语不及它。已而,卒,人咸讶之。尝赋《小园》诗②,《诗人玉屑》评其欢适、伟丽、清拔、闲暇四体备矣。子式之竟以诗名世云。

于有声字君实,桃夏人。豪放不羁,以诗自豪,与徐似道为友。尝举浙漕,已而谢去,放浪江湖。持其锦囊诗一帙归,谓家人曰:"吾生平事业尽在此矣。"王侍郎居安为题其集。

赞曰:吾邑之文,前此未有章章著者。自渊子与虞仲房更倡迭和,始有篇什传于世云。顾虞乃侨寓也,于时有戴敏才者,亦与渊子齐名。于有声稍晚出,然比之二子差不如。於乎,才难不其然乎!

侨寓　虞似良字仲房,本余杭人。建炎初,以父浸官于台,因寓居邑之横溪。淳熙中为兵部郎官,终成都府路运判官。自号横溪真逸。仲房诗词清婉,得唐人旨趣。尤工隶书,笔意多宗汉,而仲房更出新意。无一食顷去笔札,至卧寐犹运指作势,衾裯③当指处皆裂。晚益奇古,人爱重之,遂传天下云。篆书亦精到,有《篆隶韵书》行于世。

于恕字忠甫,本诸诚人。绍兴中,以父定远为州判官,因寓居邑之桃夏。中特科,历官靖安尉、昌国主簿。恕少受学于母舅张九成,九成谪岭表,恕裹粮从之。汪应辰、樊光远皆折辈行与之交。尤豪于诗,有文集数十卷。

赞曰:予观于虞仲房、于忠甫,知吾邑山川之盛也。二人者,以贵公子来,皆幼,顾寓居吾邑,乃有文。或曰:"邑人前此奚寡文?"曰:"靡开先者尔。"故老相传,郑广文贬台,台人始翕然向慕文学,故郡城有广文祠。嘻,岂近是乎?

陈良弼字希说,本祥符人。用父绎恩补内黄门,事徽宗,累迁皇城使、提举中太一宫。宣和五年进提举京城增修城壕。靖康初,金人长驱抵汴,渊圣皇帝与虏酋议和,公宣力居多,赐玉带银绢。是年冬,京城失守,二圣播迁④,高宗于南都即位,公奔赴行在,除宝庆军承宣使。寻致仕,买舟顺流而下,抵邑境居焉。绍兴九年冬,召拜内侍都知,无何,复致仕,卒。赠保信军节度使,谥忠简,葬庆恩寺东坞,石碑尚存。

儒林 林鼐字伯和,本太平乡人,父兴祥少贫,业行贾,遂徙居旧邑之东巷。伯和登乾道八年进士,通判筠州,刚毅笃实,直道不阿。初为奉化主簿,有中贵人道境上,邑令使摄尉,以杂戏迓之百里外,鼐笑曰:"吾性不好戏,且略吾地,无以迓为也。"竟不迓。与弟鼒俱受业子朱子之门,有往来书简。鼒字叔和,叶水心适一见辄定交焉。尝⑤与沈焕、舒璘论象山陆氏之学,因走上饶求之,意见差异,竟受业朱子。及同乡赵师渊、杜晔皆以学行称,学者多从之游,称为草庐先生。乡人尊慕之,名其所居之地曰景贤坊云。附朱子与伯和书:近世语道者,务为高妙直截,既无博文之功,而所以约之者,又非有复礼之实。其工于记诵文词之习者,则又未尝反求诸身,而嚣然遽以判断古今、高谈治体自任,是皆使人迷于入德之序,而陷于空虚博杂之中,此不可不察也。为贤者今日之计,莫若且以持敬为先,而加以讲学省察之助。盖人心之病,不放纵即昏惰,如贤者必无放纵之患,但恐不免有昏惰处。若日用之间,务以整齐严肃自持,常加警策,即不至昏惰矣。讲学莫先于《语》《孟》,而读《语》《孟》者,又须切己深思,使省察之功与讲学互相发明，则为学之本立矣。异时渐有余力，然后以次渐读诸书，旁通当世之务，盖亦未晚。今不须预为过计之忧，以失先后之序也。此纸勿以示人，但叔和、几道及杜兄昆仲诸人亦不可不知耳。又与叔和书曰：此心此理，随处操存，随处体察，无往而非学也。只此日间常切警省，勿令昏惰耳。又曰：尝观当世儒先论学，初非甚异，止缘自视太高，必谓他人所论一无可取，遂致各立门户，互相非毁，使学者观听惶惑，不知所从。窃意莫若平视彼己，公听并观，兼取众长，以为己善，择其切于己者勇猛用力，然后可谓善学，不可遽是此而非彼，入主而出奴也。

赞曰：吾台之学，自徐八行⑥倡先，已而紫阳朱夫子来寓台，由是临海石子重氏、黄岩杜良仲氏兄弟，以及赵几道氏，以及伯和、叔和氏，咸受业于其门，其濂洛之波弥漫诸邑。后又再传，而杜清献公范遂以相业显，戴少监良齐亦以著述显，皆君子之遗泽也。猗欤盛哉！

进士　刘允迪字进之，新渎人。淳熙二年詹骙榜，仕终桐城县丞。与弟允济、允武号三刘。

陈问道字图南，前陈人。中淳熙二年特科，授闽县丞，徙缙云丞，致仕。所著有《通鉴谱》。

项观古字正己，桃夏人。淳熙二年特科，仕袁州录事参军。

蔡镐淳熙二年武科蒋介榜，详见《宦业》。

刘允济字全之，允迪弟。淳熙五年姚颖榜，历太常寺主簿、国子监丞、知南剑州、提举福建常平、知温州，以中奉大夫提举崇禧观。

王居安淳熙十四年王容榜，详见《名臣》。

郑瀛字子仙，丹崖人。中绍熙元年特科，仕终监南岳庙。有《丹崖八景诗》。

陈坚字与权，问道之族，绍熙四年上舍释褐⑦，仕宝章阁待制。

宦业　蔡镐字正之，世居方岩乡之白山，富盛累世。至父待时，乃折节行义，环白山数里，暴力销耎，贫弱有恃。镐中武科，历武学教谕，终博士。孝宗谓周必大曰:"蔡镐可喜,对朕语皆着实,缓急用之,亦不孤负人。"时有建议筑瓦梁堰,浸池三州方四百里,可为边防者。镐力奏其不便,曰:"是弃淮西山外四州与盱眙也。且滁河两旁桑稻满野,民率成家计、长子孙矣,而又可鱼乎?"上悟,乃罢其役。会丁父忧归,丧服垂毕,召为贺金国正旦使,命未至,卒。先是,朱子为浙东常平使者,议修建黄岩诸闸,荐镐可任。已而,朱子有江西之命,勾龙昌泰继之,镐与郡人谢敷经、陈纬、支汝绩经营其间,所建六闸,增三闸,皆工⑧致可垂久远。后数世人怀其德,乃建立先贤祠堂,祀朱子及罗适、勾昌泰,而以镐数人配,元林昉为之记。镐从弟鉌⑨,为江山征官;铅,枢密院检校;子淑,新宁令。咸有声称云。

　　赞曰:蔡之居址、坟墓在吾里中,予尝周旋览之,盖赵宋时故家也。由唐季立族白山,凡十有二世,迨武博而始显。自后书业相仍,迄我朝洪武、永乐间,又且二百余祀,其遗裔率转徙,埋于甿隶矣。有曰恕者,童蒙师也,左图右册,犹恂恂乡塾间,有先世遗风。故老尝嗟羡为予云,然吾于武博得传家之法矣。

　　名臣　王居安字资道,方岩乡人,始名居敬,字简卿,避祧庙嫌⑩,易今名。以省试第二人入太学,登进士榜第三,授徽州推官。遭内、外艰,起复,授江东提刑司干官。使者王厚之厉锋气,人莫敢婴,公遇事有不可平,立面争不少屈。入为国子博士,首言人主当以知人安民为要。改司农丞,知兴化军,召为秘书丞。转对论疆场事,称旨,迁著作郎兼考功郎。韩侂胄之诛也,公实首赞其决。翌日,擢右司谏,极论侂胄窃柄误国之罪,请肆诸市朝以谢天下。右丞相陈自强愍侥倖朋邪,乞追责远窜以为为臣不忠之戒。初,侂胄欲钳天下之口,使不议己,太府丞吕祖俭以谪死,布衣吕祖泰亦以直言流之远郡,公皆奏请明其冤,以伸忠鲠之气。又疏言:"今元凶既歼,正当更化之初,若用人稍误,是一侂胄死,一侂胄复生也。"会赵彦逾与楼钥、林大中并召,公言:"钥与大中用,天下苍生之福。彦逾始以赵汝愚不屑与同列,遂启侂胄专政之谋。汝愚斥死,彦逾之力居多,陛下乃使与二人者同升，不几于邪正并用乎？非所以视趋向于天下也。"疏已具，有微闻者，除目夜下，迁起居郎、崇政殿说书。于是，公为谏官才十有八日。既供职，即直前奏曰："陛下特迁臣柱下史[⑪]，岂非欲使臣不得言耶？二史[⑫]得直前奏事，祖宗法也！"遂极论之，又言："臣为陛下耳目官，谏纸未干，乃以忤权要徙他职，不得其言，则去臣不复留矣。"帝为改容。御史中丞雷孝友论其越职。诏夺一官，罢，太学诸生有举幡乞留者。四明杨简邂逅山阴道中，谓此举吾道增重。江陵项安世致书曰："左史，人中龙也！"逾年，复官知太平州，徙知隆兴府。已而盗起郴黑风峒，罗世传为之首，势张甚。会江右李元励之兵亦起，列城皆震。朝廷忧之，以公为帅，督战于黄山，大胜之。贼惧，走韶州，势日蹙，遂命公节制江池。公召土豪问便宜，皆言贼恃险不可破。公曰："吾自有以破之。"会元励执练木桥贼首李才全至，公厚待才全而赏元励，众皆感激。罗世传果疑元励贰己，遂交恶。公语都统制许俊曰："两虎斗于穴，吾可成卞庄子之功[⑬]。"已而，世传嗾练木桥贼党袭元励，擒之以献，磔于吉之南门。元励既诛，世传自负有功，益骄蹇，名效顺而实自保。许俊请班师，公不许，俾因堡壁固守。居无何，世传果与兄世禄俱叛，公乃密为方略，遣官兵合围之。世传自经死，斩其首以殉，群盗次第平。公之在军中也，赏厚罚明，将吏尽力，始终用计，以贼击贼，故兵民无伤者。江右人尸而祝之，刻石纪功。徙镇襄阳，以言者罢，闲居十有一年。嘉定中与魏了翁同召，迁工部侍郎。时方受宝[⑭]，中朝皆动色相贺。公入对，首言："人主畏无难而不畏多难，舆地、宝玉之归，盍思当时所以失！"言极切至。居数年，以宝谟阁待制知温州，升龙图阁直学士，转太中大夫、提举崇福宫。卒，赠少保。《宋史》与李文清宗勉同传，史论曰："居安宅心空明，待物不二。"又曰："王居安扫除群邪，以匡王国，其志壮哉！"所居近方岩，自号方岩老圃。所著有《方岩集》。今从祀乡贤祠。

赞曰：甚矣哉，直道之难容也。公为司谏，攻去韩侂胄，可谓有功于国，以忤执政，竟罢去。已，又剿除群盗，功亦不细，迄无厚赏，又罢去。居闲十有一年，始召入为侍郎云。自后虽风度凝远，然鲠直之气亦少衰矣。是知容养技圣[⑮]为子孙黎民计，厥亦在乎上之人哉！

一行 丁世雄字少云,温岭人。父轼,进武校尉。少云挟《周礼》应举,坐不如式罢。俄而校尉死,无兼子弟,少云且读书且应家,慨然曰:"岂天之与我有限哉!我非以家自没者也。"即其居起高堂温室,辟园池,招致四方名士与游,意欲有所论著。客自天台、雁荡来者,必归之,留连旬月,有依之不去者。凡乡人有官私急难,常借助之,税役或为代输,疾病请药,死而无归者为瘗葬。有以伪死乞敛具者,少云不以疑也,亦畀之。从弟希亮,常訾少云似杜季良[1]轻薄,少云不为变。及希亮得疾垂绝,无妻子幼,乃请少云属以后事,少云抆泣曰:"弟毋匆匆。"他日,少云之妻戴氏为其内,少云为其外,经纪诸用,过于希亮在时,人以此益多之。子木,见"进士"。

　　戴秉器舜钦从子。蔡滂谓水心先生曰:戴居南塘,富盛累世,秉器尤为邑里所敬,有巨人长者之德。族人新为宅者,将立门以出,秉器故有大囷正直其门,族人嗫不敢言。秉器微知之,中夜毁囷,夷其地。诘旦门立,则町然庭也,族人殊不自意。其平生行事类如此。乡人罔不德之。秉器殁既久,然怀其德者语及,辄苏苏陨涕曰:"今不复有戴公矣。"

　　陈纬字经仲,问道之族。少与谢丞相深甫同学,为莫逆交,已又为婚。比谢贵显,经仲引嫌自远,足迹不一至其门。尝同蔡武博修建永丰等九闸,积三岁不窥其家。复捐廪以赈饥民,不责其偿。里人咸呼之曰"陈义士、陈义士"云。

　　赞曰:《五代史》著《一行传》,盖亦欧阳子不得已之意,有无人之叹焉,矧惟一邑!然而丁少云礼贤恤贫,好急人难;戴秉器勇于为义,不求德己;陈经仲可人也,乃引嫌不与贵显通。求之于今,又可多得耶?

遗逸 王立之字士特,楼奇人。志行高迈,童时已卓荦不群。入乡校,与右史徐公为友,声誉相颉颃。既而累举于有司,辄不利,乃放志自娱,寄兴嘲咏。然率于广坐中援笔立就,由是行辈咸推服之。遇商确时事,辨论风生。宋淳熙间,邑病水灾,议久不决,立之指画形势,谓当开鹜屿港,泄月河水,其议乃定。已,竟赍志殁,乡人恒以为恨。稍后有"三王"，亦其族，亦皆落魄不偶云。

王汶字希道，立之之族，警敏刻厉。尝师事王公绰、叶水心二先生。水心告之曰："子欲育子之德，盍观诸山下出泉蒙乎？"于是希道遂以蒙名其斋，取古今载籍，枕藉读之数年。已而豁然悟，操笔为文，日数千百言，粹而名之曰《东谷集》。又所往来若陈耆卿、韩淲、吴子良辈，率一时名士，于是无远近咸知有王东谷云。弟澄，字渊道，号两山，工李唐诗。溍，字深道，发解于州，号西涧，诗若文亦奇绝。于是知东谷者又知有两山、西涧，时遂称为"三王"，然皆不偶于世。希道又尝志其从弟演墓曰："演，字周道，于诸经史靡不通，其他文字若《植兰说》《颜乐斋记》，率开阖自置，不蹈俗绳尺，郁有声称。已而短命死。"又曰："王氏家于楼崎，积数十世矣。冰蓄雪播，惟笔墨之畦畛是辟，然未有偶于时者。晚得周道，谓宜获而收之矣，亦卒无年焉，何哉！"渊道亦哭之以诗曰："把酒休教读奠文，有才无命可怜君。向来五色江淹笔，今作空山一冢云。"周道既死，检之有文稿①五卷，藏于斋。

丁希亮字少詹，世雄从弟。生二十九岁始奋志读书，闻叶水心先生授经乐成，往受业焉。同舍人谓少詹年已尊老，读书有数而自许夸大，相与背笑之，少詹弗以惴，愈琅琅念书，自夜达晨。又明年，变名字从陈同甫于龙窟，同甫惊曰："是人莘莘谔谔，非妥帖为学徒者。"既而，少詹又走金华，从吕成公游，得其绪余。与朱文公有往来诗。少詹所从多名公巨儒，尽问名言，尽求别义。常服补褐，食疏水，口诵手抄，卷册满屋，纵笔所就，词雄意确，论事深眇，皆有方幅。人于是奇少詹，谓为巨器。然少詹益纵志不怠，率以岁日之二三留治其家，余辄屏山航海，一夕竟去，僧坊民舍，随所栖止。有司劝之应举，不答。已，竟卒，士林恨之。有文集数十卷，水心先生曰："予观书传，士晚成必垂功名，少詹乃独无有。"乃为铭其墓，以慰之于九原云。

赞曰：戴敬斋有言："吾邑之士受才多清，受气多薄，即有茂异，多不获用，用亦不究。"往予疑其言不信，乃今屡试验之。其然哉！其然哉！

乡贡 林伦车路人。天圣四年发解⑧于州，以上舍出身，官大理司直。

林哲庆历四年发解。

岁贡 林基伦之族。元丰间由州学贡，升上舍，仕终朝议大夫、知徽州。

陈天祐泾㙮人。乾道八年由州学贡补太学生，孝宗视太学，特赐迪功郎。

林敏伦之后。乾道八年补太学生。

论曰：宋制，举人发解于州，即今之乡试也。太学三舍，由学校岁贡云。顾应举授官之制与今稍异，旧志多不著。

辟用 戴秉智舜钦之族。绍兴元年授从义郎。

郑越南监人。淳熙四年授行人司行人。

林勉伦之族。绍熙五年授连江令，监邵武酒税。

王祥小屿人。绍熙五年授修职郎。

童科 詹会龙范㙮人。建炎间与同乳弟桧龙同召见，年甫五岁。时外省献果，上分赐会龙曰："一盂果子赐五岁之神童。"会龙应声曰："三尺草茅对万年之天子。"上大异之，拟补从事郎，以幼未任，赐还。未几卒。今其里有神童门。《会通记》有汪神童，今未考。

荫叙 林诜伦之后。崇宁五年以父荫授右迪功郎、衡山主簿。

隐逸 王公乂字治老，下保人。淡泊无所嗜好，惟市书，积数千卷，由是得尽读诸经、传、子、史、百家言，下至轩岐医药之书，靡不通晓。尤乐施予，会岁歉大雪，小民饥，闾里闭籴，治老发己粟赈贷，人咸以长者称之。其子粹然，与王方岩同学。

宋宁昺志自宁宗庆元乙卯至帝昺祥兴己卯止，通八十五年。

进士 丁木字子植，少云之子。嘉定四年赵建大榜，官至澧州通判。所著有《东屿稿》。

叶应辅字子仪，自靖化乡徙居镜川，实良佩之始基祖。嘉定十年吴潜榜，历校书郎，升右司谏，知明州，终敷文阁待制。尝从王侍郎居安游，以文名。

黄石字曼卿，大间人。宁宗初补太学生，尝上书言事，后登吴潜榜进士，授迪功、邕州教授。尝从黄勉斋得闻考亭之学。及老，授徒讲学，士人多从之游云。

郑少明字子信，瀛之族。嘉定十五年上舍玉宝释褐，仕江山令。

王居实字正卿，居安之弟。嘉定十六年蒋重珍榜。

陈雷字正叔，问道之后。宝庆二年王会龙榜，仕终金坛尉。

戴逸卿舜钦之后。绍定二年黄朴榜，历东阳令、朝奉郎，迁武学博士，赐绯鱼袋，终朝散大夫。

戴良齐嘉熙二年周坦榜，详见《儒林》。

戴登贾逸卿之族。淳祐七年张渊微榜。

毛鼎新丹崖人。张渊微榜。

陈镇雷之从子。宝祐元年姚勉榜，官至镇南军节度推官。

陈淳伯坚之子。姚勉榜。

樊汝周樊塘人。宝祐四年特科。

戴觉民逸卿之族。景定三年方山京榜，授两浙添差干官，转国史检阅、浙西提举、礼部郎，终军器大监。当涂刻《李白集》有跋。

郑圭字简卿，瀛之族。方山京榜，仕承直郎、京学教授。

赵文藻字汉章，乌根人。方山京榜，历邵阳、象山尉，有能声。德祐初，知宋室不竞，遂谢病以归。

蒋彦圣十三都人。咸淳四年陈文龙榜。

戴震晨逸卿族。咸淳十年王泽龙榜，新昌尉。

儒林　戴良齐字彦肃，泉溪人。嘉熙二年进士，累官秘书少监。景定初转对，奏祈天永命四事：一曰惩奸，二曰劝贤，三曰保民，四曰理财。已又进君臣交修之说，言词剀切，帝嘉纳之。以古文鸣，尤精性理之学，所著有《中说辨妄》《通鉴前纪》《曾子遗书》《论语外书》《孔子年谱世谱》《七十子说》。林公辅《答徐始丰书》有曰："当今经书虽皆具完,而《礼经》独为残缺,加以汉儒之记有不纯者,乡先哲戴大监尝力为之辨,草庐吴文正公师之得其说,于今未大行也。"观此则其学之源委可见矣。谢文肃铎赞曰:"景定何时,安坐以戏?黻之方张,如火必炽。谁其忧国,永命祈天,我拜公疏,涕泗涟涟。惟公之学,最深者《礼》,远淑诸人,曰吴澄氏。峨峨孔庙,俎豆以陈,公心不愧,夷夏君臣。泉溪之南,其流湜湜,逝者如斯,君子之泽。"从子应发、应雷,皆为显官云。

赞曰:世儒之骛于功利也,皆理学之不明为之也。戴大监虽未尝受业朱子之门,而独精理学,其得于私淑者乎?

文苑 戴式之名复古,字式之,以字行,别号石屏,东皋敏才之子。父没时,式之方在襁褓,东皋叹其诗之无传。比长,或告以遗言,式之乃笃志古学,从林景思、徐渊子游,又登三山陆放翁之门,讲明诗法。自后又走东吴浙、西襄汉、北淮、南粤,凡乔岳巨浸,灵洞珍苑,空迥绝特之观,荒怪古僻之踪,靡不登历。凡二十余年,然后归,而诗乃大进。真西山称其句法不减孟浩然,由是遂名天下云。然颇知自重。由庆元以来,诗人为谒客者相率成风,干求一二要路之书,副以诗篇,动获千万缗,往往雌黄士大夫,口吻可畏,至于望门倒屣。式之则否,广座中不谈世事,缙绅以是益多之。平生好施予,即人有所赠遗,亦缘手尽。所著有《石屏集》行于世。族孙⑬昺,字景明,族孙木,字子荣,咸以文名。景明有《东野农歌集》,自叙。子荣有《事类蒙求》,林丹丘昉为之跋尾。

赞曰:台之诗派始自唐项丹徒斯,迨石屏而益显。然石屏能不以谒客为囊橐,其所可称道诗焉已哉!

节义 陈宗字正夫,坚之子。理宗宝祐四年,侍御史丁大全既逐丞相董槐,益恣横用事。时宗为太学生,与黄镛、陈宜中、林则祖、曾唯、刘黻上书共攻之。大全怒,嗾御史吴衍劾之,削其籍,编管远州,时号六君子。后宗起废,官至治中,竟以不善取容罢去。

林应丑字子寅,乔年之侄。咸淳三年发解,历官兵部员外郎。上疏攻贾似道,引病归。

王甸字伯俊,侍郎居安从子。景定中,为桂阳军判官。鞑虏自邕、宜入寇,衡、永既不支,桂阳且无城守,州守弃官走匿山中,军民惊乱。伯俊微知守匿所,夜半匹马追及之,力挽守出视事,众志乃定。已复设立木城,除戎器,且垂泣谕众曰:"若虏难叵测,吾决当与汝共死尔!"既而虏闻知,卒不来。其精断定力类如此,人谓其有方岩之风云。

赞曰:正夫与陈宜中六人俱以太学生上书言事,削籍投荒,靡有怼心。后宜中官至宰辅,誉颇不终,而正夫竟肮脏[⑳]以没世。乃至似道势方扇赫,子寅亦上书攻之。桂阳之难,王伯俊卑官尔,顾独以死封疆自任焉。噫!此可以观吾邑之节义矣。

乡贡 毛仁厚鼎新之族。开禧三年发解。详见《一行》。

戴昺石屏之族。嘉定十二年发解,仕赣州法曹参军。

童科 戴颜老子荣之子。生而秀骨奇姿。比及晬,父渔村徇俗修试儿故事,罗书籍、玩具、果肴于席,颜老顾盼无所取,独拿《礼记》一帙,披卷若读诵然。稍长,口授以书,两耳兼听,日记数千百言。七岁能暗诵五经,举止应对俨若成人。十岁善属文,思如涌泉。王帅干懋卿试以数题,捉笔辄就,懋卿称赏不容口。嘉熙元年丁酉,参政危公嘉其俊异,举神童科第一。后省中敕赐免解进士,朝廷以其能文永免。年十三卒。

论曰:杜清献公之言曰,神童宜经史华润薰浸而茂悦之,以需其成,慎勿以世俗干禄之文揉扼其心志也。噫!公真名言哉!因附缀于此云。

一行 毛仁厚字及之[㉑]。开禧中,与清献公同发解于州。其乡旧有义役,及之益缉而宏之。编户有田二三顷者率不与,脱遇警急,勇往当之,不以累役者。岁或不登,发义廪贷之,窭甚者不责其偿,又率同志为诉于州县,请公廪赈之。嘉定己亥,岁大侵,时及之已感末疾,梦数万蚁阻水,引以竹乃得渡,觉而言曰:"其殆饥甿需我活耶!"乃力疾走州县请粟,即忤州将弗顾也。先是,家人忧其殆,固止之,则应曰:"饥民苟活,吾死不憾矣!"用是疾加剧,竟卒。后十年,清献公为表其墓。

赵希悦字安臣,方岩乡人。为上虞尹。好古尚义。蔡武博既没,其祖墓为大家陈氏所并。未几陈废,墓归于何,何且穴陈氏祖地,安臣有地在其北,欲并易之。安臣弟希冀,字直温,素愤武博墓地事,因劝其兄以前地易蔡地之入于何者,并蔡入墓之径旧属安臣者尽以归蔡。清献公为记其事。

赵处温字仲和,洪洋人,墓在方岩乡潭头里。与其季藤州使君亥出义庄田三百亩,用供义役,岁储粟千石散敛之,乡之贫而无殡及嫁葬无力者,咸取给焉。详具车玉峰②、王华甫文。

林乔年字松孙,泉溪人。养高不出,缌服共爨,庭无间言。建沙埭二闸,溉田万余顷,乡人赖之。

辟用 黄聪都监绪之后。授德化令。

黄祯聪从弟。授治粟都尉。子仍,仕至太子洗马。

黄恪祯从子。举孝廉,仕至谏议大夫。

金乾平溪人。嘉熙初李沐荐蓝山训导,终河间通判。

林亨伦之族。以荐为浙东监司干办。

陈尧道问道之后。附和贾似道,官至殿中侍御史。

陈正字大方,甲、申之族。宝祐二年为大理评事。西川安抚使王惟忠有才略,时余晦镇蜀,惟忠心轻之,呼其小字曰:"余再五来也。"晦怒,诬奏惟忠潜通北国,诏下大理狱,大方锻成其事,遂斩于市。血上流,色不变,且谓大方曰:"吾死诉于天。"未几,大方亦死②。

论曰:王东瀛先生作《赤城会通记》,有《乡戮》条,盖以诛为臣不忠者云。噫,吾于尧道、大方乎何诛哉!

赀封 戴岩肖字应求。以子良齐贵,咸淳四年赠朝议大夫,配章氏赠恭人。

荫叙 徐照似道之子。以父荫授建昌判官。

黄孝 大闾人。以父荫授观察判官。

黄厚 孝之子。以荫授忠翊右职,迁统领。

隐逸 蔡希点 武博镐之孙,号春山。隐居教授,其徒常百余人。所著有《春山杂稿》。

贞淑 蔡氏 博士镐之孙女,朱士龙妻也。既归五年而士龙卒,本路常平使者黄公唐闻其贤,固以请,尽室赞之,蔡拊膺劾曰:"妇无二夫,即卿相,我何颜事之!"遂断发示信,终身蓬首垢面,奉舅姑,以抚其孤迄成立。年七十五而卒。

戴石屏妻 石屏尝游江右武宁,有富家翁金氏爱其才,以女伯华妻之。居三年,忽作归计。伯华讯之,石屏具告以有妇。翁知之,乃大怒,伯华委曲解兑,既行,尽以奁具赠之,且饯以词,有"惜多才,怜薄命"之句,遂赴水以死。比石屏归,而前妻已亡,临终题二句于壁,曰"机番白纻和愁织,门掩黄花带恨吟"。石屏大哭,为续成一律云。

元志 自世祖至元己卯至顺帝至正丁未止,通计八十八年。

儒林 盛象翁 字景则,三溪人。公生宋季,尝从车玉峰、黄寿云二先生游,得渊源之学。士人游其门者踵相接,因其所居与圣水山近,遂尊之曰圣泉先生云。元延祐间,始由荐辟官平阳汀州路教授,聘典江浙行省文衡,识陆文奎[①]高古之文,仕终昌国判官。所著有《易学直旨本原》《圣泉文集》若干卷。今从祀乡贤祠。谢文肃公铎赞曰:"宋学之盛,实陋于元,公生宋季,亦闻其藩。世远日亡,公学亦弛,杳不可闻,言论风旨。玉峰、寿云,师友渊源,究公之学,此其大端。七十之徒,从圣以祀,祀公于乡,敢告学子。"公之墓在灵湫山,有大松木伐去已数十年,而根株尚活云。

赞曰:溪南应氏曰:"吾乡车玉峰、黄寿云最深于《易》,顾车主明易象,黄主说易义,盛先生会通为书,最有功于学者。"溪南云尔,要之当时,尝见其书。比予省事,求其书,则亡矣,惜哉!

文苑 林昉 字仲昉,半岭人,别号晓庵。由荐辟官国史检阅。仲昉善属文,尤深经学,尝作《穀梁论》,辨震雷、月食等说,陆修正谓可以羽翼经传。曾孙伯云携其集至金陵,太史宋濂独爱《乳柑记》一篇,谓其叙事绝类西汉云。著有《丹丘小稿》《半山文集》。

潘从善字择可,世居小泉村。宋时有评事永年、秘教起予,皆其先也。择可元至正九年文允中榜进士,累官承直郎、同知制诰兼国史编修,终福建儒学提举。择可工古诗文,善小楷书,名重士林,所著有《松溪集》。

丘应辰字咏性,泉溪人。博极群书,与叶本初、应景裕为友。元贞间举青田教谕,不就。作《正异》《复井田》诸论。有《忧忧集》藏于家。今从祀乡贤。

孝友 张寿鹏高浦人。性至孝,尝从父定二[®]州判之任和州,至临安道中父卒,寿鹏奉柩归葬,庐于墓,泣血不止。有芝产于场,鹊巢檐角,驯扰不去。至正间泰不华守台,以闻,诏旌其门,建孝感坊。

陈参生回浦人。元军至,负其母逃,母曰:“我老病垂尽,汝速去,俱死无益也!”参不忍舍,遂遇害。

叶本初名嗣孙,字本初,以字行,温岭人。德性温厚,与兄养初同居,白首无间言。元大德中举明经不就,尝赋《方石》诗,潞国公张翥见之,呼为叶方石云。子道滋,博通经史,所著有《龟峰》《海珠》二集。

赞曰:孝友者,百顺之本也。道莫要乎是矣,故揭之以为乡人风也。

节义 林梦正字古泉,谷峷人。博学能文,与虞伯生、揭曼硕为友。以遗逸举,授溧阳教授。未几,蕲、黄寇起[®],古泉摄州事,州陷遇害,垂死,骂不绝口。今曾侯才汉为立祠祀之。

赞曰:林古泉,谅人也。仕元第学职尔,顾以摄州事死封疆云。君子曰:仕且摄焉,而可以不死乎哉!

辟用 戴恢式之之后,集贤直学士。子君省,主簿。其族有曰夔者,翰林检阅,曰骊孙者,翰林编修。

林仁棨团浦人,信州治中。弟仁集,开化主簿;从兄仁本,嘉兴下沙场司丞;弟仁棐,赣州巡检。

鲍与侍南监人，福建行省参政。弟与侃，海阳知县；族叔文虎，嵊县知县。

朱恩泾岙人。运干。

林应雷字子法，乔年之子。瑞安教谕。重孙耕民，浙东宣尉司照磨。

黄智绪之后，通判。

郑闳中莞田人，翰林编修。子传心，贵池县尹。

林良弼车路人，与弟良珉俱教谕。

潘柯从善之父，绍兴教授。族子源，蒙古学录。

郭公葵南监人，翰林编修，有《谔轩集》。

陈颐老叶屿人，官国子学录。

林淳翁珠村人，教谕。

陈元珏蔡洋人，潞州副使。

毛南翰鼎新之后，郯山书院山长。

潘孟翔焦湾人，官黄岩州学正，号松崖，有《松崖集》。

郑炜明字仁光，新建人，官处州路治中。

叶居暹字从光，子仪之后，官平阳州学正。

王应璧字廷瑞，祥之后，官至广州路总管。

郑文宝瀛之后，官至浙江行省郎中。

戴奎字文祥，石屏之后，官钱塘录事，能诗。

何中立字本道，甓下人，官知县。

仕宦 丁文昇少云之后，官至兵部侍郎。

乡贡 林玩字易之，仁本之族，寓居泉溪，官教谕。

陈直观甲之后，至正进士，庆元路同知。

隐逸 鲍德贤字性善，龙井人。父英桂，号乐闲居士。性善，少从乡先生陈孚仲学为科举之文。寻科举废，乃隐居学诗，宗杜少陵。又好作行书，得《圣教序》遗意。揭其居曰"有邻室"，所著诗曰《有邻稿》。

陈国琥字君玉，峨鼻山人，号行素。隐居教授，所著有《山中樵稿》。

林鸣善太平乡人。博览群书，尤工于诗。元季侨寓郡城，不慕禄仕，号梅南，有《梅南稿》藏于家。

一行 应允中字得闻，霉下人。方国珍反，允中与朱俌、潘义和等潜募勇壮几万人，与战于半野桥。允中坠水，遂遇害。郡将达公闻于朝，赠临海尉，旌其门。

陈宣字钦召，太平乡人。元至正间，方国珍寇海上，令郭仁本等劫宣，不从，遂倡合乡兵御之。仁本遣恶党纵火焚其家，宣度势不可敌，乃自刎。葬黄大田山，州正赵宜浩书其碑曰独节陈宣之墓。

余国元紫高人，其母徐氏乃二徐先生之裔。二徐至此后绝，国元奉二徐⑩遗像及行实，遍求名公表扬之。潘从善序其事，谢方石、张汝弼有跋。

贞淑 陈贞一临海陈刚中女。年十九归莞田郑闳中之孙谷祥，仅五载谷祥卒，时陈氏年二十有四。滕周福儿生一子二女，皆幼，陈氏抚之如己出。闺门雍睦，乡人称之。至正七年，诏旌表其门。

洪氏南塘戴氏妇也，既许嫁而夫病，其父先遣滕女视夫汤药，已而有娠。及洪于归，至中途夫卒，从者皆尼其行。洪曰："吾既以身许人，宁可背之事他姓耶？且闻吾之滕妊娠，后嗣当有托。"竟归戴，服丧如礼。已而滕果生一子，洪抚之如己出。既长，教以义方，卒至成立。事闻，旌之曰夫人，里人咸呼为洪氏夫人云。尝赋诗曰："谁谓妾无夫，中途弃妾身先殂。谁谓妾无子，侧室生儿继夫嗣。儿读书妾辟护，空房夜夜闻啼乌。儿今成名妾不嫁，良人瞑目黄泉下。"

盛氏三坑里人。嫁同里马祀，生一子一女而祀死，时盛氏年二十八矣。家贫，躬缉织以养其姑。夜则无烛，常从暗中导其女纺，靡一缕紊乱。子琰仅能言，口授书句以熟，竟至成立云。元末方国珍钞海上，琰扶盛避地西华岩深谷中，年已七十余。已而元政革，竟不得树绰楔云。

论曰：元御宇内垂九十年，献文残缺，杨敬德尝作《赤城元统志》,亦磨灭无传。今所采特据邑旧志,恐不甚核,读者以意逆之可也。

①舜钦从子:据叶适《竹洲戴君墓志铭》(见《续志》卷十二《艺文志二》),戴氏若干辈的辈分:戴舜钦,子秉中,孙龟朋。叶适《戴佛墓志铭》(见《嘉庆志》卷十五下《艺文志二》):戴舜文,子秉器,孙丁,曾孙木。又,戴复古《悼神童颜老》诗称木为族侄孙,近年出土的戴复古撰《毛氏墓志铭》称丁为族侄。据此,则戴复古与秉中、秉器同辈,其父戴敏与舜钦、舜文同辈。此处称戴敏为"舜钦从子",误。　②小园诗:见《嘉庆志》卷二上"屏山"条引录。　③禂:原文作"稠",据《嘉庆志》改。　④二圣播迁:靖康元年冬,金兵破东京(今河南省开封市)。次年四月,俘徽宗、钦宗和宗室、后妃数千人北去,北宋灭亡。史称"靖康之变"。上文"渊圣皇帝",即宋钦宗。高宗即位南京(今河南省商丘市),遥上尊号"孝慈渊圣皇帝"。下文"南都""行在"即指商丘。　⑤尝:原文作"当",据文意改。　⑥徐八行:徐八行,即徐中行(？—1123),字德臣,临海人。宋代理学家,台守李谔举其孝、悌、睦、姻、任、恤、中、和八字齐备,卒后人称八行先生。　⑦上舍释褐:宋代太学分外舍、内舍和上舍,学生可按一定年限和条件依次升迁。释褐,脱去平民衣服,喻入仕途。　⑧工:原文作"攻",据文意改。　⑨鈇:原文作"禾",据下文改。　⑩避祧庙嫌:"祧"原文作"佻"。祧庙,始祖之庙。宋太祖赵匡胤之祖名敬,故避之。　⑪柱下史:汉以后的御史。因其常侍立殿柱下,故名。　⑫二史:左史与右史。汉荀悦《申鉴·时事》:"朝有二史,左史记言,右史记动。"　⑬卞庄子之功:卞庄子,春秋鲁国大夫,有勇力。两虎为食牛而争斗,一死一伤,卞庄子从伤而刺之,一举获双虎之功。事见《史记·张仪列传》。　⑭时方受宝:宝,皇帝传国继位之玺印。嘉定十三年,宋军缴获金人"皇帝恭膺天命之宝"。十五年正月,宁宗举行受宝仪式。此玺原为北宋皇帝传位之印,靖康之变为金人所得。　⑮技圣:此处借指谏官。古代谏官职责为指陈时弊,搏击豪强。王居安任谏官是称职的,故以此词相加。　⑯杜季良:名保,以字行。后汉光武帝时官越骑校尉,仇人上书讼其行为浮薄,

落职。《后汉书·马援传》:"杜季良,豪侠好义,忧人之忧,乐人之乐,清浊无所失,父丧致客,数郡毕至,吾爱重之,不愿汝曹效之……效季良不得,陷为天下轻薄子,所谓画虎不成反类狗者也!"　⑰稿:原文作"囊"字,据文意改。　⑱发解:唐宋时,应贡举合格者,谓之"选人",由所在州郡发遣解送京师,参与礼部会试,称"发解"。　⑲孙:原文误为"子"。戴复古有《题侄孙昺〈东野农歌集〉》诗,从改。　⑳肮脏:读作 kǎng zǎng,高亢刚直貌。　㉑字及之:《嘉庆志》卷十八《存疑》称"及之"为毛仁厚弟文厚原名,梦蚁救荒亦为文厚事。　㉒车玉峰:"玉"原文作"王",据下文改。　㉓按:《嘉庆志》卷十八《辨误》认为杀王惟忠乃四明陈大方,此处同名误记。　㉔陆文奎:《嘉庆志》作"陆文圭子方"。按《元史》卷一百九十有《陆文圭传》,学者称之曰墙东先生,东南学者皆宗师之,有《墙东类稿》二十卷。似作陆文圭是。　㉕父定二:《康熙志》《嘉庆志》均作"父定一"。　㉖蕲黄寇起:指至正十一年蕲州人徐寿辉、黄州人邹普胜等领导的红巾军起义。　㉗二徐:宋代徐中行、徐庭筠父子均为理学家,人称"二徐"。

太平县志卷之七

人物下

国朝洪统志自戊申洪武元年历永乐、洪熙、宣德，至己巳正统十四年止，计八十二年。

儒林 郭楫字德茂，号畅轩，提举晞宗之后。提举生正肃公磊卿，尝从子朱子游，与方山、南湖二杜公为友。从子勉中，得诸家庭师友之间，学有源委。其子友直、孙敏夫咸以儒世其家云。公敏夫子也，从世父宽夫迁邑之松山里家焉。少勤问学，比壮，特有所悟，燕居独处，衣冠修整，即祈寒暑雨，率危坐终日。其所涵养专用静中功夫，言动酬应一循乎礼。邑士人多从之游，公教其先收放心，曰："收得心，方见得吾道端倪，即圣贤言语皆有归着。"又曰："学者若不惩忿窒欲，则自家都坏了，此是大切要处。"父敏夫既没，会兵荒，不克葬者十余岁，公茹素抱戚，未尝破颜，迄葬已，始饮酒食肉。母杜氏患末疾，公衣不解带，亲为沃面澡身，浣垢涤清，凡六越月，手指湿烂成疹，终不以人代。洪武初，用御史李时可荐，授饶阳知县。饶阳隶真定之晋州，赋役繁重，公为均赋平役。设有上官令非其令，公力为争，令不行，民大德之。满一考上京，会其从兄犯罪诛①，公亦坐免归。逻者察于途，搜箧中，惟所著《易说杂评》、《畅轩稿》数十卷，及爪发一束。以闻，上嘉其清，赐纱幞、银带、宝钞以旌之。既归，号台南兀者，年六十有二卒，门人私谥之曰贞成先生。今从祀乡贤祠。谢文肃赞曰："我台之学，考亭是宗，孰知而见，曰正肃公。公后百年，实奋以嗣，家学之深，有源有委。愤世道降，力起而更，饶阳之政，兆足以行。泽止而卑，曷以天下，於乎先生，台南兀者。"子熙，博学笃行，叶拙讷士冕尝从之游。从子煜，字元亮,以荐任新昌训导,所著有《尚书该义》十二卷行于世。重孙玚,能诗,辑《郭氏遗芳集》刊焉。

赞曰:郭贞成专用静中功夫,或谓其似陆青田,然自濂溪先生已尝有蒙、艮主静之说矣。予闻之故老,贞成质强苦行,官归后犹亲操井臼云。再传至叶拙讷、缪守谦,皆能克己澹泊率其教不衰。《传》曰:"力行近乎仁[2]。"若贞成者殆其人乎?

节义 王叔英字原采,亭岭人,笃学力行。洪武初,以荐任仙居训导,改德安,任满升汉阳知县,有惠政。革除年,方正学孝孺召为讲官,锐志议行井田,公移书劝止之。已而公亦召入为翰林修撰,乃上资治八策,曰务学问,曰谨好恶,曰辨邪正,曰纳谏诤,曰审才否,曰慎刑赏,曰明利害,曰定法制,皆援古证今,凿凿可行。且曰:"高皇帝除奸剔秽,抑强锄梗,如医者之去疾,农夫之去草。夫急于去疾,则或伤其体肤,严于去草,则或损于禾稼,固自然之势。然体肤疾去之余,则宜调燮其血气,禾稼草去之后,则宜培养其根苗,亦自然之理也。"识者知其为经济远略云。永乐初,靖难师起,公奉旨募兵广德,无何而成祖渡江,兵部尚书齐泰来奔,公曰:"泰贰矣!"令州人执之。泰至,告之故,乃释泰,图再举。已而,知事不可为,于是沐浴具衣冠,书绝命词一首,有曰:"尝闻夷与齐,饿死首阳颠。周粟岂不佳,所见良独偏。"又书其案曰:"生既久矣,愧无补于当时;死亦徒然,庶无惭于后世。"遂自经而死。临终时,以书抵祠山道士盛希年曰:"可葬我祠山之麓。"希年卒收葬之。希年本台人,弃家为祠山道士云。寻有诏治奸党,妻某氏瘐死狱中,二女亦投井死。或上其所赋诗,上曰:"彼食其禄,宜自尽厥心耳。"置不问。公别号静学,所著有《静学集》若干卷。杨文贞公士奇实公所荐,公既没,文贞追题其墓曰:"呜呼!故翰林修撰王公原采之墓。"申以言曰:"先生学醇行正,子道臣道,终其身无一毫之苟。"又曰:"先生之心,金石其贞;先生之志,霜雪其明。"论者称为口实。成化中,莆田周公瑛知广德,为修其墓。今嘉靖己亥年,今尹曾侯才汉复请于司府,建祠县治之东祀焉。

赞曰:先生与正学方公同志同道,卒同死革除间。或问革除之死，臣良佩曰：靖难之仁博，犹文考之有武王也；死事之义贞，犹《牧誓》之有夷叔也。二者势异而同功，然则先生可无纪哉！

乡贡　王原贞镜川人。历汝宁同知、太平知府，所至著廉能声。有诗集。

戴信式之之后。登制科进士，官监察御史、四川按察佥事。

洪伯恭泉溪人。定远教谕。俱洪武三年庚戌科，是岁始诏开科云。

王蒙唐岭人。都府断事。洪武十七年甲子科。

陈孟清汇头人。晋府教授。洪武丁卯科。

鲍珙纪善原弘之子。广信通判。洪武庚午科。

李旸长屿人。历弋阳教谕、常德教授。

林纯字居粹，应雷之后。湖口训导，淬砺风节，得士子心。后卒于官，诸生立祠祀焉。以子鹗贵，赠刑部侍郎。

李茂弘本林姓乔年之裔。乙未进士。见《宦业》。

郑弘范字贵谟，泉溪人。乙未进士，官监察御史，出按淮扬③，当时或比之范孟博云。后调为阿迷州知州，强直自遂。见《滇南名臣录》。俱永乐甲午科。

林芊字廷嘉，纯之族。永乐十五年顺天乡试，历刑部员外、南安知府。

李匡旸之族。丁未进士。见《宦业》。

李诚匡之族。惠安教谕。俱宣德丙午科。

林璧耕民孙。丙辰进士。见《宦业》。

黄彦俊都监绪之后。丙辰进士。见《孝友》。

李睦匡之族子。未授官卒。

林昂璧之族。海州学正。俱宣德己酉④科。

陈钝竹岗人。丙辰进士，授行人司行人，奉使朝鲜，复命，升吏部稽勋郎中致仕。俱宣德乙卯科。

李谟茂弘之子。苏州训导,正统辛酉科。

李会匡之族子。安福知县,正统甲子科。

林凤昂之子。尤溪训导,正统丁卯科。

论曰:元时科目废置不常,选举多歧,以故士率从事于枝叶。郭贞成有言"作诗写字,迷溺天下多少英俊,苟不遇作者之圣,变更之,终不见文武全材"云。我皇明自洪武中年始,一以科目取士,诸不在孔子之术者皆绝之,勿使并进。又大廷所策士惟取之乡贡,而无有所谓宋元诸科。嗣后百五十年,国家所与共天工以致成咸熙之治者,皆是物也。於惟盛哉!故今但以乡贡为序,而附注进士于其下,比宋加详焉。

文苑 许伯旅字廷慎,号介石,泉溪人。洪武初,由选贡官刑科给事中。以诗名,时称为"许少杜"。所著有《介石稿》。林公辅尝见其《感兴》诸诗,问其得何法而然。廷慎曰:"法可言也,法之意不可言也。上士用法,得法之意;中士守法,得法之似。吾诗几用法矣?"识者以为不妄云。同时有陈铿翁太希者,虞岙人,亦以诗文名。由荐举任平阳教谕。所著有《石门集》。鲍纪善原弘,其门人也。

鲍原弘名仁济,字原弘,以字行,德贤之子。尝从石门陈铿翁游,石门之学得之进士祝蕃远,祝得之车玉峰,盖考亭之支流云。公尤博通群书,为文精密雄健,一主于理。洪武间,以荐授乐清训导。永乐初,升伊府纪善[5],进《治国要道》十二章。遇事辄面争不少隐,王不悦,遂欲坐以他事逐之。公往溯于朝,以疾卒。先是,陈铿翁以女孙妻公,已而陈被诬,籍其家,无后,公为文招其魂,祠于家之别馆,俾妻陈氏主之终其身,论者与之。兄仁牧,号受益,亦以诗鸣。

李毓字长民,号药所,茂弘之父。方国珍据有三郡,一时人皆附之,长民杜门不与通。尝与许介石为友。以诗鸣,所著有《药所稿》。长子茂端,号艮斋,孙耒,号颐轩,俱能诗。同时有何愚起直,号东阁,亦泉溪人,有才名，能诗，见《尊乡录·文苑》。

　　赞曰：台国初文士多胜国之遗也，故其诗率有虞、范遗声云。至天顺间乃稍变，自后则渐复乎古矣。

　　辟用　李时可温岭人。初授监察御史，未几出知偃师县，所至有能名。布政使赵新、饶阳令郭樾皆其所汲引者也，时称知人。

　　黄友谊与时可同里。初授蜀府长史，调国子助教。所著有《翠屏》《登瀛》二稿。

　　戴怀玉式之之后。吏部主事，未几谢事归，太子赐诗。

　　程养源小泉村人。黄岩训导，升醴陵教谕，卒于官。

　　谢敬铭泉溪人，号芥舟。应天府经历。与林公辅为友。

　　李原绅药所长民之父。与潘从善、胡南谷为友，华亭知县。

　　金从献乾之后。宜黄知县。

　　林国修温岭人。历官江西按察佥事。

　　郑起深闽中之后。乐清训导。与鲍纪善为友。所著有《直正斋稿》。

　　杨文启大闾人。历官大理寺丞。

　　陈楚宾天佑之后。泗州学正。同族原达，真定、新乐知县。

　　蒋鼎亨彦圣之后。高州教授。弟伏亨，兰溪教谕。蒋洋人。俱洪武间以明经荐辟。

　　孔克铺字中夫，江绾人，宣圣之裔。以武科举，官至大名知府。尝构宗鲁堂，修《孔氏小宗谱》。

　　郑元益御史弘范之父。洪武初聘为通州训导，以言事擢阳春县知县。尝献浑天仪。

　　何文仪泉溪人。国初浙江提举。

　　鲍与传与俦族弟。大名府通判。同族世昌，授章丘县丞。

　　朱中立娄山人。授钱塘教谕。弟中敏，授获鹿知县。

　　林德玑淳翁之后。授嘉兴教谕。

徐数团浦人。任福安知县。

吴初消村人。永清教谕。

徐希俊塘下人。乐安县丞。

牟观温岭人。合肥县丞。已上俱洪武间以人才辟用。

林师度莘塘人。中牟主簿。弟师言,与王静学为友,永康训导。

戴岳良齐之后。官蠡县丞。弟友南,泗州学正。

瞿从钦泉溪人。潜山知县。

林道生温岭人。乐陵县丞。已上俱洪武、永乐以儒士辟用。

王文启苍山人。元至正间检校,洪武初,以故官迁汴梁,后转济南府照磨。

高于民泉溪人。授青阳县丞。

林传达淳翁之后。授贵州卫知事。已上俱洪武间以老人言事授官。

李存仁长屿人。平生好施予,常捐己资以急人之难。永乐间,以贤良荐授沛县知县,寻徙新喻,有能声。详具习侍读《行状》。

林铭可珠村人。以永乐明经辟为郡学训导。为文章尚纯朴,有《石盘稿》。

朱仲翼运干恩之后。授诸⑥城知县。

陈伯英岩下人。诸⑥城知县。

杨治温岭人。授遂溪知县。俱永乐以人才辟用。

赞曰:国初天下多事,四友之臣靡所可阙,故循元旧,以诸科用人。然而拔十得二,往往亦济时用。韩愈氏不云乎"既曰龙,云从之矣"。

宦业 李茂弘字用受,本林姓,乔年之后,以曾大父天麟后其舅氏李,遂因循以为姓云。登永乐乙未进士,授刑部主事。勘狱闽藩,时论称其有为有守。已而,升考功员外郎,冰蘖之操,终始如一。辅臣尝欲荐之居禁近,或谓用受语言多南音,不宜近侍,乃止。已而当道交章论荐,尤为三杨学士所重。年方六十,恳乞致其事归,一时舆议共惜之。土木之变[⑦],李文达公尝谓人曰:"往正统间,李茂弘先生尝言可忧,谓君臣之情不通,经筵进讲文具而已,不过粉饰太平气象,未必可久。官满即抗章引疾去。乃今先生言果验,智者见于未然,先生有焉。"又曰"茂弘为人恬淡,少许可,与人不苟合,而疾恶之心太胜,以故未至卿佐"云。《一统志》称公志尚淡泊,不慕荣进,可谓得其平生之实矣。

林璧字贵璧,耕民孙。乡试第六,登丙辰进士,廷试第五,拜精膳主事。出使广东,有司以土宜致馈,一无所受。已而以裁减官员免,还家。辛酉,聘主江右文衡,号称得人,彭文宪公时其所取士。又明年,调祠祭主事,度天下僧道几万人,以廉著声。擢南京考功郎中,考核庶官,一以至公。未及引年即谢事去,士林尚之。公尝从族父艮斋公及乡先生程公完、陈公璲受业,学有渊源,为诗文有理致,士子多从之游,即其自号称为无逸先生。所著有《一枝集》《北游稿》,藏于家。

李匡字存翼,长屿人。以进士授太常博士,迁御史,弹劾无所避。奉敕录囚陕右,减殊死数百人,皆允当。寻出按江右,时有宦族子弟恃父兄势横暴闾里,公乃因民诉告,按其不法事情,悉拟如律,纤毫无所假借,人争快之。调四川兵备副使,平播州蛮之乱,擢佥都御史,遂巡抚四川,许便宜行事。是年,叙州蛮叛,公复讨平之。寻以事罢归且十年。会鞑虏犯宣府独石[⑧],英皇乃起公巡视宣府。陛辞,赐宝钞以行。公至,奏增堡寨,广墩台,复豪势所侵屯田。御侮有方,虏不得犯边。朝降玺书褒美之,赐白金文绮。已而,以老病致其事归,得赐诰命赠父母如其官云。

赞曰:考功之勇退,其介可尚也;都宪之有为,其才足称也。顾前辈恒赍咨于考功,非以其位不满德故耶?

孝友　陈氏二孝子**圭**,字锡玄,大闾东衖人。洪武初,父弘为仇家所讦,法当死。圭自陈愿代父死,上大喜曰:"不意今日乃复有孝子,宜并赏其死为天下劝。"已而,刑部尚书开济奏:"不宜屈法,开侥幸之路。"遂听圭代死,而谪其父戍云南云。有曰颜者,亦圭之族。洪武中,倭寇登岸,居民骇散,匿山谷中。颜母葛氏老且病,颜负之而逃,力不能任,寇追及之。母曰："汝亟去，毋念我，即寇至俱送死耳。"颜涕泣不忍，遂俱遇害。又有同姓子显者，前陈人。父万伯以事累，卒于杭，子显扶柩归。柩重不可行，因宿于庙，祝曰："子显力殚财尽，愿父轻而易举。"诘旦，柩果轻，其下有钞十锭，盖神锡之云。归葬，庐于墓侧，朝夕悲号，不茹荤者三年。后举孝廉，授丰①城知县。

谢温良字伯逊，桃夏人。元至正间客昌国，奉母陈氏以居。陈病症①，伯逊刲股肉作糜以进，母辄差。时昌国方内附，会兰秀山盗发海上，朝廷命歼之，州人悉窜匿山谷，伯逊侍母病，独不去，师义而释之。寻奉母还黄岩，而留橐旧馆人家。越一年往取橐焉，比至，忽梦母盛饰坐堂上，辄弃橐以归，母果病且危。又一年，母复病痹，手足痿痹不自举，伯逊扶持眠食起居，凡十有三载，不少懈。洪武中，以孝廉应召，且授官，乞还祀其先，竟发病卒。

丘镡应辰之后。早丧母，事其父极孝。父年高无齿，镡取鱼肉之精美者制为丸饼以进。比卒，遗命葬祖茔之侧。茔去家余百里，而岁歉，费颇巨，镡悉力营葬，卒如父命，即破产不顾也。乡人上其事于司府，不报。史官王原采为之作传云。

叶蕭字士冕，本初之从孙也。父希圣，操履清修，为乡闾所重。季父咏，谪戍于淮，托以媚妇童孙，并其家财帛付之。咏后得归，见所托妇孙植立，财帛如故，叹曰："吾侄托孤寄命之节，当于古人中求之。"至士冕，濡染庭训，益博通经史，好古力行。又尝从郭文康游，得饶阳性理之学。授徒常数十人，其教以孝悌诚敬为本，而以文艺次之，学者称为"拙讷先生"云。家徒四壁立，而性好施予，授徒所得束脩，计八口经费外，即以均诸乡族之贫者以为常。弟尚夫无子，士冕与同衣食，且命其子原纪后之。尝折衷《学》《庸》众说，摭取《朱⑫子语类》及黄超然《通义》与语录相发明者附于《周易本义》，未终而卒。今从祀乡贤祠。谢文肃赞曰："斯学之大，体用二者，穷善其身，达则天下。悠悠九州，我怀我人，谁哉利物，忘己之贫！嗟公此心，穷力所至，彼何人斯？而在高位。公拙以讷，公质近仁，公学不愧，饶阳之门。"公长子原徽，字允迪，号素轩，次即原纪，字允仁，号一得，皆能以文学世其家，时号二叶。允仁之子定中，有声场屋，人咸以科第期之,已而卒。

　　黄彦俊名瑜,字彦俊,以字行,尚斌之子。以进士起家,拜职方主事。会王师讨麓川,征兵于蜀,命公持节以行,所简几数万人,皆精锐师,获成功。时京官推恩父母,必满九载。公为职方,有廉能声,大臣屡欲论荐,公力辞,冀得推封之典,已而竟不得封。俄以病卒,人皆惜之。后以子孔昭恩,累赠工部右侍郎。有《职方集》藏于家。

　　岁贡　赵起潜迁江人。洪武三年,由选贡为监察御史。

　　潘时显择可从子。洪武五年,由选贡与许伯旅同升太学,试文华殿居首,选授吏科给事中。

　　陈仲素蔡阳人。洪武六年,由生员荐试吏部,授东昌府范县知县。

　　林远胡雾人。洪武八年岁贡,授邵武同知。

　　林澄字从渊,芊从兄。永乐二年贡,授滨州同知。

　　孔克炯江绍人。永乐十二年乐清县贡。

　　丘用孚海之子。宣德二年贡,补太学生卒。

　　金如璧水洋人。宣德四年岁贡,补太学生卒。

　　叶传字士充,莞田人。宣德八年贡,补太学生卒。所著[13]有《石云稿》。弟修,字士赞,宣德十年贡,授延平训导。

　　王纯字宗一,天王人。正统二年贡,授单县教谕。事具尚书秦纮墓志。

　　陈时缄孟清从子。正统五年贡,为国子生,授苏州同知卒。

　　貤封　林廷谏字从节,耕民子,为邑庠生,以子璧贵,赠南京吏部郎中,配王氏、朱氏,俱赠宜人。

　　林廷赞字从参,以孙鹗贵,赠刑部右侍郎,配章氏,赠太淑人。

　　李寅恭长屿人,以子璲贵,赠安乐州知州,配陈氏,赠宜人。

　　林友民字仲篪,以子芊贵,赠刑部主事,配陈氏,赠安人。

　　谢性端名乾,温良之孙,以孙铎贵,赠礼部右侍郎,配赵氏,赠淑人。

　　隐逸　丘海字朝宗,应辰从孙。隐居不仕,自号慎余,有《慎余稿》。其孙震,字廷范,能世其业云。

程完字德充,号成趣,小泉村人。气和行方,博涉经史,为文有典则,一时物论咸归重之。其同时有团浦沈元圭、沈诜,长屿李存清,夹屿闻轩,珠村林仕从,皆以经史自娱,不求仕进。

黄尚斌名礼遐,以字行,号松坞,都监绪之后,读书识大义,每阅史至奸臣贼子处,辄掩卷感愤,或至唾骂乃已。尝见人有盗其囷者,乃佯为不知而避之,其狷介而能有容类如此。年九十终,以孙孔昭贵,赠工部右侍郎。

侨寓　陆修正号草屋,吴郡人,寓居盘马。善属文,当时称之为草屋先生,有文集。

一行　陈彪字炳文,元珏之后。尝设义塾以教宗党之孤贫者,延同邑程成趣为西席师。其次子谟,稍顽戾,程挞之流血,翌日死。炳文止家人毋哭,以安其师,里中传为美谈。

赵岩字维石,冠屿人,处温之后。同弟维阳捐资筑二石闸,凡溉田数千亩,乡人德之。

谢本立字原参,温良之子。尝以事输作京师。有丹阳学官陈俊者,岭南人,与之共旅馆,以白金二百两托之,出游他郡。已而原参病濒危,乃亟遣其子廷翰速俊还而归其金,已竟死。

贞淑　林汝殷妻王氏泉溪人。年二十归林氏,未几汝殷卒,事其姑极孝,有孝感之异。里人陈文白慕,欲娶之,王断发,以死自决。其父母防之,且劝之力,王佯许焉。久之,防者懈,乃阴嘱侍女分其嫁时服,一归其母,一予其妹,一以为殡殓之具,遂自经而死。

赵氏名欣,桃夏谢乾妻也。生二女一男,男甫晬,乾卒。时赵年二十九,守志弗贰。有利其财产,欲逼之嫁者,赵闻之,即断发自誓。遂散其财,厚资妆以嫁夫之幼妹,所存仅给衣食而已,利者乃止。一婢严,年十九,亦誓弗改节,与赵皆年几八十而终。乡邦称叹,因名其所居曰贞则堂,学士刘文安公定之为之记。

金彦敬母梅氏彦敬方四岁而父丧,梅氏不忍夫亡,遂裂其肮以殉。

郭元亮有诗云:"烈妇处其变,感激蹈勇决。引刀裂其吭,悲风洒腥血。孤儿弃弗顾,毅气凌冰雪。天仍恤其孤,不使宗祀绝。"今其子孙居于小溪,犹蕃盛云。

丘锵妻谢氏泉溪人。归锵,年二十有二而锵卒,止一女无子,其母欲改嫁之,谢以死誓。姒娌间有以利害密劝之者,辄以大义拒之,皆含愧而退。其家贫甚,恒纺织以自给。考功员外郎李茂弘高其行,求其女为子谟妻,谟后为训导。

陈氏名哲,水洋金如珙妻也。适如珙七载而寡,无子,仅一女。如珙没时,每欲自杀以殉,所亲力劝谕之,乃断发系夫之臂,誓以同穴,卒抚其女。女适兵部主事黄彦俊。拙讷叶士冕为作《苦节传》。

金孝妇施氏水洋金敬修妻也。在室时尝刲股肉以愈父疾,及归敬修,姑尝遘疾,医祷罔效,亦刲股肉作糜以进,而姑疾亦愈。乡里惊叹,以为孝感所致。叶士冕为作《金孝妇传》。

　　景嘉志自庚午景泰元年起,历天顺、成化、弘治、正德,至庚子嘉靖十九年止,通计九十一年。

乡贡　林鹗纯之子。景泰庚午科,辛未进士。见《名臣》。

谢省温良重孙。甲戌进士。见《节义》。

李璲字崇信,匡之族孙。丁丑进士,历官安乐知州、南京刑部员外、郎中,升肇庆知府。

林偃昂之子。黎州教谕。俱景泰癸酉科。

黄孔昭彦俊子。庚辰进士。见《名臣》。

林克贤鹗从弟。丙戌进士。见《宦业》。

林挺仁棨之后。蒙城教谕。俱景泰丙子科。

谢铎省从子。甲申进士。见《名臣》。

戴孚舜钦之后,盐城教谕。俱天顺己卯科。

名臣　林鹗字一鹗,号畏斋。登辛未进士,明年拜监察御史。时朝廷方重台谏，一时言事之臣率挦撦细琐，或过其实。公独持大体，不挦撦细琐，即有言必当其实。由是掌院萧都宪多公，举公看详奏牍，士论推重焉。景泰末，监京闱试，大臣有欲私其子者，公与刘学士俨执不从。比揭榜，有同邑人林挺名，乃逮讯挺，欲以连公。既而知挺非同宗，事乃已。英皇复辟，诏吏部选除良二千石⑭治民，于是以公出知镇江府。陛辞召见，面谕赐食，太官兼给钞为道里费，皆异数也。公至郡，举偏补弊，与民更始。漕使以孟渎河漕多险，奏欲别凿七里港，引金山上流通丹阳以避之。巡抚崔公恭是其议。将兴工，公曰："七里港接故河几四十里，坏民田庐坟墓无算，且并山多石，功难成。按七里港之东有京口闸、甘露坝，皆漕河故迹也，浚而通之，抵故河便。"于是崔以其言再疏于朝，竟从公云。寻以荐调苏州，治苏如镇江。苏故健讼，公曰："囹圄之设，正为尔辈。"乃故淹之，狱不为理，久则讼简，民亦革心。公于是诣学宫，进诸生讲业校文，萧然若无事者。御史李公昺行部至，公迎诸郭门，不跪，李颇衔之。或谓李曰："林某非俗吏也，第善遇之。"成化初，迁江西按察使。会有犯大辟赂达官求生者，公屹不为动，其狱遂定。俄而广右寇起，行劫赣之龙南、信丰，势张甚。公调兵约武帅兼程往剿之，寇闻遁去。广信民有妄传妖神者，远近扇惑，公置其魁于法，妖乃遂息。又尝访陆象山、雍虞公诸儒先之后，命有司存恤之，进其可教者于学宫，民咸感劝。已而进右布政使，逾年转左使。以岁饥，奏减恒赋十五万石。顷之，召为南京刑部右侍郎，会丁内艰，服阕⑮改北刑部。持法平正，屡与同官者忤，权要请托，一无所听，顾益严。至被疾犹治事如常，已而竟卒，年五十有四。上遣官谕祭，仍给驿舟归其丧，戒有司营葬。先是，公属纩⑯时，谢文肃、黄文毅实典治其丧，见公图籍之外，囊橐萧然，文肃叹曰："官至三品，而家无百金之积，产无一亩之增，古之所谓居官廉，虽大臣无厚蓄者，公真其人矣！"公貌庄重，眉目秀伟，人望之耸然。平居对妻子无惰容，见小吏必束带。公暇辄危坐阅书史，临古帖作楷书，夜分乃止。五鼓辄起，率以为常。自奉俭薄甚，事母程淑人尤极其孝。母性严，或少有忤即大怒，公跪请，移时乃已。从吾彭公有言："侍郎林公之好礼，其严足尚也。"详具《国朝名臣录》。今从祀乡贤祠⑰。

黄孔昭名曜，字孔昭，后以字行，更字世显，别号定轩。世居邑之洞山,故姓其山曰洞黄云。公既游学,乃迁居旧邑之西。初以明经举,已,复为县学生,与谢文肃公为莫逆交。由乡荐登庚辰进士,擢工部屯田主事。屯田号浊曹,公稍持以正,顾为同僚所怨,嗾恶吏诬奏公,后竟得白。其僚坐是落职,而公之誉顾益起。寻迁都水员外郎,调吏部文选郎中。在职惟守法据例,不示恩,不卖直,凡所举错,人莫敢干以私,即上之人或受干请,亦恒以公为解。每一贤者进,则喜若在己,一小人之不得退,则戚戚然忧,如是者盖终其在官如一日云。后先在文选者率骤迁改,否亦辄败,惟公循循满考,人咸以为难。既满,迁右通政。又五年,擢南京工部侍郎。会尚书缺,公独署部事,澡剔宿弊,如恐不及。先是,沿江诸郡芦洲咸属工部资营缮,率为豪势家所侵,公稽籍,悉归之官,专委属官一人董其入,著为令。节量诸费,除借办商贾所逋钱数万缗,俾不至荡产,民甚德之。有诏令大臣举堪任方面官,公举知府樊莹及致仕佥事章懋,时称得人。公既去吏部久而人益思之。尝两以吏部荐,不果用。然物论在,人率皆以钧衡望公。年仅六十四卒于官,舆论懊恨焉。所著有《定轩集》若干卷。吴文定曰:"昔吴介仕魏为东曹掾,所举皆清正之士,能以俭率人,一时士皆以廉节自厉。今观黄定轩之为人,盖近之。"嘉靖中兴,追念旧德,赠公礼部尚书,谥文毅。往予为进士,观政吏部,吏部人犹能道公事,曰:"公之为文选也,散部适邸舍,未尝脱冠带,外户洞开,客至辄延之入,访以人才高下,县道简繁,客去,辄疏之册,由是因才授任,罔不称官。客或以手帕、书册为赘,亦辄受,人亦罔敢以厚馈馈公。迨弘治、正德间,选部官始杜门不接宾客云。"公今从祀乡贤祠。子倬,字汝修,辛丑进士,授职方主事,改武选。以疾在告,且数岁,改营缮。丁文毅忧,服阕补车驾主事,任其职。会文选员缺,时论谓文毅尝九年为郎中,前后莫并,必其子乃可,遂奏改文选。寻升员外郎,历郎中,守职慎法如文毅,以内艰去位。服阕补稽勋,未几复为文选,竟以守职为当路所嫉,遂上疏致其事归,已而卒。后以子今尚书绾贵,赠詹事云。

　　谢铎字鸣治,初号方山,后更号方石。天顺己卯中乡试第二,甲申第进士出身,入翰林为庶吉士。乙酉授编修,奉旨校勘《通鉴纲目》。上疏言:"神宗喜《通鉴》,理宗好《纲目》,而不能推之政治,因劝求贤讲学,稽之经传,质以史书,直以今日之事,验之既往之迹,内省思齐,长虑却顾,则大本立而万目随之矣。"成化丁亥,预修《英庙实录》成,会秩满,迁侍讲。在经筵撰讲章,必尽所欲言,少忌讳。戊戌,以家艰去,既免丧,谢病不起且数年。弘治初,台谏部属言事者交荐之,会以修《宪庙实录》征,乃起供职。庚戌擢南京国子祭酒,以身为教。先是,诸生有六堂⑱班见礼,公尽革去之。捐皂役钱沛诸僚属,籍膳夫钱⑲于官,购东西二书楼用庋镂板。上疏请增杨龟山从祀而黜草庐吴氏,其余若择师⑳儒、慎科贡、广载籍诸论列尤多。辛亥,复恳乞致仕归。荐者以十数,特擢礼部右侍郎,管国子祭酒事,命吏部遣使即其家起之。公再辞不得,道得疾,径归。复请而敦迫日益急,乃行至京,辞所加职,以本官治事,亦不许,乃就职。请增号舍、修学宫。又谓庙门衢面多狭斜,买其地而廓之。又买官廨三十余区居学官,用省僦直,皆出夫皂顾役钱。余钱悉籍为公用,诸生有贫困者、死而无以归其丧者,咸有给。又请别祀叔梁纥,以曾晳、颜路、孔鲤配,用全伦义,然不果行。凡所建白皆师古义,持独见,未始有徇俗希人意。居二年,再疏乞归,不许。癸亥,修《历代通鉴纂要》,命为润色官。疏又五六上,又不许。后乞归养疾,乃许,命给驿以行,令有司候病愈闻。正德戊辰,吏部例上其名,不果用。庚午正月廿有四日终于正寝,寿七十六。朝命特赠为礼部尚书,谥文肃,谕祭治葬,咸如著令云。公孤介寡合,性气屹屹,然嗜义如渴,见不善若将浼焉。家居极孝友,自违养后,无意仕进。尝从其叔父贞肃先生学,师事终身。父世衍尝出祭田三十亩,公买田代之,而以其田分给诸弟。又置义田、书院田凡若干亩,修宗谱,构墓庐为合族计。姻党知识困乏者,咸有周恤。顾实无长物,惟节俸入为之,居常第蔬食醴饮而已。一日,欲买地治归来园,问其直,须五十金,公倒囊不足其数,乃还地券。会江心寺起文信公祠,永嘉令汪循奉二十金来请碑文,公笑曰:"园成矣!"其无厚蓄如此。乃至乡郡诸先正遗文善行,皆辑录以传。公为诗精炼不苟,力追古作,文尚理致,谨体裁,考订、评骘多前人所未及。所著有《桃溪集》《续真西山读书记》《伊洛渊源续录》《元史本末》《宰辅沿革》《国朝名臣事略》《尊乡录》《赤城新志》《赤城论谏录》㉑《祭礼仪注》,凡若干卷。长老为予言:公既归,会敬皇帝宾天,为之大恸。已而权奸用事,公闻刘、谢二阁老致仕去,辄又恸。已又闻刘华容谪戍,又恸。自后凡有北来人,辄輂蹙问邸报,又辄连恸。见素林公俊尝曰:"谢公,天下第一流人物也!"予问诸缙绅,则咸曰:"谢公之高,在出处之际。其进也如不得已,其退也追不及距。"故见素云尔。今从祀乡贤祠。

赞曰:予尝读史,见伟男子姓名,为之瞿然。及观子朱子《名臣录》,慨然想见其人。乃至吾乡林、黄二公,幸习闻其咳貌^②。若谢文肃,则尝撰杖屦以从矣,迄于今皇皇然,如有望而弗至。嗟乎!古人所为贵亲炙,有以哉。

节义　谢省字世修,号愚得。以进士起家。天顺初,拜南京车驾主事,未几转武选员外郎。成化己丑,迁宝庆知府。至则首与神誓,悉推堂食钱为公用,大书真西山"四事""十害"为僚属戒,仍条民隐十四事请于上,次第罢行之。春秋则时行郊野,察民不足,周给焉,至给牛种以千百计,教民妇女纺织,斥淫祠以为社学。会计郡储积可支五年,乃选学官弟子教之府,乡村教之社学,皆得以饩食于公。公暇,则课业讲艺,诣社学正句读,行赏罚。已,又撮取朱文公《家礼》,并作《十勿诗》,俾民诵习之。其怙终不率者,则一裁以法,至黜县令二人,籍其赃以代民赋。由是境内肃然,皆望风相戒,不敢犯。会岷府奏欲徙建宫殿,檄有司议,公执不可。府中人行数百金,令有势力者来问,不为动。已而巡抚、都御史力主其议,公乃乞补教职,不许,连乞养病,亦不许。既三年以考满,至中途上疏径归。于是时公年才五十有四,声誉地望方骎骎上,当道交章荐之,檄下郡县趣公,而公竟不至。吏部或问其故,则曰:"士方好进,故吾当勇退以风之耳。"比公去,而岷藩之议行矣。宝庆人相与即学官,立去思之碑,巡抚吴公亦以公名荐于朝,盖清议之不容泯云。公既归,橐橐萧然,田园邸舍一无所问,而顾孜孜祠墓间,倡族人及封君世衍作会緫亭。每旦必深衣幅巾以谒祖考,又率同宗人祭始基之祖,作敦彝十二会。暇则与弟子讲学方岩书院,议行乡约。时复逍遥杖屦,从一二布衣登高望远,酌酒赋诗,里俗咸为感化。公早以诗名,晚益博通群书,而尤深于《礼》,所著有《行礼或问》《杜诗注解》《逸老堂净稿》,率板行于世。卒年七十有四,门人私谥之曰贞肃先生,有司祀公乡贤祠。予故与公季子邺友善,尝登公之堂,殊不称郡侯居也。邺出所分口业券,皆公亲笔。公之子三人,人分田十八亩有奇,计公合祠墓、义学田不及百亩云。邺亦能诗。

赞曰:节义者,国之桢也,四维⑧借是以张。予思风厉同行,故屡致意焉。然求如谢贞肃者,盖寡矣。

宦业 林克贤字一中,号抑斋。少从李考功茂弘学,与侍郎一鹗实相师友。登成化丙戌进士,拜刑部主事,转员外郎,升福建按察司佥事。其在刑部,尽心狱事,不为顾忌苛刻。有阮成者,锦衣卫当以大辟,属公议。公知其冤,白尚书陆公曰:"固知锦衣权重,然杀人以媚人,某弗为也。"陆悟,卒从末减。无何,吏部诬王宗稷以投匿名书罪,宗稷之父渊尝以言官获谴,众咸曰:"非林员外莫能辨。"遂以属公,卒得白。其在按察也,尤力振风纪。乡巨宦有在朝者,其家豪奴凌轹并吞,公悉置之法,不少贷。闽巡按御史某舞文法稔奸,公面质其过。二人者遂日夜伺公之隙,不可得,则相与嗾武流无赖子诬毁公,然卒莫之浼。顾公亦竟坐是十年不得调。尝两为省闱监试官,御史欲以意黜陟人,公抗执不从。其勇于有为类如此。尝与谢文肃、黄文毅为友,公后丁父忧,卒于家,二公为表志其墓最详。

乡贡 林凤字应道,白壁人。中顺天乡试,丙戌进士,官至工部侍郎。

李殷匡之族。临湘知县。

彭俊竹冈人。大名同知。

彭昭俊之侄。由温州府学中式,仙游知县。俱成化乙酉科。

张甫枫林人。由温州府学中式。文辞典赡,尝授经谢木翁家。未仕卒,木翁志其墓。成化戊子科。

邵诚字元侃,虞岙人。以《易》中浙江乡试第四,登辛丑进士,擢南京吏科给事中,弹劾无所避。弘治初,上疏言三事,一曰省圣躬,二曰明黜陟,三曰广言路,词甚剀切。已而迁光禄少卿,在职勤励。张东白元祯尝称其"趋端操洁,不愧其官"云。

戴豪孚从孙。戊戌进士。见《文苑》。

林霄鹗从弟。戊戌进士。见《死事》。

陈绮字于章。戊戌进士，授中书舍人，转工部员外郎，抽分^⑩芜湖，能举其职，迁郎中，仕终四川参议。

黄俌孔昭子。辛丑进士，见文毅公传。俱成化丁酉科。

应纪志和子。见《孝友》。

陈辅钝之子。应天府中式，安溪知县。

徐宽迁江人。海宁县中式，辛丑进士，官至工部主事。

张克用甫从子。顺天府中式，归德州学正。俱成化庚子科。

邵恒诚从弟。钧州学正。成化癸卯科。

戴通字允儒，豪之父。以国子生中顺天乡试，官安州知州，未几以休致归。公行不愧言，人咸称为长者。

戴镛字允大，通从弟。授六安州学正。敦尚节义，进汪立信于乡贤祠，表俞节妇之墓。未几以御史荐升南京国子助教，会监丞缺，章祭酒檄公署其事，已而竟迁监丞。诸生稍有过失，必绳以法，至有患难困乏，顾捐资赈助之。声誉籍甚，当道交章论荐，吏部拟迁提学佥事，会公卒，舆论懊惜焉。

李珏匡之族。未仕卒。俱成化丙午科。

李洪繁匡之族。弘治乙酉科。

赵崇贤字彦达，维石之后。以乙榜授汀州训导，善迪士。历升六合知县、广德知州，调道州，所至有惠政。已而谢其事归，自号次山。论者曰：赵公其有后禄乎？位不满德。

叶凤灵字昌韶，号未一。初授新城教谕，课诸生讲解作文具有程度，尤为提学苏公所重，常以自随，俾阅诸士子卷。聘典四川文衡，校阅精审。壬戌，以例上春官，登康海榜进士。尝诣方石谢公，睹案上书目曰："了此庶可以无负矣！"寻拜南京刑部主事。已而丁内艰归。无何卒，谢公为志其墓。父哲，号迁川，有隐德。至刑部之子慎，乃辑其奕世遗诗共为卷。

李亨匡之族。晋江教谕。俱弘治壬子科。

戴特字师唐,通从子。授鹤庆推官,调武昌府,致仕。性悃愊无华,顾喜吟,所著有《萃同集》。弘治戊午科。

陈进字崇志,敬所先生彬之侄,而嘉植儒夫之子也。善属文,力追古作。谢文肃公甚器之,曰:"此不羁才也,敬所之学有所施矣。"登乙丑进士第,授崇安县知县,未至任卒,士林恨之。弘治甲子科。

戴颙豪从弟。乡试第一,辛未进士。见《文苑》。

戴驳字允化,镛从弟。辛未进士,大理评事。俱正德庚午科。

叶良佩字敬之,居暹之后。癸未进士,南京刑部郎中。正德丙子科。

邵濬字一元,泉溪人。今任崖州知州。嘉靖戊子科。

应元清志和从孙。今任福安教谕。

钟世给俱嘉靖辛卯科。

赵大佑字世胤,崇贤之孙。乙未进士,今任监察御史。嘉靖甲午科。

叶恒嵩良佩从子。嘉靖丁酉科。

孝友 应志和名律,以字行,号复庵。宋名儒恕之后,父尚惠徙居邑之镜川。家故多资,而从伯尚武贫且无子,礼宜先生嗣。父殁时先生尚幼,伯兄志卿领其家,乃先生子身出嗣尚武。未几尚武死,伯母周年老在堂,先生竭力以事,无异所生。顾先生家虽贫而笃意问学,少从族父溪南公尚履游,比长,登拙讷叶公之门,拙讷亟相推许。永嘉黄文简公一见,遂定为忘年之交,由是声誉日起,远近交辟。南畿提学孙公鼎荐为盐城训导,以母老辞。周郡守旭鉴复以郡学荐,乃始迎母同赴官。居无何,丁母忧。服阕,改兰阳县。兰阳素乏科第,又其僚酗酒而愎,先生结以恩礼,久之愧屈,士服其教,科第亦班班出。任满,升鄱阳教谕。兰阳之人相与立生祠祀焉。其在鄱阳,尤笃意风教。未及引年,遽乞休归。更号宜休居士,考德问业,门无虚席。年八十有四卒。所著有《复庵存稿》。今从祀乡贤祠。季子纪,字茂修。成化庚子领浙江乡荐,试礼部得乙榜,署六合教谕。时宜休翁家食，乃分俸为禄养，诸生贽礼及岁时馈节物一无所受，顾复捐己资赡贫乏，用是六合士民翕然尊信之。举摄县事且半载，平反冤狱，有能声。顷之，聘为福建考试官，所取皆博雅之士。遭父丧，守制满，改黟县，清修如六合。未几遂谢病归，号继休居士。先生既归而家益贫，授徒自给。先伯父建宁公常延为西塾宾，且令童仆代之耕，以供岁事。先生之伯兄绍，号宾月，仲兄维，号讷斋，叔兄经，号味淡，皆隐居乡塾师，又皆高年，先生事之极恭，岁时幅巾杖屦遨游山谷间，庞眉皓首，里人咸夸为盛事云。父老复为予言：宜休自幼确重，鲜谐戏，比长，丰貌颀身，旧邑蔡玄丌一见器之，欲妻以女。蔡资雄一邑，娶其女可以致富。宜休辞之曰："已妁林氏。"蔡曰："虽妁而聘，何伤？"宜休不可，竟婚林氏。顾林虽贫窭，然有内行，四子皆其所出，而季子即继休也，竟领乡荐，人咸谓为厚德所致。继休先生既家食，甚贫，会袁通判文纪来掌县事，袁六合人，素重先生，乃尽蠲其族人之徭，俾以徭直给先生。先生辞不受，第令族人建应氏祠堂而已。今祠堂故存。

赞曰：二应先生之善，不尽书也。古之所谓乡先生没而可祭于社者，其在斯人矣。

戴守温名瑱，金事信之族子。少孤，事母极其孝。母病，医者曰："得鲫鱼和剂可愈。"时隆冬，守温解衣入水捕得之，服果愈。母没，哀毁过常。寻以疾卒。贫无以葬，邑令袁公道为营冢窆于小唐岭之侧，题其墓曰："方岩之北，唐岭之南，孝子之风，流千百年。"同时有洪美者，泉溪人也，尝割股以愈母疾，袁公尝举充乡饮宾云。

死事　林霄字克冲，鹗之从弟。公五六岁号奇童，十二岁为学官弟子，十五岁食廪学官。成化丙申，以优等贡于太学，明年中应天乡试第七，连登进士，居二甲，选入翰林为庶吉士①。庚子年升刑科给事中。公皙肤秀貌，语言洪亮，宪皇选于众，赐一品服，奉命使暹罗，封其国王。暹罗在南海外，跋涉鲸波几万里，人皆危之，公曰："君即天也。顾辱命是惧，何足危！"已而，至其国，竟以议相见礼不合，遂不肯宣诏命。彼乃除馆于其西郊，供张甚薄。公不屈，遂愤愤得疾死。已而副使姚行人隆竟折节见，获厚宴宝赂以归。孝皇闻之，竟罢姚，诏录公一子菲为国子生。其赠公敕命有曰："仗节不屈于蛮邦,结愤竟归于冥漠。"国家报死事之臣至矣。

文苑 谢绩字世懋,贞肃先生省之弟。公自少与贞肃自相师友,读书务穷极底里,贯彻为经,实际为纬,即弗正行弗任以组织。人或以古迂谯之,公弗顾也,而识者韪之。尝七试于有司,人咸拟其第,顾数不第。乃成化辛卯年复试,拟必第,则先试期五日卒。人叹曰:"嗟,世懋命矣夫!"其门人文肃公铎辑其遗稿曰《王城山人诗集》刊焉。李文正东阳评之曰:"山人之诗,始规仿盛唐,得宛转流丽之妙。晚独爱杜少陵,则尽变其故格,益为清激悲壮之词,思极其所欲言者。其死也,盖有遗力焉。顾其忧思愉乐,叙事引兴,虽往复开阖,未尝不出于正,此可以知其人矣。"公止一女,适郑宠,亦累举不利。

戴豪字师文。弱冠中乡试第七,连登进士。李文正得其卷奇之,以语谢文肃公。及廷试,冢宰尹公欲置之上第,而阁老万公以为冗长难于奏读,遂置二甲之三,自是名隐然动京师。拜兵部武库主事,迁员外郎,擢职方郎中。武库主隶役出纳,职方主边务区画,实天下利势所在,居之者恒縻溺焉,公独尽收天下书而读之。公退,虽甚疲,亦手不释卷。家人以日用告不足,辄麾去曰:"称贷之,无乱吾志。"其在职方,会边报旁午,众务纠纷,公不动声色,而应答如流。当是时,钧阳马公为尚书,特倚重公,诸司奏牍委以属公看详,同官人皆服其精敏,虽老成练达之士亦自以为不及也。寻升广东右参政,时年三十有六而已,顾舆议犹以为诎。公至广东,益殚志虑,思有以救弊拯困。未几遽以疾卒,士林嗟悼之。所著有《赘言录》若干卷,文肃公序而传之。从弟颙,字师观,中浙江乡试第一,登进士第,入翰林为庶吉士,拜吏科给事中。劾奏光禄卿冯兰不职,章再上,竟降谪兰。武宗议南巡,百官伏阙谏且哭,大理少卿吴堂喝令毋哭,君又上章劾之。由是直声著闻,在朝咸惮之。未几,卒于官。所著有《倦歌集》《筠溪杂稿》,藏于家。

赞曰:白沙陈公读《王城稿》,书其后曰:"不见山中人,溪上步明月。"戴敬斋之著斋铭也。年仅逾冠,方石先生一见,遽曰:"乔松著根,干先拿空。"然而二君子年皆不永,可慨也夫!

隐逸　　缪恭字思敬，号守谦。通《春秋》，为县学诸生。已而弃举子业，攻诗文。弘治初，诏求直言，公以布衣上书论天下事，其言曰："臣少读书，老而不死，曝日献芹，负山填海，心欲言者六事，郁于时者累年。一曰保神器，二曰崇正学，三曰绍绝属，四曰怀旧勋，五曰广贤路，六曰革冗员。"首尾历历凡数千言。其曰绍绝属者，大略谓汉景帝立平陆侯刘礼为楚王者，盖思元王之贤，封礼以续其后也。矧懿文太子功施社稷，福被生民，礼宜择贤宗室封国以续其祀。指斥忌讳，皆人所不敢道者。疏入，通政司官辄大惧，遂拘留而劾奏之。敬皇帝不之罪也，特敕有司遣还家。有问之者曰："万一不测，奈何？"公曰："吾此行已自分一死，敢侥幸其间哉！"自是杜门不出，环堵萧然，惟授徒以自给。然自诸生束脩外，即亲友有所馈遗，顾一切不受。更自称小茅山饿夫，示志也。年六十五卒。一子炼。一女适望江教谕张夔之子。公卒，会炼在望江，诸生叶大卿氏率其族殓葬之。谢文肃公为铭其墓曰："韦布之忧，肉食之弃。明主之危，治世之利。於乎思敬，罪或言高，思非出位。漆室㉑杞天，我铭不愧。"所著有《茆山秽稿》若干卷，在诸生家。

陈彬字儒珍，别号敬所，学者称敬所先生。年八十有七卒，门人谢增、高崇文等治后事，乃泣谓方石谢公曰："贤者故事易名，先生虽位不满德，易名之谥不得上请于朝，而文中子、孟贞曜，独非门弟子之责乎？按谥例，强毅果敢曰刚，好古不怠曰敏。先生自弱冠为县学诸生，与公及黄文毅、林金宪以文行相激励，岁考递相后先，尝十试于有司，一不售。比将岁贡，乃力辞，不赴礼部，勇脱青袍，归隐于家。由是言之，刚其至矣。尝丁内外艰，蔬食寝苫，三年不入于内。比归隐，乃立义学以教宗族乡党，而士之从游者，岁恒以百数。先生又率宗族立大宗祠堂，讲行冠、婚、丧葬之礼，斥去淫祠，立里社，举行乡约及团拜礼。每日早起即深衣幅巾，参谒祠堂毕，正坐中堂，教戒诸弟侄，然后与诸生讲论书史。如是者盖三十余年，未尝一日变。敏亦有焉。如曰刚敏先生，节惠之谥殆亦有合。"谢公曰："然。"遂谥而易之曰刚敏云。弟扬，字儒敷，不甚读书，然力于为善。邑令袁公道之始至也，即命为保长，俾监临顽仓。仓有规利者啖以白金五十两，却不顾，闻者莫不惊叹以为难。袁由是益知其可任，时以狱讼之难决者委之决。儒敷即裹粮亲诣其地，集耆老礼让列坐剖判，咸得其情。于是人之有质者，往往不之官而之儒敷家。儒敷家故贫，恒躬耕，质者至，即辍耕，立断之，罔不服。会袁奏清邑之土田，俾儒敷董之，亦罔不办。郡邑大夫至，恒与抗礼为主宾。尤急于为义，宗戚之死而无归者，必为掩埋，有孤贫无依者，率收养之。远近来游学敬所之门者，薪水毕具，然无代力，恒亲身为之。又采乌桕作油，立夜义学，乡邻童稚，昼或樵牧，迨夜必课之念书。环海以东，人咸信而化之，有揖逊之风。详具谢公所为墓志。次子进，登进士，见《科名》条。

赞曰：缪守谦氏有郇模^㉗之风，二陈氏或庶几王彦方。然守谦归自京师也，恒糊其口于诸生之家，已竟感愤发鬓疮卒，诸生赴哭曰："天乎！独不可舍我先生乎！"君子闻而伤之。

王仁甫名良佐，字仁辅，以字行，后去车为甫，断事蒙之孙。能诗，善行书，自号古直。尝以布衣游浪江湖，与李西涯、吴匏庵诸公为友。所著有《古直集》。同时有牧村陈宙、雪窗林海、野处金如琚、卧云余敏，俱以诗名。宙，尝举行《吕氏乡约》于娄山堂，有《村居牧唱稿》。海，旷达不羁，自逃于酒，有《雪窗稿》。如琚有《野处集》。敏有《卧云集》。

赵廷时名铭，以字行，元万户师间之重孙。居县西大坞山，号白云，里人尊之曰"白云先生"。家故多资，至先生而好赈穷收死，家乃益落。平居未尝入城府，邑大夫礼之为乡饮宾，亦不至。令尹袁公道亲诣其庐，投之以诗曰："茅屋山中老，和云日采微。县官强一见，岚气上征衣。"后年九十余卒。宗伯久庵公为铭其墓，称先生尝遇异人云。先是，桃夏有张勉轩平，亦沉晦为闾里师，二谢^㉘其门人也。

岁贡 林湛字居湛，璧从弟。景泰四年贡，授华亭训导。从子一鹗、太守谢省皆其门人云。

李庸匡族子。由国子生授潜江县丞，筑花封堤。

金祯如璧族子。授广陵训导，升崇明教谕。

金弘祯从弟。由国子生授漳浦知县。

叶培牛桥人。由国子生授陕州判官。

高彝湖雾人。乐清县学贡。补国子生,授大名推官,转九江府。已上俱天顺六年四十五岁例贡。

金汀祯从弟。补国子生,未仕卒。

陈诞湖雾人。乐清县学,仕郓城县丞。俱天顺七年贡。

滕顺湖雾人。由温州府学贡为国子生,授临安通判卒。

李爵庸族弟。补国子生,未仕卒。俱成化五年贡。

李铛授上杭训导。成化七年贡。

戴通成化九年贡,见《乡贡》条。

林霄成化十一年贡,见《死事》条。

林膰霄之兄。授建平训导。

程匡乌根人。乐清县学,授兴化训导。俱成化十三年贡。

李洪谟璲之族子。成化十五年贡,授分宜训导。

林世用鹗从子。授宁津训导。

吴隆湖雾人。乐清县学,襄乡训导。俱成化十七年贡。

黄伦字汝彝,孔昭从子。成化十九年贡,任休宁训导。有诗名。

高升字弘谧,号兑斋。成化二十一年贡,授吉水训导。善教迪,得士子心,学者尊之曰兑斋先生。

叶平字持正,修之子。成化二十三年贡,授永丰训导,迁萍乡教谕,修《萍乡志》。

叶勉小溪人。由府学贡,清河训导。

金魁字凤魁,如璧之孙。任六合训导,以母老乞归。详具谢文肃公墓志。俱弘治二年贡。

鲍衡迁江人。亳州训导。

陈秉钝之孙。颖州训导。俱弘治四年贡。

林世冕璧之孙。未仕卒。

黄彦良彦俊弟。延平训导。俱弘治六年贡。

林天爵字进修,号惕若。授吉安府训导,以不善取容,致其仕归。博览经史,好深沉之思,至不知饥渴寒暑。尝修县志。所著有《读易杂抄》《纲目补注》《雕虫集》《庸字备考》[②]。

张积政和训导。弘治十年贡。

陈熙补国子生,未仕卒。弘治十二年贡。

陈玙字国卿。补国子生卒。弘治十三年贡。

谢鉴省从子。福州训导。弘治十四年贡。

蔡克诚字惇夫,自少有才名,能诗。弘治十五年贡,授松溪训导。

李秠字洪亘,自少有声场屋,已竟不第。补国子生,授雷州通判致仕。弘治十六年贡。

叶胚字全卿,号颐斋,良佩世父。任建宁训导。公有义气,喜急人之难。诸生李楠以被诬黜,公力白之上官,得复学。谢纯伯一有才名,公以五十金贷之,竟不取。考满归,遂不赴吏部。修建大宗祠。命从弟谏、嗣子聘之辑《丛珠录》刊焉。所著有《颐斋存稿》。弘治十八年贡。

叶凤岐善时文,有声黉序,授梓潼训导,卒。正德四年贡。

李学习之,号秋江。正德四年贡,授高邮州训导。公治《春秋》有名,且能诗,所著有《燕石稿》《会坛集》。

林永字克宣,芊之孙。任宁国训导。事具梅进士鹗墓志。正德六年贡。

陈孝民东阿训导。正德八年贡。

叶凤翔正德十一年贡,授晋江训导。肫肫长者。

李循规正德十一年贡,补国子生归。

谢霄正德十二年贡,授万年训导。

吴泰字宗郭,以《易》授诸生,有时名。任休宁训导。正德十四年贡。

江蕃字存玉。邵武训导。喜吟,有《樵阳稿》。正德十二年贡。

潘禄字洪量,号云塘。嘉靖二年贡,授福宁州训导,升莘县教谕。先生深于经学,善属文。予家毛氏《诗》实得之邵阳符公,而精之于先生云。

良佩以诗取科第，皆先生指授。未及引年即致仕。有诗文集曰《云塘初稿》。

谢增字希高。持身端谨。嘉靖四年贡，授宁阳训导，未半载致仕归，士林重之。

林应开字必先，昂重孙。永宁训导，丁内艰，起复至京卒。嘉靖六年贡。

高崇文字端实，升之子。嘉靖八年贡，任延平训导，未满考致仕归。

曹文檠嘉靖十年岁贡，补国子生。

赵恩崇贤子。嘉靖十一年补国子生。

林文相嘉靖十二年补国子生。

叶良储良佩弟。嘉靖十三年补国子生。

钟世谦世绅从弟。嘉靖十五年补国子生。已上俱选贡。

蒋超字天挺。君少有才气，与同学陈校秉为、吴珠宗贯及临海陈巨江禹功俱以时文名，试于提学，累居优等，谓科第可立致。已，特禹功中乡试，辄死，秉为、宗贯皆不第死，君已迟暮，由嘉靖十七年岁贡，授封川训导，未至官亦死，士林懊惜之。

吴邦一隆之子。由乐清贡，授当涂训导。

彭牧嘉靖十八年贡。

翁秀嘉靖十九年贡。

貤封　**谢性**全以子省贵，赠兵部员外郎，配陈氏封宜人。

谢世衍名胤，以子铎贵，赠礼部右侍郎，配高氏赠淑人。

林居止㉚以子克贤贵，封刑部主事，配胡氏封安人。

邵能政以子诚贵，封吏科给事中，配应氏封孺人。

陈伏嘉以子绮贵，赠工部郎中，配顾氏赠宜人。

叶钊字利卿，以子良佩贵，赠刑部主事，配符氏封安人。

赵相以子大佑贵，封监察御史，配王氏封孺人。

荫叙　**林薇**字世列。以父鹗恩，官寿州同知。

林菲字世敷。以父霄恩，官光禄署丞。事具提学赵渊墓志。

谢必阼字实庆。以祖铎恩，国子生。

谢适然字大统。以曾祖铎④恩，授刑部照磨，升抚州通判。

林怡字顺夫。以父凤恩，官淮安通判。

例贡 钟世符字阶甫。弱冠居父忧，庐于墓三年，馈粥水饮，几至灭性，乡人称之曰钟孝子。已而为邑庠弟子员，循例补国子生，所交多一时胜士。已复丁⑤母卢氏忧，亦遵礼制，祥禫犹不入内。服阕，授浔州照磨。未几谢事归。所著有《兰竹斋稿》。

丘植字元立，应辰之后。补国子生，未仕卒。

李儒绯枢之子。补国子生，未仕卒。

钟世昭字昶甫，世符从弟。补国子生。

江象补国子生。

李季绮儒绯之弟。补国子生。已上俱输粟⑥例。

陈治石粘人。由儒士选为序班，升鸣赞。

丘元善海重孙。由教读任天津训导。

鲍全禄衡弟。都督府训导。

金凤应左都督府训导。

林润鹗从弟。左都督府训导，卒。

金凤昂如珙从孙。由教读任漳平训导，卒。

遗逸 陈瑄字润卿，号养斋，一行彪之重孙。先生自幼有美质，读古诗文辄领悟，能自为，往往传诸士林。同辈因劝令业举子，先生业举子亦辄有声，为学官高等弟子，顾非其好也，益博通群书，攻古诗文。谢文肃公一见大奇之，曰："异日必且以是名。"然劝之赴举。已而累举累不第，亦竟死。文肃公为序其存稿刻之。同时赵湵、林倩、钟复、谢龙、王特皆科目遗材也。湵字存性，号南阳，倜傥有大志，食廪学官，后以不利于场屋，遂翩然归隐，有诗见《赤城集》。倩字应美，号竹仙，少为诸生，与陈养斋为莫逆交，蔚有文名，时称小逋，比老亦归隐。所著《竹仙净稿》，今有刻本。复字庆心,号养思;龙字鸣华,号月岭;特字崇俊,号静修。皆为一时学子所推让,提学考累居第一,称掇科秀才。已而相继死,士论称屈焉。今养思子世给中乡科,声誉籍甚。静修子廷倧,亦能以书香世其家。独月岭无后云。

江琅字时修,芝田其别号也。君于余八岁长,而在学宫为同辈,声名出余上远甚。尝慷慨谓余曰:"今之文弊矣,吾欲与子相让,为甫、白、愈、翱。"余曰:"唐称韩柳,子顾举翱⑧何?"君曰:"翱之文虽不及柳,顾其人可重也。"顷之,余成进士,而君竟落魄不偶云。然岁考累冠诸生。提举万公潮简诸生异等读书于杭之万松书院,君居首选。为诗文绰有古风,晚益耽史汉魏晋。已而病作,竟死。朱子光尝为余言,君病中犹受徒,日讲解,其贫者皆馆谷君。吴宗贯,君执友也,死而无家,君收养其遗孤有始终云。

贞淑　二王节妇陈氏者,上珙王寅良妻也。年十七归寅良,仅六载而寅良与其父母相继没。陈抱遗孤云守苫块,葬其舅、姑、夫三丧率以礼。里豪金五者利其资,夜聚群恶少谋欲篡取之,会有二虎踞其门,众惊散去。得完其节。潘氏者,南塘王崇仁妻也。归崇仁,生男槐而夫亡,潘年二十三矣,抚其孤迄成立生子。已而槐亦亡,又抚其孙焰迄成立。年九十八终。二节妇皆奉诏表门。予修景嘉志至《贞淑》篇,有南塘张氏持其先世墓碑石本来。碑逸庵陈先生作也,字漫灭仅可读,称张矫妻林氏尝刲股愈其姑疾,后林疾革,其子亦刲股以愈之云。盖宣德间事也,附缀于此。

赵偃小名佛女,松门卫赵贵之妹。贵妻梁氏不孝其姑,姑将闻之官,梁氏惧,辄自尽。梁之兄弟苦朋等大怒,将缚贵而甘心焉。贵走匿,乃逼偃,欲奸之,偃不从,遂绑缚游通衢。至暮仍逼之,偃力拒不获,遂乱殴以死,一时见者莫不泣下。邦人哀之,为作《长恨歌》。后五十年,有严云者,亦松门人,年十六许嫁乡人郑某,未婚而夫亡。其姑嫜欲以夫弟接婚,父母利其资,听委禽焉。归有日矣,云绐以入内梳栉,遂自经以死。予闻之方景晖云。

朱氏山前蒋江童妻,**叶氏**关屿赵鏵妻,**赵氏**长屿李霞妻,**两金氏**桃夏谢兴毅妻、泉溪王新妻,**陈氏**高端表妻,**吴氏**丘槭妻,俱正德、嘉靖间奉诏表门。此外有蒋氏双节瓦屿蒋平夫妻叶氏及其子存清妻孙氏，柯氏嫡媵半岭柯士妻叶氏，媵孙新奴，以及两林氏平溪金成岳妻，关屿赵憧妻，潘氏上琪项贵妻，朱氏泾峇陈攀妻，朱烈妇吴氏东寮朱四妻，年少寡，以父母欲夺其志，赴水死，今其里有祠，皆以单子未得旌。

一行 钟永儒泽库人。一日寓京师，有闽解户失其名，遗白金二百两于途，永儒拾得，坐故处，伺其人来问实，竟还之。稍后有隅顽杜民显，捐己资百金，垫螫大间官路可八里所，前令秀大书"旌善"二字颜其门云。

吏选 邵冲瀋之父、林浩，俱署丞，张清、刘玉，俱州判官，张特卫经历，王湍知事，陈瑞、朱正琳、丘亮，俱县丞，林昕、张滨、李友、张汉，俱主簿，赵木，吏目，王恒、丘仁、林凤、陈恩、莫沼、李洪浩、陈洪、金庆、林勤、张寿、叶澄、谢龄、胡恩、张邦赞，俱典史，丁伦、孙玉、金龙、金允华，俱巡检，叶守正、陈诚、林钦，俱大使，项从典史。

①从兄犯罪诛：郭楶从兄即刘仁本，方国珍的谋士。方降明后，刘仁本被明太祖朱元璋鞭背死。仁本父郭时出继舅父刘氏，故从刘姓。郭楶父本与时系兄弟。　　②力行近乎仁：语出《礼记·中庸》，原文为"好学近乎知，力行近乎仁，知耻近乎勇"。　　③扬：原文作"杨"，据《明史》卷四十《地理志》改。　　④己酉：原文作"丁酉"，据《嘉庆太平县志》改。⑤纪善：明代亲王府的属官，掌教授之职。伊府即伊王府，朱元璋第二十五子橚封为伊厉王。　　⑥诸：原文误作"朱"，今改。　　⑦土木之变：明正统十四年，瓦剌贵族也先率军攻明，宦官王振挟持英宗率军亲征，在土木堡（今河北省怀来县东）英宗被俘，王振被部下所杀。史称"土木之变"。　　⑧鞑虏犯宣府独石：指明天顺年间鞑靼酋长孛来犯边事。宣府即宣府镇，明九边之一，属卫十五，所二十六，防线自今北京市延庆县至山

西省大同市。独石系一要隘,亦称独石口,在今河北省沽源县南。

⑨丰:原文误为"豊",今改。　　⑩症:腹中结块的病谓"症",病愈谓"差"。　　⑪朱:原文误刻作"未",今改。　　⑫著:原文误刻作"者",今改。　　⑬二千石:知府别称。汉制郡守俸禄为二千石,因有此称。

⑭阕:原文作"阙",今改,下同。　　⑮属纩:用新棉置于濒死者鼻前,察其是否断气。后称病人将死为属纩。　　⑯《明史》本传追记:"嘉靖中,御史赵大佑上其(林鹗)节行,赠刑部尚书,谥恭肃。"　　⑰六堂:国子监所设之率性堂、修道堂、诚心堂、正义堂、崇志堂、广业堂。　　⑱钱:原文作"鈇",今改。　　⑲师:原文作帅,今改。　　⑳赤城论谏录:原文无"赤城"二字。　　㉑咳貌:音容笑貌。咳:音 hái,小儿笑。　　㉒四维:《管子·牧民》:"何谓四维?一曰礼,二曰义,三曰廉,四曰耻。"旧以礼义廉耻为治国之四纲,称为"四维"。　　㉓抽分:沿海港口进出口贸易税。此指担任税官。　　㉔庶吉士:原文漏"庶"字。下文言出使暹罗,明代此类使节一般不过五六品官衔,言"赐一品官服",疑误。暹罗,今泰国。

㉕漆室:春秋鲁邑名。鲁穆公时,君老太子幼,国事甚危。漆室有少女倚柱悲吟而啸,感动国人。事见汉刘向《列女传·漆室女》。后用为关心国事的典故。　　㉖郇模:唐晋州人。大历间大臣元载专权,模以麻总发,持竹筥苇席,行哭长安东市,冒死以求皇帝召见。后果面君揭元载之过。

㉗二谢:谢省,谢铎。　　㉘庸字备考:原文"考"误作"孝",今改。

㉙林居止:《康熙志》、《嘉庆志》均作"林居正"。　　㉚曾祖铎:原文脱"铎",据《康熙志》补。　　㉛丁:原文误刻作"下",今改。　　㉜输粟:明清时,富家子弟为得功名、官职而捐纳财货于官府。　　㉝翱:唐代文学家李翱,习义之。擅长政论文。性鲠直无所忌,为考功员外郎时,曾面折宰相李逢吉之过。

太平县志卷之八

外　志

外志何？进之内志则赘，故外之。是故，地舆之外古迹也、宅墓也，食货之外寺院、田土也，职官之外寄使也，人物之外仙释也，总之作《外志》第五。

古　迹

古城在县西北三十五里大唐岭东南。外城周十里，高仅存二尺，厚四丈，遗隍断堑，隐约可稽。内城周五里，有洗马池、九曲池。故宫基址崇一十四级，上有乔木，可数十围。故老相传即徐偃王城。其东偏有偃王庙，又南可五里有叶、鲍二将军庙，或谓亦偃王之将云。今按，韩愈《衢州徐偃王庙碑》，偃王走死彭城山下，民号其山为徐山，凿石为室以祀偃王，则是偃王之墓当在彭城矣。又曰或谓偃王之走，不之彭城，之越城之隅，弃玉几砚会稽水中，则是偃王之逃未知所止。今象山有偃王墓，雪川亦有墓，黄岩界又有徐山，其亦舜井姚江①之类也乎！尝闻澹台子羽不一墓，李白、杜甫不一墓，郭璞亦不一墓，随寓而表之，怀贤也。乃若桓山之石椁②，则徒以为訾而莫之省录焉。是又可以观人心矣，事之有无固不必深辨。

孙恩城在温岭。高四丈许，周回六百步，《永嘉记》云妖贼孙恩所筑。按，《晋史》隆安二年，贼孙恩陷会稽。七年，太守辛景击斩之③。

玉环古城在玉环乡海岛上，与楚门隔港。洪武二十年徙悬海居民于腹里，今墟。

晋原在县东三十里屏山之南，岙曰晋岙，湖曰晋湖，山曰晋原。相传晋王之裔尝居此,故名。按,山半有明觉寺,寺有小碑曰"晋王游适之地",则又非其裔矣。大抵昔人游行之地,后人思之,即因以得名,率不记其始耳。如临海之招贤洞亦此类。

　　松门寨在松门卫城。北宋熙宁间置土兵,寨设巡检一员。嘉定初阇婆国④番船入寇,失去印记,后复降给。元因之。国朝洪武二十年开置松门卫,革去,故址尚存。

　　两驿温岭驿在温岭,旧台、温界限之地。宋赵清献公抃有诗:"昨朝初泛临海舟,今暮已登温岭驿。秋风阁雨波不扬,风伯江神俱有力。"元时裁革,置巡检司,洪武初复徙置三山云。白峰驿在丹崖山北,亦元时革去。

　　三巡司元时置。湖雾巡检司在山门乡,洪武七年裁革。北监巡检司在玉环乡,石塘巡检司在石塘山,与松门隔港,俱洪武二十年徙悬海居民于腹里,革去。

　　天富北监场在玉环山海岛中,亦洪武间徙居民于乐清境上,遂废。

　　废堠在二都莞山上,与童礁相对。即斥堠,俗呼烟墩。但其制与今稍异,筑瞭望台,设墙围,穴土如斛形,上狭下阔,中可容七八人。今废。

　　义役碑在三都梵兴寺。其文曰"淳熙九年,浙东提举朱文公熹行部至,有乡士诸葛蒸硕请使民自结义役。文公奏行"云云。今寺废碑毁。

　　赏头等七酒坊郡旧志有赏头、石塘、东镇、长屿、紫高、夹屿、监北岸七酒坊。宋时俱有酒税课程,敢私酿者,其罪流。后稍稍弛⑤禁,私酿日盛,官课折阅,有司奏蠲禁,减税半。国朝洪武初一切革去,民欢呼称便。附谢采伯《奏行万户记》:臣闻诸父老,台郡通闽广,岚瘴为厉,非酒无以御其毒,故其民食酒,习惯为常,奢利冒禁,曾不少戢。臣以为榷酤非常赋,盖汉武帝用兵乏饷而创为之也。臣尝两佐州,四典州,箠楚日报而私酿日盛。小大臣工但知增取之为工,苛惨以求胜,而莫以蠲禁为上言者。今贤守臣乃为奏请圣主亟俞之,盻降省札以示遵守,除汉武以来一千三百八十余年之患,邦民幸甚,得保生业,奉宾祀,无刑辟之虞,熙熙然若生于唐虞三代之世,顾不伟哉!《圣政记》曰:余自创业江左,十有二年,德薄才菲,俱弗胜任,但以军国之费,不免科征于民。然竭力畎亩,所出有限而取之过重，心甚悯焉，故凡有益乎民者，必力行而又申告之。曩以民间造酒，糜费米麦，故行禁酒之令，余以为颇有益于民。然不塞其源而欲遏其流，不可也。其令农民今岁无得种糯，以塞造酒之源，欲使五谷丰积而价平，吾民得所养以乐有生，庶几养民之实也。

论曰：志何以有古迹？尝闻伯禹治水至会稽山，探得黄帝《水经》，遂告成功，故山名禹穴云。后二千余年，而司马迁氏复来探禹穴书，归而作《史记》。斯皆取诸古迹也。抑余尝泛姚江中流，指顾洋洋乎若见重华矣，是在人所取尔。

宅　墓

　　方岩王公故居 在方岩乡大溪金山之南，有侍郎街、金山堂、东屿斋、梅石轩，又有园池竹院为藏书之所。今呼为王氏园。

　　大监戴公故居 在县治东南五百步，有宅前街、走马弄。

　　虞仲房故居 在邑东横溪。仲房有《横溪堂》诗："田塍常满雨常余，绿遍溪南我独无。珍重天公不遗物，也分余润到菖蒲。"

　　蔡武博故居 在方岩乡之白山街。

　　南塘戴氏故居 在石屏山之阳，俗名塘下。地东南并海，旧有海塘，故名。五季时戴镒⑥避闽乱徙黄岩，择地得南塘家焉。历宋及元，子孙益蕃以大，代有闻人。蔡溏曰：戴氏居南塘下，山易材，海易渔，田易稼，聚族数十，富乐累世。大参敬斋先生尝言：戴氏在宋有曰舜钦者，上书危言，赐同进士出身。有曰逸卿，曰觉民，曰霆晨者，皆为显官。其时东皋子以诗鸣，至子石屏益著，同时子姓则有若竹洲，有若兰谷，有若渔村，有若神童，更唱迭和，金石交奏，隐然声震东南，遂为诗礼望族云。

　　丁园 在温岭。宋嘉祐间丁仲镒始创，至淳熙年仲镒之八世孙少云拓而大之，有松山南麓诸亭池楼阁及东屿书房。少云子木又建云海观，台榭岩径无虑七十余所，为浙东冠。宋陈筼窗、周端朝、王绰俱有记。朱文公《东屿书房》诗："书房在东屿，编简乱抽寻。曙色千山晓，寒灯午夜深。江湖勤会面，坐卧独观心。秋浦瓜期近，何当寄此吟。"时子植将赴池州青阳县令,故云。

郑公台在十三都威神寺后灵湫山上,虞仲房有诗。

读书堂在洞黄,宋黄轲读书之所,叶水心有诗。

松桂轩在洞黄,元黄谷春所居。又有集怡楼。陈石门铿翁记:天台雁荡之交,有谷曰洞黄,洞言谷,黄言姓也。谷之中峰嵚岑碕礒,左右并驰而南出,若运肘然,溪流盘束两山间,路则自谷之口溯溪而入。黄氏五代时卜筑于是,今十三世矣。环其居皆松也。屋之前有大桂,偃蹇轮囷,当自其始祖时植之。桂上岐为二干,连蜷荟蔚,黄氏谷春开轩朝夕盘桓其中,延师取友,论文赋诗,因匾曰松桂轩云。

环清轩在泉溪南,国初丘慎余海建,潘择可有记。

会铺堂在镜川,元平阳州学正叶居暹建,曾孙廷旦重修,主事章陬有记。

酣云轩在泉溪北,国初林养民建,林公辅记。

多山楼在二十三都,国初赵氏献所筑。

莞山草堂在莞呑,国初陈氏筑,方逊志希直有诗。

驾鳌轩在泉溪三台山下,国初林周民所居,御史范克瑾有记。

宗鲁堂在县西三十里绾江,国初大名府知府孔中夫建,衍圣公孔讷记。又有望云堂,祭酒宋讷记。宗鲁堂屋老且坏,今令尹才汉以孔氏均徭优给修建。

鲁青轩在绾江,孔克瑜建,鲍原弘有记。

听松轩在温岭,饶阳郭公所居。后公免官归,舍于椒山,潘均弘氏亦为颜其轩曰听松,鲍纪善原弘有记。

会緦庵在方岩乡杜氏山。夏廷评锹记曰:谢孝子之墓在旧杜氏之山,墓旧有庵,二谢公始因而葺之,创而称之曰"会緦",取会五服之人以有事于此也,因更山今名。二谢公夹山麓为居,开门登山,不劳甚便,逃宠禄,味[⑦]静退,家居之日为多,是故营于其上者首尾接焉。于是墓有碑,有厝碑之宇,庵有祠,有享馂之所。庵之前有方岩书院,其属有相观、恐闻二斋,有方石山房、桃溪书屋二羡室。庵之西环以竹树,有竹林池。庵之南被以菱茨,有采藻池。池之上构石面水,有采藻亭。亭之左累石承溜,有濯缨池。池之东南其翳四撤,前森大水,有望海亭,后巚方岩,有仰高亭。山之南有石门,之北、之东亦如之。南北署其前以墓门,东署其背以书院门,而题其前曰"台雁东南第一山"云。

贞则堂在桃溪之赵岙里,为谢节妇赵氏匜,刘侍郎定之有记。

悦亲堂在星屿,国初陈子安建,石门陈铿翁记。

收春堂虞山邵氏建,鲍原弘记。

会文亭在亭岭,宋周克兴建,极宏丽,故岭以亭名。

旌善亭在十九都,宋咸淳间为旌表陈宇建,遗址尚存。

便休亭在二十都,元陈端卿建,用便行人休息,故名。

崇善亭在泽库十三都,元至正间毛、郑二姓同建,为会文之所,今废。

乡约亭在盘峰里,耆民江敦义、毛太、林居见、金澄广等创立,而望轩徐子文仿蓝田吕氏作为约法一十五章,月一举行之,县尹罗政有序。

存思庵在莞岙,陈彬建,以奉其祖考墓祭者。旁有书院,彬尝讲学于此,士之从游者以百数。

锦屏庵在翁岙,谢原师建,以奉母墓祭者,原师亦葬于此。

遗后庵在木杓屿,郑存高昆季建,以奉其父墓祭者,夏进士镇为之记。郡志误作瓦屿云。

裕远庵在洋岙山,今谓之大梦山,李阁老东阳有记。

终慕庵在洋岙,陈麟昆季建,以奉其父母墓祭者。其弟鹗尝于此庐墓三年,乡人又呼为陈孝庵。

来清庵在白山古塘门。叶处士伯山之影堂也。其从子本源亦有致庵。

宋安禧王陵在十八都新山澄源庵上。

晋岙坟在六都雪山明觉寺后,世传晋武帝藏真之所。

晋王氏墓在十七都楼旗山下。墓砖螭形鱼文,贯以柳,或为钱状,旁有文云:"晋永和十二年,岁次丙辰,八月壬午朔,琅琊王国……"余漫漶不可辨。

蔡家墓在十四都灵伏山下。杜清献公范记:武学博士蔡公镐以才名气节被遇阜陵⑧。蔡本出于晋侍中谟之后,有名午者,唐中和间自黄岩之来远乡赘于白山尹氏,因家焉。午死,葬灵伏山之原。午之子师路葬焉,师路之子邽、邽之子希实又葬焉,故里人名之曰蔡家墓。至今环灵伏十数里,垂白之老、始龀之童⑨悉能指而言之。自午至武博,盖十有二世矣。武博之亡,蔡氏稍弱弗振。里有陈姓者,有其墓傍之山,并包其墓。蔡聚族讼之,不能胜。陈未几家废,山归何氏。会何营坟地,山与前上虞尹赵安臣之山连壤,何欲成面势,即所买陈山求易焉。安臣于是捐竹园数亩与何相直者以易之。安臣既得蔡墓,即以归之蔡,其又墓之径素属安臣者,复以界之。呜呼!赵之德于蔡宏矣。武博之从弟禾以记属予,故叙颠末,使列诸墓,以诏方来。

王侍郎墓在十六都梵安寺侧,宋工部侍郎王居安葬焉。谢文肃公诗:"东屿曾无主,西阳岂有宫。惟应归鹤语,凄断月明中。"

戴少监墓在南隅瓦屿,宋秘书少监戴良齐葬此。

盛圣泉墓在十三都三坑。元从仕郎、昌国判官盛象翁葬焉。墓前有松,为人所伐,蘖蘖复萌,至今根犹活。

谢孝子墓在十六都桃溪缌山,谢孝子伯逊葬焉。

黄松坞墓在第二都洞黄金字山,松坞黄隐君礼遐葬焉。

林侍郎墓在北隅芝岙,刑部侍郎林公鹗葬焉。

谢贞肃墓在十六都桃溪之东山,宝庆知府谢贞肃公省所葬,与弟王城山人绩联圹。

王修撰墓在广德州祠山之麓。先是,台人有盛希年者避乱广德,为祠山羽士。修撰叔英死于节,希年为收葬之,杨文贞公士奇为表其墓。成化初,知州周瑛为之修砌,仍立墓田若干亩。教谕潘禄诗曰:"祠山麓,郁郁佳城天预卜。修撰死,上有皇天下青史。我爱祠山盛炼师,斧钺不避收遗尸。唐林义士可同传,含凄聊续冬青词。"

　　徐秘书墓在湖雾半岭山,俗呼徐大坟,宋秘书少监徐渊子葬此。

　　陈忠简良弼墓在庆恩寺东。

　　戴石屏式之墓在第七都塘下。

　　郭饶阳㮮墓在十八都温岭。

　　陆康业墓在县南河呑。世传为宣公赟之后,宋初擢进士第,倅永嘉,而卒葬于此。

　　应鄱阳志和墓在十五都流庆寺后。

　　谢文肃墓在桃溪之华盖山,谢文肃公铎所葬。曾侯才汉有《迁墓碑》:赤城之南,方岩之麓,有名臣焉。其志向足以追踪先哲,其德谊足以善俗正风,其问学足以辩古证今,其清修足以激贪廉懦,其建议立论足以裨国是、折众言,而志未尽行,泽未尽溥,素蕴未尽展布,不能不动天下后世之懊惜者。若谢文肃公,殆其人也。公既卒,厥子奉遗命附空先茔,朝廷赐葬谕祭,大学士见山桂公为进士时被命襄事。既而大梦山葬所弗吉,以致门庭多事。礼部尚书久庵黄公以公门下士,感公最深,乃助资易地。于嘉靖丙申二月十九日迁公葬于上黄,以配淑人陈氏、孔氏,嗣子兴义、次子兴寅咸祔兆次,吉祥应谶,人以为公食德之报云。戊戌夏,汉承乏太平令,念弱冠时已知慕公为天下望,乃肃仪展拜墓下,遍观神道,举未修葺,遂议营工事,且不敢擅出公帑,诸费皆汉区画酌处,用成厥美。会公曾孙适然以南刑部照磨升抚州府通判,便道展省,竭诚尽孝,经营造作,次第完辑,间请于汉曰:"先曾大父幽宅既荷营修,而神道之表欲效柳子自书,厥考故事,愧弗克成,敢祈先生通纪其概!"汉辞弗获,敬书墓前之石,以扬休烈。呜呼!公之出也,冀以行道,而恢廓之功,既足以表仪天下。公之处也,冀以求志,而坐镇之雅,尤足以表式乡间。爰述斯文,勒诸金石,且以师表后世也夫,岂溢美哉。

　　李考功茂弘墓在官鉴山。从子林郎中璧墓在东麓。

　　戴孝子守温墓在十四都小唐岭南,邑令袁道营造。

　　叶拙讷士冕墓在温岭山。戴参政豪墓在大岭北,邵少卿诚墓在大岭南。

潘松溪从善墓在小泉村。林金宪克贤墓在南瓦屿,给事霄墓在十八都祇园寺侧。

论曰:仰止前修,常欲仿佛其咳貌而不可得,矧厥故居遗垄,犹在吾桑梓之间者乎!试相与求之,宜必有物焉。隧、台、庭、所,而吾尚或见之也,故志之云。

寺　院

明因寺在南隅,唐咸通五年建,始名灵泉,宋大中祥符①元年重建,改今名。

显慈教寺在第二都,唐太和七年僧常一建。

治平讲寺在第二都,五季时建,名保安,宋治平三年改今名,元至正重建。

梵兴教寺在第三都湖没,有义役碑,梁贞明元年建。

资圣讲寺在第四都,唐咸通间建,名崇善。宋元祐七年,南海有钟浮来,火光烨耀,渔人扣之,沉而复起,僧宏远焚香恳祷,钟泊岸。里有李妙玄者,家富而寡,高宗南渡,运粟饷军,赐封夫人,资产尽施归寺以收钟。事闻,赐今额。

普照讲寺在第五都,唐乾符元年建。

明觉禅寺在第六都,俗呼雪山寺。唐大中二年建,名崇因,僧智颛尝飞锡于此①。宋太平兴国二年改应龙,治平三年改今名。林雪窗有诗。

澄照讲寺在第七都屏上,宋天圣元年建。

净应讲寺在第八都,石晋中建。元元贞二年,鲍千三施田二顷。国朝天顺间,僧文晟重建。

兴教讲寺在唐岙,本名兴国,宋治平三年改今名。

崇国教寺在九都。晋咸和中,闽僧睹异光发林壑,遂建,名普光。宋大中祥符元年重建,改今名。永乐七年,僧可原重创。

登明教寺在新河。晋隆安二年建,旧在迂浦监,名灵石。宋大中祥符元年移今址,改名登明,有栖云楼。

广济教寺在夹屿,唐咸通八年建,名福寿,宋大中祥符元年改今名。

演法教寺在夹屿,宋端拱中建,治平三年改今名。

丹崖寺在丹山顶上,相传为葛洪炼丹之地,故名。

护法禅寺旧在凤城山,唐大顺二年建。一日扣钟不鸣,里人闻声在天王山下,因徙焉。治平三年赐额,俗呼天王寺。

威神教寺在三坑岙,唐乾宁三年建,名灵湫,宋治平三年改今名。

普济教寺在十四都,唐光化二年⑫建,名安济,宋治平二年⑬改今名。洪武三十二年,僧粹玉温重建。

惠力禅寺在小唐岭,唐咸通三年建。

流庆教寺在十五都茅岙,晋天福三年建,名塔院,宋大中祥符元年赐额。

金仙禅寺在桃溪华盖山下。唐天宝九年,僧子鸿建,名仙岩,宋治平三年改今名。旧院记云:乾祐三年,将仕郎、赐太子正字裴光士舍己地为基云。谢贞肃省诗:"侯门经几废,梵刹看长存。莫信昌黎表,如今佛更尊。"

梵安寺在十六都大溪,宋嘉定癸酉建,王侍郎居安墓在焉。居安诗曰:"方岩胜处是仙家,时有轻云薄雾遮。我欲去时君共去,溯流而上看山花。""浓阴阁雨未全收,屈指相将禊事修。不必山阴寻故地,双溪曲水更清幽。"

惠众禅寺在楼奇岭上,宋开宝元年建,名灵泉,治平元年改今名。

祗园禅寺在十八都,晋天祐⑭间建,名瑞峰,吴越宝正六年改今名,有忠懿王⑮赐神录师《五制帖》。

妙严禅寺在温岭,晋天福七年建,名同和,宋治平三年改今名。宋徐似道诗:"宿雾酿成三日雨,晓风麔退一天云。落花院宇浑无事,闲拂碑尘看断文。"

庆恩教寺在二十都,晋天福三年建,名修福,宋治平三年改今名。

崇善教寺在紫高山，宋乾德五年建，赐名兴善，治平元年改今名。佛殿后有泉出岩窦，人以煮药多验。

千佛塔院在温岭江下。昔有嵩大悲持左道除妖祟，遂建斯院云。

小明因寺在梅溪岭下，晋天福六年僧德蟾建，宋治平二年赐名大明，元丰二年改今名。林璧诗："开户碧峰入，问途黄叶封。寒泉鸣绝涧，落日在高松。"

灵山寺在玉环乡。晋天福二年，僧启奕闻山南钟声，至其处以石捍潮创刹。宋熙宁元年，僧石法咸筑涂，成田七顷，事闻，赐额灵山。岁久浸弊，至元间重建。

松岩讲寺去县西北二十五里十六都松岩山上，元至正间僧如秋月建，初名水月禅院，后赐今额。洪武间归并澄照讲寺，正德初释永盛重建松岩堂。良佩《南松岩记》：南松岩在太平县王城山之南，去黄岩县北松岩五十里而遥，以其南北峙望，高又相埒，故号曰南松岩云。嘉靖癸巳，余乘笋舆寻海上诸山，止于是且四越月。始由部溇山行二里许，则闻涧水激石，四山风撼木之声若有万军屯哄其间，愕立久之。行复数步，见两岩对峙如门，入门行夹壁间，可十许步，皆峭削崭空，类颔腭相呀，是为石门。门之内为石坛，其下为小潭。潭之水自上龙潭来，虢虢行，坠潭绕石门出，遇峻险则旋而为濑，路漫水底，离列石桩，行濑上。由石坛而上，有狮子山。路右折，曰石天梯，绕狮前趾行，达背上。上有平石负土出，下临绝涧。循涧行，路颇平，又二里抵松岩。岩之西有石龛二，嵩大悲、秋月师皆尝于此面壁云。北为龙鼻岩，常有洒瀑如雨堕其前，即大旱不绝。由龙鼻岩而上，有二道，其一西北行百许步，水月禅院在焉，其一东行五十步为罗汉洞，陟而上为伏狮岩，东向望见海上诸山远近浮波中，烟云杳渺无际。折而西北为九阆峰，此岩中最高处。余至适杪秋霜露之交，风行岩石草树间，瑟瑟如也，輾然乐之。已而叹曰：以兹山之奇，又介在天台、雁荡之间，游者接踵至，顾历数百年而名秘，弗甚显。余乃愗为斯记，刻石院门，俟访奇发秘者得焉。

梅花庵在南阡石牛山，下有梅花洞。

进云庵在县治西深山顶,俗称黄大田,出茶。

崇宝院庵在松门城东山。

开云庵在丹崖山。

通济庵在十七都马望山下,鲍原弘记。

西原庵在十八都西源山下。

澄云庵在十八都,中有菁山浮图①,一名水晶宫。郭楫诗:"瑶匣霜飞拂剑花,白头诗客忆仙家。饥餐石室青泥髓,渴饮瀛洲五彩霞。截锦裁诗阳父美,钩银作字小王佳。水晶宫畔春犹在,应有婵娟侍绛纱。"

横湖堂百丈岩下,陈氏建。知县袁道诗:"山下茅庵小,门前野水平。停车候星使,老稚说民情。"

塘下堂在七都。

长屿塔院堂在八都,有石塔九层。顾愉《塔灯》诗:"奎璧有光花笔老,风云无力火龙闲。"前堂平溪金氏舍地一亩半。

鹜屿堂在十二都,今废。

新桥堂在十三都泽库水陆要冲之所。夏廷评锇题壁诗:"煮茧烧田四月中,男耕女作总输公。闲官未领曹司事,且带辎轩一采风。"

晋庆院在二都三呑大间。同知陈直观祖墓在焉。

福德堂在十六都部浃。

崇善堂在灵伏山北麓。

下保堂在下保山。

万松堂在虞呑岭。

五通庙在县治北凤凰山下。

萧王庙在县东镇东桥西。二十都泾呑亦有萧王庙云。

白鹤庙在第四都石龟山下。宋敕武烈帝。今八都撮屿、十八都温岭俱有。

穿石庙在第四都白峰山。旧传隋末商舟至岩下遇风,商悫甚,奋拳穴石,舟覆,他商神祀之,号穿石大王。

潜济庙在松门山。事见悬崖潭。

戴石屏庙祠在七都屏山。宋戴式之既死，有神灵，乡人祀之。

真武庙在南监场左内，有高阁，号真圣阁。

东岳行祠在南监，至正间戴氏女如玉捐资移创南河头。

关王庙在松门城。十都南监盐场左旁亦有。

凰山堂陈元杰建。

石牛堂珠溪林建。

大球堂在二十一都大球山上，有飞泉，陈氏世居之。唐愈贤诗：“海风吹笋舆，午憩球山堂。嘉禾绿盈野，古树青缘冈。”

灵佑庙在二十五都漳呑。元至元十五年敕封忠显侯，居民祀为上神。

天王庙在十三都天王山，祀沙门天王，或曰祀徐偃王。庙前有古木一株，大数十围，中空可容数十人云。

灵观庙在温岭市西。

元弼真君庙在十七都横屿。

徐偃王庙在古城，旁有叶、鲍二将军庙。或谓王尝城其地，二将军与焉，故祀之。

圣妃宫在松门城内。今新河城内亦有祠。

天真宫在塘下，元南塘真人张惟一建，今废。

论曰：古者，官师之所止曰寺，悬象魏以示天下曰观。后异流作屋以栖其先师像设，亦曰寺观，此予所未解也。顾今公署或圮陋不支，而仙宫佛殿乃蔽日造云。士人无百亩之入，而僧道之田遍天下，愈不知其故矣。

寄　使

寄使事略东方之译曰寄，其国为日本。按，日本古倭奴国也，都筑紫,其种类百有余国,皆为所属,号大倭王。传二十三世彦瀲尊第四子,自筑紫人都大和州。迄汉桓、灵间,倭奴作乱,互相攻伐,历年无主。有一女子名卑弥呼者,年长不嫁,以妖惑众,乃共立为王,法甚严峻,时称女王。国建唐咸亨⑰初,乃更号曰日本,取近日始升之义。先是,秦时遣方士徐福将童男女数千人入海,求蓬莱仙不得,惧诛,止夷、澶二州,号秦王国,属倭奴,故中国总呼之曰徐倭。其性多狙⑱诈狼贪,往往窥伺,得间则肆为寇掠,故边海复以倭寇目之云。其形体,男子断发魁头,黥面文身,以文左右大小为尊卑之差。妇女披发屈紒,以丹扮身。缘夷俗患水妖,故象龙子以避之。其服饰,男子衣裙襦,横幅结束,不施缝缀,足多跣,间用履,形如屦,漆⑲其上而系之足,首无冠。妇女衣如单被,穿其中,贯头而着之,亦衣裙襦。其接见,以蹲踞为恭,以搓手为悦。其交易用铜钱。汉光武时始奉贡朝贺,赐以印绶。初无文字,自魏、隋五经、佛法得自中国,始知儒书,尤信佛经。唐咸亨、开元间,遣使者粟田贡方物,请从诸儒授经,悉赏物货书以归,自后称之为寄使云。宋雍熙元年,遣僧奝然献铜器十余事并《日本职员年代纪》一卷⑳,天子嘉其意,存抚甚厚。越明年,附台、宁海商舶归。南渡以后,历久无贡。元世祖遣使招谕之,不从。逮国朝洪武四年,国王良怀遣使僧祖朝贡。七年复来,以无表文却之。其臣亦遣僧贡马及茶布等物,以其私贡,亦却之。革除年复来,诏定为贡期,约十年一贡。永乐间,国王嗣立皆受册封。自是或二三年,或五六年,贡无定期,皆诏至京师,燕赏优渥。正德四年,南海道刺史细川高国强请勘合,遣使宋素卿贡。正德六年,西海道刺史大内艺兴遣使省佐贡。嘉靖二年,各道争贡,大内艺兴遣使宗设、谦导,细川高国遣使瑞佐、宋素卿交贡,舟泊宁波港,互相诋毁。宗设、谦导等仇杀宋素卿㉑,伴从追至绍兴,经过地方莫不骚动。嘉靖十八年,南海道刺史复遣使来贡,巡按应山傅公檄宁波府馆护之,奏请得旨,始遣至京师待命云。

日本寇边略 唐、宋以来,虽屡寇边陲,然鼠窃而已,驱之辄去。迄元至大二年,始大寇庆元路,火郡仪门及天宁寺。国朝洪武五年寇温州乐清等县,十六年寇金乡卫,十七年寇岐头、大间地方,二十七年寇小尖亭,二十八年寇茅岘,三十四年寇蒲岐所。永乐二年四月,寇定海卫穿山所,百户马飞兴被杀。十年正月初一日,寇楚门,盘石卫出海官军获船一并首级十三,解官犒赏。十五年正月初一日,寇沙图所,温州守备千户沈钟被杀。正月十五日寇海门卫,翌日又寇金乡庄士所,及寇平阳岐山地方。正统四年五月初八日,寇定海卫大嵩②所,五月二十日寇爵溪所。八年六月初四日夜,迷失二倭,使头普福在乐清沙嵩藤岭获解。成化十六年四月十五日,寇栅浦。嘉靖二年五月初一日,谦导、宗设等以贡至宁波,仇杀瑞佐,夷伴劫东库,火嘉宾堂,敌杀总督刘锦。初七日,绑去指挥袁琎,又杀百户刘恩、胡源。嘉靖十三年四月十三日,漳船假倭寇名劫略茅岘及西门何氏。

　　论曰:予尝寻海上诸山,见缘海军民咸缓带咽哺云。长老为予言,往在胜国时,倭奴率间岁或连岁辄一寇我境,自洪武中年议设海道卫所,徙悬海民于境内,自后始无扬波之警云,然武备亦稍稍解弛矣。及是时,有能砺刂易敝以虞陂复,斯杨楼船、马伏波之任也。

仙　释

　　汉　周义山汝阴人,字季通。自幼好道,登委羽山,遇司马季主,受石精、金光、藏影、化形之术。在方城绝顶缚茅趺坐,所种田号仙人田。后又登桐柏山,遇王乔,受《素书》,道成,为紫庭真人云②。

　　吴　葛洪丹阳人,字稚川。初在赤城,后入丹崖山,有炼丹井、仙人迹。今其上有丹崖寺。

　　唐　张兆期天宝初,在温岭西原山寓坐二十年,后得道去。今山顶有丹灶、丹井云。

　　元　张云麓父号草窗,有道术,至云麓益精妙。凡乡人遇旱值灾,辄扣焉,无不感应。其子曰通,人呼为张颠。至正间大旱,邑人强之,遂诣妙智寺,以剑划水,即电掣,以砖击地,即雷轰,既而雨大通,是岁有秋,邑令耆老咸相与赋诗为谢云。

　　隋　智颛颍川人,号智者大师。唐初,飞锡雪山应龙寺②,因重建寺,名崇因,云其山有智者泉。

唐 师彦丹丘瑞岩禅师,法名师彦。自幼披缁,秉戒无缺。初至鄂州,礼岩头全豁禅师,问曰:"如何是本常理?"头曰:"动也。"曰:"动时如何?"头曰:"不是本常理。"师良久。头曰:"肯即未脱根尘,不肯即永沉生死。"又一日,问:"如何是毗卢师?"头曰:"道什么?"师再问,头曰:"汝年十七八未?"问:"弓折箭尽时如何?"头曰:"去。"问:"如何是岩中的的意?"头曰:"谢指示。"曰:"请和尚答话。"头曰:"珍重。"问:"三界竞起时如何?"头曰:"坐却著。"曰:"未审师意如何?"头曰:"移取庐山来,即向汝道。"问:"起灭不停时如何?"头喝曰:"是谁起灭!"问:"轮中不得转时如何?"头曰:"涩。"问:"路逢猛虎时如何?"头曰:"掺。"问:"如何是道?"头曰:"破草鞋与抛向湖里着①。"师遂领悟,即出山,寻居丹丘瑞岩,今黄岩瑞岩寺是其地也。坐盘石,终日如愚,每自唤主人公,复应诺,乃曰:"惺惺着他,后莫受人谩。"有僧参玄沙举前话,沙曰:"一等是弄精魂也甚奇怪。"师闻之,泛海至赏头山入定,遂得道。改赏头为岩头山,以闻道自岩头故。或云岩头山在县极东一百里海中,非赏头山云。

宋 禹昭宁海人,传智颛教,又与智贤论五经,得其奥旨,住明觉寺。

嵩大悲不知何许人。宋景德间来温岭入定,有神通法。邑人为筑塔建庵,称为大悲尊者。后端坐示寂,其骸不坏,门徒塑为像,供奉之,至今犹存。

德度黄岩人。游温岭,得嵩尊者秒迹大悲法,居天台茗谷,以飞沙咒水驱邪治病为事,艾灼双目,自绝色根。后往台城广福寺,立坛行持,活人万计,时称咒师。

泐季潭名宗泐,号季潭,本姓陈,邑人,投临海周氏为养子。后出家从龙翔广智业。洪武初,以高僧召住天界寺,赐复见心斋名。宗泐杜门坐一室,取古人载籍矻矻读之,至忘寝食。游于缙绅宿德间,尝曰:"为文辞者,识性不高则见地肤陋,体裁无度则铺叙失伦。"识者称之。所著有《全室集》。

论曰：吾道视天地之化，靡斯须可舍也。夫子盖尝于川上发之，顾方外之士乃欲舍之为已有，理安取是哉？然有一焉，其志坚，其气凝，视诸未可与立者，则有间矣。

杂　志

杂志何？志欲受而门类无可附，故括而终焉，作《杂志》第六。

连理木唐永昌元年五月，邑人冯义谦于东南海中得连理木，凡三株：一高一尺五寸，连理者九枝；一高一尺四寸，连理者五十枝；一高七寸五分，连理者七十枝。其年郡司马孟诜表进，云："中有白石，扣之声甚清。"皮日休《送从勉游天台》诗亦有"行过石树冻无烟"之句，注云："消山有石连理木。"消山即今之五龙山也。

神虾宋天圣元年，渔者得于海中，长三尺余，前二钳可二寸许，末有红须尺余，首如数升器，若绘画状，双目，十二足，文如虎豹。大率五彩皆具，而状魁梧尤异。中使吴仲华绘其像以闻，诏名神虾。

文公遗墨朱文公为常平使者，与蔡博士镐、林府判霄经营六闸，夜宿洪亭长家，有题壁二诗。其一见《水利》门，其一《题洪氏菊》，诗曰："解印归来叹寂寥，黄花难觅旧根苗。只缘三径荒凉后，移向洪家不姓陶。"至国朝洪、宣间，遗墨犹在，后为有力者取去。

大家录宋时黄子约作《黄岩大家录》，以一绝句总括为急就章，曰："宋室传来十八家，左陈柔极派来赊。潘林于马裴毛盛，戴杜朱彭孔葛车。"宋室传来谓赵氏诸宗室，柔极谓柔极黄氏，林即林伯和之族。里语云："林有珠梅，半横车浦。"谓六族皆同始基祖而散居各处云。毛即丹崖毛鼎新族，盛即三坑盛圣泉族，戴即南塘戴氏。稍后又有四大家，南丁、北蔡、东阮、西卢。丁即温岭丁少云族，蔡即白山蔡博士族，或曰黄岩县北有蔡氏云。故老之言曰：江南多富家，水田亘阡陌，美木数万章，家僮千百指，垣屋周遭，撞钟列鼎，所居资地与公侯相埒，谓之素封。其所生男子恤养甚至，年既长大犹绰约如处子，眼不识一丁，出入从以奴客数十，呼鹰逐

犬,芒然不复知天下有饥寒事。蒙古之变^②,兵火连年,富室子弟逃窜转
徙,强者去从军带弓矢,犹冒官名为将军,弱者流落田间,不耐劳苦,死亡
过半。盖至于德祐、景炎之间,而故家遗族^③耗灭尽矣。吾台在万山间,山
川襟抱完固,风气未甚宣泄,故其旧族犹有存者。饥寒即为村学究,以训
蒙、卖卜、书写为活,无流落为仆役者。潘先生省中曰:由括苍而东北为天
台,南为雁荡,其间高山大陵刺割天日,黄岩州土席其中,独夷延旷望,山
舒水缓,无崩崖怒石奔川之悍。先至元戊子,台之属县四盗名字相煽以
起,而州土帖然若罔闻知者,国家善之,环海内外州县以千数,独幸兹州不
重戍以兵。后六十年再戊子,广斥之民相仇于浦溆之间,长吏不予直,相挺
入于海,因张甚,专据巢穴以蚕食远近,而黄岩之土鞠为墟矣。前戊子在元
世祖时,浙东民杨镇龙、柳世英等为乱。后戊子方国珍兵起,元由是遂失浙
东,竟至亡国云。

戴氏始基祖吾邑在宋时有二戴氏,皆富盛,代有闻人。故老相传,
泉溪戴氏祖,初由猎至泉溪,有李姓亦大家,死亡殆尽,独孀妇丁氏在室,
尸棺暴露,戴氏祖为之营葬,遂赘居焉,后子孙富盛,犹世世祀猎神及李廿
一郎,俗呼为猎神戴云。南塘戴氏祖初甚贫窭,操小船取蛎灰^④海上,夜半
泊浦溆门,见有鼓乐船自海上来,比近岸,闻哭声,灯烛荧煌,就视之,乃空
舟也。戴怪之,束火入舟中检视,金银货物以巨万计,中有香火祀铜马神,
盖劫海贼船为敌兵剿杀堕水死,独遗其船在尔。戴取之,立族南塘,子孙
富盛过于泉溪,亦世世祀铜马神,俗呼为铜马神戴云。元及国初,若桃溪
谢氏地,其先为卢姓基址;泽库钟氏,其先为林氏址;新建郑氏,其先为陈
氏址;予家先为王氏址。若此者尚众。予尝谓今士庶之家之有始基祖也,
亦犹诸侯大夫之有始封之君也。古者天子立国,因生以赐姓,诸侯立家,
请命以王父之氏若谥为氏。凡是赐姓命氏者,率皆袭封,世世与国咸休,
此所谓百世不迁之宗也。后世封建法亡,公卿之禄不及其孙,大夫士不及
其子。而今之巨姓大族有田有宅,子姓多者或至数百人,为田累数十百
顷,可以埒古封采。其豪者募任浮客耕佃其中,而坐享其所入,是古者世
大夫之业也。诸如此者,大抵起于始基祖一人。是一人者,天启之也,微
阴功厚德何以致此?故宋程叔子有士庶祭始祖之礼。此虽近僭,然礼以

义起,亦人心所不容自已,且可以为联宗合族之法,似亦无害。

茶寮天冢在茶寮山。世传有人锄山得物,状如铁窗,呼其党斫之,见金棺熠熠有光,忽雷雨暴至,势若摧山裂石,众惊走。及再往,则有道士峨冠耸立于云霭间,明日诣之,岌然石也,于是相与骇异,复封植之,号云天冢。

海涂铁盘新河海涂上,成化间居民获一大铁盘,形如车轮,重数千斤,毂中铸纹,有二十八宿及十二肖之象。异至家,椎击不碎,询之故老,无能知者。或云此地神龙出没,朱文公提举水利时,鼓铸此器镇压海口。或云金者水之母,浑潮见铁则清,所以障淤泥也。理或有之。往岁滨海少风,自成化来风涛岁作,或谓取铁盘致之。夫古人制器必有所用,此物当不为虚设,第制作神妙,无从考其实云。

方寇始末元至正戊子年,杨屿方国珍兵起。先是,童谣云:"杨屿青,出贼精。"已而国珍生。兄弟三人⑨,长国珍,次国璋,后避高庙偏讳,改国珉,次国瑛,咸有膂力,善走及奔马。一日侵晨,诣南塘戴氏借大梡木造船,将入海货鱼盐。戴世宦,屋有厅事,时主人尚卧未起,梦厅事廊柱有黑龙蟠绕,屋为震撼,惊寤视之,乃国珍,遂以女妻其子。至正四年秋七月海啸,大风吹海角上平陆二三十里。国珍故海滨盐徒也,以盗牢盆⑩与蔡乱头相仇杀,州郡不与直。已而蔡乱头剽劫海商,行省悬格命捕之。国珍,故蔡仇也,又慕赏功,遂纠集盐伴数千人,欲以擒蔡。蔡惧,自投于官。时总管焦鼎等纳蔡之赂,薄其罪不加诛。国珍忿曰:"蔡能为盗,我不能耶?"已,又以逋租,遣巡检某往捕国珍。时国珍方食,左执食桌为牌,右持大杠为棍,格杀之。遂起兵叛入海为乱,劫掠漕运。有诏命江浙参政朵儿只班讨捕之,追至福州。国珍知事危,焚舟将遁,元兵自相惊溃,朵儿只班遂被执。国珍迫其上招降之状,朝廷从之,遥授国珍海运千户。国珍不肯赴,势益猖獗。岁庚寅十一月,贼船千艘泊松门港借粮,居民罔敢不予。十二月攻温州路,烧掠沿海诸县,元遣孛罗帖木儿往击之。十一年六月,兵至大闾洋,国珍夜率劲卒纵火鼓噪,官军不战皆溃,赴水死者过半,孛罗帖木儿及郝万户皆被执。国珍拘置舟中,使求招安,二人反为饰词上闻。郝故出高丽后位下⑪,请托得行,遂特旨释之。众议为立巡防千户所,官五品,设长贰,参授其三兄弟及可任百户者十人,籍其所聚兵悍剽三千人,操船八十艘,廪给之。为巡防计,朝命悉从之,复遣大司农达识帖木迩等至黄岩招降,国珍兄弟皆登岸罗拜,退止民间。绍兴总管泰不华欲命壮士袭杀之,达识帖木迩曰:"我受诏招降,公欲擅命耶?"事乃止。明年,以泰不华为台州路达鲁花赤。时胜国方征徐州,命江浙募舟师北守大江。国珍怀疑,复劫其党入海。泰不华遣义士王大用往谕,国珍拘留不遣,其戚党陈仲达往来议降。泰不华具舟张受降旗,乘潮下澄江,触沙不行,垂与国珍遇,呼仲达申前议。仲达目动气索,泰不华觉其心异,手斩之,即前搏贼船,奋击之。贼群至,欲抱持入其船,泰不华瞋目叱之,夺刀杀贼。贼攒槊刺之,中颈死。十二年六月,国珍坐定光观,遣悍兵入黄岩城,毁官亭民居,邑荡为墟。八月攻台州,元帅也忒迷失⑨击走之。十三年,胜国复遣江浙左丞帖里帖木儿、南台侍御史左答纳失里招谕国珍。既而二人报国珍已降,乞授以五品流官,令纳其船,散遣徒众。遂降金符三,宣授三,拜国珍为徽州路治中,国珉广德路治中,国瑛信州路治中。又降银符十二,铜印大小十一,敕授十五,拜其头目官有差,伐石立宣德碑。国珍等疑惧不受命,仍拥船千艘,据海道阻绝粮运。是时,濒海豪杰若蒲岐赵纲、司家陈子游等皆愤极,倾家募士为官收捕,至兄弟子侄皆歼于盗手。潘省元伯修为挺身说降,左答纳失里为奏其功,国珍遣盗待诸隘而杀之。国珍遂据有台、温、庆元三路,开府庆元。十五年六月,我太祖皇帝起兵,自和阳渡江,图复中原,遣使往庆元招谕国珍。元亦遣使命国珍为海道漕运万户、国珉衢州路总管。十八年十二月,我兵取婺州,复遣儒士陈显道招国珍。明年春三月,国珍遣郎中张本⑩赍书币以温、台、庆元三郡来降,且以其次子亚关⑪为质。太祖曰:"古者,虑人不从则为盟誓交质,今既诚信来归,便当推诚相与,何自怀疑而以质子为哉?"乃厚赐关而遣之,授国珍江南行省平章事,国珉江南行省枢密院金院,国瑛福建行省参政,降以银印,遣博士夏煜赍往庆元开府授之。国珍心持两端,印留而不用。是年十一月,元授国珍江浙行省平章事,已又改为淮南左丞相。至正二十六年,元复以国珍为江浙行省左丞相,国珉、国瑛、侄明善并为平章政事。吴元年⑫,我兵攻苏州,国珍拥兵坐视,上始知其反复,以书责之,且责其贡粮二十万石。国珍不报,遂遣汤公和等进攻庆元。国珍惧,乃遁入海。复命廖永忠引兵自海道会汤讨之。十二月,国珍遣子明完奉表谢罪乞降。上览表怜之,乃赐书曰:"昔汝外示归诚,中怀谲诈,今势穷来归,辞甚哀恳。吾当以汝此诚为诚,不以前过为过,汝勿自疑,率众来归,悉从原宥。"国珍乃谒汤于军门,汤送国珍等至建康,竟赦不问,更以国珍为广西行省左丞云。

塘下童谣范秋蟾者,塘下戴氏妻也,琴棋书画靡所不精,尤精音律。一日,其夫与客同赋诗吊泰不华,未就,秋蟾出一律曰:"江头沙碛正交舟,江上人怀百战忧。力屈杲卿生骂贼,功成诸葛死封侯。波涛汹汹鲸横海,天地寥寥鹤怨秋。若使临危图苟免,读书端为丈夫羞。"时戴与方国珍婚,张士诚遣能诗妓女十余来觇国珍富盛,国珍送至戴,与秋蟾角艺,无所轩轾。及其行也,秋蟾又制一新词被之管弦送之,凡十章,张妓大服。后戴将败,妇女皆淫泆为桑间之音。一日,忽童谣曰"塘下戴,好种菜。菜开花,好种茶。茶结子,好种柿。柿蒂乌,摘个大姑,摘个小姑"等语。已而,洪武末年,戴之家竟籍没,惟出嫁二女在。此其先谶云。

桃夏古松谢孝子温良之始迁桃夏也,尚贫窭僦居。一夕,神梦之曰:"尔竖柱,尔竖柱。"时同里卢氏方富盛,其家构华屋方竖柱。孝子惊觉,大异之。孝子行事具载鲍纪善所为叙传,极其艰勚。后二十年卢氏果败,屋属孝子,是为桃夏始基之祖。后又七八十年,其手所植松大可十围,子孙之贫者谋欲伐卖。谢王城世懋以价直买而存之,且作诗刻片石嵌松树中,诗曰:"登云桥上宅,不见旧时花。留得青松树,令人说谢家。"已而太守贞肃先生及侍郎文肃公咸属和焉,其事遂显。今古松尚存。予谓温良之孝行,王城之孝思,皆足以为士民之家创业守成之法,故备著之,以继戴事,后方览之者可以观矣。

①舜井姚江:指附会历史名人的古迹。舜,传说中我国父系氏族社会后期的贤明首领,姚姓,有虞氏,名重华。舜井,在浙江省绍兴市上虞区百官街道,他县及山东、江苏亦有。姚江,在浙江省余姚市南,又名舜江、舜水。　②桓山之石椁:桓山在江苏省徐州市铜山区东北二十七里,亦名魋山,有桓魋墓。《礼记·檀弓上》:"昔者夫子居于宋,见桓司马自为石

椁,三年而不成。夫子曰:'若是靡也,死不如速朽之愈也。'"桓山之石椁,当即桓司马(桓魋)之石椁。　　③七年太守辛景击斩之:平定孙恩主要是刘裕(即后来南朝宋武帝)的部队。临海郡太守辛景击破孙恩是在晋安帝元兴元年三月,孙恩兵败赴海死。隆安年号止于五年,此处记七年误。④阇婆国:今印度尼西亚爪哇岛,或苏门答腊岛,或兼称两岛。　　⑤弛:原文误作"犯",今改。　　⑥戴镒:据吴茂云先生《戴复古论稿》所引《四明桃源戴氏家乘》卷一《南塘谱实》资料应为"戴溢"。　　⑦味:原文误刻作"朱",今改。　　⑧阜陵:宋孝宗葬于浙江省绍兴市东南二十五里宝山,称永阜陵。宋人常以阜陵指代孝宗。　　⑨始龀之童:"龀"原文作"齿"。按《说文》:"龀,毁齿也。男八月生齿,八岁而龀。"毁齿俗谓换牙,因改。　　⑩大中祥符:原文省"大中"二字,今补,下同。　　⑪智颉尝飞锡于此:智颉(538—597),陈、隋时高僧,佛教天台宗的创立者。明觉禅寺建于唐大中二年(848),智颉不可能在此挂单。飞锡,佛教用语,谓僧人执锡杖飞空,转指僧人游方。　　⑫唐光化二年:《嘉定赤城志》作"唐光化元年"。　　⑬宋治平二年:《康熙志》、《嘉庆志》均作"宋治平三年"。⑭晋天祐:天祐是吴越国一度沿用的唐哀宗年号。晋无"天祐"年号。⑮忠懿王:吴越国王钱俶降宋后封邓王,卒谥忠懿。　　⑯菁山浮图:原文"浮图"后衍"居士"二字,从《嘉庆志》删。　　⑰唐咸亨:"亨"原作"淳",据《明史·列传·外国三》改。　　⑱狙:原文作"徂",据文意改。⑲漆:原文字形不清,疑为"漆"字。　　⑳并日本职员年代纪一卷:疑此文有误。按中华书局点校本《宋史》卷四九一《外国传》作"并本国《职员今》、《王年代纪》各一卷",其《校勘记》且疑"今"当作"令"。　　㉑宗设、谦导等仇杀宋素卿:与下文"日本寇边略"言宗设杀瑞佐记述不一。据《明史·列传·外国三》,宗设所杀者应为瑞佐。　　㉒嵒:原文作"嵩"字,据《明史·列传·外国三》改。　　㉓司马季主,西汉楚人,文帝时游学长安,卖卜东市。王乔,东汉河东人,明帝时为尚书郎,传有神术。司马季主与王乔相隔二百多年,周义山不可能先后受业于此二人。此系神仙故事,虚诞不经。《素书》,兵书名,取老子之说为之注释,后泛指一般道书。㉔唐初飞锡雪山应龙寺:按智颉殁于隋文帝开皇十七年,不可能于唐初飞锡雪山应龙寺。参见注⑪。此说源于《嘉定赤城志》，兹引录该志卷二十八《寺观门二》记述如下："明觉院，在县南八十里，旧名应龙，唐大中二年建。昔僧智颛尝飞锡于此，所指处泉自石出，号智者泉。"据此，智颛或于建寺前云游经过此地，抑未可知。　㉕破草鞋与抛向湖里着：按师彦与其师岩头对话，原据《五灯会元》卷七《岩头全奯禅师》及《瑞岩师彦禅师》二节删并。文中"是"、"抛"二字即据该书补。　㉖唐永昌元年：原文作"唐永昌三年"。按唐永昌年号只有一年，"三年"当是"元年"之误，文中台州司马孟诜即是年任，可证，今改。　㉗冯义谦：《嘉定赤城志》作"冯曦"。　㉘消山即今之五龙山也：按《嘉定赤城志》卷三十九《连理木》注云："消山，今赤城山也。"赤城山在今天台县。　㉙蒙古之变：宋蒙结盟，于端平元年灭金。次年蒙古毁盟，兵分三路攻宋。　㉚故家遗族：原文"故家"后衍"贫"字，今删。　㉛蛎灰："蛎"原文作"砺"，今改。　㉜兄弟三人：方氏兄弟五人，依次为国馨、国璋、国珍、国瑛、国珉，除国馨早死外，余四人皆见《明史·方国珍传》。此处言"兄弟三人"，误。又，国璋死于元至正二十二年，无所谓"避高庙偏讳"而改名。　㉝牢盆：煎盐器具，状似平底大铁锅。一说牢盆为煎盐许可证，即煎盐份额。　㉞位下：元代对皇室后妃、诸王、公主等贵戚的称呼。　㉟元帅也忒迷失：原文作"元师也迷失"，据《元史·顺帝纪》改补。　㊱张本：按《嘉庆志》卷十八《兵寇》作"张本仁"。　㊲次子亚关：按《康熙志》作"次子关"，无"亚"字。　㊳吴元年：元至正二十四年正月，朱元璋自立为吴王。至正二十七年正月，始称吴元年。次年正月称帝，国号明，建元洪武，建都南京。　㊴诚：原文误刻"城"，据下文改。　㊵戴之家竟籍没：按，一说戴氏之籍没在永乐间，见《嘉庆志》卷十八《杂事》。

书太平《志》后

嘉靖戊戌，予承乏兹邑，既下车视篆，第见百度废弛，风俗刁伪，号称难治，辄凛然惧。粤稽往牒，旧无作者，乃立乡约，召父老问政焉。则于治理之臧否，民俗之缓急，货税之积弊，讼牍之繁简，举得梗概，渐次疏剔，焦劳三载，少逭旷鳏。一日公余，叹曰："太平析治迄今，垂七十年，曾无志以纪往事。予因询问，始少有知。失今不志，则后官兹土者其何能问？且古君子处心之忠也，旧政必告于新尹，而其为虑之远也，文献取证于前修。夫事异势殊，政有时息；数奇会阻，告有时穷。书之简册而世守焉，俾文献有足征者，其为告也宁有已乎！"乃访海峰叶先生敬之于山中，因以志请。先生学博才长，志大见远，爰授程度，粲如指掌，不数月而志成。其目凡六，夫《地舆》《食货》，定制有不可违；《外志》《杂志》，变例有不可一；所可鉴戒而劝勉者，惟《职官》《人物》二志矣乎。夫官之孰廉孰贪，孰能孰否，一毫不肯假借，则凡官兹土者，当思劝戒；士之孰忠孰节、孰孝孰义，片善不敢有遗，则凡生斯地者，当思取法。虽然，伯者之功易著，而王道之化难成，则官之所劝不求其大可乎？节义之美易彰，而道德之风难见，则士之所法不务其远可乎？于时庠生郑生珂、金生庆章、沈生升、吴生中孚四子咸与校看，乃拜请曰："公之言匪惟励官，且以励士，于法当书！"爰纪末简。

文林郎知太平县事前进士乙科泰和曾才汉识。

丹崖山志

［明］胡来甫　钟化龙　编纂

项琳冰　林复初　点校

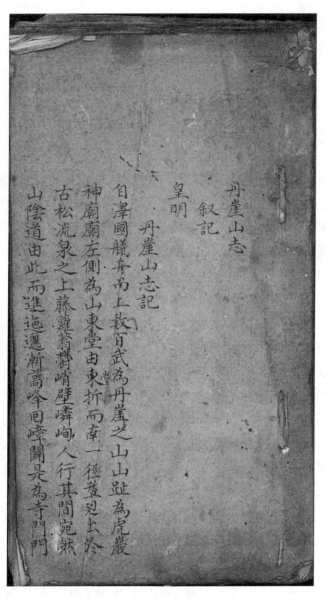

丹崖山志

叙記

皇明

　　　丹崖山志記

自澤國艤舟而上數百武為丹崖之山山趾為虎巖

神廟廟左側為山東堂由東折而南一徑蓁翳上於

古松流泉之上藤蘿翁樹峭壁嶙峋人行其間宛然

山陰道由此而進迤邐漸高峰回亭闢是為寺門門

《丹崖山志》书影

前　言

一

　　丹崖山位浙江温岭市泽国镇境内,风景优美,文化遗迹丰富。据传东晋葛洪曾在此炼丹,留下了石室、丹井、丹池等遗迹。宋元明清以来,文人墨客登临此山者络绎不绝。他们赋诗作画,为丹崖山增添了许多胜迹,极大地丰富了此山的历史文化内涵。

　　历史上,丹崖山曾有过两部志书。一为明崇祯年间胡来甫、钟化龙编纂,二为清光绪年间方来编纂。

　　胡来甫、钟化龙编纂的《丹崖山志》,在清《嘉庆太平县志》卷十五《艺文志一·书目》中有著录,称此志体例与胡昌言(据各书当以胡昌贤为是)《委羽山志》相似,载钟姓诗尤多,但未言具体卷数。清代戚学标《台州外书》谓此书"先列山水、古迹,次游记,余所载皆题咏之作,亦胡昌贤《委羽山志》之例"。现代项士元所编《台州经籍志》卷十四收录此书,并注云:"今存。"当代洪焕椿所著《浙江方志考》卷十四亦将其列入《山水志》目录中,作两卷。此书编纂者胡来甫,字岳生,号云公。镜川(今温岭市泽国镇金边村)人,崇祯年间为府学贡生。钟化龙,字剑卿,泽国人。

　　方来编纂的《丹崖山志》成书于光绪二十年(1894),凡八卷,《艺文》居大半,由黄岩王菜作序。此书有光绪间刊本,但不见于《光绪太平续志》卷十一《书目》及卷十七《书目补遗》。《浙江方志考》卷十四将其列入《山水志》目录中。此书编纂者方来,字善初,黄岩人,廪生,曾参与编修《光绪太平续志》。

二

　　上述明清两种《丹崖山志》自刊行后,至今存世情况如何,我们已经难以得知。但从《台州经籍志》及《浙江方志考》记载来看,胡来甫、钟化龙编纂的《丹崖山志》至二十世纪八十年代犹有存本。至于方来编纂的《丹崖山志》,《浙江方志考》只是说有光绪间刊本,未言具体存世情况。又,胡来甫、钟化龙编纂的《丹崖山志》在《嘉庆太平县志》中没有提及具体卷数,《浙江方志考》却记载此书为两卷,不知这两卷为原书卷数还是残存的卷数。

　　我们此次点校的《丹崖山志》为残本,为温州市图书馆所藏。因内容破残,遗漏严重,卷数不清,故难以确证其为明代所编之《丹崖山志》还是清代所编之《丹崖山志》。但据扉页上"皇明"字样及残存的诗文内容,初步推断为明《丹崖山志》。此残本前《叙》、《记》二篇分别为胡来甫与钟化龙所作,余下全部为诗词题咏,这与戚学标《台州外书》所说大体一致。然残本又有"卷之四"的标题字样,这似乎与《浙江方志考》所言此书为两卷相矛盾。对此,亦因残缺太多,难做定论。

三

　　《丹崖山志》残本收集当地诗文作者之作品为多,而这些作者之作品在清李成经所编《方城遗献》中多有收录。因此,在点校过程中,我们主要通过与《方城遗献》相互比较,来核实诗文作者及内容的正误,同时结合《嘉靖太平县志》《嘉庆太平县志》《光绪太平续志》等对其中涉及的名胜古迹等进行考订。残本为手抄本,舛误处甚多,点校有一定的难度,错误之处,请读者指正。

　　《丹崖山志》残本由项琳冰点校,林复初审阅核对。

项琳冰
2016 年 10 月 24 日

目　录

叙 记

皇 明

丹崖山志记

自泽国舣舟而上数百武,为丹崖之山。山趾为虎岩神庙,庙左侧为山东堂。由东堂折而南,一径盘回,出于古松流泉之上。藤萝蓊郁,峭壁嶙峋,人行其间,宛然山阴道。由此而进,迤逦渐高,峰回嶂辟,是为寺门。门之前为堤,堤之上为二浮屠,浮屠之旁豫章数本,臃肿轮囷,殊有古色,盖宋郑氏营茧室于中,此其封植者也。入门右折是为大殿,庵名开云,明兴,始改为寺,相传古定光观云。殿之前,莲池方数丈,中产水族,甚奇,云即葛仙翁丹井。由池而南,上数重,为石室。石室者,盖仙翁修真之所,硿硿仡仡,下可结跏。余尝挟卷坐其中,松风谡谡,殊觉快人。顾求其所谓石拇者,未详其处,惟有藤甚巨,连卷夭矫,如虬如龙,往往作拿空势,洵物外奇观哉!余闻浮罗有葛仙遗迹,曰蝴蝶洞、鲍姑岩。始兴、分宜亦有遗迹,曰玲珑岩、洪阳洞。兹山僻在海隅,乃亦以仙翁而传,岂仙翁得道之先,云游天下,或尝税驾于此乎?余尝振衣其岭,取《抱朴子》读之,有天际真人之想。噫!石火电光,人生几何。鹤驭可招,当脱屣以相从耳。又岩石间有二罅,渟泓可掬,或云昔有龙居之。夫神物蜿蜒,可以弥天,可以入钵,理或然乎?自此而下，为谢仙牛眠，今不可得而识矣。此山之南麓也。其北麓名菖蒲坑，上有郑氏世阡，坛墠尚存，旁即钟孝子冢。孝子亲没，庐墓有黄耳，曰竹之祥，卒葬于此。夫人生斯世，功名富贵岂少？舄奕一时者，而仰事君父，未免惭德夫！夫以一介寒士，俾千百世日之曰"孝子，孝子"。噫！亦可以无憾矣。余为低徊者久，因飐屃而趋绝顶，绝顶窈寥，登之可以望远，余逍遥其中，一峰一石皆有履綦之迹，然俯仰古今，辄不能不形诸痛叹。东顾泽国，非郑氏遗墟乎？方其盛时，诗书钟鼎，声光嵬峨，今燕去堂前久矣。东南则陈氏故居也，居于郑为稍前，因名前陈。当赵宋间，科甲蝉联，人文辉映，史不绝书，而今只余剑舄。自此而西，则毛氏也。毛以经术起家，代有伟人，而今亦不绝如线耳。呜呼！英雄尘土，华屋浮云，回首沧桑，堪为于邑。苟非忠孝在家国，文章在简编，惠泽在乡间，如三家诸君子，亦乌称不愧山灵哉！至于扁屿、弓屿、新淓、鹜屿诸山，泽国、镜川水，固几案间物也。扁屿状如偃月，钟氏常聚庐焉，为东南衣冠望族。稍西则弓屿也，宋时诸名公结社于此，其上立石多奇，毛殿元殡宫尚在。东逾大河，则新淓山也，一名星堕，上有平岗，胜国之季，方氏兄弟尝走马其间，下有三衙、四衙二桥，皆其故里。山之南，宋有三刘，名最著，今为钟孝廉公搜裘，余友人剑卿祖也。由新淓而南数里曰鹜屿，屿之巅有池，广亩余，亢旱不涸，钟司理建书堂于侧，没亦葬焉。余尝以九日登之，钟氏诸君置酒奏乐，声震林谷，是日乐甚，因痛饮而别。此皆丹崖之支山也。泽国一名泽库，众水回沉萦洄，状如连环，郑子仙所谓"中流一廛市"是也。余以中秋之夕，泛舟游焉，望舒映波，清辉可人。故泽国之景，余颇以月夜为佳。自泽国而南，可数里，是为镜川，余之桑梓。去鹜屿仅里许，其水明净澄澈,如大圆镜,因以名云。自宋元迄国朝,多名人硕士,雅称文献名区。此又丹崖之襟带也。若夫天朗气清,烟销云净,东望沧海,可见飞帆四顾,天王、白塔、方岩、楼旗诸山,历历可数。余乃陟彼崇阿,纵目远眺,掀髯一啸,万象森然,此时之景,不减清都。其或烟雾晦冥,悬崖瀑泻,遥峰凝白,近屿失清,余于此时又未尝不拍案叫绝,谓身从烟海中浮也。此又非丹崖之大观乎?至于山中之产,如滕[一]之有血,螺之无尖,石辉金银之星,井聚毕浦之浴。余非张茂先,又乌足以穷其际哉!忆余自垂髫时,尝侍家大人讲《易》其上,今且二十年矣,又肄业于兹,顾瞻风景,若于山灵有夙缘者,因诠次其崖略,以为之《记》。时崇祯三年九月望日也,丹崖山人胡来甫岳生书于缥缈之飞楼。

校勘记

〔一〕滕,原文如此,据文意当是"藤"之形近之误。

丹崖山房记

按《邑志》,丹崖山脉自天王山来,一名檐牙崖。石俱赤,有金银星,世传葛洪炼丹于此,故名。按《黄岩志》,丹崖山定光道观前有二池,水特清,中有灵怪,洪以其水炼丹,竟飞升去,则丹崖之有声仙籍久矣。今定光观湮没,惟开云寺岿然独存。先是,以庵名,入国朝,始更今额云。其寺当山之窝,一径盘旋,万木回绕,朝烟暮霞,恍然十州三岛,故骚人词[一]客过之,辄留连不能去。如宋郑毛诸君子,明戴筠溪、叶海峰二先生,及余大父星山公,后先结社,时闭关读书,时豪吟浮白,其得山之趣最多。至崇祯己巳、庚午,余家诸子姓会业于中,乃胡君岳生实执牛耳。胡君性豪爽，于名山无不游，游必穷极深邃。一登此山，辄叹奇绝，遂名其斋曰"丹崖山房"。仍流轮赋诗，以纪其胜。余居石镜斋，相距仅里许，风晨月夕，载酒过从，每班荆语，刺刺不休，余因抵掌。胡君曰："君知丹崖之乘除乎？自晋定光观废，而宋郑氏以'开云'名其庵，嗣是，丹崖吟社则筼溪诸先生之所命也。余自天启改元，与弟侄辈共砚席楼中，载历寒暑。课业之余，辄颙颙登绝顶，遍寻诸仙迹，时名为丹崖云窝。今君拥皋比数载，挥麈〔二〕豪吟，有丹崖山房之榜，而筼溪先生又相接梦寐间，因是而《山志》适成。于戏！子仙先生去数百年而数先生至，数先生去又百余年而丹崖山房以胡君而著，意山灵之显晦亦有一定之数耶？将山房之名与此山同不朽矣。时庚午冬仲，钟化龙剑卿父识。

校勘记

〔一〕词，原文作"嗣"，误。据文意改。

〔二〕麈，原文作"塵"，误。据文意改。

题 咏

宋〔一〕

郑瀛字子仙,泽库人。绍兴元年特科。

丹崖古迹

丹崖之山丹气浮,葛洪老仙居上头。丹成一去几千载,至今猿鹤生清〔二〕愁。

丹井有泉石有拇,流芳直与天地久。我来问山山不知,坐费山僧一杯酒。

碧沼遗踪

钓鳌台下旧池沼,万柄芙蕖插晴昊。当年我祖乐遨游,歌管声中不知老。

百年兴废理固然,沧海尚变桑麻田。我来抚景问青毡,水光缭绕花无言。

双桥秋月

秋江雨歇净如拭,碧天倒浸琉璃色。九关飞下双玉虹,幻作长桥卧深碧。

夜深凉月江上头,波光〔三〕万顷凝不流。我来跨虹弄明月,长啸一声惊白鸥。

四泽晓罾

泽水回环六七里,中流拥出一廛市。桃花吹浪面鱼[四]肥,红蓼翻秋蟹螯美。

渔郎[五]业渔相忌猜,欲晓未晓江上来。举罾交错不知倦,欸乃又入云涛堆。

南野暮镕

村南野老亦多伎,两鬓蓬松状如鬼。嬴颠秦蹶了不闻,一心只顾红炉里。

风鞴在手金在镕,等闲变化天无功[六]。日暮欢呼走妻子,买鱼沽酒歌春风。

西岩伏虎

西崖如[七]虎凭其威,凛然百兽不敢窥。众山压倒势莫敌,盘礴[八]万古谁能驱。

乡人好利不知计,剪毛伐骨何太厉。安知此[九]虎不汝欺[十],长作吾家一屏蔽。

官塘竞渡

长江百里浓于醅,天风吹作云涛堆。吾乡好事重佳节,龙舟两两争喧豗。

今人不解灵均意,只作龙舟多竞渡。汨罗旧事了不闻[十一],空有遗歌写悲[十二]些。

葛井涵秋

吾乡葛氏真好奇,凿开石髓山之湄。寒波清冽不受暑,主人爱取沁诗脾。

百年兴废事非昔,莓苔剥落土花碧。我来拂拭已忘言,落叶西风秋析析〔十三〕。

毛鼎新字新甫,丹崖人。淳祐七年进士,历兴国军教授,迁常平司准。居官精密,有能名。黄震为志其墓,载《黄氏日抄》。

胜友群登古洞天,红尘回首路茫然。萧萧石室松风下,一笑和云共醉眠。

钟春字孟冬,楼下人。贡士。

神仙栖息地,览胜几经过。径僻苍苔厚,树深清荫多。闲云封古洞,明月漾平湖。我欲歌《招隐》,山云意若何?

蔡镐字正之,白山人。博士。淳熙二年右榜进士,终武学博士。为朱子所知。

水从〔十四〕白塔流玉〔十五〕环,门对葛洪丹井山。老去腰镰更垂钓,时与渔樵相往还。

胡融字子化,下浦〔十六〕人。号少瀹,又号四朝老农,宁海人。

葛仙丹井

荒巅有野井,古意豁冥搜。薜石已摧剥,云萝阒清幽。忆昔抱朴翁,炼液栖高丘[十七]。朝饮井中泉,暮濯[十八]井下流。丹成已蝉蜕[十九],岩花几春秋。但见虎豹啼,印迹碧鬓头。举瓢酌寒泉,一歃消百忧。日暮增恍惚,攀桂聊淹留。

毛仁厚字及之,丹崖人。

灵凤山前花片飞

选胜恣幽讨,行行古洞阴。看云偏有兴,得句本无心。渐觉红尘远,翻怜碧[二十]树深。何须轻举去,只此是仙岑。

陈宗字正夫,前陈人。

千载仙踪惟片石,百年良友只孤松。道人种种心头事,都付登山一笑中。

林奎字仪文,莘塘人。翰林检阅。

毫枯彤管廿余年,枫陛思悬梦里牵。忽见丹崖山色动,葵花倾向日光边。

毛彦丹崖人,进士,顺天太守。

石姆丹池古洞天，葛洪仙去几经年。须知明月归来夜，也为沧桑一怆然。

元

盛象翁字景则，号圣泉。三溪人。

勾漏仙升几度春，言寻石室度嶙峋。枯藤缭绕枝何古，宝刹[二十一]巍峨景自新。

竹色满庭人是晋，桃花夹岸世非秦。支颐独立斜阳里，鱼鸟依依总可亲。

钟铭字德新，楼下人。淮西提举。

胜日携琴到上方，莲池雨过夏生凉。古松势作苍龙起，修竹阴浮翠葆长。

水落层崖声咽咽，草深曲涧路茫茫。葛仙一去无消息，苔藓和云满石床。

毛南翰丹崖人。郯山书院山长。进士，陕西知州。

藤萝隐隐千盘□，石径深深百转久。住定应骨仙暂来，亦自深远□□□。（以下缺失）

校勘记

〔一〕宋，原文无此字，据行文补。

〔二〕清，原文作"青"，疑误，据《康熙太平县志》、清李成经《方城遗献》改。

〔三〕波光，《方城遗献》作"江波"。

〔四〕面鱼，《嘉庆太平县志·叙水》作"鳜鱼"。

〔五〕渔郎，原文作"渔浪"，据《嘉庆太平县志》改。

〔六〕功，《方城遗献》作"工"。

〔七〕如，《嘉庆太平县志》作"有"，《方城遗献》作"似"。

〔八〕盘礴，《嘉庆太平县志》《方城遗献》并作"磅礴"。

〔九〕此，原文作"尔"，于文意不当。从《嘉庆太平县志》《方城遗献》。

〔十〕欺，原文作"期"，误。据《嘉庆太平县志》《方城遗献》改。

〔十一〕了不闻，《嘉庆太平县志》作"付苍烟"，《方城遗献》作"总不闻"。

〔十二〕悲，《嘉庆太平县志》《方城遗献》并作"哀"。

〔十三〕析析，原文作"淅淅"，误。据《嘉庆太平县志》《方城遗献》改。

〔十四〕从，原文作"流"，误，据《嘉靖太平县志》《嘉庆太平县志》等改。

〔十五〕玉，《嘉庆太平县志》作"如"。

〔十六〕下浦，在宁海。

〔十七〕丘，原文无此字，据《嘉靖太平县志》补。

〔十八〕濯，原文作"擢"，据林表明所编《天台续集别编》卷四（文渊阁《四库全书》本电子版）改。

〔十九〕蜕，原文作"脱"，据林表明所编《天台续集别编》卷四（文渊阁《四库全书》本电子版）改。

〔二十〕碧，《方城遗献》作"石"。

〔二十一〕宝刹，原文作"宝剥"，误。据《方城遗献》改。

丹崖山志卷四

题　咏

明

王　谏

白云堆里有丹丘[一]，一笑披襟亦胜游。借问葛仙何处去[二]，依然井灶至今留[三]。

林宗斐

杜鹃花发笋初抽，此日禅房觅旧游。诗句且从支[四]遁和，丹砂未向葛洪求。

云深龙气嘘青嶂，风暖莺声入画楼。更喜吟边[五]俱胜友，携尊林下共夷犹。

钟雅宁

缥缈丹山敞[六]洞天，仙踪千古尚依然。寒潭映日连天碧，古树侵云带雨鲜。

坐看苔痕疑染袂，卧听松韵静调弦。杖头不碍乾坤大，一日登临一小年。

何　愚

隐隐丹池霄汉间,小桥流水正潺潺。游鱼似解幽人意,吹却杨花出浅湾。

胡诚心

泽水静如练,丹山忽中蟠。峰回路几转,洞中天自宽。我来发长啸,苍翠不厌看。

结趺盘石上,信步浮云端。举手谢尘世,凌空生羽翰。

谢敬铭

同潘择可、许廷慎游丹崖,分得高字

要为青山破寂寥,双扶健足度林皋。班荆拂石云俱堕,煮茗䊷泉月渐高。

道士山中无酒癖,仙官花里擅诗豪。葛洪千载逢知己,应向松间奏八璈。

胡叔濂

幽思从来绕辟萝,言寻仙迹度崇阿。时闻谷鸟啼深竹,重见岩花带细[七]莎。

丹未九还人易[八]老,吟成八景兴何多。可怜燕去庵无主,一径斜阳梦里过。

应志和

双 岩

两石巉岩接地雄，世间何物可能同。双龙蜕骨留丹谷，二剑腾光射碧空。

韫玉肯从和氏泣，补天终有女娲功。经过此地摩挲看，不道重逢黄石公。

丹山歌寿钟廷吉

丹山盘郁何壮哉，迢迢气脉来天台。蜿蜒奔注断复续，平地涌出红云堆。

突兀谽谺擅幽寂，上有仙人炼丹迹。只今化作梵王宫，夜夜丹光照金碧。

南□培塿如伏龟，四时佳气长扶舆。钟君昂藏有道骨，结庐爱近仙人居。

烟霞缥缈绝尘鞅，飙车羽盖闲来往。常春轩前花木深，棋子敲残明月上。

孰庞更有长者风，出粟赈贷先孤茕。分安素履厌浮靡，韦布不□簪缨荣。

彼美人兮脱凡俗，山有主兮更清淑。兹当七十初度辰，山之仙兮争献长生录。

擗麟脯，烧龙涎，左挹浮丘袂，右拍洪崖肩。仰天一笑倒云液，相期后天无极年。君不□[九]，仁者乐山静而寿，如陵如阜如松茂。

泽国歌寿钟廷美

丹山之旁,有水名泽国,演沱泓淳深莫测。源自西来,混混几百里,东接沧溟应咫尺。上有凫鹥相泳游,下有蛟龙蟠窟宅。可以运济川之舟,可以为大旱之泽。钟君敛迹泽水湄,澄波截继杨朱岐。楼居寄傲心悠然,云涛烟渚之趣常得之。方寸存存遗子孙,如泽之水湛湛澄其源;积书教子期扬休,如泽之水滚滚疏其流。黄冠野服紫兰佩,日引壶觞饮微醉。□后扶筇步涧阿,一曲沧浪千古意。不知隔岸是尘寰,胶胶扰扰无时闲。何须远访丹台与石室,泽中自有三神山。琴高乘鲤出,安期献枣来。殷勤为君祝长寿,陶然同醉流霞杯。君不见,知者乐水动而乐,旷世清风振寥廓。

李 匡

捉麈上丹台,凌风亦快哉!长藤何偃蹇,片石自崔嵬。未得青莲句,先传紫气开。不知人世上,何处是蓬莱。

黄孔昭

山隐招提境,人穿松柏林。钟声出树远,塔影到池深。扫叶分僧石,听猿坐竹阴。禅关秋草满,索寞向谁吟。

谢 铎

欲向丹山续胜游,携朋泽国一停舟。花埋曲径孤松老,云冷空坛万壑秋。南岳何人重感慨,东山有客更风流。凭君漫说飞升事,震旦由来有十洲。

袁　道

问俗得仙迹，维舟暂北过。不嫌萝径远，偏爱洞云多。土
瘠苗难长，崖塞^{〔十〕}树较疏。无方传辟谷，搔首意如何？

戴　豪

我爱丹崖寺，殷勤冒热来。客吟山鸟和，僧出洞门开。古
壁封苔藓，荒碑卧草莱。仙人期不到，惆怅独徘徊。

泽国诗

不受京尘染，真怀泽国清。平生无所爱，观水独多情。柳
外新矶净，鸥边小艇横。沧洲未得去，吾亦濯吾缨。

戴　颙

来访葛洪老，云深路几重。孤峰拔地起，双塔插天空。山
静闻啼鸟，潭深藏蛰龙。留题多少客，谁落碧纱中。

又

台殿参差选地^{〔十一〕}偏，古藤屈铁几经年。寒池^{〔十二〕}暗与
蛟宫接，叠嶂遥知雁荡连。幢影晚风双树外，钟声夜雨一灯
前。火还丹灶今灰冷，遗事空传葛稚川。

丹崖杂咏

钟恒复

嵯峨楼阁倚嶙峋，谷口云生草树春。欲向天池纪踪迹，摩

崖犹恐隔仙真。

钟恒琏

徙倚空山里，重怀葛稚川。丹池涵落日，石寒〔十三〕室锁寒烟。无鹤来华表，有鸟〔十四〕啼野田。神仙犹尔尔，何计驻流年？

钟世给

悬崖窈窕薜萝深，寂寂仙人何处寻。翠岫千重来暮色，苍岚一片荡春阴。山僧策杖当松径，词客携壶傍竹林。相对不知尘世事，丹炉笑指碧云岑。

石室丹池别一天，秋高载酒集群贤。篱边共赏黄金菊，席上同歌白雪篇。隐隐商声来凤管，翩翩侠气倚龙泉。山童莫讶清狂甚，沉醉名山亦是仙。

邵　诚

仙子烧丹处，苍茫紫气重。不因山路僻，那得俗缘空。树老有仙鹤，潭清无毒龙。登临何限意，啸落碧云中。

林　霄

昨日瀛洲返，寻仙上客舟。来游原未晚，入梦几经秋。乱石金光度，平池玉乳流。烧丹人不见，长啸白云收。

叶良佩

九日登丹崖次杜韵

海天空阔暮江哀，云树微茫首重回。金薤[十五]紫鳞真间出，瑶花青鸟定衔来。垂纶下占渔翁石，度曲高连帝女台。蓬鬓十年犹慷慨，携尊需醉菊花杯。

潘　禄

寻仙直到洞天中，云锁琼楼十二重。欲问大还无觅处，秋风怅倚陇头松。

钟世谦

携尊迤逦陟仙台，苍翠丛深曙色开。一径盘回天上去，片云缭绕洞中来。仙翁灶冷无铅□，学士坟荒有草莱。惆怅不堪回首处，前村牛背笛声哀。

钟世梅

寻真直上丹崖寺，徙倚荆扉问远公。漠漠烟霞双树静，泠泠水石一尘空。夜蟾自许寻常白，朝槿从教烂漫红。更喜丹池光潋荡，葛仙如在有无中。

钟世符

抚鸠杖逍[十六]兮逍遥，望丹丘兮窈窕。云飞兮山巅，鸟啼兮木杪。物情自得兮知者少。

邵　濬

古寺中霄近,乘闲踏胜来。云归山寺湿,风动水天开。丹井迷仙迹,桑门长碧莱。仓忙意不尽,又逐晚烟回。

钟承候

一笑披云度翠微,几多秋思正依依。连天古洞遗仙迹,绕壁飞泉湿客衣。露滴枝头元鹤舞,风来谷口紫霞飞。何当觅得烧丹诀,长向峰头问息机。

钟承袍[十七]

筑室丹山几度秋,夕阳古树枕寒流。看云转忆梁公事,目断天边悲未休。

赵大佶

书外舅丹山钟公墓庵

当年叨遇雀屏开,几度仙乡棹月回。丘壑尚看丹井在,岩扉无复鲍姑来。流波操动谁堪赏,玉镜尘封我独哀。契阔宦途违执绋,不禁双泪洒泉台。

钟鸣扣[十八]

烟霞泉石已关心,路入仙都趣更深。诗兴顿随春草长,游情[十九]不与暮云沉。山僧时[二十]衍三乘法,词客曾遗八景吟。俯仰千秋浑[二十一]一瞬,芳辰赢得先[二十二]登临。

226

又丹池诗

泠泠幽壑散晴霞，流水遥通天汉槎[二十三]。挹得一瓢清洗耳，午风摇落紫藤花。

钟鸣和

策杖登临古洞天，洞边滴沥落寒泉。披襟自觉无尘想，抚景应知有夙缘。经向松龛窥贝叶，丹从石室问飞仙。拈花一笑情何限，回首枫林起暮烟。

谢文远

萝磴缘崖上，云封特地开。停杯唤山月，索笑共檐梅。八咏人何在，千秋事可哀。更阑犹不寐，坐待葛仙来。

邵舜选

扪萝长啸一登临，俯仰千秋思不禁。洞口数枝花隐隐，溪头几处树森森。神龙夜度苍云湿，幽鸟春啼绿雨深。吟罢倚栏眠未得，潺潺山水有清音。

金元声

翠岚碧嶂草铺茵，步入招提色相新。绝壑松筠迷晓雾，半空楼阁迥秋旻。烧丹人去藤犹血，趺石名留室已尘。赋就山灵应鼓掌，浮云天地一闲身。

郑守伦

□[二十四]楼百尺一凭栏，情景凄凄四顾间。带草[二十五]愁含秋露冷,芸台影敛夕阳残。画梁燕去前朝事,荒冢乌啼今夜山。惟有仙翁遗迹在,衰颜那问九还丹。

叶恒泮

丹谷千年寺,探奇步壑来。云封玄圃静,花绕梵宫开。苔径游麋鹿,岩芝混草莱。却嫌尘世狭,洞口独徘徊。

金云鹏

同胡尚治访丹崖僧

似与仙人暗有期,携尊几度炼丹池。眼中不见千年事,壁上空遗八景诗。风递闲云来石磴,鸟翻新露落松枝。坐来意味清如许,何似虎溪三笑时。

胡　琪

城市多尘鞅,青山归去来。崖应因我僻,云却为谁开?得道非勾漏,行年是老莱。放歌还自笑,洞口几徘徊。

疏林斜日停吟鞭,相携一笑登洞天。灵瀑映空洒寒雨,古岩遗迹传飞仙。恍疑身世在蓬岛,真觉□□超尘缘。拂拂香风满蓬鬓,藤花覆石烟霞鲜。

毛应含

步入招提境,溪回路转重。钟声开晚霁,山势薄秋空。拍手招飞鹤,狂歌起卧龙。摩崖赓短句,共落碧纱中。

钟鸣陶

村居鬓已霜,藜杖扣丹房。怅望仙人远,谁传却老方。

高庆宣

丹井清泉出,丹山紫气开。仙人骑鹤去,何日复归来?

钟鸣起

蹑屐登临紫气浓,言寻仙迹翠微中。烧丹人去烟霞冷,坐对青山不老容。

胡昌贤

丹崖深处寺,潇洒竹房开。入户秋声满,卷帘山翠来。明灯醒梦幻,甘露洗尘埃。便欲楼栖此,同参般若台。

蒋廷蔺〔二十六〕

身世忘机似汉阴,仙崖相对一披襟。新诗吟罢闲〔二十七〕回首,满眼苍云碧树深。

缪　恭

葛翁当日寄兹山,炉里丹砂已九〔二十八〕还。安得长空回鹤驭〔二十九〕,为〔三十〕予指点白云间。

鲍　琪

春风群卉正芳妍,一笑来登古洞天。自此应须游五岳,高怀无复向平牵。

林国材

为爱丹崖好，携琴两度游。山僧饶古意，对榻说浮休。

叶思诚

不到丹崖久，山花几度红。暝含青嶂雨，香散碧潭风。抚景思轩帝，题诗间远公。由来千古意，天地浩无穷。

又

丹崖名胜地，屹尔出尘寰。淡□烟中树，苍茫鸟外山。潭生春雨润，洞锁暮云闲。觅得烧丹诀，携琴日往还。

金元和

名山花叠陇头茵，霞映层梯路转新。周匝重关盘紫气，崚嶒双塔出苍旻。一泓清沼无穷碧，万仞丹崖不染尘。看去海门涛浪近，浮槎疑着斗牛身。

黄　紘

我来一笑问仙丹，便觉凌风有羽翰。独立云霄慨尘世，浮生扰扰几时闲。

毛梦文

葛翁遁迹年复年，烧丹独向山之巅。炼就黄芽与玄液，全家鸡犬皆升仙。至今丹灶留宿火，风吹余焰还吞吐。烟光一抹天际头，紫气高辉照岩户。

叶恒哲

远上蓬莱第几重,万山秋色接洪濛。云林深处留丹穴,石路无尘有午钟。宿雨梦回珠树鹤,凉飙香动桂花丛。玉台咫尺朝天路,便欲乘风跨碧龙。

金云崇

迂回萝径远,缥缈洞云深。却笑今朝我,混忘昨日心。

张训程

洞府苍烟空寂寂,仙翁去后无消息。何时化作□〔三十一〕令威,飞下瑶天秋一只。

萧九程

片石山头奇突兀,樵人指是神仙窟。紫箫声断夜寥寥,一枕松风清彻骨。

钟崇武

丹山千载寺,睇望景重重。日静湖光敛,天低岛屿空。灵丹凝紫气,仙窟卧苍龙。却忆纱笼事,题诗一笑中。

胡　璞

葛仙井

西望丹崖之翠微,赤城琼阙相依稀。稚川仙子此修炼,丹井潜灵彻夜辉。九转功成脱凡蜕,池鱼岸草钟神异。有人咫尺日跻攀,举酒相邀话同契。

方衙桥

元顺闻鸟鸣换帝,方家兄弟相窃据。叠桥之势如投鞭,叱咤风云此蹲踞。谁料雄图变野花,行人犹自悲豪华。一从鹿入明天子,留得三衙与四衙。

走马岗

岗头谁铲平如砥,坦坦松阴十余里。马迹曾留芳草间,蝉声今见斜阳里。揽衣吊古思悠哉,一笑披云去复来。太息英雄渺何许,春风流水桃花开。

胡昌枭

山寺孤云外,登临感慨生。古坟无断碣,老树有秋声。石室人何在,丹池水自清。坐聆空梵起,搔手独含情。

陈明东

同社友胡于经、钟德赞、弟日章游丹崖

胜日相携一放歌,丹崖千尺景嵯峨。眼中多少乘除事,都付黄公旧酒炉。

吴应元

选胜寻幽到上方,神仙千古事荒唐。沧桑眼底□休□,闲看东风柳絮狂。

李鸣玄

长藤偃蹇野花芬,一笑登临兴不群。闲向蕉团披具^{〔三十二〕}叶,与僧分得半间云。

金 倬

胜景千年在,浮生几度来。洞门云一片,似为葛仙开。

胡献来

题岳生兄丹崖山房

缥缈山房出洞天,端居有客兴悠然。干霄自是青云路,传世还多白雪篇。帜建鹅湖怜此日,书摊鹿洞忆当年。个中元有飞升诀,何事金丹问葛仙。

陈懋儒

寄胡岳生兄

风□□国迥超群,绕帐歌声蛱蝶裙。大雅共推新有□,□山尽赋久怜君。传书何事无双鲤,欹枕应知梦□云。不信相思移带孔,近来瘦似沈休文。

次 呆

巍然独立□^{〔三十三〕}山君,四野狐狸远遁群。雨足三春毛羽润,爪牙峰砺欲惊人。

毛存楷

信道官人广进钱,蒲牢踪迹已多年。山僧时向西风击,吹得声闻上碧天。

题　咏

钟龙光

攀藤崖上问壶天,丹灶幽深傍碧川。那得《黄庭经》可授,萧萧白发转童年。

萧萧白发转童年,旧馆来游别有天。一笑披襟霄汉近,仙飚拂拂起前川。

仙迹丹崖景若何,一岩斜插在崇阿。我来觅却修真诀,趺坐惺惺照彩霞。

趺坐惺惺照彩霞,悬空双塔起岩阿。游鱼碧沼依然在,不挹仙风可奈何!

林凤翔

极目孤云思渺然,烧丹何处问真仙。花藏珠树千年郁,风动松声万壑连。耐冷腜痕苔作履,流光灶火月为烟。偶来一笑群峰静,幻出三山别有天。

朱　赞

寻仙空自上丹山,不见仙人跨鹤还。最是吟边清绝处,千年松树片云间。

钟　瑛

同侄朝修游丹崖寺

倦游未遂登临兴，咫尺乡山老复登。路入乱藤双塔迥，门开修竹一潭澄。火残文武仙无伴，酒换袈裟我共僧。古壁留题夸彩笔，阿咸犹记昔人曾。

钟子荆

探奇登古寺，翻觉六根空。云树微茫里，烟峰缥缈中。我来吊丹井，仙去闻疏钟。顾与山灵约，重寻石上踪。

张朝纲

步入丹山顶，崔峨耸碧空。僧居青霭里，客倚白云中。吟对一轮月，尘消五夜钟。稚川归去后，何处觅遗踪。

胡　琏

狂客从来眼界宽，披云一笑上巉岏〔三十四〕。五河帆影霜风劲，万户砧声泽国寒。隔树空传仙鹤舞，石潭犹忆老龙蟠。古今俯仰浑如梦，拈得山花独倚栏。

拂袖层崖问远公，招提入望景重重。岚蒸郁翠连双塔，天幻空青出数峰。丹鼎无烟霞气冷，昙花有影月华浓。坐来万籁俱销歇，飒飒西风度晚钟。

钟鸣献

春风童冠此盘桓，景物清幽可静观。怪石嶙峋疑虎伏，长

藤偃蹇学龙盘。仙人已去空遗拇,词客重来欲挂冠。更为披
云登绝顶,微茫万里海天宽。

钟鸣麟

客从青翰上,忽见丹崖山。仙迹千年古,僧谈半日闲。松
风吹蕙带,萝月满柴关。便欲幽栖此,放歌泉石间。

钟光岳

偶来蓬岛觅菁华,曲径曾开桃李花。两岸苍崖依古树,一
湾绿水浸明霞。临池泼墨思偏远,把酒吟诗意转赊。趺坐溪
头闲极目,藤萝深处晚山佳。

江　迈

同钟循宇游丹崖

春日携朋一杖藜,耽游胜概历参差〔三十五〕。稚川遗事今安
在?独抱瑶琴问子期。

谢三秀

胡岳生读书丹崖同元统子彦赋

偶从花外驻轻车,谁读康侯一卷书。只见挥毫雄绣虎,不
闻弹铗叹无鱼。苔封石磴真仙迹,月堕松窗大士居。似此清
虚堪领略,知君今已证如如。

戴茂诚

次谢广文韵

为君一笑暂停车，万顷烟岚万卷书。大业千秋应吐凤，高怀片石且观鱼。前身本自珠宫出，此日还从洞府居。九转金丹知已就，凌云消息近何如。

林元协

次谢广文韵

谁从长白业公车，过雨檐蕉展绿书。窥户惯来支遁鹤，汲泉自上葛洪鱼。山中黄独分僧饭，郊外青云近客居。赋就《上林》年正少，古人早晚荐相如。

毛　明

忆丹崖僧

一从尘外结相知，白社风流更有谁？萧钵赋成疑掷地，胡床出定爱临池。东林月落留双树，南岳云开现一枝。为问三生何石上，葛洪川畔再相期。

钟崇德

萧萧兰若傍林丘，宛转行来趣更幽。丹井分流通赤水，桃花夹路引青牛。藤萝挂月应千尺，石塔摩云知几秋。自讶碧纱笼不到，题诗一笑雪盈头。

钟崇业

石径飞泉带晚凉，携朋一笑醉壶觞。闻来山鸟多幽语，折得岩花有异香。斜日倒池光潋荡，轻风度竹影悠扬。酒酣兀坐不知处，月挂藤萝夜正长。

钟维烈

丹崖山房赠岳生世兄

君本前身胡翼之，知音我亦是钟期。清宵握手丹池上，此意旁人那得知！

钟维澄

稚川归去已多年，胜迹还留在洞天。僧倚石床看落照，客临花径染苍烟。无鳞鱼向丹池跃，有血藤依古木悬。欲问仙翁烧药事，一声长啸白云边。

阮世济

同僧真空寻仙迹

不为逃禅叩法林，坐聆清梵悟春〔三十六〕音。猖狂愧我雄心尽，慷慨〔三十七〕多君道念谌。宝地缤纷瑶草合，仙踪缥缈白云深。丹丘却〔三十八〕在松篁里，试问真空何处寻？

陈应颛

丹崖寺遇无念、无宗兄弟，虞仲房先生裔也

为探仙迹雪花凝，拥火招提问旧僧。无着弟兄知脱悟，秘书似续果绳承。千秋独照惟明月，此夜孤悬只慧灯。回首塔中皆睡足，半醒犹有小卢能。

邵兴谟

同友人登丹崖分得仙字

携朋探胜迹，古寺白云边。丹嶂千寻迥，清泉百道悬。翠含幽径草，香散小池莲。欲得修真诀，凭谁问葛仙？

林承妥

舟次丹崖有怀葛仙翁

十里长波夹小流，西风空荡锦帆收。金鹅欲采修仙地，石燕翻冲渡客舟。何处玉坛香雾湿，当时宝鼎暮烟稠。葛洪不返芙蓉粒，片□丹崖万古秋。

送岳生世兄读书丹崖

才子王孙鬓未丝，版扉仙大望来之。虚岩丹灶秋空地，古寺青霞夜半池。宝剑正当龙气日，彩毫都是凤□时。片帆此去银提窟，迟我金书共尔期。

秋日游丹崖怀钟氏诸先生并诸世兄

万古青山丹几团，血藤崖畔尚流丹。羽人缥缈空霞佩，徙倚天风起暮寒。

老枫昨夜暗斜晖，莽莽松涛湿客衣。琪树可能巢孔雀，寒云张鹤度飞微。

千秋笙鹤碧霄驰，寂寞崆峒一剑期。各教并闻仙犬吠，晓钟何日是□时。

勾漏丹砂可梦频，怀仙一曲为谁陈。钟期迢递青山外，空向知音问主人。

谢朝璞

题岳生世兄丹崖山房

仙翁丹成飞空梯，崖头丹字谁留题？灵砂九转千古色，尘□一洗万劫泥。石出云间堕不堕，鹤来松顶栖未栖。只今丹灶重生火，太乙不须夜燃藜。

次云公子血藤歌

仙翁炼丹山之丛，丹成翛然骑赤龙。崖头瑶草染余鼎，化为龙种云重重。灵根固结不可解，亘兹宇宙无终穷。奇迹应为世所骇，要将本领摧奸锋。奸锋屡试血不竭，赧霞知已逢云公。枯槁形容似傲骨，腥红血脉如赤衷。比赋东林诸大老，磊磊落落真英雄。杀身成仁果无憾，错节盘根毅且弘。大冬严雪秀挺挺，翠柏苍松血性同。同心兰言者谁子，商〔三十九〕声一和天西风。

狄来王

次韵送岳生社长之丹崖〔四十〕

浑忘戴笠与乘车，此去清斋只读书。千仞争看丹穴凤，三春应有墨池鱼。木天望重裁云手，金地功深面壁居。自愧出山同小草，雄文未许荐相如。

林尚槐

独坐翠微里，云霞堆作峰。手扶红日近，眼入万山空。谷响酬鸣鸟，池泓悦卧龙。笼纱当日事，树色有无中。

钟惟诰

隐隐丹山云雾深，携尊一笑此登临。峰头应有真仙在，夜夜箫声作凤音。

钟惟扬

携壶上丹顶，流水奏清音。却忆千秋事，停杯兀自吟。

郑汝葩

读先世《八景诗》〔四十一〕有感

南岳辞归岂为名，丹崖深处畅幽情。灯前欲证三车业，花下旋将八咏成。缅想当年遗绣口〔四十二〕，悬知千载〔四十三〕作金声。只今簪笏多零落，一笑临风泪自倾〔四十四〕。

胡　吉

岼嵲浑疑百二关,东南形胜冠群山。当年羽化人何在?此日秋凉云自闲。呼吸直应通帝座,清幽真不似人间。紫箫吹落斜阳暮,青翰徐徐泛月还。

林良机

同高子明、胡干经、郭汝为、高子言游丹崖

仙客乘云去不还,拇痕犹带藓花斑。闲来一笑携同调,步武谁应住此山。

丘　萃

吊古寻萧寺,求仙得葛洪。云封石室静,霞映血藤红。远水迷银汉,危楼近碧空。徘徊不觉晚,归棹月明中。

陈谦益

同胡岳生,钟剑卿、巨卿读书丹崖

名山千古重仙踪,况在家山咫尺中。石室几多苍雾拥,丹炉未许绿苔封。举杯自可招飞鹤,长啸还应起蛰龙。回首红尘知已远,摊书相与订参同。

兀坐丹崖山顶,焚香读易庵中。闲来却忆旧时风,苍狗白肱〔四十五〕飞动。纵是丹成九转,徒留石上孤踪。休言万事过来空,未过来时亦梦。

王应祥

数声长啸入烟萝,屐齿何妨细雨过。却笑牛山人太俗,登临翻觉泪痕多。

董　灏

秋夜先月楼望丹山

醉起凭栏处,丹崖一望遥。晴岚笼半岫,曲水锁双桥。楚树风初急,庾楼月正高。谁知葛翁意,云路忽相邀。

苏献明

题岳生社兄丹崖山房

窈窕丹崖景绝奇,山房尤自傍参差。疏篁风度多清韵,老树藤缠不剩枝。地似虎溪谈笑处,人如鹿洞校书时。怜余亦有名山癖,几度凭栏多所思。

邵可久

题丹崖山房

言寻勾漏事,乘兴过山房。细雨沾台径,闲云据石床。树深多鸟语,池上有荷香。一笑逢知己,班荆话转长。

金殷仁

题丹崖山房

一到名山思泠^[四十六]然,高崖千尺带飞泉。雨余溪树净如沐,春老山花色尚妍。观废不闻青鸟过,僧来那计赤乌年。于今赢得山房在,明月峰头唫列仙。

钟化龙

丹崖山歌为胡岳生世兄

丹崖山居葛仙子,仙去还留旧基址。只今清生两腋风,石拇丹泉名不死。郑翁南岳曾挂冠,闲居长对此盘桓。吟成八景气何古,兴足千秋眼自宽。葛耶郑耶远尘垢,天地流芳姓字久。今有耽奇胡岳生,赋逼《三都》穷二西。玉灶由来炼丹砂,星津延首望灵槎。九老香山曾独步,五贤芸阁更堪夸。仙家气味已相似,南岳逍遥复同嗜。两载于兹任遨游,有怀时作丹山志。志成丹岳始有声,徘徊不负此山灵。森森胜迹非胡氏,好山徒自白云横。嗟哉英哲多怀宝,不遇明良空自老。安得当途试品题,亦如此山终有造。

秋日居丹崖山房^[四十七]

古寺谈经对夕晖,一天秋色散林绯。松烟似织穿僧衲,枫叶如花打客衣。猿啸石屏堪习静,鸦鸣丹井却忘机。应知火候成仙事,且向清斋自掩扉。

次壁间韵

探奇登古寺,顿觉六根空。咽日餐霞处,青山绿树中。我来吊丹井,仙去闻疏钟。顾与山灵约,远兹尘世踪。

忆丹崖僧

清居丹壑绝尘埃,只履翩翩去不回。几向竹房寻旧迹,一轮明月白莲台。

钟化鳌

欲探仙子窟,直上丹崖巅。犬吠深林里,云生古洞前。紫藤横绝壁,危石泻流泉。无限登山意,聊凭十指弦。

胡以平

仙子爱幽栖,看山曾到此。箫声已寂寥,石屋空流水。

钟应参

缥缈飞楼碧树鲜,栖来抱朴是何年?丹炉隐隐疑三岛,石室峨峨别一天。鹤梦已同岩壑寂,虬枝不共岁华迁。最怜词客留题在,夜夜清光烛斗躔。

钟时用

言寻仙子秘,迢递到禅关。径转藤千匝,崖回溪数湾。片云依树老,孤鹤伴僧闲。安得泉明辈,相忘水石间。

钟文英

直上丹崖第一峰，盘回路转玉芙蓉。光涵明月三池水，声起寒涛万壑松。石上仙踪芳草合，定中高衲俗缘空。振衣长啸多豪兴，回首浮云知几重。

钟允执

飞花点点石床南，一片云开路可探。最爱此中清绝胜，为移书榻对松龛。

胡来皋

古树阴阴石径赊，上方楼阁锁烟霞。数声仙犬门开处，只见山僧扫落花。

释真受

同海洪真祥游丹崖

仙客乘云去，仙踪尚可攀。长吟秋夜永，松月满禅关。

释性泽

同师祖体藏游丹崖

路过野寺云初湿，人在高崖鹤共清。一笑相携多浩兴，葛洪池畔说三生。

题　咏

胡来甫

山中杂兴十首

未识清都第几班,谪来犹自住名山。岂无白石堪充饱,更有黄精可驻颜。机事浑忘人独远,云霞不碍境常闲。葛洪此日如相访,定与峰头话九还。

偶从鹤伴度崔嵬,隐隐峰头石室开。抚景欲探仙子秘,挥毫尤羡古人才。醉看身世知何代,笑倚烟云是上台。折得松枝歌一曲,雄风何处忽吹来。

高楼兀坐不胜情,四顾翛然景物清。路向关前开紫气,人从天上理青鞶。已怜性共藤生血,那得吟同石有声。回首浮尘知隔断,满空风露冷瑶京。

髫年挥麈[四十八]向词坛,十载流光一饷间。纵目惟知探孔壁,折腰那肯傍秦关。医痴自古元无药,寄傲于今只有山。夜静明月清不寐,笑呼仙子共烧丹。

千古丹山续胜游,无边风物望中收。人生到处堪留迹,世事看来多隐忧。雷动朝端无直槛,雨深江上有横舟。支颐独倚栏干立,听得渔歌起渡头。

独上山椒一放歌,乾坤俯仰竟如何。西来隐隐千重嶂,东去茫茫万顷波。孤树留连诗思远,双龙拂拭壮怀多。往来借有清秋眼,一笑云边尚不枯。

尽日携书坐翠微,眼中无事不清晖。盘回石径藤为幄,缥缈山斋云作扉。入座泉声何历历,迎人啼鸟故依依。凭谁唤起陶彭泽,记作桃花第二矶。

皋比谈经岁月深,丹山绝顶几登临。海天荡荡双青眼,水石萧萧一素襟。兰蕙有香应扑鼻,松筠无语自知心。兴来赢得新诗在,携向云边仔细吟。

仙窟禅关共此丘,儒风沾被更清幽。座中吞吐都成凤[四十九],架上缥缃可汗牛。境傍丹炉春寂寂,思将花雨日悠悠。此间自是人天路,只在尘凡一棹[五十]头。

青袍鹄立鲁诸生,抵掌相看倍有情。玉简此时探洞府,金鞭何日趁云程。好凭泽国龙俱起,共作丹山凤一鸣。千古襟期原尔尔,男儿端不负冠缨。

次宋郑子仙先生《八景诗》

丹崖古迹

万缘扰扰如沤浮,陵谷沧桑一掉头。神仙旧事亦消歇,空崖阒寂令人愁。扪萝有客蹑遗拇,抚景盘桓来已久。白云杳杳鹤寂寥,游仙无计惟呼酒。

碧沼遗踪

千载台荒空有沼,清波荡漾涵苍昊。世事安得无盛衰,蟠桃不开王母老。我来吊古重凄然,沼边禾黍谁家田[五十一]。长啸数声人不解,夕阳归去浑忘言。

双桥秋月

月明如镜谁拂拭,秋波一照生颜色。昔人欲作空明游,重鞭山石来深碧。千秋对跨沧江头,登临有客何风流。亭林问月月不语,吟边只见双飞鸥。

四泽晓罾

浩浩清波环数里,晓罾交错纷如市。河平不作海涛狂,舟荡兼饶风色美。轻挠〔五十二〕在手无疑猜,去便去兮来便来。何以当年陆鲁望,一生懒散苍云堆。

南野暮镕

大冶谁云一小技,就中变化疑神鬼。阴阳之炭天地炉,看来都在穷檐里。火光明处金已镕,大用小用皆成功。隆冬相对汗欲浃,开门不信多凄风。

西崖伏虎

西岩有虎藏其威,茫茫此理谁能窥。挺然秀出当天半,千秋直把群狐驱。风生未生勿复计,独倚荒原雄且厉。不似狂彪枉噬人,何须蔓草深深蔽。

官塘竞渡

何处葡萄初泼醅,长风移作云涛堆。居人似识三闾事,兰桡往往争喧豗。胜负相持未尽意,归舟忽趁斜阳渡。吁嗟万事无不然,作诗聊续招魂些。

葛井涵秋

言寻仙迹探幽奇,一泓澄澈开山湄。应是灵丹有余味,千秋尚可清诗脾。临流俯仰无今昔,泠泠犹自涵空碧。葛耶郑耶都不知,青草芊芊风淅淅〔五十三〕。

次戴师文先生韵二首

癖性爱游览,高崖任去来。机忘山鸟狎,兴到野花开。冒雨看湫瀑,和云卧草莱。瑶池知不远,一笑一徘徊。

其二

昔时仙已去,今日我重来。水自丹池下,云从石室开。何须登泰岱,只此是蓬莱。忽见虬枝动,还疑鹤驾回。

次戴师观先生韵二首

出地刚千仞,凌云复数重。振衣临绝壑,长啸倚秋空。突兀山如虎,盘回树是龙。题诗聊纪兴,谁置碧纱中。

其二

石径穿云上,萦纡知几重?尘缘方隔断,眼界已清空。啸落声传凤,诗成笔走龙。飞腾如有日,留带镇山中。

过钟孝子墓 来甫有母之丧

荒山独立几沉吟,孝子坟边春草深。俯仰惟君真不愧,悲伤如我倍难禁。白云堂北应无望,乌鸟枝头空有心。再拜瓣香聊写恨,敢云异世是知音。

血藤歌感怀杨、左诸公

丹崖之山藤作丛,千寻屈曲如蟠龙。游人刺血试奇迹,痕深痕浅应重重。我来拂拭坐长叹,凄然相对思何穷。只是生来多血性,无端却自罹奸锋。细思物理尚如此,玉堂何况诸名公。诸公有心扶日毂，人人各自抒丹衷。矢口极言天下事，尚方借剑气何雄。可怜时事竟大谬，一朝化碧如苌弘。诸公诸公事良苦，枯藤坐看将无同。一曲长歌谁共语，枝头何处来悲风。

莲花行

葛翁自昔耽幽景，曾为仙花探玉井。归来携却两三枝，散作池头弄清影。只今世远迹尚新，纷纷泣露红妆匀。风晨解作杨妃笑，日暮还为西子颦。一颦一笑临烟渚，徘徊顾影娇如许。芳心岂落风尘中，异姿只合琉璃贮。良夜萧萧山月明，葛翁骑鹤吹琼笙。悠然对此叹清绝，谓余两作《长歌行》。歌行始就群仙集，碧筒载酒筹初急。醉后掀髯歌一声，座上群仙齐起立。群仙谓余兴最佳，相逢有眼且看花。何时随我华山去，共觅峰头十丈霞。

木芙蓉行

银床一叶梧桐落，夜夜商声振寥廓。多情宋玉不胜悲，懊恼群花秋寂寞。朅来纵步丹池东，连云万树开芙蓉。深红浅碧参差出，芳姿掩映春重重。重重有意环朱户，恍似仙姬来洞府。照水浑成宫样妆，当风忽作尊前舞。当风照水何嫣然，徘徊顾影真堪怜。借问金钗行十二，何如群妙齐翩翩。含娇相对如相识，欲别未能还恻恻。贪看不是太钟情，明日重来非旧色。

同钟宗礼、宗尧、宗暗宗喜访葛仙遗迹，
时杜鹃花满山，极可爱

采真何处问仙子，石上履基空尔尔。玉炉无火人未归，丹山千载长如此。同游借有钟子期，一笑峰头聊徒[五十四]倚。忽然纵目山之阿，鹃花灼灼明于绮。红光千顷烂不收，薄雾轻风有余美。恍如置我赤城中，一片鲜霞生眼底。又似九还当日丹，千秋遗却空山里。古今俯仰意无穷，欲向仙翁问终始。拂云抚石坐经时，不知勾漏今谁是。

丹崖山房歌

缥缈山房云外起，丹泉石径清无比。藤萝回绕青春深，点点山花吹满几。何物狂生此主盟，翩翩四座罗群英。不须绛帐列歌舞，坐风立雪有余情。拥书一笑忘言处，山中自有王侯贵。珠玑错落灿盈眸，咄咄少年亦可畏。少年可畏当自知，青灯努力须及时。伫看平步云霄上，折取蟾宫第一枝。蟾宫有路非难致，飞腾元是英雄事。但须抱却忠孝心，切勿徒怀温饱志。壮志谈来兴欲飞，未曾吐气先扬眉。男儿自有经纶手，敢将空质叹知希。君不见葛翁炼丹栖石室，经年不动心专一。坎离交媾龙虎成，回首飞升当白日。

弓屿歌

丹崖西畔山如弓，森森立石何嵸巃。瑶参玉笋状非一，挺然秀出当晴空。狂生久负名山债，忽而相逢殊大快。坡老供中无不奇，米颠癖里应堪拜。因之抚景重伤悲，昔人于此工摛辞。英魂一去招难返，六百年来一霎时。崖畔峨峨遗马鬣，野

花日暖飞蝴蝶。惟有相知石不移,长向前头青叠叠。

林三卿、李叔芳、陈憨余、林儒卿、张季荣、林仲因过访山中,因同游圣水寺,途中偶成

寄傲丹山聊隐几,红尘隔断应千里。何来良友远相寻,数同宝祐六君子。扁舟忽舣沧江头,半肩风露凉飕飕。数声仙犬门初启,划然长啸登南楼。楼头四顾叹清绝,徂徕之松洞庭月。团坐飞觞夜已深,四壁青灯半明灭。兴来明发未能已,残醉重扶寻圣水。水光山色古今同,赢得二难兼四美。

九日与钟氏诸友饮鹜屿山顶山顶池中有石龟

孤鹜翩翩出水湄,由来惟有落霞知。与君一笑登临处,何似滕王阁上时。

一鉴方塘开上头,晴光远带雁湖秋。石龟若也如元绪,应作沧桑话未休。

送钟德赞先生还鹜山

廿载鸡坛气味同,相寻此日上丹峰。解颐正觉玄言好,分手其如别思浓。旷世素心人有几,片时青眼意无穷。欲寻缩地常年事,先为题诗问葛洪。

剑卿兄为余赋《丹山歌》奉酬

缥缈丹山迥出尘,挥毫谁复度嶙峋。当年郑綮曾留迹,此日钟繇更绝伦。白雪自饶金殿语,青云元是玉堂身。相逢忽动流波赏,同作山中抱瓮人。

山中夜集酬叶、钟诸世兄

虎榜龙韬业未成,短檠兀坐景凄清。凌云那有当年□,冒雪谁多此夜情。握手但知堪共醉,和歌赢得是同声。丹山若有占星事,应报奎光今更明。

林振仲过访,惠尊公孺苞先生怜夔草

天上仙人冰玉姿,相寻忽自到丹池。谈边惠我阳春曲,却似邹生吹律时。

良友多情问索居,篝灯相与读怜夔。忽看两腋雄风起,更羡王骀善著书。

董澹生、朱君定、黄叔化过访,醉坠涧中

长藤倒出树阴阴,石径千盘涧水深。狂客倚云聊□傲,良朋冒雨更相寻。相逢一笑呼红友,大觥小觞差敌手。水底知章人莫嗤,此日风流堪不朽。

书葛洪石室

闲把沧桑屈指论,仙踪回首亦销魂。丹炉春老苍苔合,石室风寒紫气昏。蝴蝶洞中衣自化,玉鹅峰下室空存。罗浮久已成陈迹,何必萧萧江上村。

戏咏橡栗

古寺高栖万木中,静观橡栗趣何穷。枝头有势纷纷下,墙角无心处处通。最爱清声敲夜瓦,尤怜急□堕晨风。为言有客曾相拾,只是重来姓不同。

校勘记

〔一〕丘,《方城遗献》作"邱","丘"同"邱"。

〔二〕去,《方城遗献》作"是"。

〔三〕依然井灶至今留,《方城遗献》作"松萝深锁石坛秋"。

〔四〕支遁,原文空缺"支"字,据《方城遗献》补。

〔五〕吟边,《方城遗献》作"兹行"。

〔六〕敞,原文作"厂",误。

〔七〕细,《方城遗献》作"浅"。

〔八〕易,《方城遗献》作"已"。

〔九〕□,原文此处缺一字。据后诗当为"见"字。

〔十〕塞,仄声,不合律。疑当为"寒"字。

〔十一〕地,《嘉庆太平县志》作"胜"。

〔十二〕寒池,原文作"塞地池","塞"字误,"地"字衍。据《嘉庆太平县志》改。

〔十三〕寒,衍字。

〔十四〕鸟,平仄不合,疑当作"乌"。

〔十五〕薙,原文此处空缺一字。据《方城遗献》补。

〔十六〕逍,疑为衍字。

〔十七〕钟承袍,《方城遗献》作"钟承炮"。

〔十八〕《方城遗献》此诗题为《丹崖即景》

〔十九〕游情,原文作"游云情",据《方城遗献》改。

〔二十〕时,《方城遗献》作"自"。

〔二十一〕浑,《方城遗献》作"真"。

〔二十二〕先,《方城遗献》作"此"。

〔二十三〕槎,原文此处空缺一字,据《方城遗献》补。

〔二十四〕危,原文此处空缺一字,据《方城遗献》补。

〔二十五〕带草,《方城遗献》作"书带"。

〔二十六〕《方城遗献》此诗题为《道过丹崖》

〔二十七〕闲,《方城遗献》作"重"。

〔二十八〕九,原文此处空缺一字,据《方城遗献》补。

〔二十九〕驭,原文此处空缺一字,据《方城遗献》补。

〔三十〕为,原文此处空缺一字。据《方城遗献》补。

〔三十一〕□,原文此处空缺一字。疑为"丁"字。

〔三十二〕具,疑为"贝"字之误。

〔三十三〕屺,原文作"屼",非。

〔三十四〕参差,《方城遗献》作"嵚崎"。

〔三十五〕悟春音,原文作"梧夫音",误。据《方城遗献》改。

〔三十六〕慷慨,《方城遗献》作"寂历"。

〔三十七〕却,《方城遗献》作"只"。

〔三十八〕商,原文作"商",误。据文意改。

〔三十九〕《方城遗献》此诗题为《次岳生社长入山韵》。

〔四十〕八景诗,《方城遗献》作"遗诗"。

〔四十一〕此句《方城遗献》作"想见随风飘玉唾"。

〔四十二〕千载,《方城遗献》作"掷地"。

〔四十三〕此句《方城遗献》作"太息登台泪欲倾"。

〔四十四〕肱,原文作"厷"。

〔四十五〕泠,平仄不合,疑为"冷"字之误。

〔四十六〕此诗《方城遗献》题为《秋日丹崖山房》。全诗前四句同本志,后四句为"猿卧石床知习静,鱼游丹穴自忘机。不知火候成还未,且向清斋坐掩扉"。

〔四十七〕麈,原文作"尘",误。

〔四十八〕凤,原文作"凤凤",衍一"凤"字。

〔四十九〕棹,疑当作"掉"字。见下文。

〔五十〕田,原文作"国",误。据郑瀛《八景诗》改。

〔五十一〕挠,疑为"桡"字之误。

〔五十二〕浙浙,原文作"浙浙",据郑瀛《八景诗》改。

〔五十三〕徒,据文意,疑为"徙"字之误。

康熙太平县志

［清］曹文埏 修　林槐 纂

项琳冰　林复初　点校

太平縣志卷之一

輿地志

輿地志何志職方地方之所殊斯有沿革方之
所麗斯有分野方之所限斯有疆域由是而山
川險要街市鄉都木利津梁莫不備具遞焉而
有古蹟流焉而有風俗凡皆職之者之爲也故
悉爲之敘作地輿志

沿革

太平縣故黃巖南壤禹貢爲楊州之域荒服之地

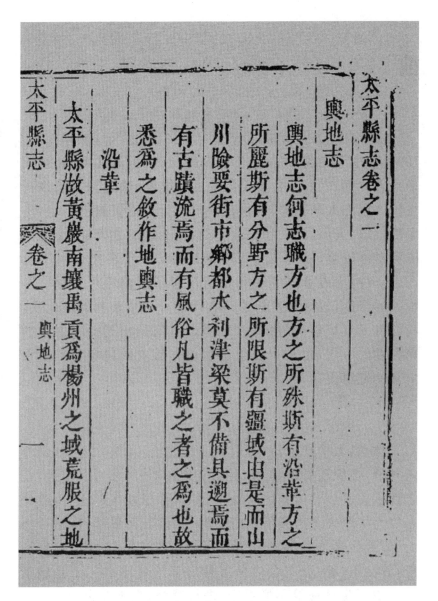

《康熙太平县志》书影

前　言

　　温岭自立县至清末,共修志六次,成书五部,现存四部。1996 年,温岭市地方志办公室曾组织人员,对其中《嘉靖太平县志》《嘉庆太平县志》《光绪太平续志》这三部古志进行点校,《康熙太平县志》则因其中较有价值的资料已为《嘉庆太平县志》采用,且水利、人物资料多为前志之复述,全志整体资料性较差,故未被列入整理计划。二十年来,《太平县古志三种》为专业研究者和普通读者了解温岭历史提供了很大的帮助,较好地发挥了地方志的存史资治功能。此次,我们重新点校整理《康熙太平县志》,则是出于保存古志的完整性的考虑,也希望能为温岭地方历史的研究提供更加丰富的资料。

一

　　《康熙太平县志》由清太平知县郭治、司教张允谐(又作张尹谐)组织人员修纂,始于康熙癸丑年(1673),一年后,全志近乎完成。然因福建耿精忠之乱,曾养性率部犯台,致使志稿大半散失。乙卯年(1675)郭、张重新开局续修,然历经七年,最终未能修成。康熙二十年(1681),知县曹文斑到任,深惜于“郭、张二公之劳著昔日而功废垂成”,于是邀请县人岁贡生林槐等不惮艰辛,进行续修,终于在康熙二十二年(1683)修成并刊行。

　　《康熙太平县志》前后两次续修,时间跨度长达十年。编纂者数易其人。其主要编纂者情况如下:

　　郭治,字醇子。河南彰德府临漳县(今属河北省邯郸市)人。顺治戊子(1648)举人。康熙十一年(1672)任太平县知县。在职期间,于水利桥梁之建造、城楼雉堞之修整、窝铺之增置及贞女节妇之旌扬方面都有建树。

　　张允谐,字古匏。嘉兴海盐籍,今海宁人。由岁贡,康熙十年(1671)任太平县训导。在任三年,振兴文教,与有功焉。为人性格不羁,善古诗文。曾捐俸修建县治戟门。十三年(1674)曾养性犯界,印被劫,义不受伪札,隐遁山僻。十四年(1675)恢复,奉府详明回籍。所著有《岭南》《平泉》《潭溪》等集。《海宁州志稿》卷二十九《文苑》有传。

　　曹文斑,字穆斋。陕西平凉府固原人。由官生,康熙二十年(1681)任太平县知县。太平久称疲邑,曹文斑始下车,即询民疾苦。士民具呈,称地方积困,钱粮多逋,户甲不实,经界不明。曹阅呈,蹙额良久,即着手整顿,将从前之图册户籍,尽皆撤去。并特申履亩踏勘之令,大书条约,示谕绅衿、民社、军屯人等。阅两月,履亩垜册俱齐。虚者悉除,漏者悉出,无一人敢以虚数报。然后审图编甲立户,制定役法,民风翕然大变。在位期间,又重修县治公廨、仪门、土地祠、耳房、学校东西庑,新建后乐堂、来蜂亭、东书署等,并刊立《平田征比便民碑记》,详明役法,使民遵守。阖邑老稚,均感其恩。

　　林槐,字雯汉。太平县中央园人。康熙庚申(十九年,1680)岁贡,次年廷试候选教职。曾董建县治戟门。

　　此外,参与稽疑核实、考遗补缺、校次参阅的尚有谢国隆、林章、邬琛、丘天民、朱捷、王士杰。谢国隆字綦甫,号复旦。

桃溪人,康熙丙辰(十五年,1676)恩贡生;林章字俊升,号平伯,太平北山人,康熙庚申(十九年,1680)府学贡生;邬琛字译来,太平县城人,康熙甲子(二十三年,1684)贡生;朱捷字岸先,号五山,太平县城人,朱长孺之子,康熙戊寅(三十七年,1698)贡生。丘天民、王士杰生平不详。

二

《康熙太平县志》八卷,分《舆地》《建置》《田赋》《职官》《选举》《人物》《祠祀》《杂志》八门,虽内容承袭前志(《嘉靖太平县志》)较多,但在具体的节目安排上,还是有所改变创新。《康熙志》则先言沿革,次分野,后及疆域,于叙事思路而言,则优于《嘉靖志》。《水利》一目,《康熙志》属《建置》,《嘉靖志》属《地舆》门,虽难言孰优孰劣,但就水利性质而言,《康熙志》如此安排,不无可取之处。又《职官》一门,《嘉靖志》合公署、学校、社学、书院、坛壝庙祠、礼仪、恤政诸目于一卷,颇觉芜杂,而《康熙志》则专言知县、县丞、教谕、训导、卫所、调防、城守、留绩等,条理分明,一目了然。再者,《嘉靖志》无《选举》一门,致使太平历朝科举情况头绪不清。《康熙志》专设《选举》志,使宋元明清四朝数百年科举状况得以较为清晰的罗列,虽资料不足,未属尽善尽美,但大体轮廓具备,为后来《嘉庆志》《光绪志》的编写提供了有益的参考。

《康熙志》的编写距《嘉靖志》已有一百四十年之久,其间人事更替,本该历历可书。然或因人力所限,或因耿乱干扰,《康熙志》在《人物》志编写上,相比后来的《嘉庆志》,《人物》篇的分量明显不足,这不能不说是该志一大遗憾。

至于艺文,明代方志一般不设此目。《康熙志》沿袭明代惯例,也未设置,这也是它的局限所在。

　　总体上看,《康熙志》体例规范,脉络清晰,体现了修纂者的意图,但内容的丰富性则不及《嘉庆志》。

<h1 style="text-align:center">三</h1>

　　《康熙太平县志》刊行之后,流传较广。据《浙江方志考》卷七所载,国内北京图书馆、北京大学图书馆、天津图书馆、上海图书馆、南京图书馆、中山大学图书馆等均有藏本。此次点校整理《康熙太平县志》,主要以上海图书馆木刻本照片打印件和江西方志馆所藏电子本(底本同上海图书馆木刻本)为主,同时参考《嘉定赤城志》《嘉靖太平县志》《嘉庆太平县志》《光绪太平续志》《万历黄岩县志》等资料。上海图书馆木刻本照片打印件内有缺页,且摄制粗糙,字迹模糊,难以辨认,曾给整理工作带来了很大的麻烦。江西方志馆电子本是通过网络查阅到的,全书较为完整清晰,由丛书组委会组织人员赴江西南昌拍摄所得。

　　本次整理,凡目录、标题、原志正文等有脱讹衍倒及难解之处,皆作校点,以校为主。但对于底本中明显讹误之处,则径改,不再出校。注释仅限于原志未明的史实、地方特有事物,以及少数生僻的典章制度、历史典故、专用名称与易产生歧义的疑难词等。为方便读者阅读,校勘、注释文字统一置于篇末。

　　保留原志卷序,大体保留原有行文格局和用字大小模式,采用规范简化字横排;原文小字双行排列的,改为小字单行排列;诸如“皇”“国朝”“敕”“廷”等表敬之词前不再空格或另行抬头;原文用“○”表示分隔的,根据上下文采取空格或加标点处理;原文用空格分开表示,且不宜加标点符号的,则仍采用空格的方式保持原貌。

　　由于点校者学识水平限制,加之古籍整理经验不足,书中错误之处一定不少,恳请读者予以指正。

　　　　　　　　　　　　　　　　　　　　　　项琳冰
　　　　　　　　　　　　　　　　　　　　2016 年 6 月

目　录

太平县志序

　　尝览《广舆记》，载四方之形胜及物产土风，虽地异势殊，靡能指屈，要不外乎皇风之所渐被，而总范围于一统中也。辛酉孟春，余膺简命，莅平邑。未几，奉宪檄，以邑志未备，督修最严。时方烦剧于簿书，惧无以胜任，因集诸绅士，谋襄厥绩。诸绅士告余曰："兹邑肇建于明成化己丑〔一〕年，旧志作自谢文肃公，有抄本而无镌本。迨嘉靖庚子邑侯曾讳才汉、乡先生叶讳良佩并邑之多士数十辈修辑成书，始有刻板，及今百四十余载。当皇上御极之十二年，特允大学士卫公纂修《一统志》之议，天下郡县皆开局奉行。时平邑侯郭讳治、司教张讳允谐〔二〕偕诸生于癸丑孟冬开局会修。越次年，甲寅仲春，事几告成。不谓逆氛叛踞，毒焰煽炀，而散失遗亡者复大半。故自乙卯恢复以来，经今七载，屡奉宪檄，究无成功。"余闻是言，益怅然，惧无以胜任，且深惜郭、张二公之劳著昔日而功废垂成也。爰偕诸同志不惮艰辛，力图继举。于山川之流峙而寻其故迹，若者为名胜，若者为险隘；于人物之标特〔三〕而溯其流风，若者为忠孝，若者为节廉；于文章之著作而考其遗帙，若者为军国之嘉谟，若者为理学之懿训，若者为景物之留题。凡皆阐微括隐，无复遗漏。至于秩官之姓字，则有若存诸祀典而永隆其报，则有若见诸志传而独扬其芳。至于土田之贡赋，则有若遣弃于前，而减额蠲征则有若展复于后。而计亩再敛，尤不敢不详为审察，以无致讹谬。外此，灾祥占候之不一其事，禽鱼草木之不一其名,上以验天时,下以征地利,广搜博引,亦考证之借也。余幸与诸同志殚精竭力,共襄厥典。夫孰非皇风之渐被,而总范围于一统中也哉!

时大清康熙二十二年癸亥腊月谷日,文林郎知太平县事曹文斑书。

校勘记

〔一〕己丑,原文作"巳丑"。按,支干纪年无"巳丑",当为"己丑"之误,径改。

〔二〕张允谐,本志卷二"学校"及《嘉庆志》《海宁州志稿》皆作"张尹谐"。

〔三〕标持,原文作"标特",误。《世说新语·德行》:"李元礼风格秀整,高自标持,欲以天下名教是非为己任。"

太平县志序

明郎中叶良佩撰

《太平县志》《地舆》《食货》《职官》《人物》《外志》《杂志》，为目六，凡八卷，而吾邑之故亦略可与已。先是，曾侯明卿来议《志》事，良佩曰："县僻左，最晚著。历三国六朝，载籍希阔，《志》难乎其始。又新所置县，析黄岩，截乐清，境土犬牙，莫之旷分，志难乎其中。今子孙之贵显者，孰不欲美其祖先，徇或致讥，否斯速谤，志难乎其终。"侯曰："吾尝商略之矣。自宋嘉定以上，取诸陈寿老郡志，即不备，则采之诸家文集以及断碑残碣。嗣是以后，则《赤城新志》可据也。又黄岩故有《黄岩志》，乐清有《乐清志》，前博士黄君缙尝〔一〕辑之为《太平草志》，顾其文义芜莠，而事或可采。又不备，则问之父老，博之传闻。乃若矢公任怨，吾以身与子同之，又何难矣！"乃除馆县西野〔二〕之精舍，聚诸书于馆，选学宫弟子博达者四人郑珂、金庆章、沈升、吴中孚相予，凡四阅月而志成。

叙曰：在昔汉成帝时，刘向尝略言其郡图地分，而张禹使朱赣条其风俗，为《地理志》，顾但系之史，无专书。及东汉南阳撰《风俗志》，自后郡县始各自为志。至于今，滋盛焉。且志者，史之一体也，而其法则具史而微，是故兹志之有《地舆》也，犹史之《郡国》也；有《食货》也，犹史之《食货》也；之有《职官》也，犹史之《百官》也；之有《人物》也，犹史之《列传》也。而刑政、上下、礼乐、律历、兵权,具兹四志。顾其为书,史大而志小。史贯穿数百年,章皇九州,志不越乎一邑尔矣,而猥曰"具史而微",不已夸乎?然有一焉。昔吴越王好画,集^[三]史问难易,有一史进曰:"夫画,摹其似也,然而画龙凤易,画猿鹤难,是何也?猿鹤人日见之,一不似则以为不似矣,故难。若龙凤,即不甚似,亦难为辨,故易。"夫志之与史也,何以异是!虽然,其大归有三:事核则信,文美则传,义精则法戒立。反是而事或不实,斯为谶言也;文或鄙陋,斯致而废;义或亡取,将使人奚所适从。或曰:"是三者,吾为子惧!"予曰:"嘻,其然乎!吾兹志也,核或庶几,即美与精何有哉!罪我者有余辞矣!"

四世孙叶楠重识

校勘记

〔一〕尝,原文作"常",通"尝",曾经。为避免歧义,据文意改,下皆同此。

〔二〕野,《嘉靖志》作"墅"。野,古"墅"字。后人家于庐外立别墅,因借郊野之野,借土转声作"墅"。

〔三〕集,原文无此字,据《嘉靖志》及文义补。

太平县志续修姓氏

裁定集成

林槐雯汉[一]

稽疑核实

谢国隆复旦　林章平伯

考遗补缺

邬琛译来　丘天民澡心

校次参阅

朱捷岸先　王士杰振叔

平邑志初修于海峰叶公及当年令兹土者之曾公。迄今时移代迁，又兼兵火之余，无论诸款散失，即其诸先辈旧《序》多残缺不可考。唯海峰公一《序》得于叶子楠，属公四世孙，故克存其口泽，且俾昔日同修诸贤亦得于兹《序》见，故不再列。特以今日之姓氏，备列于右，见余之幸获诸君子为指南耶！□[二]以见诸君子之大有功于斯《志》云。

曹文斑再识

校勘记

〔一〕七人名下所列字、号不统一，宜加区别（详《前言》）。其中丘天民、王士杰生平不详，难以辨别名后所附为字或号。

〔二〕□，原文空缺一字，疑为"亦"字。

太平县志图

县境之图

县治之图

　　舆地之有纪也,自《禹贡》始也;舆地之有图也,自禹鼎始也。纪以志事,图以绘形,图具而志之事备焉矣。有县境之图焉,有县治之图焉。县治,政之所由出也;县境,政之所由敷也,作《境治图》。

275

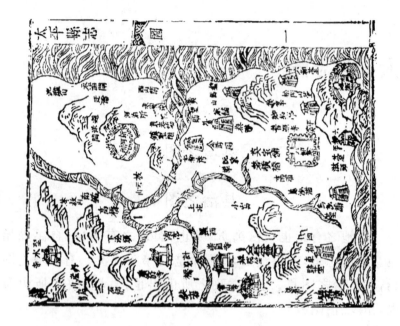

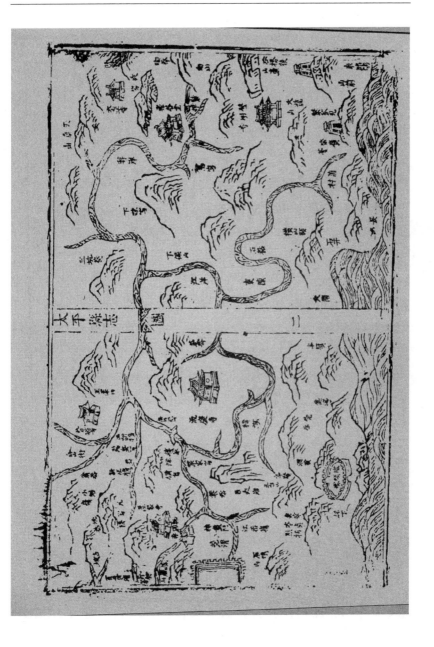

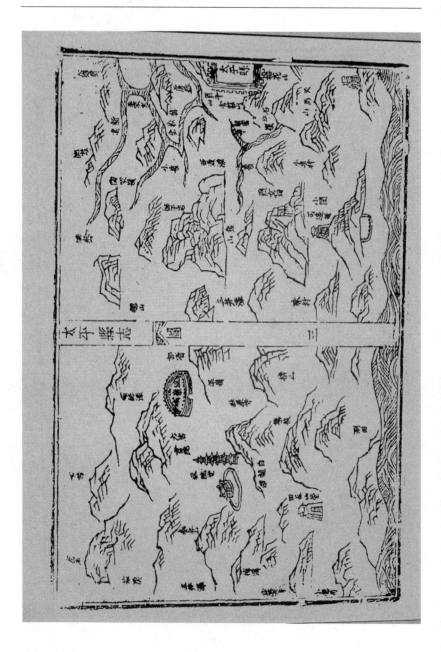

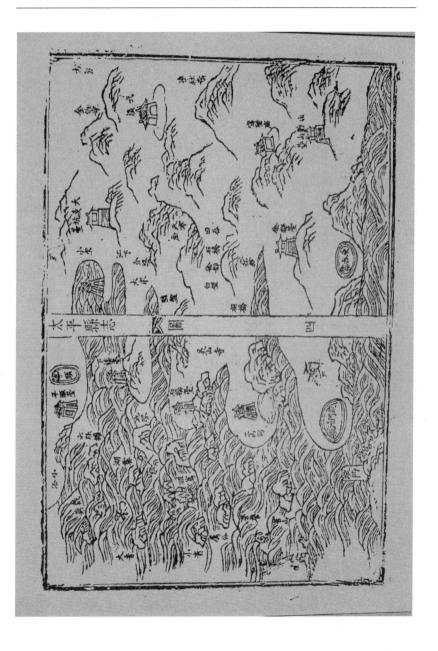

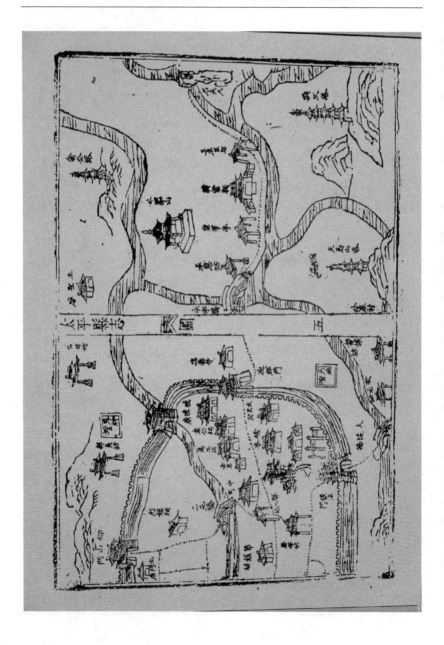

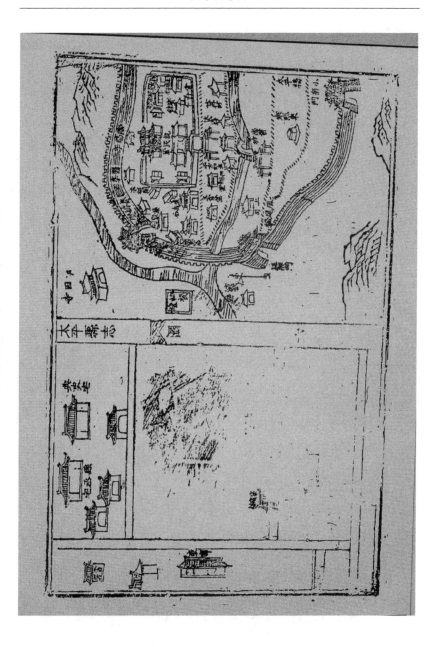

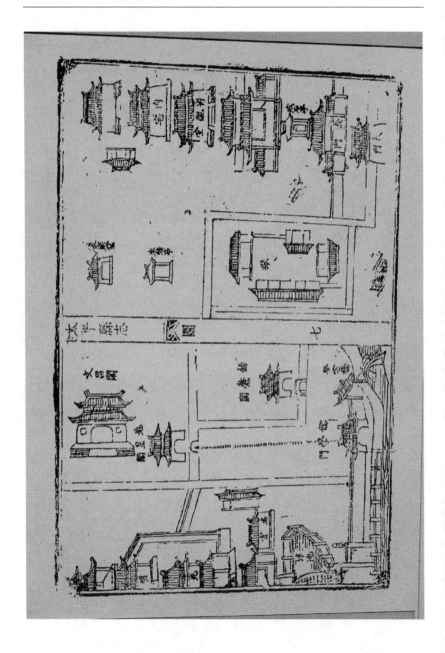

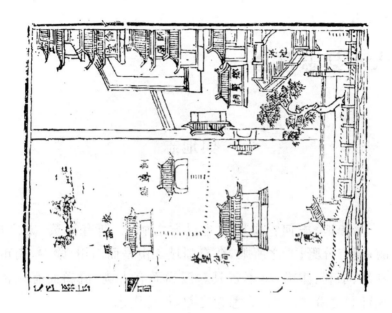

太平县志卷之一

舆地志

《舆地》志何？志职方也。方之所殊，斯有沿革；方之所丽，斯有分野；方之所限，斯有疆域。由是而山川、险要、街市、乡都、水利、津梁，莫不备具。溯焉而有古迹，流焉而有风俗。凡皆职之者之为也，故悉为之叙，作地舆志。

沿　革

太平县，故黄岩南壤，《禹贡》为杨州之域，荒服之地。汉光武为永宁县，唐武德改永宁为黄岩县，宋因之，元升为州，明洪武仍改为县。成化五年，割黄岩三十都至五十都置太平县。乡有太平岩，故以名。成化十二年，又析温州之乐清下山凡六都以附益之。

章恭毅公纶《新建县治记》曰：天下之有县治，治之始也。起于五家之邻，五邻之里，而有里胥。四里之鄼，五鄼之鄙，五鄙之县，而有县大夫。其职掌邦国、稍甸、夫家、人民、田米、六畜、车辇之数，凡导扬风化，抚字黎甿，劝课农桑，兴举学校，听讼决狱，弭盗戢奸，以至赈济、输纳之事，皆掌而治之。三年则考其职而诏废置焉。由是而州郡，而岳牧，而天下，要皆权舆于此矣。故曰县治，治之始也。台之属邑曰黄岩，本汉之永宁县，至唐更名黄岩，元升为州，明[一]洪武仍以为县。所生之人多聪明、好读书，知礼义,科第仕宦,绳绳接踵,恒甲于他邑。然东南距邑八九十里,连乐清界,呼召猝不能至,征徭赋役往往后时。用是知府阮侯勤具奏添置县治,诏有司议可否。于是参政何君宜、参事李君曷,会阮侯咨询民情,谋及卜筮,佥谓为宜。且谓:"泉溪太平乡,土地肥美,居民繁庶,闾阎市井无异县治。"于是相阴阳,辨方位,经野画界,起黄岩三十都至五十都为一县,名曰太平。闻奏报可,铸降印信,简除县令常完、学官裴弼等,以次授职。而阮侯暨同知杜俨、通判孔彦纶时来提督,以官藏羡余银千有余镒,命有司鸠工庀材,营造公廨,肇于成化庚寅五月,迄辛卯正月落成。阮侯谓常尹曰:"是不可无文以记其事。"乃遣儒生陈彬等束贽来,属予为记云。

国朝顺治三年入版图,仍为县,属台州郡,隶浙江东道。

按:江山之形千古不易,郡县之设,随时而更。《禹贡》九州分疆定界,此经野之始也。乃《尔雅》言商制有幽营而无青梁,《职方》[二]言周制有幽并而无徐梁。三代沿革已[三]自不同,古封建诸国,必画地置侯,自秦罢侯置令,天下始有郡县,举四境而封树之。周域轮广之别,土壤绣错之殊,世异代更,未能殚述。爰略记之,以备考览云。

校勘记

〔一〕明,按章纶为明代人,一般不会直称本朝为"明",此"明"字显为本《志》编修者改。

〔二〕《职方》,指《周礼·夏官司马第四》中"职方氏"一文。

〔三〕已,原文作"巳",旧刻往往己、巳不分,今据文义改。下同此者不再出校。

分 野

太平,古扬境也,为於越国,历代星书皆以斗、牛、女为吴越之分野。郡志亦云："台与两浙皆为南斗、须女之分。"特《晋志》州郡躔次,以会稽入牛一度。陶弘景亦谓天台山当牛、女之分,上应台宿,故以名山。太平地旧属会稽,今为台之属邑,分野当在牛、女之间。于次为星纪,于南斗为天梁星,于北斗为权星,于三台为司命下星,于天市垣为吴越星,于五星为荧惑,于辰为丑,其占验杂出传记。

占:月食南斗吴越灾。岁星犯南斗吴越福。彗孛犯斗吴越起兵。木〔一〕土犯斗福〔二〕。月晕斗损犊。天梁星不明广营宫室,妄凿山陵。荧惑出兵起。

验:月入南斗宋至道值此,两浙大祲。岁星犯南斗春秋时吴伐越,史墨曰:"越得岁而吴伐之,必受其凶。"已而果然。苻坚〔三〕议寇晋,苻融曰:"岁镇斗、牛,吴越之福。"坚不听,乃败还。太白犯北斗晋惠帝永兴值此,陈敏寇吴越。牛、斗间旺气唐咸通中,豫〔四〕章人有善术者,望牛斗有旺气,因游钱塘,占之在临安,至乾符二年,临安钱镠起,封吴越王。

按:《周官·保章氏》以星土辨九州之地,观厥妖祥。历代星书,皆以斗、牛、女为分野。太平地属吴越东南,故亦不离于牛、女之次者。近是,先贤车若水著《分野图考》,引纬书志注,以玑衡七星所主之辰为占候法,参诸禆灶、史墨之言,亦庶乎知有天道。然则天道可必乎?曰,天道远,人道迩。仰观者姑节取焉可矣。

校勘记

〔一〕木,《嘉靖志》作"水"。

〔二〕福,《嘉靖志》作"吉"。

〔三〕苻坚,原文与《嘉靖志》皆作"符坚",据《晋书·载纪第十四》改。

下"符融"同。

〔四〕豫,原文误作"务"。

疆　域〔一〕

县治在府城南一百五十里。县境界于台、温之间,东西相距七十五里,南北相距八十三里,是为分方之境。东三十五里新河城,又五里抵海;西三十五里石桥,入乐清界抵海;南三十里隘顽所,又三里抵海;北四十里小塘岭,又五里入黄岩界。是为四正之境。东南五十里松门,抵海;西北四十里岭店驿,入乐清界;西南七十里楚门,抵海。此陆路也。东北四十五里新乔,入黄岩界。此水路也。至浙江布政司八百一十二里,至盛京五千九百一十八里。此驿路也。是为至于省城,达于京师之境。

按:天下之势在五方,自畿甸迄要荒而止。一邑之势在四境,自县治达都鄙而止。《周礼》土方氏掌土圭之法,度地制城。隶之版图,所以分民,限之管辖,所以分土云。

校勘记

〔一〕疆域,原文作"疆城",误。

山　川

盘山在县西北四十五里。宋南塘庠生王昌松诗:"绣岭云没足,烟岚如可掬。结茅三两间,盘山亦盘谷。"王梅溪诗〔一〕:"一岭迢迢十里赊,行人终日踏烟霞。青山遮莫盘千匝,归计何曾不到家。"明郑善夫诗:"绣岭行不极,盘山霄汉长。谁将钓渭意,同寄雁湖傍。"

王城山在县西北三十三里。本名方城山,绝巘壁立如城,相传越王失国尝保此山,见《舆地记》。唐天宝六年改今名,中有仙境,皆绝胜。山顶平旷可百亩余,号仙人田。俗又呼为方岩云。明谢贞肃公省、方石公铎,偕陈儒珍、郭端朝[二]、黄汝彝登方石联句诗曰:"此会频年约,穷高尽力跻。半岭分台雁,千村隔犬鸡。路愁牛背窄,山怯虎头低。怒瀑寒飞雪,奔崖险截溪。涂平潮涨海,河断草分堤。路酌坚投辖,村耕已系犁。诗成浑草草,囊锦付苍奚。"

金山在王城山西北,上锐下阔,宛若金字。

华盖山在王城山西北,下有金仙寺,南东有虎头山。

缌山在王城山北,旧名杜山,明谢太守省作会缌亭、望海台其上,故改今名。赵太守大佶有题句曰:"天留馆阁文章在,地拥湖山蜒蜿来。"

楼旗山在县西北二十里。山极雄峙,上有龙湫,其下出石米,通明如雪,世称仙米。明谢文肃公诗:"参差石外峰,仿佛楼上旗。空怜太守债,不作磨崖碑。"

西原山在县西十二里。其绝顶有丹灶、丹井,唐张兆期修真于此。宋陈耆卿《访赵公戴》诗:"西原仙境即西山,流水桃花隔世间。自笑重来湖海客,红尘惹到白云关。"

峤山在县西十里,有东西两峰,其地常燠少寒,又名温岭。路通乐清,有市有街,宋时置温岭驿,今废。

龙鸣山在县西十里温岭南。上有龙湫,旧传有龙鸣。

百千山在县治后。县之据山也。

凤凰山在县百千山东五十步。

小罗山在县治东。堪舆家谓罗星,故名。明叶海峰公良佩诗曰:"两溪流水去溶溶,百丈岩前翠嶂空。圹埌波澜添华表,虚无楼阁见芙蓉。"

下保山在县北五里。

石牛山在县南一里。

鹤鸣山在县南,与儒学相直。一名雁鸣山。明郎中林璧诗:"兹山秀压蓬莱岛,古洞云深长瑶草。仙人天上骑鹤来,长笛一声秋月皎。飘然去此三千龄,至今人世犹知应。何当候尔重来过,相从绝顶吹瑶笙。"

天马山在县治南五里。儒学门面之。

石盘山在县治南二里。山脊平衍如盘,有二石笋巍然并峙,下有石潭三,其形如釜,亢旱不竭。

大雷山在县南十七里。周三十余里。峭拔峻绝,上有龙湫,载《广舆记》。

大闾山在大雷山东,有东西两峰,为火楼尖,旧置烽堠。

莞山在县南十五里。

桂岩山在县东南二十里,长沙之北。山原平衍。有岐头山,与骊洋对,今隘顽所置烽堠其上。

马鞍山在县南四十里。由大雷山行逾二十里为马鞍山,又十里至玉环山。

金竹山在玉环乡,连马鞍山、丫髻山,俗呼为竹冈。

丫髻山在玉环乡。方铠诗曰:"奇峰高耸崒,秀出白云端。气拥青鬟湿,香凝翠黛寒。氤氲春沐后,缥缈晚妆残。几夜凭栏际,微吟挂颊看。"

玉环山在县西南七十里楚门港中。顾野王[三]《舆地志》:乐清东南港有地肺山,一名木榴山。因嫌钱王讳,改今名。又云宋高宗南渡,遗玉环于此,故名。宋曾觌诗:"天宝风尘暗两京,祸从妃子笑中生。玉环两字真堪恨,好与青山改别名。"

灵山在楚门港,有灵山寺在焉。元潘伯修诗:"玉环诸山灵山深,环以大海根太阴。空青水碧澹相映,散为风露来萧森。嗟予赋命落台雁,调笑鱼鸟成滞淫。南游华盖动连月,胜地在近徒歆歆。风帆径度[四]不再宿,绶裹长剑携青琴。种榆琼田中,吹笙玉山岑。吾将于兹养年命,歧路四断谁能寻?"

五龙山在县东南八里。《临海记》云:"五龙山脊有石耸立,如妇人危坐,俗号消夫人。父老云:昔人渔于海滨不返,其妻携七子登此山望焉,感而成石。下有石人七躯，盖其子也。"今人率呼为石夫人云。一曰消山，其下有湖，有消村。又按《寰[五]宇记》谓：山北湖阴有萧御史庙，故俗讹称为萧山、萧村云。宋徐渊子《题石夫人》诗："消山偃蹇消湖碧，夫人此恨消未得。海上人归会有时，怪尔鬓云非旧色。"

锦屏山在县东南八里。与五龙山连，奇石峭立如屏，每春夏花开，五色如锦。傍有卓笔峰。明林之干诗："锦织天孙片石中，台霞仿佛路堪通。山光掩映屏如巩，眼界清华色在空。春入花枝浓布彩，涛翻松顶朗吟风。呼朋欲作登高赋，卓笔峰前兴未穷。"

屏山在县东三十里，东西二石，耸立如屏。国朝王士俊诗："远眺双屏石，登山欲住山。寻春从鸟道，漱石傍溪湾。可有神仙地，堪忘儿女颜，茅庵供信宿，日日踏烟还。"

楼山在县稍北十里。岩石如楼阁，旧传为仙人石楼云。

紫皋山在县东十五里，土膏泉冽。

石仓山在县东二十里。产石，可为碑础。

叶茶寮山在县东三十里，昔有隐者于履居之。山际有应声岩。

黄监山在长屿深谷中，产石，堪为桥梁柱础。有石妇人立于其上，俗传为石新妇云。

狮子山在县东三十三里。上有石庵，修炼者常居之。

盘马山在县南三十八里海上。山形四断，盘旋如马，故名。

石粘山在县东北二十里。累石相粘，故名。

大塘岭山在县西北四十里，其岭始通自唐，故名。

白塔山在县北三十里，旧传山有石庵，遇晦则光彩旁烛，土人异而撤[六]之。顶有龙湫，亢旱祷雨即应。又名石潭。其下环数十里居民，每望银瓶见，辄雨。其乡村亦号白塔里。

天王山在白塔山东。其下有毗沙门天王庙，故名。

凤城山天王山稍折而北，群峰环峙如城，故名。有岭旁走两麓，曰聚石。

灵湫山在县北四十里，圣水山之南，有威神寺。崖壁峭立，瀑布喷流而下，可数十丈，旁有郑公台。

丹崖山在县北三十里。崖石俱赤，有金银星。旧传葛洪炼丹于此，有池在焉。或云即葛洪丹井。宋胡融诗："荒巅有野井，古意豁冥搜。薜石已摧剥，云萝秘清幽。忆昔抱朴翁，炼石[七]栖高丘。丹成已蝉蜕，岩花几春秋。"郑瀛诗："丹崖之山丹气浮，葛洪老仙居上头。丹成一去几千[八]载，至今猿鹤生清愁。丹井有泉石有拇，流芳直与天地久。我来问山山不知，坐费山僧一杯酒。"

新渎山在县北三十里。宋乾道间，凿山以通水道，故名。其上有走马岗。明黄伦诗："山脊昔年曾走马，垄头今日但眠牛。金鞭堕地豪华尽，铁笛横烟草树秋。"

玉山在县西北三十三里。由塘岭分支。山石色白而润，崖上有"玉坡"二大字。

下珠山在白山东南。

灵伏山在县北三十里。其上有龙湫，灵气隐伏，故名。

新建山在县西北三十里。山渡水而南，有石屿，一名双屿。谢太守贞肃公诗："明月满滩人系艇，清风隔树客临窗。"

松门山在县东南五十里海中。王羲之《四郡记》云："永宁县界海中有松门岛，屿上皆生松，故名。"[九]旧有松门寨。

伏龙山一名常宝山，在松门废城。

茶山在县东南五十里，旧属茶园。

苍山在县东南四十五里，下有普照寺。

石塘山在县东南六十里海岛中。明初以倭寇数犯，徙其民，遂虚。

积谷山上锐下阔，如积谷场圃状，故名。

赏头山山下有石，阔寻丈，窦而得泉，居人皆汲之。

悟空山有悟空寺在焉，故名。

三女山有二石如松状，号石松，潮平则没，舟行必避之。世传为如来出世山,距东镇一港云。

丕山　赤礁山　大陈山自积谷山以下至大陈山,皆在东南海岛中。

凤山　龟山　黄茅山在县南三都。

凤山在县东二十五里。形如飞凤,其下有孝感坊。

鹳顶山一名金鹅山,在县东二十五里。有资圣寺。

雪山一名晋源山。相传晋王居此。其下有晋湖、明觉寺,竖小碑曰‘晋王游适之地’。建寺日天雨雪,故名。明林之干、王应祥同游兹山,遇雪宿寺中。林诗云:“笑将冰玉染霜毫,寒夜风生散广涛。莫讶阳春无和者,千秋谁似五陵豪。”王诗云:“何处飘来顷刻花,风生千里浪翻沙。俄惊淡抹山川色,不数江城月万家。”

白峰山在县东二十五里。岩石巉险,岩畔穿石洞,其下有庙。

石龟山在第四都。

披云山在县东三十里。每云冒则雨,居民常以为候。又名静[十]应山。

北五龙山在县东三十五里。上有书院,宋陶昭建,绘渊明小像于壁。宋朱晦翁诗:“慧远无此冠,靖节无此巾。此巾要亦有,无此漉酒人。”元[十一]盛圣泉诗:“尘居趣自幽,脱巾挂龙石。浮云宿檐端,幽篁翳暝色。万卷伊吾声,半山灯火夕。笑谈紫阳诗,跻攀谢公展。皓鹤唳海东,月明松露滴。”

花园山在第十都。

锦鸡山花园山连。旧传有天鸡鸣其上。

镇岩山在县东三十五里,迁圃后山也。中多奇怪,有二石壁,高广四丈,古刻漫漶不辨,颜真卿姓字列焉。岩前有小石井,久旱不涸。后山有崇岩,岩中有大小二石佛,世传下有龙湫云。

阻浪山在县东北三十五里,其阴距海,浪入时借以为阻,故名。

峨山一名鹅鼻山,下临湖雾,状如鹅鼻。有三井、龙鸣禅院。

椒山在县西源山北。

湖雾山在县西二十五里,西连雁荡,北接唐岭,常有海气升腾如雾,故名。

小球山在县西三十里。

大球山在县西山门乡。

毛陶山在县西二十八里,有大、小毛陶。

石鼓山　白壁山俱在二十一[十二]都。

旷望山在二十三都,又有花坞山。

横山在二十三都。

大小乌山在山门乡海中。水连花坞,旧名乌根,今海名亦称为乌洋云。

琴山在玉环乡。

大陡山在二十五都。

金钿山在二十六都。有笔架峰。西南有小山,岩石突起,方五尺许,如砚,分朱、墨迹。

大尖峰在石盘山顶,有笔架峰,有瀑布,有幞头岩,并大小尖四奇云。

石柱峰在王城山。一名文笔峰,其上广可二亩许。

金字峰在楼旗山北。一名青丝尖,又名饭闷峰。

象狮峰在屏山南。

娄峰在县东二十里。

五龙峰在泾峇。一名望海峰。

笔架峰在金钿山。

百丈岩在五龙山。一名白象岩。世传有禅师来游,曰:"此吾百丈禅师也。"故名。又名拍掌岩。

太平岩在县东十五里。高百余丈,乡名太平取此。

龟岩与五龙山相连。下有井,泉常白色。

晒鳞岩在石盘山东。高数十丈。相传有龙晒鳞。下有石溜,名龙榻肚,光平如砥。

玉楼岩在锦屏上,连甍上下二层,其傍有香火岩,侍者岩,屹立如人。

云鹤峰在屏山。南塘王菊所子应诗:"杖藜携酒历高岑,万壑南开暑气深。青汉不通黄鹤梦,碧山长系白云心。龙门挂瀑晴犹雨,药圃浮烟晚自阴。更羡小堂幽谷里,短墙丛桂正森森。"

桂岩在二都长沙。又有象鼻岩。

石壁岩在冠呑海际。

响岩在茶屿寮山侧。下有石壁,可容十余人。笑语则谷声遥应,一名应声岩。

头巾岩在八都。

石船岩在八都。

虎岩在九都铁坞。又有乌岩。

香炉岩在凤城山。又有石龟岩。

双桂岩在丹崖山南,两峰对峙。明应志禾[十三]诗曰:"双龙蜕骨留丹谷,二剑腾光射碧空。"

狮子岩在王城山。状类狮子。

南松岩在王城山南。由部渎上,岩门壁立,路从石椿上入,其境极幽胜。元延祐[十四]间僧秋月建松岩讲寺,又名[十五]水月禅院,明初归并澄照寺。

石夫人在五龙山。

石屏在南塘。

石船在长屿山。

石镜在新渎山顶上。

瓦屿在县东五里。明嘉靖间知县曾才汉建塔其上,名曰兴文塔云。

夹屿在县东北三十里。两山仅容河流,傍有二小山,对峙如眉,名曰夹屿门。有广济、演法两寺,有街有市。

东屿在金山下。宋王居安作轩,号东屿斋。有诗:"平生爱奇石,如见古君子。一卷窗牖间,时复为隐几。"

关屿在县西北四十里,一名冠屿。四山环拱,水自唐岭诸山来,有白溪。

木朽屿在关屿南。

王家屿在新建山东。

长屿在县东北二十五里。山自紫高来,率粗厉雄猛,无蓄水,川至此独柔嫩蜒蜿,有浦有河。

撮屿在长屿东,近海。突起平地而可远望,下有庙。

鹜屿在县北三十里。山形如鹜,故名焉。

小屿在九都。无林木,又名秃屿。

叶屿在县北五十里,一名星屿。

横屿在楼旗山东五里。

朱砂屿在楼旗山[十六]惠众寺西,砂状如铁,可为朱,居人以曲撒其上,小间即有。

油屿在王城山东五里。有麻车屿、仇家屿。

堇竹屿在新建山北。

南瓦屿在新建山南。

茶屿在凤城山东,与聚石山相对,一名蛇屿。又有龟屿。

褊屿在丹崖山南。

腰屿在楼旗山西北边。

杜家屿在镇岩山北。

金华屿在雪山南。

前峇[十七]在莞山海上。

嵊屿在峤山西北。

罗屿在楼旗山东南,有神童石门。

衫屿在唐岭东南。

截屿在县西二十五里。

杨梅屿在县西南三十五里。

龟屿在松门城外。

青屿在县西三十里。

梅岭在县治西,通温岭江下。

江岙岭在县治北,通莞田大路。

芝岙岭在芝岙。

莞田岭在县北。

虞岙岭在县北五里。

石牛岭在县治南。

十八曲岭在县南一里,通楚门。

亭岭在县东南五里,南通隘顽,东通松门。

间岭在县南十里,岭上峻极,名百步峻[十八]。

半岭在县东南一十五里。地甚平旷。

铁场岭在县东二十里。又有黄川岭相连。

楼旗岭在县北二十里。

小塘岭在县北三十五里。系大塘岭界。

半岭 月岭在县西四十里。岭西黄岩柏岙、秀岭至盘山,系台、温分界,故名半岭。又傍有月岭,形如覆月。明鲍纪善原弘《半岭》诗:"石径沙田陇树新,数家烟火岭头人。片云不必分台雁,花落鸟啼都是春。"

椒湾岭在县东南一十八里。

湖雾岭在县西三十三里。

乌根岭在县西二十五里。宋吴主一诗:"峡门云散路如畴[十九],江上潮来山欲浮。人生何必专支遁,到处青山是沃州。"

隘门岭在县北三十三里,通乐清界。

燕幅岭在锦屏山。深不可测,投石有声如雷,及底而止。

梅花洞在小泉村。有庵。明逸士林元振、翁子实、丘海、何及、丘镡、王礼、何起直、狄常、程完九人,尝于此结为吟社,号为"花山九老"。

罗汉洞在雪山百丈岩。

穿石洞在白峰山。高广各一丈。

仙人洞在盘马山南。高广一丈许。

太乙洞在紫高山。

童礁在东南海上,有上下二处。天霁分明突见,阴雨或见或伏,风雨大作,望之如伞如船如屋。凡值阴雨,舟人不敢过其侧。

白玉坡在莞山海上,出石华莹洁如玉,或可以为笔架云。

泉溪在治南。有二溪:前溪自梅岭山谷发源,至石林溪;后溪自三井潭发源,至江家溪。故名双溪。以其地常有泉觱发仰出,总名泉溪。东流入浃口河。先是,溪流沙塞,每暴水至,邑辄荡折。泰和间[二十]令曾才汉疏之,其东偏垒石为水洞,作飞阁跨其上,置钟焉。后圮。令郭治[二十一]重修。

桃溪在王城山下。其源出自王城山,南北二派,东流百桨渚,入新建河,旧名桃夏溪。

大溪 小溪在十六都。大溪自乐清大安山发源,小溪自湖雾山发源,各流五里,将至泥桥,总名双溪。达于外河。下有双溪堂。

南峇溪在十六都,接黄岩界。自盘山发源,入下村。

大塘岭溪在大塘岭下发源。

翁峇溪在十四都。

三坑溪在十三都灵湫山。明夏镜诗:"两舍鸡声篁竹地,数椽林影白云村。千山北望连华顶,万壑东行到海门。渡口风烟留短照,道旁冰雪霁微痕。谢家酒赋经年断,去坐方岩仔细论。"

松溪 兰溪在十八都。

洞山溪自鹅鼻山下发源。

珠溪在一都。

间溪在二都。

莞溪在莞岙。

平溪在六都。

梅岭西溪在二十二都。

赵岙溪在二十二都。

小间溪在二十五都。

横溪在亭岭。

横湖在县东百丈岩下。东南溪流三十有六皆会焉。明县令袁道诗："新县迢迢台更南,水村如釜海涂咸。临行泪滴横河〔二十二〕上,流作忧民万顷潭。"

湖没在消湖南。

淀湖在长屿山下。

消湖在五龙山下。

湖雾在二十一都。

东湖在邢田山外。

月河在十七都。一名官塘。

夹口河在县隅。

渭漳河在县东。

新建河在十五都。

能仁河在二十四都章岙。

江心河在玉环乡。

寿昌河在二十四都。

永宁河在二十四都。

百桨渚泾在新建河。

蔡家泾在灵伏山北。

五里泾在十七都。

小泾在十八都。

横泾在十一都。

鸦鹊泾在十都。

临清泾在六都。

泽库一名泽国，在十三都。以三坑及百岙诸水皆萃于此，故名。明戴豪诗："不受京尘染，真怀泽国清。平生无所爱，观水独多情。柳外新矶净，鸥边小艇横。沧洲未得去，吾欲濯吾缨。"

江洋在十四都。

水洋在十七都。

蒋洋在十七都。

迁江在新河城外，阔二里，凡水乡月河及山谷诸水，至此〔二十三〕入海。

温岭江在温岭南，俗号江下，南山门港、楚门港入海。凡海舰西至温州、乐清，北至台州，率于此舣舟云。

大闾港在长沙海口。南有骊洋，其下有骊龙窟。出此茫无畔岸。

松门港在甘岙海口。

麻车港在九都。

净社港在二十三都。

山门港在山门乡。

楚门港在玉环乡。水源出自山门诸山谷，南流入海。

高浦在四都。

车路浦在五都。旧名南浦。宋高宗南渡时，于此上车，因名。水源出晋岙，南入海。

乌沙浦在五都，北入海。

团浦在六都。会于平溪，南至松门，入于海〔二十四〕。郡邑漕运所经之处。

后峰浦在六都,北入海。

迂浦在十都,近海。凡水乡河泾,皆于此宣泄云。

金清港在八都。水自麻车港宣泄,东入海。

三井潭在县治南。

牛轭潭在钟鼓楼东。

鹅鼻山三井潭在十八都。

白塔潭在白塔山。

白龙潭在方岩山上。春夏晴明,远望有白练布于岩上。

白溪潭在白溪山。

大雷潭在大雷山。

圆岩潜济潭在松门山下。宋高宗南巡赐题,其上有庙。

碧萝潭在雪山百丈岩侧。相距一涧,水常汹涌,中有巨石如牛,欲诣潭,俯循牛背以度。祷雨,或雷声发于潭底,大雨随之。

碗潭在长屿,大如碗,其底空洞莫测。

淀岩潭在娄山上。宋徽宗封为圣水都督龙王。

花园潭在丹崖山。

袁五娘潭在温岭。相传袁五娘浣纱溺于此。

碧水潭在紫高山。

沙头井在县北江岙,深不二尺,日汲不竭。

伍家井在七都象山下。

陈婆井在黄淡岙山下。泉甘而洌,陈妇所浚。

上林井在石盘山下。深五丈,泉味甘美。

石井在三都。

后山井在松门。

石池井在长屿。深不满三尺,大旱不竭。

张师井在披云山下。相传张真人所凿。

仙人井在锦鸡山。旧志：葛洪炼丹丹崖，道经此山，以杖击地成泉。

镇岩井在万安寺前。

钱井在十一都。相传井底有钱，至今水尚铜臭，故名。

老鸦井在丹崖山。

官井在温岭。味甘而冽，暑月饮之，愈腹疾，居民尝试之。

龙聪井在鹅鼻山。元至正间大旱，祷雨，不得鼍，公孙氏溺焉，还至井所，见净盂浮出，中有鼍，异归即雨。

横山井在二十三都。

智者泉在雪山明觉寺东。竹间有小窍，引水以筇筒，引至二石槽(二十五)，昼夜点滴不绝。其水足供缁流一日之用，无余亦无欠。

沙冈泉在盘马山南沙岸，不溢不涸。

瀑布泉在方岩山前后。溅沫岩端，清澈可爱。

范庄池范五经故居。今学宫泮池即其地。

砚池在锦屏山中，傍有卓笔岩。

茭池在晋岙。广数十亩，岸侧多茭。

九亩池在山坑下泾中，大鳗出，风雨。

自涌池在十四都致江中。池方十丈，尝鼟沸，或移徙不定，盛冬不冰。

荷花池在十六都。

濯缨池在缌山。

长池在十四都。

双茭池在十六都。

按：太平，古东瓯地，为南纪山河之终。南纪之山，首自岷、嶓，蜿蜒迤逦，缘江南北，其北为湖北襄、邓、江、黄、舒、庐、广陵诸山，其南自荆山逾江、汉，至于衡阳，乃东循岭徼，达于闽中,稍折而北,达于东瓯。《星传》所谓南为越门是已。越门之山,虽以会稽为望,然括苍山最巨。由括苍而东北为天台,南为雁荡,复由雁荡折而东北至盘山,入太平境。宜平之诸山列胜于雁湫台荡间者,所在都有,盖由其肇基发迹之远也。

校勘记

〔一〕按王十朋《梅溪集》,此诗题为《过盘山宿旅邸》。原文"一岭迢迢十里赊,行人半日踏烟霞。青山遮莫盘千匝,归梦何曾不到家"。

〔二〕郭端朝,原文"国朝端",据《嘉靖志》改。

〔三〕顾野王,原文脱"王"字,据《陈书》、《海盐县志》本传补。

〔四〕径度,《嘉靖志》作"泾度",《玉环厅志》作"经渡"。

〔五〕寰,原文作"鬟",误。

〔六〕撒,原文"撤",据《嘉庆志》改。

〔七〕石,《嘉靖志》作"液"。

〔八〕千,原文作"十",据清李成经《方城遗献》(黄氏秋籁阁藏本)改。

〔九〕四,原文作"西",误。又,海中有松门岛,原文无"有"字,据《嘉靖志》补。

〔十〕静,《嘉靖志》《嘉庆志》俱作"净"。

〔十一〕元,原文作"明",误。据《嘉靖志》改。

〔十二〕二十一,《嘉靖志》作"二十二"。

〔十三〕应志禾,《嘉靖志》《嘉庆志》皆作"应志和"。

〔十四〕延祐,原文漏"延"字。

〔十五〕名,原文误作"明",据《嘉靖志》改。

〔十六〕楼旗山,原文作"娄旗山",据上文,统一改作"楼旗山",下同。

〔十七〕前乔,《嘉靖志》作"前屿"。

〔十八〕百步峻,原文作"百步溪",据《嘉靖志》改。

〔十九〕畴,《嘉靖志》作"挂"。

〔二十〕泰和间,"泰和"为地名,即泰和县,今属江西省吉安市。另明代无泰和年号。又,曾才汉,嘉靖时曾为太平知县,故"间"为衍字。

〔二十一〕郭治,原文作"郭沽",据《嘉庆志》改。

〔二十二〕河,《嘉靖志》作"湖"。

〔二十三〕此,原文作"北",误,据《嘉靖志》改。

〔二十四〕入于海,原文无"于海"二字,据文义及《嘉靖志》补。

〔二十五〕槽,原文作"撸",据《嘉庆志》改。

风　俗

冠士人家择瑞日行加冠礼,谒家庙,请字于长者,次第拜父母伯叔,设庆贺筵席。平民家礼从简,拜礼亦如之。女笄则于将嫁前数日,父母设筵席,会诸姑母婶,为之加笄。

婚凡议婚,各以门楣相当者,凭媒妁,问名、纳采而亲迎。奠雁惟大家间行之,他则催妆、合卺礼俱从简。

丧闻讣于至亲,五服毕临。本日家不举火,戚属以糜粥相馈遗,至再浃成服,或开吊或免吊,率视其家为丰啬。葬则用堪舆卜地,审向背而窆茔焉。

祭二分、二至、元旦、除夕,大家小户,必祀其先。或于祠堂,或于家,各循其分之所当行,与其力之所能行。其他朔望节序及生忌诸辰,则举废不等。

元旦长幼男女皆夙兴盛服,拜天地神祇。次谒祠堂,设祖图像或木主于中堂。拜毕,亲族贺岁,各以酒食延款。是夜祀灶,谓之迎灶。

立春前一日晨起,邑宰率僚属迎春于东郊,设土牛,鞭春。毕,士民各具酒肴祀土神,送旧迎新。又以生菜作春盘,茹春饼,谓之会春。客席谓之春台座。

元宵人家门首悬挂灯球,有莲花灯、百花灯、走马灯、塔灯、字灯之类,各极伎巧以争胜。或五夕,或三夕而止。

惊蛰人家以石灰置柱础,谓不生虫蚁。

清明是日插柳于门,人簪嫩柳,具牲醪,扫墓,悬纸钱于墓上,谓之标坟。又率取青艾为饼饵食,犹存禁烟遗意。

祭社村落醵钱为会,祭社庙。春社日祈谷,谓之洗苗;秋社日报谷,谓之食新。

四月八日浮屠皆于是日浴佛。人家采乌桐叶和米为饭,谓之乌饭。

五月五日男女皆饮菖蒲酒,插艾,为角黍相馈。先时,有龙舟竞渡以争胜者,今亡。

六月六日人家晒衣,士人晒书,父老食芡实粥,谓能补阳。是时阴极故尔。

七夕妇女乞巧。

七月十五用浮屠设醮。

中秋玩月多用西瓜、团饼,亦取月圆之义。

九日士人率于是日登高赏菊赋诗。或有作糕以相馈遗者,谓之重阳糕。

冬至人家各具酒肴,屑米为丸以祀其先。官僚士大夫于是□□□□[一]

腊月二十四日是日扫屋尘,谓之除残。其夕祀灶,谓之送灶。祀品俗用粉圆、糖饼。

除夕民率以牲醴祀先,为酒食以会亲朋,谓之分岁。又用桃符写春帖,夜则烧火盆、响爆竹、爇辟瘟丹,老少相聚,谓之守岁云。

按:於越之俗,汉初犹在,荒服风气未辟也。自郑广文流寓台郡,创风雅之宗,朱晦翁驻节黄岩,开理学之奥,平固台属黄封也,其风俗亦相去不远云。

校勘记

〔一〕□□□□□□,此处模糊数字。

街　市

十字街在县治东百五十步。东通〔一〕新河、长浦,南通隘顽、淋头,西通梅岭,北通温峤。旧为泉村街,明立县改今名。三日一市。元明天东诗:"五桥风月双溪水,两岸楼台十字街。最是夜深难及处,家家灯火入[二]书斋。"

县前直街

横街在县治东。

县后街明弘治十六年,知县刘弼筑。

学前街在县治东南五百步。

宅前街在县治南。宋戴少监良齐宅前,故名。

丁字街在县治东。明正德二年,知县卢英辟。

永宁巷在县治西。明弘治十六年,知县刘弼筑。

仓后街在县治东。

弹子巷在县治西。

中央园巷在县治东。

中厢巷明天津司训丘元善筑。

温岭街一、六市。在十八都峤岭。陆路西[三]通乐清,水路南[四]通江下入海,北通路桥。宋时为峤岭镇,国朝设城驻防。

南监街二、七市。宋时为迁浦监。今黄岩场在焉。

塘下街一、六市。在七都。宋元时,戴氏筑。

泽库街四、九市。在十三都。四面临水,故名。旧传郑氏筑。

下村街二、七市。在十六都。东通本县,南通乐清,北通黄岩。明嘉靖间赵尚书大佑筑。

潘郎桥街五、十市。在十五都。

鹜屿街三、八市。在十二都。

石粘街一、六市。在九都。国朝初辟。

石桥头街三、八市。在三都。

箸横桥街五、十市。在六都。

新河街五、十市。在新河城中。

夹屿街

陈家宅街在十八都。陈氏筑。

白山街在十四都。宋蔡武博镐所筑。旧有市，今废。^{〔五〕}

桃夏街在十六都云桥。

侍郎街在十六都大溪。宋侍郎工居安筑。

隘顽街在隘顽所城。

按：街市，群萃州处、往来贸易之地也。神农氏日中为市，《周礼》亦有朝市、夕市之说。平邑街有常所，市则迁徙无定。郊野互异者，或三日一市，或十日再市，非其期，缓急猝不可得。即宾朋燕会，淡素粗粝，咸习为固。然风土古朴，概可见矣！国朝兵火初宁，新丰鸡犬，旧制不可复见乎？取前志而增损之，水汇可以舣商舶，陆挽可以通车贩，无地非街，即无街非市也。自城而所而卫而乡，街市错见，悉列如右，以备观风者采览云。

校勘记

〔一〕通，原文作"适"，依下文文意改。

〔二〕入，《嘉靖志》作"在"。《嘉庆志·叙水》又作"读"。

〔三〕西，原文作"东"，误。按方位，乐清在温岭街西。据《嘉靖志》改。

〔四〕南，原文作"右"，误。按方位，江下在温峤岭之南。据《嘉靖志》改。

〔五〕"宋蔡武博镐所筑。旧有市，今废"，此注原在"夹屿街"下，据《嘉靖志》改注此处。

乡　都

太平乡宋元管里五：繁昌、三门、练溪、白水、游屿。明初犹隶黄岩。

繁昌乡旧名万岁乡。宋正和八年，乡民陈氏妻一乳四男，诏改今名。宋元管里三：赞善、横屿、回浦。明初犹隶黄岩。

方岩乡宋元管里五：古城、仙岩、湖南、湖北、白塔。明初犹隶黄岩。

山门乡宋元归义上下里。明初犹隶乐清。

玉环乡宋元金钿上下里。明初犹隶乐清。

东南隅凡七图，原黄岩三十九都。管村八。

小泉村、罴下、横湖、前峇、后峇、岩下、汇头、河边

西北隅凡六图，原黄岩三十九都。管村六。

莞田、高洋、下堡、渭川、江峇、范峇

第一都太平乡，凡一图。原黄岩四十都。管村六。

黄淡峇、谷峇、林峇、坦头、珠村、白溪

第二都太平乡，凡一图，原黄岩四十一都。管村五。

大间、长沙、洞黄、三峇、莞峇遣。

第三都太平乡，凡二图，原黄岩四十二都。管村七。

石桥头、河峇、山前、半岭、沙角、黄仙峇、阮峇

第四都太平乡，凡二图，原黄岩四十三都。管村五。

塘头、高浦、坊边、应毛村、陈琅洋

第五都太平乡，凡二图，原黄岩四十四都。管村五。

淋头、乌沙浦、苍山遣、甘峇遣、夏公峇遣。

第六都太平乡，凡二图，原黄岩四十五都。管村五。

晋峇、箬横、后峰、盘马、平溪

第七都太平乡，凡二图，原黄岩四十六都。管村四。

屏上、塘下、下鹜、浦南

第八都太平乡，凡五图，原黄岩四十七都。管村九。

长屿、小屿、蔡阳、北闸、山西、新场、撮屿、牛桥、塘峇

第九都繁昌乡，凡二图，原黄岩四十八都。管村六。

琅奋、横塘、南山、罗西、铁场、娄奋

第十都繁昌乡，凡四图，原黄岩四十九都。管村十一。

南监、高桥、渡首、新秋、湖亭、夹屿、路边、上桥、下蒋、滕家桥、光明

第十一都繁昌乡，凡一图，原黄岩五十都。割土寄庄，人属黄岩，田隶太平。

第十二都繁昌乡，凡二图，原黄岩三十四都。管村四。

扁屿、鹜屿、新渎、沈桥

第十三都方岩乡，凡三图，原黄岩三十三都[一]。管村四[二]。

泽库、天王、竖石、桥头五、白塔、翁奋

第十四都方岩乡，凡二图，原黄岩三十二都。管村八。

江洋、白山、上屿、金屿、坦头、曹奋、金奋

第十五都方岩乡，凡三图，原黄岩三十一都。管村四。

茅奋、潘郎桥、瓦屿、新建

第十六都方岩乡，凡四图，原黄岩三十都。管村五。

冠屿、古城、大溪、沈奋、赵奋

第十七都繁昌乡，凡四图，原黄岩三十五都。管村六。

水洋、楼旗、莞渭、前洋、小泾、马望头

第十八都繁昌乡，凡一图，原黄岩三十六都。管村五。

温岭、山下、桐山、上琪、焦湾

第十九都繁昌乡，凡二图，原黄岩三十七都。管村四。

虞奋、叶家屿、娄山、新塘

第二十都太平乡，凡一图，原黄岩三十八都。管村三。

泾奋、消村、鸡鸣

第二十一都山门乡，凡一图，原黄岩二十九都。管村八。

湖雾、大球、小球、青屿、武溪、河岙、江下、梅溪

第二十二都山门乡，凡一图，原乐清三十都。管村三。

乌根、新坊、白璧

第二十三都山门乡，凡一图，原乐清三十一都。管村四。

石桥、横山、湖头、寒坑

第二十四都玉环乡，凡二图，原乐清三十二都。管村五。

芳杜、三山、前岙、徐都、溪沿

第二十五都玉环乡，凡一图，原乐清三十三都。管村七。

田岙、路上、枫林、寨门、蒲洞、都顿、岭下

第二十六都玉环乡，凡一图，原乐清三十四都。管村七。

邢田、罗徐、水桶岙遣、沙头、南山、冈绾遣、洋坑

按：唐《十道图》，凡州县皆置乡里。其制以百户为里，五里为乡，廓内为坊，郊外为村。里及坊皆有正，以司督察。宋神宗行保甲法，各有都，都各有保。南渡以还，累修经界，考诸郡志及《经界录》，有乡、里、保而无都。元承宋制。明洪武中，遣官疆理天下，乃去保立都图，而税粮上中下则仍依各乡之旧云。太平割黄岩、乐清五乡之地，以为两隅，二十六都，八十五里，后并为七十二，又并为六十六。

国朝初编里六十六，仍因明旧。顺治十八年，于沿海要地扦界立寨，徙边海民于界内，废置界外都图，存留者四十有四。康熙八年展复，驰前禁。边民仍归外地，筑室垦田。康熙十年审编，奉督抚藩司颁行条例，减前编定役田一里五千亩者为三千三百亩，儒民共计六十里。及今康熙二十年，界外开荒成熟者约十之九。额载既有升科，而都图亦宜加广，惟邑之贤父母善筹焉。斯为此方之蕃庶永赖，而富教亦可以渐几云。

校勘记

〔一〕三十三都,原文为"三十四都",误。据《嘉靖志》改。

〔二〕四,疑为"六"之误。

险　要

龙王堂山东南距海,与海中于门、深门二山相值。

大鱼肉山南距海,与海中石塘山相值。

磊石山南距海,与海中铜礁山相值。

安宁山南距海,与海中零门山、于江山相值。

璇门山西南距海,与海中玉环山相值。

古　迹

朱文公遗墨文公为常平使者,与蔡博士镐、林府判霈经管六闸,夜宿洪亭长家,有题壁二诗。其一见《水利》〔一〕,有曰:"才到重阳气便高,雁声天地总寥寥。客怀今夜不能寐,风细月明江自潮。"其一《题洪氏菊》,诗曰:"解印归来叹寂寥,黄花难觅旧根苗。只缘三径荒凉后,移向洪家不姓陶。"至明洪、宣间,遗墨犹在,后为有力者取去。

海涂铁盘新河海涂上,成化间居民获一大铁盘,如车轮,重数千斤,輠中铸纹,有二十八宿及十二肖之象。舁至家,椎击不碎,询之故老,无能知者。或云此地神龙出没,文公提举水利时,鼓铸此器,镇压海口。或云金者水之母,浑潮见铁则清,所以障淤泥也。理或有之。

古城在县西北三十五里大塘岭东南。外城周十里,高仅存二尺,厚四丈,遗隍断堑,隐约可稽。内城周五里,有洗马池、九曲池。故宫基址崇十四级,上有乔木。故老相传即徐偃王城。东有偃王庙。

孙恩城在温岭。高四丈许,周回六百步,《永嘉记》云:妖贼孙恩所筑。按,《晋史》隆安三年〔二〕,贼孙恩陷会稽。七年〔三〕,太守辛景斩之。

玉环古城在玉环海岛上，与楚门隔港。明洪武二十年，徙缘海居民于腹里。今墟。

松门城宋熙宁间置土兵，设巡司。嘉定初，阇婆国番船入寇，失印记，后复降给。元因之。明洪武二十年开置松门卫，故址尚存。

晋原在县东三十里屏山之南。相传晋王之裔尚居此，故名。山有明觉寺，寺有小碑，如临海招贤洞亦此类。

两驿温岭驿在台、温界限之地。宋赵清献公抃有诗云："昨朝初泛临海舟，今暮已登温岭驿。秋风阁雨波不扬，风伯江神俱有力。"元时裁革，置巡检司。明洪武初，复徙置三山云。白峰驿在丹崖山北，元时革去。

三巡司元时置。湖雾司在山门乡，明洪武七年裁革。北监司在玉环乡。石塘司在石塘山，与松门隔港。俱洪武二十年徙缘海居民于腹里革去。

陶渊明小像在县北五龙山书院。宋陶昭建。绘朱文公题诗。

葛洪丹井在丹崖山。石俱赤，有池深尺许，群鸟浴其上。

晋王碑在雪山明觉寺。相传晋王游适居此山。有小碑，其文曰："晋王游适之地。"晋王不知何人，碑亦无考。

颜真卿古刻姓氏在真岩山石壁。今漫漶无辨。

朱文公义役碑在三都梵兴寺。其文曰："淳熙九年，浙东提举朱熹行部至，有乡士诸葛蒸硕请使民义役。文公奏行。"今寺废碑没。

仙人田在王城山中，有渔翁岩、石柱峰、仙人濯足滩、烂柯石、鸡母石、平霞嶂石。

校勘记

〔一〕其一见《水利》，按，《康熙太平县志》卷二《建置·水利》无此诗。此概指《嘉靖太平县志·水利》而误。

〔二〕三年，《嘉定赤城记》《嘉靖志》皆谓据《晋史》作"二年"，实误，当以本志为是。可证诸《绍兴县志·人物》(绍兴县志编委会编纂，中华书局

1999 年版)。

〔三〕七年,隆安年号止于五年,此处或误。

宅　墓

侍郎王方岩故居_{在方岩乡大溪,金山之南。}

戴大监故居_{在县治东南五百步,有宅前街。}

范五经宅_{一名范章池。今学宫泮池即其地。}

李宅_{在县西街。考公林茂弘初继舅氏,袭姓李。称李宅者,因其}初云。

虞司马仲房故居_{在邑之东横溪。}

宋于恕遗址_{在桃溪。}

元判官盛象翁遗址_{在三坑溪。}

元万户赵师间故居_{在花坞。}

南塘戴氏故居_{在石屏山之阳,俗名塘下。}

应番阳志和居_{在下珠岙。}

缪守谦恭居_{在茅岙。}

蔡武博镐故居_{在方岩乡之白山。}

药林宅_{在叶茶寮山。宋于履居。号应声岩。}

丁园_{在温岭。宋嘉祐间丁仲镒始创。}

旌善亭_{在十九都。宋〔一〕咸淳间为旌表陈宇建。}

郑公台_{在十三都威神寺后,灵秋山上。}

林处士铭可宅_{在石盘山。号石盘山人。}

金山堂_{在金山下。侍郎王居安所作。}

读书堂_{在洞黄。轲之所,叶水心有诗。}

会文亭_{在亭岭。宋周克兴建。}

松桂轩_{在洞黄。元黄谷春所居。又有集怡楼,陈石门铿有记。}

崇善亭在泽库。元至正间毛、郑二姓建。

修撰王静学故址在亭岭。

林侍郎恭肃鹗宅在凤凰山。

黄侍郎文毅孔昭宅在洞山。

谢祭酒文肃铎宅在桃溪。

李都宪匡宅在长屿。

赵尚书大佑宅在冠屿。

王太守应璧宅在小屿。

邵少卿诚居在虞岙。

潘教谕古莘居在沈岙。

陈敬所彬故居在莞山。其祖茔在焉。

环清轩在泉溪。丘慎余海建。

会辅堂在镜川。学正叶居暹建。

望思阁在泉溪南。孝子丘蓬□[二]屋建,翰林王叔英有记。

酣云轩在泉溪北。林养民建,林公辅有记。

莞山草堂在莞岙。陈氏筑。

多山楼在二十三都。明赵献筑。

驾鳌轩在泉溪三台下。明林周民所居,御史范克瑾有记。

宗鲁堂在县西三十里江绾。

鲁青轩在江绾。孔克瑜建,鲍原弘有记。

听松轩在温岭。饶阳郭槚所居。后槚免官归,舍于椒山,潘均弘氏颜其轩曰"听松",鲍纪善元弘有记。

贞则堂在桃溪之赵岙里,为谢节妇赵氏建,谢[三]侍郎定之有记。

春晖楼在茅岙。孝子林大登建。赵司马诗,见《燕石集》。

罗山亭在县治东。曾令才汉以溪流湍急,风气亏泄,建亭于山上。

悦亲堂在星屿。明初陈子安建,石门陈铿翁记。

牧春堂虞岙邵氏建。

便休亭在二十都，元陈少卿[四]建，用便行人休息。

栖清草堂在二都。许仲蔓建，有《栖清诗》，方崖赵公叙。

解愠亭在渭漳桥侧。

思庵在白山。叶主事建。

存思庵在莞岙。陈彬建。

锦屏庵在翁岙。谢元思建。

遗后庵在木杓屿。陈存高建。

裕远庵在洋岙山。李阁老东阳有记。

会缌庵在方岩乡杜氏山。谢温良墓在焉。

栖云庵在茅岙。林潜斋建。

终慕庵在阳岙，陈麟昆季建。

来清庵在白山古塘门。叶处士伯山之影堂也。其从子本源亦有致庵。

西云庵在长屿凤山下。金氏建。明翰林林增志有记。

西原庵在梅岭山下。明司训丘存菊建，修撰余本有记。

翠屏庵在七都屏山之阳，王朝北建。

庆远庵在茅山。叶方城建。

宋安禧王陵在十八都新山澄源庵上。

钱王女墓在天皇山。

晋岙坟在七都。世传晋帝藏真之所。

载庵在十四都。大监后志道建，为合族墓祭者。

晋王氏墓在楼奇山下。墓砖旁有文云："晋永和十二年，岁次丙辰，八月壬午朔，琅琊王。"余漫不可辨。

蔡家墓在十四都灵伏山下。杜清献范有记。

王侍郎墓在十六都梵安寺侧。宋工部侍郎王居安葬焉。谢文肃有诗。

戴少监墓南隅瓦屿。宋秘书少监戴良齐葬焉。

盛圣泉墓在十三都三坑。

王修撰墓在广德州祠山之麓。先是，台人有盛希年者，避乱广德，为祠山羽士。修撰叔英死于节，希年为收葬之，杨文贞士奇为表其墓。成化初，知州周瑛为之修砌，仍立墓田若干亩。

谢孝子墓在十六都桃溪緫山。谢孝子伯逊葬焉。

黄松坞墓在二都洞黄金字山。松坞黄隐君礼遐葬焉。

林侍郎墓在西关前岙。赠刑部侍郎纯葬焉[五]。

谢贞肃墓在十六都桃溪之东。

林恭肃墓在北隅芝岙。

徐秘书墓在湖雾半岭山。宋秘书少溪徐用[六]葬此。

陈忠简良弼墓在庆恩寺[七]东坞。石碑尚在。

戴石屏式之墓在第七都塘下。

郭饶阳楥墓在十八都温岭。

陆康墓在河岙。世传为宣公赟之后，宋初擢进士第，葬于此。

应志和墓在十五都流庆寺后。

谢文肃墓在桃溪之华盖山。

应黟县纪墓在下珠山西麓。

李考功茂弘墓在官鉴山。

林郎中璧墓在官鉴山东麓。

戴孝子守温墓在十四都小塘岭南，邑令[八]袁道营造。

叶士冕墓在温岭山。

赵尚书大佑墓在十三都马嘴山。

戴参政豪墓在温岭大岭北。

邵少卿诚墓在大岭南。

潘松溪从善墓_{在小泉村。}

林金书克贤墓_{在瓦屿山。}

林给事霄墓_{在十八都祇园寺侧。}

按：式庐志敬，过墓思哀，人情也乎哉！仰止前贤，不能仿佛其咳貌，庶几遗垄故墟，犹足深人凭吊乎？九原可作，吾尚或见之也。悲夫！

校勘记

〔一〕宋，原文作"宗"，误。

〔二〕□，此处模糊一字。

〔三〕谢侍郎，《嘉靖志》作"刘侍郎"。

〔四〕陈少卿，《嘉靖志》作"陈端卿"。

〔五〕焉，原文作"马"，误。

〔六〕少溪徐用，《嘉靖志》作"少监徐囷子"。按，徐囷子即徐渊子。当以《嘉靖志》为是。徐渊子即徐似道，"渊子"为其字，曾任秘书少监。

〔七〕庆恩寺，原文"庆思寺"，误。此寺今存。

〔八〕令，原文作"会"，误。

太平县志卷之二

建置志

《建置》何作？邑也，既邑矣，必设官，官必有出莅之所与宣化之地，则城池、公署、学校先焉。其他仓库、坊表、驿铺，缺一焉不可也。经之、营之、斫之、砻之，亡者创，圮者缮，而规模弘远矣。作《建置志》。

城　池

城垣周围四里二百七十七步，敌台九座。凡六门，东曰迎辉，南曰观海，西曰延照，北曰仰山，西南为小南门，西北为小西门。东、南二门外复立月城，西、北二门增置敌台。水门二，在西城者为上水洞，在东城者为下水洞，遇溪流瀑涨时启泄。明嘉靖间知县曾才汉疏合溪流，实上水洞。又于东偏修筑，襟抱亏泄，作楼跨下洞之上，曰淇箓门。城楼俱系正德八年知县祝弘舒建。国朝初，置红衣大炮十七位于城上。钟楼并各门城楼年久倾坏，康熙十二年知县郭治庀功重修，增置窝铺凡十一处。

池堑邑城枕百千山下，外无深沟广堑，溪流潆绕，去城颇远。国朝顺治八年，环城开浚河濠，重立木城于城外。后提督张公杰按其地，笑曰："邑城去海数十里，不于沿边严捍御，而欲于此作燕雀台[一]处堂计耶？"命撤去。

卫 所

松门卫城在县东五十里。宋为松门寨,元为巡检司,明洪武二十年汤和城为卫。城高二丈四尺,周围五里九步。经历司在卫治东,镇抚司在卫西,旗纛庙在卫治东,教场在卫治北。今遗。

楚门所城在县西南六十里。城高二丈四尺,周围七里一十步。明洪武二十年,信国公汤和建。今遗。

隘顽守御所城在县南三十里。城高二丈四尺,周围三里三十步。明洪武二十年汤和建。国朝顺治间奉遗,城摊[二]。今展界,即旧址修筑,改为寨城,设兵防守。

新河所守御城在县东北三十里,隶海门卫。城高二丈三尺,周围五里六十八步。洪武二十八年,汤和命指挥方鸣谦建。

按:卫所之设,历代无考。自洪武二十年信国公汤和沿边筑城,遂建松门、楚门、隘顽卫所,置指挥、同知、镇抚、千百户屯守其中。二十八年,筑新河所,此军政设城之始也。阅洪武至成化,相距六七十年,乃建县治,是太平未立邑而卫所已先分设矣。国朝以海氛未靖,徙沿边居民以空其地,卫所要害尽为丘墟。随开遗,参酌前规,凡要害之处,城中军而外调置诸营,分险更戍。若今之六都、东岙两寨,城仍近于松门、楚门,而隘顽、新河犹依其故址。边疆遂借以盘巩。信乎! 筹边固圉,在地,尤在人也。

校勘记

〔一〕燕雀台处堂,当作"燕雀处堂","台"为衍字。语出《孔丛子·论势》。《嘉庆志》此处亦无"台"字。

〔二〕摊,疑为"坍"字之误。

公　署

县治在百千山下。

正堂三间。明初为琴堂,后改为亲民堂。

左右耳房右耳房为县库,税赋藏焉。今存左耳房,为架阁库,籍册藏焉。久废。康熙二十年仲秋,知县曹文斌重建。

露台　甬道　戒石亭俱在亲民堂前。

东西两廊东廊为吏、户、礼、粮科,西廊为兵、刑、工、承发科。自寇焚劫后二十年余,至康熙二十年六月,知县曹文斌重建东廊七间。

吏舍在东廊后,今废。

赞政亭在亲民堂东。明崇祯间,知县彭承芪建。今废。

仪门三间。明季建,年久朽蠹。康熙乙丑年八月为飓风所坏,知县曹文斌重建,升任台海道张讳汧嘉奖知县曹文斌平田伟绩,给"起敝维新"匾额置上。

土地祠在仪门外东偏。凡三间。知县曹文斌重建。有碑记:"土之有神,犹郡邑之有宰也。宰职阳以理民,神职阴以生物,其功用同也。顾宰之政教有所不及之处,神得而济之,以默牖吾民,然则神之于民亦甚亲矣哉!予自康熙辛酉奉命莅兹土。甫下车,见夫兵燹之余,蒿莱遍四野矣。即公廨之中,环视皆颓垣废址,所仅存者数椽,风雨莫能蔽。予踌躇久之,遂毕力经营,次第修举。于省观堂之后,建厅五间,小屋数间,以为室家燕息之所。左右各置书室六间,竹亭一座,杂植奇木,虽不能如河阳之满县奇花,亦庶几于公余少效苏公之眷爱云尔。复于厅事之前芟芜蔓,辟旧址,构东廊七间,俾胥吏有所廨舍。凡此皆予捐清俸、节烦费之所致也,而县治遂焕然矣。后之官斯土者,甚勿视为传舍,勤加修葺。虽非国计民生之巨务,然亦为政之一端也。东廊之外则为土地祠,祠极卑隘,庭楹下仅容数武。岁朝月吉,都人士之瞻礼于神者,迫遽回合,无所施其进退,不足以成大观。且神像冠金冠,衣绛袍,殊非土神之宜。予心憾焉,即有更新之意。因编审之期迫,遂默祷于神,殚精竭虑,履亩正经界。三阅月而匿者出，淆者整，疆里厘然，极从前之宿弊，一举而廓清之，民咸称便。因自庆曰：'此虽平之福乎，未必非神之赐也。'今年春，案牍稍暇，仍捐新俸，即以祠后隙地，负土加筑，鸠工庀材，广其祠宇而鼎新焉。复为改装神像，以伟观瞻，庶使人之崇奉者，睹庙貌之巍峨，感其资生之德，瞻声灵之赫奕，仰其持载之功。间有不恒厥德、奸宄自肆者，知刑政之外，复有明威，或可以戢其邪谋而动其畏志，则先王神道设教之意，于斯庶有合乎！祠既落成，爰设奠以妥之，其祠曰：'繁育百昌，土之功；滋培万物，地之德。厥德冥冥，厥功默默。式奠尔居，惟灵之宅。以绥以愉，鉴观靡忒。惠我蒸黎，永兹庙食。'"又知县曹文斑奉宪刊立《平田碑记》在内，其碑文详见《役法》。

寅宾馆在土地祠西。旧为延宾馆，知县郭治易今名，馆额"夙知堂"。今为"受益堂"。

狱禁在仪门外西。屋九间。

仓屋在仪门外东。详见后《仓廒》。

大门三间。

榜廊在县门两介。善亭，在县门右。申明亭在县门西。今俱废。

知县宅在亲民堂后。

省观堂康熙八年，知县孙如兰建。

思诚堂在亲民堂后。有真西山题守令诗，录额于上，今废。

佳声馆在省观堂左。明崇祯年，知县胡学戴建，今废。

后乐堂在省观堂右。知县曹文斑建。有题额曰"后乐堂"。题词云："作令者难乎其乐矣，作令而至兹邑，其为乐更难。前乎此者是其验矣。虽然，亦未得古人后乐之旨乎。余至，始也焦心劳虑，谋遂民生。越期年，弊除利兴，民乐其业，既无催科之扰，亦鲜听鞫之烦，几不知作令之苦。乃即其中隙地，削土石，去榛莽，作堂三楹，周以花竹。退食之暇，时与宾客僚友游息于此，额曰"后乐"。非敢自附于古人，亦聊以志其实云。"

来蜂亭在后乐堂前。知县曹文斑建。有题额。本学训导顾人龙有铭。曹文斑题额云："辛酉春，予奉命来守兹土，视事三阅月，公余之暇，偶憩于此，忽有蜂聚如斗，翔集木端，顾而异之。时有老吏侍前，谒曰：'有明嘉、隆间，人和政成，风俗沕穆，蜂穴于堂左柱，岁数登，民殷厚，为富庶之乡。逮夫声教渐衰，俗近浇漓，而蜂亦遂去。今复来集，其休征之先见者欤？'予手额曰：'圣天子德化旁洽，土谷惟修，雨旸时若，蠢动蜎飞，咸若其性。诚如斯言，可以为吾民庆矣。'乃就旧址伐竹织茅，作亭于其上。旁艺花竹，以为憩息之所。颜曰'来蜂'，以志其祥。甲子夏杪，为飓风所破而吾亭不复存，一似忌吾之乐者，心甚缺然。遂谋易竹以木，易茅以瓦。即于是秋，重见落成。岂天亦厌前此之不能经久者，欲为巩固久远，以留俟后人，俾得共有其乐而非忌吾今日之也？爰题以志之。"顾人龙铭："西秦曹使君穆斋以辛酉仲春莅任太平，即以来蜂作亭，自为文以记之矣。甲子风灾，亭毁重建，余为铭以落其成。瞻彼凤麟，长自西秦。帝简作牧，以活斯民。方城飞舄，化日长春。群蜂来集，瑞应吉人。作亭翼翼，创自畴昔。飓风为灾，亭毁且夕。鼎建复新，丹腹加饬。时接高朋，屡宴宾客。竹木纷如，呈妍几席。春则含芳，秋则傲霜。葡萄压架，萝薜悬墙。芙蓉娇面，兰蕙素妆。棕榈纨扇，榴花绛囊。芬菲左右，饮侑杯觞。琴堂鞅掌，退食徜徉。为勤为逸，一弛一张。况逢今日，海波不扬。岁书大有，时际平康。与民偕乐，其乐无疆。蜂亭重构，浸炽浸昌。后贤来憩，眷兹勿忘。"

东书署知县曹文斑建。

前书房知县孙如兰建。

县丞宅在正堂左。

主簿宅在县丞宅左。明天启间裁废，至康熙十二年，典史马三畏改建为典史宅。

典史宅在县丞宅南。今废为蔬圃。

布政分司在县治东南三百步。明知县常完建。成化二十年，县丞范亮修。今废。

按察分司在县治西南三百步。明成化六年，知县常完建。今废。

府公馆在按察司东五十步。明成化县丞范亮建。今废。

教场在西门外。置厅三间。今废。遇操期布帐操演。

皇华亭在迎辉门外二里。

阴阳学　医学俱在县治后街。今废。

巡检司在松寨。宋时设巡检一员，元仍之，明移于长浦，又增设盘马、三山、沙角三巡检。后又割乐清，有小鹿、蒲岐二司。今裁废。

南监场系黄岩管，太平之青林、平溪、高浦、沙港四仓属焉，其场使驻太平南监街，即宋时所为迂浦监是也。洪武三十二年，厅屋三间，后屋三间，石碑一座，在厅西。仓凡九所，余在黄岩。

北监场系乐清管，太平之得字、峡门、华岩、清港四仓属焉，其场使驻所在玉环。遭废。

河泊所在十都南监街。明洪武十七年建，嘉靖八年裁。后，太守周志伟奏请设官署，管九闸河道。今废。

按：邑之有治，长吏政教、表率之所自也。凡簿书、计会、刑名、礼乐，宰总其成，而又有丞有典及外僚杂职以为分理，则由廨署而厅堂，仪戟森列，百度景瞻，非直为轮奂之美已也。

学　校

先师庙在县治东五百步。明成化七年，知县常完建。旧址在百千山下。以地溃故，徙今址。凡三间，丹楹砻桷，窠拱攒顶，中尽盘螭，边尽菱花，背门用青琐。基高五尺许，前为露台，东西石级，备陟降焉。成化十七年，知县丁隆、邑人陈允英为之董工重建。国朝顺治间，教谕张佐极修。康熙初，署教谕举人龚瑛又修。十年，县丞张光恩又重修。

东西庑在□[一]之前，本有对列各联七间。明成化二十年，县丞范亮重修。康熙初，教谕龚瑛重建。康熙甲寅年□[二]后，两庑悉倾圮。丙辰年，训导钱向仁捐银五十两，倡率诸生不等捐助，生员林士彪、高尚绍、邵士培董工重建。工将竣，资犹不给，适教谕冯宿荣至，捐银十两助建，又详府宪鲍、道宪卢，捐助完工。复以其余银重建名宦、乡贤两祠。至辛酉春，其西庑因后基土虚，忽被大风雨，复倾，教谕顾弘会县官曹文斑议重建，生员林理董工。

戟门在两庑之前，为间者十一，中三间，列二间。两挟左为名宦祠，右为乡贤祠。成化间知县常完建。国朝康熙初龙风毁坏。十一年，知县许经世、城守参将周祺、训导张尹谐捐俸，生员林槐等董建。

名宦祠在戟门左。

乡贤祠在戟门右。

泮池　泮桥在戟门之前。

棂星门在泮池南。石柱凡三座，高二丈有奇。明成化间知县袁道建。其前通衢，有溪引学宫内鉴泉，流常不竭。

启圣祠在明伦堂西南。凡三间一门。明嘉靖知县陶秀建。圮废。国朝康熙初，教谕龚瑛[三]重建。

明伦堂宋名文会堂，继名明伦，再改明教。明洪武复名明伦。在先师庙之后。凡五楹，中三间分布师席，东北立卧碑一座，东西序用版刻历年科第岁贡名氏，后屏隶书《大学》圣经一章。今废。

尊经阁在明伦堂后。明万历知县陈龙光建。藏《五经》、《四书》、《性理大全》及一切书籍。崇祯间，大风雨湿，坏尽。今阁亦渐圮。

魁星阁在文庙之左。三间南向。国朝顺治间，知县刘履昌徙建于文昌阁之南，塑像于上。今亦废。

土地祠三间。在文庙右。今废。

学仓在明伦堂之左腋。师生之廪藏焉。今废。

题名碑亭在明伦堂之南。今废。

文昌阁在东庑之后。西向，凡五间。旧在尊经阁之后。明崇祯间知县刘应鼎徙今址。

学门在棂星门之左，面天马山。凡三间，中竖门额曰"儒学"。门两旁为守视之所。国朝顺治年知县刘履昌建。

敬一亭在儒学门内东偏。今废。

射圃在西庑之西。缭以石墙，广五丈，长三十丈，有观德亭。今废。

神库 在东庑之上。西向。今废。

神厨 二间。在西庑之上,东向。今废。

教谕廨 在明伦堂之西。南向。

训导廨 一在明伦堂左,一在文庙右。今废。

钓鳌阁 在儒学门外。明万历知县唐世盛建。今废。

按:立学必释奠于先圣先师,春秋二仲上丁〔四〕,习舞祭菜,其仪文礼制为天下之所同隆,由来久矣。平虽凡邑,由斯礼以登斯堂,庶几于圣教之无斁,其尚有在乎?

校勘记

〔一〕□,此处模糊一字。

〔二〕□,此处空一字。

〔三〕瑛,原文作"英",据上文改。

〔四〕上丁,原文作"上下",据《嘉靖志》并古代礼仪改。

仓 廒

际留仓 在县治仪门外东偏,土地祠前。厅三间,东西廒屋各三间,西三间今圮,门一间。凡官吏月俸、使臣廪饩,与夫祭祀、日用之需,皆在焉。

预备仓 在仪门内东廊南首。厅三间,廒三间,门一间。国朝康熙元年,知县张国栋奉檄建。今圮。

便民仓 在县治西当街井。正厅楼三间,左右平屋各一间,东厢平屋一间,西厢平屋二间,门一间。国朝康熙十一年,县丞张光恩买民房改建。地本通衢,周以墙围,便民输挽,且便于唱筹云。

广盈一仓 在松门卫城西南。仓廒四座,凡二十间,厅屋三间,后屋一间,门屋三间。今遣废。

广盈二仓在楚门所城西北。仓廒二座,凡十五间,厅屋三间,后屋三间,门屋一座。今遭废。

广盈三仓在隘顽所城西北。仓廒二座,凡十五间,厅屋三间,后屋三间,门屋一座。今废。

广盈四仓在新河所城西北。仓廒二座,凡十二间,厅屋、后屋、门屋俱同。今废。

朱文公《社仓法》淳熙〔一〕八年十一月,浙东提举朱熹奏:臣所居建宁府崇安县开擢乡有社仓一所。乾道四年乡民艰食,本府给常平米六百石,委臣之居朝奉郎刘如愚同共赈贷,至冬收到元米。次年夏间,本府复令依旧贷与民户,冬间纳还。臣等申府措置,每石量收息米二斗。自后逐年依此敛散,或遇小歉,即蠲其息之半,大饥则尽蠲之。至今十有四年,量收息米,造成仓廒三间收贮,已将元米六百石纳还本府,其见管三千一百石并是累年人户纳到息米。已申本府照会,将来依前敛散,更不收息,每石只收耗米四升,遇敛散时即申府差县官一员监视。以故虽遇凶年,人不缺食。窃谓其法可以推广,行之他处,妄意欲乞圣慈行下诸路州军,晓谕人户。有愿依此置立社仓者,州县量支常平米,责与本都出米人户主执敛散。其有富家情愿出米本者,亦从其便,息米及数亦与拨还。如有乡土风俗不同者,更许随宜立约,申官遵守。实为久远之利,伏望圣慈详察施行。圣旨下,户部有详合依上件施行。十二月日,三省同奉圣旨,依户部看详到事理施行。

周文襄济农仓式一、劝借则例;一、赈放则例;一、稽考则例。

一、每岁秋成之际,将商税等项及盘点过库藏布匹,照依时价收籴;一、丰年米贱之时,各里众人户,每户量与劝借一石,上户不拘石数;一、粮里人长有犯迟错斗殴等项,情轻者量其轻重罚米上仓。

一、每岁青黄不接、车水救禾之时,人民缺食,验口赈借,秋成抵斗还斗;一、孤贫无依之人,保勘是实,赈放给食,秋成不还。

一、府县及该仓每年各置文卷一宗,俱自当年九月初一日起,至次年八月三十日止,将一年旧管新收开除实在数目,明白结数,立案附卷,仍将一年人户原借该还粮米,分已还、未还总数立案,付与下年卷首,以凭查取。

宣德九年正月十九日,巡抚京畿工部右侍郎周忱奏。奉圣旨,准他这等行。钦遵。

养济院在县后西街。

按:仓有预备,所以行任恤之政,而与民通其变也。汉[二]时有常平之设,隋唐有义仓之立,宋朱子有社仓之法,或收贮于官钱之余,或积累于贷息之羡,无非权其盈诎以救荒政之穷。初未闻有定式也。太平曩时建立六仓,二在城隅,四在卫所。除祭祀粢盛、官师廪俸外,大半属军需。月要岁会,专力以饷兵且不给,何暇计及于水旱灾祲之事?而仓廒旧制亦复圮坏,预备之设,名留而实去矣。国朝蠲恤屡颁,迄岁荒田之诏下于台左,颇惬舆望。然止济困于一时,尤不能不有赖于当事者之重为筹云。

校勘记

〔一〕淳熙,原文作"洪熙",误。据陈道南《朱熹年表》及各种资料改。

〔二〕汉,原文作"按",不合文意,恐误。今据《嘉庆志》改。

坊　表

牧爱坊在县治前。正德八年知县祝弘舒建。

名卿敷泽坊在儒学门左边。初名兴贤坊,后改腾蛟坊。明万历年,知县吴从道修改为名卿敷泽坊。

大圣宫墙坊在棂星门外右边。初名育秀坊,后改起凤坊。明万历间,知县吴从道修改为大圣宫墙。

世科坊在县治东。一曰奕世天官坊,为侍郎黄尚斌,赐进士黄彦俊,文选司郎中黄孔昭、黄俌[一],尚书黄绾建。

科甲联辉坊明知县曾才汉为历科进士举人建。

天官坊明郎中林璧建。上列林氏累朝名爵。

尚书坊在天官坊之南。为明兵部尚书赵大佑建。

千古如生坊在关帝庙左,阜民桥之西。明万历间建。

都御史坊在县前横街之东,为明都御史赵大佑建。

名臣坊为明刑部侍郎林鹗建。

忠节坊为明刑科给事中林霄建。

继美坊为明举人李谟建。

进士坊为明金事林贤[二]建。

联辉坊为元进士潘从善、给事中潘时显[三]建。

状元坊在小泉村。为殿元潘时显建。

解元坊为明给事中戴颙建。

恩荣坊为明钦天监司晨陈操建。

承恩坊为鸿胪寺[四]主簿邵冲建。

贞节坊为高端表妻陈氏建。

旌节坊为王新妻金氏建。

旌表坊为丘械妻吴氏建。已上俱在县治。

父子承恩坊在东门外。为明知县陈朝宾、通判陈应荐立。

三名臣坊在东门外。为明尚书谥恭肃林鹗、谥文毅黄孔昭、祭酒谥文肃谢铎建。

节妇坊在莞田。为郑谷祥妻陈氏建。

神童坊在范岙。为明[五]神童詹会龙建。

联锦坊在大闾。为宋进士陈甲、陈申建。

步蟾坊在洞黄。为明举人黄彦俊建。

进士坊在莞岙。为知县陈进建。

郡守坊在三岙。为赣州守姜大化建。

旌节坊在三都小岭下。为明柯易妻王氏立。

贞节坊在三都山前,为明蒋江童妻朱氏立。

孝感坊在四都,元至正间为孝子张寿朋建。

旌义坊在六都盘马司侧,为义民江允孚建。

节妇坊在七都塘下街,为王崇仁妻潘氏建。

三边节制坊[六]为明都御史李匡建。

延英坊在长屿淀湖。为明举人李阳建。

世科坊在长屿东庄。为明举人李会建。

进士坊在金清闸南。为明进士陈绮建。

旌节坊在长屿。为明李露[七]妻赵氏建。

聚秀坊在长屿东溪。为明举人李珏立。

祥麟坊在东溪。为明举人李洪繁立。

百岁坊在屿头。为县丞陈瑞立。

进士坊在镜川。为明刑部郎中叶良佩建。

应宿坊在白塔。为叶良储建。

主事坊在白山。为叶钊建。

进士坊在牛桥。为明刑部主事叶凤灵立。

世英坊在白山。为明举人应纪建。

孝友坊在赵岙。为元孝子谢温良立。

励俗坊为明谢乾妻赵氏立。

宗伯坊为明礼部侍郎谢铎建。

攀龙坊在登云桥。为明进士谢省建。

奉直大夫坊在关屿。为道州守赵崇贤建。

贞节坊为赵铧妻叶氏立。

百岁坊在殿下。为明赵湛立。

贞节坊<small>在赵岙。为明谢兴毅妻金氏立。</small>

旌节坊<small>在上珙。嘉靖二十一年为项贵妻潘氏立。</small>

巍科坊<small>在温岭。为明进士戴豪建。</small>

攀桂坊<small>为明举人戴镛立。</small>

桂香坊<small>为明举人戴通立。</small>

进士坊<small>为明评事戴驳立。</small>

内翰坊<small>为明翰林庶吉士戴颙立。</small>

经魁坊<small>在虞岙。为明光禄寺少卿邵诚立。</small>

擢秀坊<small>在虞岙。为明乡科邵恒立。</small>

承恩坊<small>在叶屿。为明太医院吏目陈德立。</small>

秋官坊<small>在桃溪。为明刑部主事谢邦荐立。</small>

尚书坊<small>在十六都。为明大司马赵大佑立。</small>

四代都督坊<small>在新河所城。为张贵[八]、张清、张恺、张元勋立[九]。</small>

盛世干城坊<small>在松门城。为李超建。</small>

百岁坊<small>在泾岙,为明陈凤脈建。</small>

侍郎坊<small>在竹冈。为陈璋立。</small>

按:声名重于乡里,奖励行于朝廷,二者常相表里。坊表设而名以传,非励世巨典哉!立德、立功、立言三大不朽,吾知其人矣!即或一节之美,一官之荣,亦得于斯而志不忘焉。洵乎扬间旌闲之功为不已也!

校勘记

〔一〕黄俌,原文作"黄浦",据《嘉靖志》《嘉庆志》改。

〔二〕林贤,即林克贤。据《嘉靖志》与《嘉庆志》。

〔三〕潘时显,原文作"潘时宪",据下文及《嘉靖志》改。

〔四〕鸿胪寺,原文作"鸿胪事",误。

〔五〕明,当为"宋"。

〔六〕三边节制坊,《嘉庆志》作"三边总制坊"。

〔七〕李露,《嘉靖志》作"李霞"。

〔八〕张贵,原文逸"贵"字,据《嘉庆志》补。

〔九〕立,原文无此字,据文意补。

驿　铺

县前总铺旧即三元堂故址,明成化十七年改置,东北至黄山铺,南至亭峰铺,西温岭铺,各十里。

黄山铺在总铺东北十里。

铁场铺在黄山铺北十里。

新河所前铺在铁场铺北十里。由此而北行十里,则为黄岩之冯洋铺。若东行十里,则为塘下铺。

塘下铺在新河所前铺东十里。

箬横桥铺在塘下铺东十里,盘马司之西。

横路洋铺在箬桥铺东南十里。由此而东行十里,则为松门。若西行十里,则为高浦铺。

松门卫前铺在横路洋铺东十里。今遗。

温岭铺在县前铺西十里。

武溪铺在温岭铺西十里。

小球铺在武溪铺西十里。

青屿铺在小球铺西十里。由此又西行十里为岭店驿,入乐清界。

亭峰铺在总铺南十里。由此而南行十里,为油亭铺。东行十里,则为石井铺。

石井铺在亭峰东十里,沙角司之北。

高浦铺在石井铺东十里。由此而东十里,则为横路洋铺。

油亭铺在亭峰铺南十里。由此而东北行十里,则为石井铺。南行十里,则为芦殊铺。

芦殊铺在油铺南十里,隘顽所城外。

张家井铺在芦殊铺南十里,小鹿司之北。

隘山铺在张家井铺南十里。

金田铺在隘山铺南十里,楚门所城。

清港铺在金田铺西北十里。三山司之南。今遣。

九眼陡[一]门铺在清港铺西十里。由此北行十里,为武溪铺。今遣。

校勘记

〔一〕陡,原文模糊,据《嘉庆志·水利》校补。

水　利

永丰闸在繁昌乡第十都,原黄岩四十九都监侧小堘。宋元祐间,提刑罗适始建为闸两间,各广一丈六尺,深一丈六尺,中置劈水堆,两旁墙壁各长七丈五尺。淳熙间,朱文公熹及提举勾昌泰修。元大德中,知州韩国宝修。今圮。

黄望闸在繁昌乡第八都,原黄岩四十七都黄望堘,亦罗提刑建。闸阔一丈六尺,深如之,两旁墙壁各长七尺。淳熙九年,朱文公及勾昌泰修。元大德中,知州韩国宝修。明天顺间,同知钟鼎修。今圮。

周洋闸在繁昌乡第十一都,原黄岩五十都葡萄棚堘。宋罗提刑建为闸二间,各阔一丈六,深如之,旧作四槽,牌身长四丈,中置劈水堆,两旁墙壁[一]各长七尺。此间系众流要冲,随筑随溃。先于闸侧荒地别创河泾,通黄岩场中扇,分缓水势。闸之上下,筑堘分限山水海潮,方得经久。淳熙间,朱文公及勾提举修。元大德三年,知州韩国宝重建为周洋闸。今圮。

迁浦闸在繁昌乡第十一都。南与永丰闸相望百余步。旧属灵山乡黄岩五十都迁浦堠。宋淳熙间,朱文公及勾昌泰始建为闸三间,中广一丈六尺,旁各广一丈四尺,深一丈七尺,中置劈水堆,两旁墙壁[二]各长一十三丈,其水盘折达海。明成化中,知县袁道重修。今圮。

金清闸在繁昌乡第八都,原黄岩四十七都金清堠。宋朱文公及勾提刑[三]建为闸。阔一丈六尺,深一丈四尺,两旁墙壁各长七尺二寸。元大德己亥,知州韩国宝重修。仍开闸道,通水出海。明景泰间,知县张彦修。弘治、正德间,知县刘弼修,通判王宸再修。故老言朱文公议闸河时,尝谓蔡博士镐曰:"南监五闸,底石须齐平如一,使河流五道俱通。若一稍卑,即众流归并之,久而余闸必湮。"已而勾公用其议,乃于净应山上树旗置铳,俟潮退正及闸底时,即拽旗放铳,五闸俱志定水则,由是五闸齐平,河流俱通。明张令彦修金清港,下其底仅二寸,刘令弼复下三寸,至王公宸复移闸去旧址南可一里许,由是众流皆归,而金清之河愈深,波流湍悍,不可复御,而诸闸埋矣。噫! 先贤之规画,不可轻如此者! 姑记其言于此,以为绍文公之政者告焉。

西屿闸在繁昌乡第十都,旧黄岩四十九都细屿堠。宋淳祐甲辰,知县李锷议创。宝祐间,黄岩知县王华甫建。二闸各广一丈七尺,深如之,作四槽,中立劈水堆。元大德中知州韩国宝重修。今圮。

车路闸在太平乡第五都,原黄岩四十四都。元至正庚辰年建。今圮。

永通闸在繁昌乡。明嘉靖辛巳,知府周志伟奏建。今圮。

沙堠上下二闸在太平乡北隅芝岙山脚。宋端平间,林乔年建。明隆庆间,其孙贡士林应祯修。

以上九闸俱太平境内。

鲍步闸旧鲍家堠。

长浦闸旧长浦堠,在灵山乡。

陡门闸旧陡门仙堠,后名仙浦,在桃凫乡。

蛟龙闸

以上四闸俱在黄岩境上,宋朱文公建。旧志以与本邑水利相关,故书。今仍载之。

高浦塗　浦礅塗　临清泾塗　车路大塗　西堡塗　娄子
塗　五婆塗　蒋家塗　牸牛塗　月河塗　黄三浦塗　流沙塗
以上太平乡。

李家塗在繁昌乡。

净社塗在山门乡。

九眼陡门　六眼陡门在山门乡。俱元至正间筑。

薛家浦三都。　沙角铺三都。　中扇浦三都。俱明崇祯壬
午,知县胡学戴修。

萧万户塘在太平乡,北起盘马,东抵松门。

截屿塘在山门乡。

长沙塘　塘下塘俱太平乡。

能仁塘　江心塘　灵山塘俱玉环乡。以上七塘皆元时筑。

牌下塘在太平乡洞黄山外。明尚书黄绾筑。

朱文公熹奏状宣教郎直秘阁新提举两浙东路常平茶盐公事具位
臣朱熹。臣体访到本州黄岩县界,其田皆系负山滨海。旧有河泾、堰闸,
以时启闭,方得灌溉收成,无所损失。近年以来,多有废坏去处,虽累曾开
淘修筑,又缘所费浩瀚,不能周遍。臣窃惟水利修则黄岩可无水旱之灾,
黄岩熟则台州可无饥馑之苦,其为利害非轻。遂于降到钱内支二万缗,付
本县土居官宣教郎林鼐、承节郎蔡镐公共措置,给贷食,利人户,相度急切
要害去处,先次兴工,俟向后丰熟年分,却行拘纳。其林鼐曾任明州定海
县丞,敦笃晓练,为众所称;蔡镐曾任武学谕,沈详果决,可以集事。伏候
敕旨!

知府周志伟奏疏浙江台州府知府臣周志伟奏为复除残官兼管水
利事。窃见黄岩、太平两县负山濒海,形如仰釜。雨则众流奔趋,顿成湖
荡;稍旱则诸源隔绝,辄成斥卤。故水利之在两县尤为切要。宋元祐间,
提刑罗适开河置闸,地始可耕。淳熙九年,提举朱熹奏请官钱增修诸闸,

继之勾泰昌〔四〕之精思力行,遂迄成功。旧在黄岩者五闸,若长浦、鲍步、蛟龙、陡门、委山是也。分隶太平者六闸,若金清、回浦、周洋、黄望、永丰、西屿是也。潦则泄之,旱则蓄之,潮则捍之。而又立为爬梳之法,以时洗荡之,经画区处,至为详备。其间田亩细计七十余万,尽为膏腴。景泰、天顺间,两次差官修筑。弘治以来,有司废不之讲,旋复壅塞。频年旱潦、饥馑相因。臣于到任之初,访之父老土人,皆云此河不复,民无生日。遂督同黄岩知县方介、太平知县曾才汉往来相度。遂行两县起倩人夫,协力开浚,未及两月,幸已通流。又见各闸去海颇远,潮淤日积,未免有尾塞不通之患,乃请巡按御史傅凤翔动支无碍官银,于近海之地建闸一所,亦渐次工成。但数十年间,旋修旋塞,其最为患者海潮耳。潮水一石,泥淤数斗,积之旬日,即以丈计。最要者启闭耳。两县去闸颇远,率难照应。臣查得黄岩县南监,先年设有河泊大使一员,专管沿海渔米〔五〕,嘉靖间裁革。臣反复思维,唯有仍复此官,使之兼理诸闸,责之启闭爬梳各以其时。事本因旧,计实经久。为此具本,差吏奏闻。

　　按:太平水利之设,自宋元祐以来有创置于前者。洎元及明,又有建修于后者。及今遗迹犹存,名与俱传。至读朱文公、周郡伯两奏,谋国爱民,规制缕列,何克继其绪者,竟不一觑耶? 昔尝读《易·蛊》之象辞,曰"元亨,利涉大川",谓坏极而有事,是不能无望于今日焉。

校勘记

　　〔一〕〔二〕壁,原文皆作"劈",误。
　　〔三〕勾提刑,当指勾昌泰言。但勾昌泰为郡守,非提刑。误。
　　〔四〕勾泰昌,当是"勾昌泰"之误。
　　〔五〕渔米,原文作"渔未",误。

津　梁

　　阜民桥在县治前直街。

三元桥在十字街北。

社堂桥在十字街。

登云桥在学宫前东首。生员林尚冲鸠建。

镇东桥在迎晖门外。

大远桥在观海门外。

江家桥在江家溪上。

泥源桥在江家桥西。明隆庆间丘氏建,国朝知县郭治重建。

渭漳桥在县治东一里。知县郭治重建。

横湖桥在县东五里。

塔前上下二桥在瓦屿北。

绛桥在瓦屿南。

新牛桥在下岙。

沙埭闸桥在县东北三里。林乔〔一〕建,林应祯修。

百岁桥在一都。

长沙桥在长沙塘下,设闸堰水□〔二〕溉田。

石桥在石井铺东。

前宅桥三都黄氏前宅。

清河桥在四都。

赵家桥在乌沙浦。

普照院桥在县东北沙□〔三〕。

箬横桥在六都。

王库桥在盘马山。

伏桥在六都。

娄子大桥在六都官道。

塘下五桥在七都。元时戴氏建。

塘下上桥在七都。元时王氏建。

虹桥在八都官道。

长屿桥在八都。

金清桥在净应山前。

阮家埭桥在八都。阮氏建。

黄板桥在十都。

牛桥在十都。

下冒桥在县东。上下有二桥。

撮屿桥在七都。

金佛桥在娄岙。

郑行人桥在五都。宋行人郑越建。

东麻车桥在县东麻车港[四]。

小屿桥九都。

光桥在南监街。

叶朗桥在十一都。

湖亭桥在十都。

新渎桥在新渎山下。

光明桥在十二都。

前陈大桥在扁屿。

沈桥在十二都。

官塘桥在鹜屿。

假山桥在泽库。东偏无山，立此以应井山[五]云。

泽库大桥在泽库。一名月河上桥。

新桥在泽库北，黄岩连界。

丹崖桥在丹崖山南。

竖石桥在竖石南。

金鉴桥在三坑径[六]口。

应钱桥在十四都。应、钱二家建。

西新桥在白山街。

鸦鹊桥在下朱山〔七〕。

双桂桥在十四都。叶检校德骥建。

白菩桥在江洋。

泾边上桥在灵伏山北。

九星桥在江洋。

潘郎桥在茅岙南。

新建桥在新建山南。

下戴桥在楼旗山北。

西麻车桥在赵岙。

登云桥在方岩山东。

俞家桥在油屿。

白箬桥在关屿。

横峰桥在横屿东。一名月河桥。

楼旗桥在楼旗山南。

通济桥在马望山前。

望云桥在温岭。

松溪桥在温岭松溪。

钟秀桥在虞岙。

三王桥在三王。

彭家桥在消湖。

石桥在廿三都。

江心桥在楚门。

灵山桥在灵山寺前。

上阳桥在县治北十里。

截屿渡在廿二都。过渡入乐清界。

清港渡在廿四都。

磊石渡在县治南廿五里[八],今废。

按：桥梁,所以济舟楫之穷,而通车徒之便也。一桥之成,享其利者颇远,故志其所筑之地,并以所建之姓氏,有可考录之。在官在民,而利济之功为不可没矣。

校勘记

〔一〕林乔,应为"林乔年",原文漏一字。

〔二〕□,此处模糊一字。

〔三〕□,此处疑漏一字。

〔四〕麻车港,原文作"府车港",据《嘉靖志》改。

〔五〕井山,《嘉靖志》作"丹山"。

〔六〕径,《嘉靖志》作"泾"。

〔七〕朱,《嘉靖志》作"珠"。

〔八〕廿五里,原文作"五里",据《嘉靖志》改。

台　寨

七都湾台在八都西北,距县三十里。东三里抵海,南十里至林家铺台。

林家铺台在六都西北,距县四十里。东二里抵海,南十里至盘马山台。

盘马山台在六都西北,距县四十里。东三里抵海,南十里至平六都台。

平六都台在五都西北,距县四十里。东三里抵海,南十里至松门山台。

松门山台在五都北，距县五十里。东南四里抵海，西十里至六都寨。

六都寨寨城周围一百八十二丈四尺，设中军守备一员，把总一员，兵九十五名，管辖沿边七都湾等墩台五座。瞭兵二十五名，共经制兵一百三十名。东五里抵海，南五里至六都台。

六都台在五都北，距县五十里。南一里抵海，西五里至乌沙浦台。

乌沙浦台在五都北，距县四十里。南一里抵海，西十里至后山台。

石桥后山台在三都北，距县三十里。南二里抵海，西六里至叠岭山台。

叠岭山台在二都北，距县三十里。南一里海涂，西九里至隘顽寨。

隘顽寨即隘顽所故址。建城周围三百二丈，垛口三百余。设千总一员，兵九十五名，管辖沿边四都等墩台七座。瞭兵三十五名，共经制兵一百三十名，又贴防兵五十名。西北距县二十八里，东南二里海涂，南五里至白岩台。

白岩台在二十六都西北，距县三十五里。东南六里抵海，南十里至司边山台。

司边山台在二十六都西北，距县三十五里。东南半里抵海，南五里至田岙山台。

田岙山台在廿五都西北，距县四十里。南二里抵海，西五里至山对山台。

山对山台在廿五都东□[一]，距县五□□□[二]南十里海涂□□□□[三]至□□□□[四]。

东岙寨城周围二百四十□□□□[五]总一员，兵九十名，管辖沿边□□□□[六]七座。瞭兵三十五名，共经制兵一百二十□□□□[七]贴防兵五十名。东北抵县五十里，八里抵海□□□□[八]至徐都台。

徐都台在廿四都东北，距县五十五里。□[九]十里抵海，西三十里至三山司台。

三山司台在廿四都东北,距县六十里。南□[十]里抵海,西二十里至石桥山台。

石桥山台在廿三都东北,距县三十里。南一里抵海,西二十里至下楼台。

下楼山台在廿三都东,距县三十里。南一里□□[十一],西北二十里至江下,西南十五里至青屿台。

青屿台在廿一都东北,距县二十里。南九里抵海,西七里至大麦山台。

大麦山台在廿一都东北,距县二十五里。南五里抵海,西八里至亨头台。

亨头台在廿一都。初为寨,后改为台。北距县三十里,南十里抵海,西十里至湖雾、乐清界,再十里至大荆营讯。以上海设兵五名。

按:《易》谓:"王公设险,以守其国。"相地度宜置□□[十二],乌可忽哉! 太平,固山海邦也。海以负之而□□[十三]为屏,扼要守险,斯有其地矣。今览厥形势,□□[十四]岩以障其东,由北而西,犄角于乐清之大□□[十五],三面金汤也。独自南以往,若温岭、楚门、隘□[十六]、□[十七]门、六都、盘马诸地,为门户锁钥。向以筹画未详,虽驻重兵于邑城,而窥隙构衅,每秉不测,缘门户之失守也。康熙十一年,总督赵公廷臣、巡抚范公承谟疏请发帑金,建置官舍营房于各要地,驻兵守御,洵谋国胜算哉! 但兵惮于外驻,房舍虚设,外衅仍间发,邻援骆驿,甚为地方患。康熙十九年,城守参将袁升高来镇斯邦,躬历边界,筹画机宜,悉将旧建房舍分调标下弁将部兵驻守,数载以来,民获粗安。殆治法与治人,相须而有功也欤!

校勘记

〔一〕□，此处模糊一字。

〔二〕〔三〕〔四〕〔五〕〔六〕〔七〕〔八〕□□□□，此七处皆模糊数字。

〔九〕□，此处模糊一字。

〔十〕□，此处模糊一字。

〔十一〕□□，此处模糊二字。

〔十二〕〔十三〕〔十四〕〔十五〕□□，此四处皆残缺二字。

〔十六〕〔十七〕□□，此二处皆残缺一字。

太平县志卷之三

田赋志

为治莫重于理财,田赋尚矣。然有人而后有土,故先户口,次土田,由是以在土作贡,则赋税徭役、盐课物产可类举也。虽古今异势而增减靡常,要在于慎德君子通其变,以永斯民乐利之休云。作《田赋志》。

户　口

晋合郡不满二万户,见地志书。

唐武德年八万三千八百六十户。

宋大观三年黄岩主客户六万三千三百八,丁一十四万七百四十三。

嘉定十五年黄岩主客户六万八千八百六十八,丁一十四万七百四十三。

元至大四年黄岩南北户四万九千二百九十一。

明洪武四年黄岩县户六万八千六百九十三,口三十二万三千五百八十。

成化五年析黄岩县户七千二百四十九,口二万九千五百八十一隶太平县。

成化十三年析乐清县户四千四百，口一万八千七百二十七隶太平县。

弘治五年户一万一千六百五十一，口四万七千五百五十六万^{〔一〕}。男子成丁一万六千四百二十二口，不成丁一万五千八十八口，妇女大口一万一千九百六十四，小口四千八十二。

嘉靖十一年户一万八百九十二，内民户六千八百六十六，军户二千八百九十七，灶户六百五十三，匠户四百七十六。口四万六千八百八十二。内男子成丁一万五千七百四十一，不成丁一万五千六百二十一，妇女大口一万一千二百一，小口四千三百一十九。

平之户口额定于此，嗣后老除少补，故终明之季，大约无异云。

国朝章皇帝顺治三年户九千一百五十一，口三万三千一百七十六，内男子二万二千八百七，妇女一万三百六十九。

顺治十八年免征男九千四十一，女三千八百五十四，匠班四十六。时以沿海居民风鹤频惊，窜亡者不可数计，筑木城为界，令民入界内居。审耗豁役，实征男子一万三千七百六十六，妇女六千五百一十一，匠班六十一。

今上皇帝康熙十一年户三千五百八十五，口一万四千七百七，内民成丁三千四百二十六，灶成丁二千六百五十六，单成丁二千五十三，妇女六千五百一十五，匠班六十一。

土 田

唐　口分世业一夫授田百亩，岁输租米二石。

宋绍兴十八年李侍郎椿年建行经界履亩，黄岩经界田九十三万九千一百六十三亩。

明洪武十九年　遣官经量田土黄岩官民田地山塘一万一千六百九十一顷九十亩有奇。

成化五年　割黄岩三乡立太平县官民田地山塘四千五百六十四顷五十八亩四分五毫。

成化十三年　割乐清东二乡隶太平县官民田地山塘一千十顷二分五厘六毫八丝二忽。沙水七处。

台州等卫军田本县居民带种五十六顷六十六亩八分五厘有奇。

松门卫军人屯种二十四顷一十三亩二分。

嘉靖十一年官民田地山塘五千七百四顷四十一亩六分三厘。

国朝章皇帝顺治三年官民田地山塘五千七十五顷八十三亩五分九厘九毫六丝有奇。

台、松二卫原归本县屯田三十八顷七十九亩二分九厘四毫，内台屯三十八顷五亩五分四毫，松屯七十三亩七分九厘。

松门卫续并本县屯田二十三顷二十二亩一分五厘。

海门卫归并本县征收屯田九顷四十二亩二分。

顺治十八年　诏令沿海居民于界内安插，弃置界外田地山塘二千三百九十三顷八十六亩三分七厘六毫有奇。实征官民田地山塘三千三百一十一顷有奇。免征松门卫屯田七顷一十二亩五分有奇。留存松门卫屯田一十六顷九亩六分五厘。免征海门卫屯田六亩一分。

留存海门屯田九顷三十六亩。

今上皇帝康熙十一年　免征官民田地五百二十一顷有奇。松门卫屯田一顷五十九亩九分五厘。海门卫屯田一顷三十八亩一厘。巡抚部院范承谟出巡边海，周知荒惨情形，其题请蠲绩总督部院刘兆麒巡查，所见荒惨无异，会题为清查实荒等事，奉旨依议。实征官民田地山塘二千七百九十顷八十八亩九分二厘有奇。民人带种台松二卫屯田三十八顷七十九亩二分九厘。本县带征松门卫屯田一十四顷四十九亩七分。本县带征海门卫屯田七顷九十七亩九分九厘。

按：太平山海之邑，壤田而外，有山田、沙田、塘田、涂田、负郭沃衍田、负海斥卤田，统计之为官、民、军、灶诸田。错居杂处，而扦界弃置无征者不与焉。大约膏腴者十之三，硗瘠者十之七。其永隶土著、世长子孙者固有抛窜逋负者，亦往往而是。非无田可耕之患，有田而不耕之患也。兵燹浩劫之余，册籍之额派〔二〕徒存，而壕圩之实征渐棼。巡抚范目击其事，力为陈请。上允其奏，议蠲实荒田五万有奇。汲直开仓，郑侠献图，仁人君子之用心，岂徒然哉！

校勘记

〔一〕万，衍字。

〔二〕派，原文作"狐"。《康熙字典》谓："俗混入派字，非。"故据此改。下皆同此。

贡　赋

唐　岁贡合郡甲香三斤，鲛鱼皮百斤，见《元和郡国一统志》。

宋　岁贡合郡金漆三金，甲香二十斤，鲛鱼皮一十张。见《元丰九域志》。

嘉定　锡贡柑子一百颗，见林昉记。夏税纳绢一万五千七百匹，苗米三万八千九百三十三石有奇。

杂赋和预买太宗时，马元方为三司判官，建言三春乏绝时，预给库钱贷之，至夏秋，令输偿纳绢于官，谓之和预买。

折绢折帛钱咸平三年，始令州军以夏税折绢折帛。高宗建炎三年，车驾初至杭，两浙运副王琮言本路上供自后可减半，每匹折纳钱四千，以助国用。既有夏税折帛，又有和买折帛，民始不堪。此外，又有上供钱，合郡七千六十七贯六百文，籴本钱九万贯文，在京官吏顾钱一千四十二贯六百文,实花纱钱一百七十七贯五百文,僧道免丁钱六千六百二十三贯五百文,历日钱五十贯文,耗剩米钱一万贯文,代发平海军银一千两。征科无艺而民于是益困矣。

课程经总制钱宋自李宪经始熙河,始有经制司钱。后陈亨伯以大漕兼经制使。至绍兴五年,复置总制司,以诸州酒务商算及头子牙契等钱起发隶该司充军饷。建中靖国以后,至取顾役钱附益之,阖郡计经总制钱一十五万六千六十五四贯。此外,又有坊场正名钱七分,宽剩钱七分,酒息钱五分,净利钱、黄岩县酒税并商税钱一万二千七十七贯六百五十四文。

元　岁贡合郡柑子二万三千颗,沙鱼皮一百六十七张,鱼鳔一百四十斤。

历日钱岁降《授时历》,大小七千六百八十三本,解中统钞一百三十七锭二十三两为定价。

和买法宋太史景濂《浦阳图经》云,元时和买无定价,但欲买时,对物支值,民咸便之。

课务钞黄岩酒醋课中统钞七百六锭一十五两五钱。窑灶课中统钞四十两。茶课中统钞一锭四十三两三钱五分。州税务岁办中统钞三百一十五锭八两五钱。松门庶务岁办中统钞九十五锭一十四两五钱。

明洪武　岁供初亦名岁贡。石首鱼、鲻鱼、鳗鱼、鲈鱼、黄鲫鱼、龙头鱼、海鲫鱼、药味、猪、鹅、火熏猪肉、白蟹、螟干、蚌、茶芽、蜂蜜、黄蜡、泥螺、虾米、银鱼。后悉罢,惟贡茶芽六斤。

岁办段匹、皮张、历日纸、颜料、弓、矢、弦、翎、鱼鳔等类。

永乐初　诸色课程黄岩县正额钞外,有酒醋课,茶果、树株、窑灶、商税,茶引、油工、带办、渔米、河泊所等课钞,详见《黄岩志》。

成化六年初定太平额征。

夏税麦二千七百一十六石八斗二升七合。秋米一万八千八百二十八石六斗二升六合七勺。地税钞三百三十二锭三贯五百九十二文。农桑地税钞折绢一十三匹二丈七尺七寸。

成化十二年乐清东二乡始隶太平额征。

　　夏税麦四百二十六石六斗五升五合。秋米一千九十石八斗五合三勺。地税钞二百一十六锭二贯三十七文。农桑地税折绢三匹三丈五尺八寸二分。台州等卫军屯田米五百六十六石六斗八升五合。松门卫军屯田米六百二十二石九合。

　　弘治以来　岁办物料段匹、颜料、鱼鳔、茶芽、药材、鱼油、皮张、历日纸、弓箭、弦翎。嘉靖十一年岁征定额。

　　夏税麦九百三十五石九斗三升三合。苗麦二千二百五十七石八升二合。夏租麦一石三斗六升。秋粮米一万六千三百石一斗八升三合九勺。秋租米四千一百八十七石三斗五升三合三勺。麦租米五斗六升一合五勺。内起运折色麦二千八十一石三斗二升四合。起运折色米三千二百五十九石八斗五升五合八勺。存留本色麦一千一百一十三石五升一合。存留本色米一万七千三百二十八石二斗五升二合八勺。食盐米一千八十七石九斗三升三合六勺。渔课米二百五十六石九斗六升九合六勺。夏税钞二百五十四锭一贯一百一十文。秋租钞七十五锭四百二文。税钞九十八锭。赁钞一百五十八锭一贯八百三十文。牛租钞四锭五百文。盐粮钞一千五十六锭七百六十文。盐米铜钱一万五百六十文。渔课钞一千四百八十锭二十四文。农桑地税丝绢一十七匹二丈七尺七寸。遇闰加额米二十四石七合六勺。遇闰加额钞九十三锭三百四十五文。

　　国朝章皇帝顺治三年大水。岁贡茶芽二斤四两。岁办牛角、漆木、颜料、蜡茶、弓箭弦翎、胖袄、段匹、药材、牲口等类，后总入一条鞭内折色。岁征官民田地山塘总额银二万五千四百六十九两三钱四分一厘六毫二丝三忽有奇，米六千八百九石四斗四升二合二勺有奇。邑民带种台、松二卫屯额银五百四十四两六钱四分六厘三毫。奉裁归县带征松、海二卫屯额内松门卫银六百二十二两三钱九分二厘，海门卫银二百四十五两三钱九分三厘五毫。民壮丁徭银一千八百五十三两三钱七分九厘。妇女食盐课银三百一十一两七分。

顺治十八年扦界减征内田地山塘无征银一万六百一十九两八钱八分五厘一毫八丝七忽有奇,无征米一千一百七十一石八斗八升九合一勺,松门卫军屯无征银一百八十六两八钱六分八厘七丝有奇,海门卫军屯无征银一两四钱六分四厘;丁徭食盐课无征银一千三十四两一厘五毫,外赋涂地税无征银五两六钱七分三厘五毫。加征颜料蜡茶折色银一十八两四钱八分八厘五毫八丝四忽。

今上皇帝康熙四年秋大祲,诏蠲民赋十分之二。

康熙五年秋灾,诏蠲民赋十分之一。

康熙六年诏蠲边卫瘠苦屯额、边海荒弃外赋内松门卫减征银一百九十四两五钱八分六厘一毫,海门卫减征银一百一十五两六钱七分一厘三毫五丝。外赋渔课免征银六十四两八钱八分四厘八毫二丝,匠班减征银四十八两六钱三分六厘五毫。

清丈开荒坦地加额加征银二两五厘三毫六丝。

黄岩场灶丁割额归县带征课税并车珠银三百五十四两七钱一分五厘二毫一丝九忽。

平民之苦,莫甚于场灶。盖灶田与官民田之额征均该五分九厘有奇,无异也。独是官民田全征在县,而灶户于一田中割出二分二厘有奇在场征解,三分七厘有奇在县征解。此胜国之遗规,断宜改辙者也。时幸李盐宪题准并县征解,手额称庆者遍此一方。但奉法未甚周密,归县征解者三百五十四两七钱,留场征解者仍有二百三两三钱一分四厘五毫。识者已知在场之巧于留根,必为谋并计也。迄康熙十一年,果复为在场并征。惜乎良法美意之不终,故备述之而重有望于留心民瘼者。

康熙十一年诏减积荒田地、军屯额赋抚院范、督院刘题准官民田地减征银二千七百二十六两二钱二分三厘一毫,减征米一千石四斗四升六勺有奇,松门卫减征银二十三两九钱四分一厘八毫五丝,海门卫减征银一十八两九钱一厘二毫二丝五忽。

康熙十九年诏蠲十五年积逋。

康熙二十年秋大浸,诏蠲岁征银三千两有奇。展复升科,开垦未完,在县逐年查报。绅衿止免本身一丁共免银五十二两八钱一分。康熙十三年拨充兵饷。外赋杂款 课钞一十三两六钱五分八厘五毫六丝八忽。铺行办纳。开荒坦地银二两五厘三毫六丝。匠班银三十一两八钱一分。颜料蜡茶折色银一十八两四钱八分八厘八毫八丝四忽。归县带征场灶课税仍并场征银三百五十四两。又清丈出坦地银二两五厘三毫六丝。奉文见在所场摊补充饷银四十一两一钱一分五厘四毫三丝有奇。起运存留总额内起运各部寺项下一条鞭银一万六百三十八两九钱七分七厘四毫四丝有奇,漕运项下银一千八百五十五两二钱七分一厘四丝六忽,盐课银六百一十六两二钱二厘六毫五丝九忽有奇,存留经费项下一条鞭银一千一百八十五两九钱四分八厘四毫九丝有奇,驿站银三百二十五两二钱三厘四忽有奇。又外赋课钞抵经费银一十三两银七钱三。征收支放。运丁月粮秋储兵米,内运丁月粮米一千三百九十五石七升五合五抄有奇。折色征银,给兵米三千二百二十四石三斗四升一合五勺。征本色。积余米一十七石六斗九升四合一勺,易银一十七两六钱九分四厘一毫,总入起运存留项下充饷。

按:今之秋粮夏租,即古两税法也。唐有租庸调,亦即三代粟米、力役、布缕遗意。然而,正供不可缺也,杂供则费矣;额办不能少也,派办则多矣。于是,折捐、折帛之异其程,和买、预买之增其课,大约名色愈纷则蠹孔愈出。万历间,御史谢廷杰奏行一条鞭,至今行之,以为甚便,此钱粮之法所以贵于划一也。

盐 课

盐法源流三代之时,以盐充贡而已,官未尝榷之以为利也。自齐用管仲,而盐利始兴,汉以桑、孔领大农事,而盐禁始重,其源一开,而流不可复塞。

唐刘晏上盐法轻重之宜令亭户粜盐商人,纵其所之。此商盐所由始。郡县有常平仓盐,每商人不至,则轻价以粜。此官盐之所由始。

宋盐法始用常平仓盐,官自运卖,其后令馆户衙前趋场取盐,运至县仓交纳,脚力钱则官给与之。计丁给盐而纳钱,以充官解。

元盐法其法大略似宋。《黄岩志》载总管王君敬奏状可考。南监场岁办额盐九千五百九十引。

明盐法有户口支给之食盐,有客商中卖之引盐。

商盐客商输粟于边,官给引目,支盐于场,任其货卖。

本县灶丁一千七百九十七丁,每丁岁办黄岩场盐二引六十二斤一十二两七钱,每引四百斤,额盐三千八百七十六引四十斤一十三两七钱。

煎盐每年例定二月起煎。先用牛耙土浮松,挑积堆垛,筑小槽如炕,封涂其底,覆以剖竹,铺以净茅,实土槽上。灌沃潮水,渗及周时,泥融水溢。卤方溜入槽内。每卤一石成散盐一斗,其色白,其味咸。

食盐有司开其户口名数,令人赴盐运司关支回县而计口给散,市民纳钞纳米各随其便。后有司以关支不便于搬运,故不复请给,而纳钞纳米则仍其旧云。

灶田旧额四百八十八顷二十二亩三分三厘一毫四丝。每亩科银二分有奇,在场征解三分有奇,在县征解,民不为便。

国朝

灶田弃置后新额四百三十七顷七十亩七分七厘七毫二丝六忽有奇,分属黄岩场、高浦仓、平溪仓、第四仓、青林仓,共该课税银五百五十二两二分四厘三毫八丝。又康熙六年丈出新税银二两五厘三毫六丝,其县场每亩分解科则犹仍明旧。

盐引台州各属共派三千八百七十五引,太平坐分八百七十五引。

天富北盐场峡门仓地属太平,课完乐清。顺治十八年遣弃,康熙九年展复。

按：平邑之可为民利者，鱼与盐而已。然鱼非航海不足尽其利，今格于法，不必言，可言者惟盐。盖平孤悬海峤，地卤土硗，较台诸属，厥壤下下，而亩赋与诸属无异。今僻海财穷，白镪[一]倍贵于黄金。田间出粟，与泥沙等视。以抵工力、牛种、器具之所需，犹不足，赋将安办？人皆以有田为害，民生国计之可忧，孰大于是！今欲为之计，犹有盐利之可兴也。平邑编立里递，各有一定赋税，轮役催办。今请于每递中，各立盐户一名，给腰牌，令赴场与旧盐户一体煎烧。更拨外郡之巨商，赍引至场，支递户所煎盐，估值投县算，销其额赋，以惠民，以足国，以通商，一举而三善备矣！不亦民生国计之可以转忧为福者乎？或其言之有裨于邑治，唯当事者采择焉！

校勘记

〔一〕白镪，亦作"白锵"，古代当作货币的银子，即白银。原文作"白襁"，误。

役　法

唐正役一百家为里，设里正一人，五百家为乡，设乡正一人，掌按比户口，课值农桑，检察非为，催办赋役。在邑居者为坊，别置坊正以掌坊门，皆选勋官六品以下、白丁清平躯干者充，而免其课役。其后御史韩琬上言，往年里正、坊正每一员缺，先拟者十人，令一人以充，犹致亡逸。至宣宗大中之诏，遂有轮差之议，而民始皆不愿为里乡坊正者矣。

杂役租庸调法：有身则有庸，民之役于官者，岁不过二十日。不役者，日为绢三尺。有事而加役者，则免其租，免其调。

宋差役法里正、乡正，皆仍唐旧。以里长、户长、乡书手课督租赋，以耆长、壮丁逐捕盗贼。其他杂役，多以厢军给之，罕调丁男。

熙宁保甲法王安石变里正之法，以十家立一保长，五十家立一大保长,五百家立都保正。又以一人为都保副。皆用有心力才勇之人,以讥察盗贼,不当他役。故朱子言其犹有联比居民,人长出治之意。

助役法令民出免役、助役之钱而罢衙前之役,凡主典仓库,扛运官物,及耆户长、壮丁之类,皆募人充应。其意亦非不善,但行法之人迫切苛刻,多取宽剩,民有不堪。况其行未久,免役之钱归诸官,不给于承役之人,以致役无所终,而仍责之民,是使民出钱免役而复执役也。其害有不可胜言者。

嘉定义役法淳熙中,朱文公行部,邑士童蒙正、诸葛蒸硕请使民[一]自结义役,文公奏行之,乡都亦间有不能承命者。嘉定四年,令陈汶至,始劝人一以义役从事,随都分阔狭、役户多寡,以物力高下为应役之岁月,次第排定,周而复始。仍俾役户亲立契约,均出田亩,都置役首,以统其纲。钱谷出入,动有绳墨,掌以主事,储以义庄,有代役以供乡落之走趋,有递贴以应有司之期限。于是义役之法遂遍邑境。

元役法县各四隅设坊正,外则乡设里正,而都设主首。后以繁剧难任,每都设一里正,主首则随其事之难易而多寡之,专以催输税粮,追会公事。其所[二]以周岁或半年一更,后又改季役,大率以粮多者为役首,其次为贴役,其杂役则弓手、祗候、禁子、斗级、曳刺、铺兵、船夫、马匹之类。而制度之详,多寡之数,未有考焉。

明役法以一百十户编为一图,选其丁粮多者为里长,其余皆为甲首,十年而输役一次,专以催办钱粮,追摄公事。本县坊长六名,里长六十名。又有粮长以征收二税,本县粮长五十五名。是皆所谓正役也。

老人每图设老人一名,本县老人六十六名。

总甲每图设总甲一名,统管小甲十名。本县总甲六十二名。以上二项亦皆正役。

杂役其役过里甲,又充均徭之后,谓之杂役。本县均徭有银差、力差二项。力差。布政分司[三]门子一名,银二两;按察分司[四]门子一名,银二两;金衢道借拨皂隶一名,银七两二钱;贴堂道皂隶一名,银七两二钱;南关轿夫二名,银七两二钱。本县直堂门子二名,每名银三两;耳房库子一名,银六两;值堂皂隶二十八名,每名银七两二钱;狱卒四名,每名银七两二钱;解房二名,每名银一十两[五];预备仓斗级二名,每名银七两二钱;际留仓斗级一名,银三两;广盈三仓斗级四名,每名银三两;广盈四仓斗级一名,银三两;公馆门子一名,银二两;儒学门子三名,每名银七两二钱;库子二名,银七两二钱;射圃门子一名,银二两;沙角、三山、小鹿、盘马、蒲岐五巡检司,每司弓兵七十名,每名银五两;渡夫二名,每名银二两;冲要七铺司兵共三十二名,每名银四两五钱;偏僻一十五铺司兵共四十五名,每名银三两;闸夫四名,每名银二两;林侍郎坟夫一名,银二两;谢侍郎坟夫一名,银二两;山川坛门子一名,银二两;社稷坛门子一名,银二两;邑厉坛门子一名,银二两;义冢土工一名,银二两。银差。本府县新官上任家伙银二十一两二钱[六]四分;本府儒学膳夫四名,每名银一十两;本县柴薪皂隶九名,每名银一十二两;马丁银一百六十两;岁贡水手一名,银一十二两,路费银三十两;加贡水手一名,银一十二两,路费银三十两[七];富户七名,每名工食银三两。儒学斋夫六名,每名银一十二两;膳夫八名,银八十两。松门卫经历司柴薪皂隶四名,每名银一十二两。

国朝正役乡正、坊正悉仍明旧。共六十六里,一里十甲,每年输出一甲,为现年催办各甲钱粮,为之正役。顺治十八年,奉旨弃置沿海无征图甲二十二里,存留四十四里。时兵燹之余,人多流亡,催办失期。令兹土者,迫于考成,往往以流亡无着之役,加派于现在承役者。人人皆自危,病不能堪,率而逃者,踵相接也。大概多一逃亡则多一赔累,赔累愈多而逃亡益甚。至康熙四年,赴县承役者仅七里,其余皆虚无人焉。督院赵讳廷臣出巡,廉得其情,特委严州府司李高讳凌云到县招抚,示谕里长催办钱粮,外一切杂役皆汰去。间有逃亡,无论其疏远,即伯叔兄弟亦不相为累。越两月,民望风归者十之七。是后,里长止承正役,俾尽力于催办,更无他役为之累。自康熙五年以后,钱粮稍获清理,不同三四年间者,职此故也。但苦于积荒,虚额无可为力耳。迄康熙十一年,抚院范讳承谟、督院刘讳兆麒具题积荒虚额,已获蠲宥,钱粮宜无挂欠矣。乃犹岁有积欠,带征不下数千者,盖缘鼎革以来,故籍散失。奸豪舞弊,享不赋之田;愚鲁被欺,赔无田之役。又缘积荒虚额虽奉皇仁蠲宥,其如奉行不善,真荒未得扣除,熟田反得冒免。由是里甲愈滋赔累,积困难堪,逃亡复甚。至康熙二十年,知县曹文斑留心力挽,博采舆情,履亩踏看,丈熟清荒,不惮劳瘁,立法精宜,始得虚者悉除,漏者悉出。审度编甲,以三千三百亩为一里,尽民军灶,共成八十五里。里凡十甲,甲分十柱,田多者为柱头,田少者为子户。每柱条银二两有奇,均481三十限全完。顽者,无所容其匿骗;顺者,无复累于摊赔。按月一比,民皆乐输。上无考成之累,下鲜催科之扰。岁内全完,历有成效。士民感其德泽,呈吁道府,详准勒石永行,幸后之贤父母不复更变其法,不惟国课无逋,得免现年正役之累,小民享利无穷,斯邑永为乐土云。

知县曹文斑奉宪刊立《平田征比便民碑记》太邑之困于徭役也久矣,强者享不赋之田,弱者苦无产之役。积逋累年,追呼莫应。揆厥所由,盖因海氛未靖之时,地罹兵燹,故籍毁失。其现存者,悉属子虚鬼簿。按图册而稽之,不知其为何人之户也。执里胥而问之,亦不知其为何人之田也。茬兹土者,虽悉力以图,亦付之无可奈何而已。余始至之日,正值编审之期,再四筹画,计惟清丈一役可以革弊维新。乃详请各宪,谆告士民,不避怨尤,不辞劳瘁,毅然力任而无疑。爰是躬亲履亩,先为定壆号、丈实步、别轻重、分荒熟、辨民灶、查的主,始于二十年之春,毕于二十一年之夏,几历二载而成。从此,亩数得实而虚赔之累顿绝,额数得实而诡混之计莫施。荒熟、民灶各为一册,则避重就轻者又无所容其奸。始为据实定册,注造的名,一览了然。复以十柱之法,按月征输,百年积困,一旦冰释。上则国赋无亏,下则民力以裕。行之四载,其见成效。今士民呈吁,永为定例,详宪勒石,以垂久远云。

一、推收必宜细号也。从前大造册内,止列户名总数,并无壆号可稽,混朦难辨。今于逐户之下细列壆号,自绝弊端。若苦造册之繁,则有活板刷印之法,一劳永逸,勿为奸猾所阻。

一、直册、公正必宜痛革也。旧例,编审之年,每十柱用一人,名曰直册,职任推收。又有书算对关查结,复用公正入局平差,意谓经见多人,互为剔弊,殊不知二三其手,反易藏奸。今每图止用诚练里书二人,此推彼收,配明甲户。本县到局,亲自逐图盘算,平拨均差,责成专而功且速矣。

一、灶图必宜另立也。高浦、平溪、青林第四等仓灶户田产,当日轻赋免差。盖谓办课为艰,优免于民耳。然名虽灶免,即在民田内通融收去,而概县都壆之内,初未定其某号为民,何段为灶也。因之豪右田多者得肆冒灶躲差,且又分挂民图,逋欠滋赔。弊害莫甚。今详定另立灶图,俾其民自办民,灶自办灶,永为定例。

一、十柱必当分立也。从前催科银米,不稽甲户完欠,止比图头一人,不独荒逃虚绝者责之代赔,而奸猾贿差亦并此一人敲扑。轮一现年,靡不破家荡产,继之产尽逃亡,株累无已。然业户零星,又难比细,今于每甲之内均分十柱,将田多之户立为柱头,零户附其下,每柱差田三十余亩,每限完银二钱,按月乐输,已见刑措之效。

一、征比必宜按月也。地丁条银关切军饷,例限九月全完,若论二月开征,以十分之额月比一分,扣至十一月全完,未免误违定限。今本邑条鞭二万,除丁银一千八百余两,另于六月起征,两限即能征足,而田赋一万八千有奇,连漕项三千五百在内,隔年冬季预征漕银,已去二分之额,则本年正供止有八分额数,每图按月二十两,恰在九月全完。上则裕课,下则便民,可垂久远。

　　按:役法之行,其来久矣。然布之宪章者,法也,卷之舒之,使民宜之者,人也。故曰:有治人,斯有治法。愿仁人君子之留意焉。

校勘记

〔一〕民,原文无"民"字,据文意补。

〔二〕所,《嘉靖志》作"初"。

〔三〕布政分司,原文无"分"字,据《嘉靖志》及本志《建置志·公署》改。

〔四〕按察分司,原文无"分"字,据《嘉靖志》及本志《建置志·公署》改。

〔五〕一十两,《嘉靖志》作"三十两"。

〔六〕二钱,原文作"一银",据《嘉靖志》改。

〔七〕三十两,《嘉靖志》作"二十两"。

物 产

谷类 稻、早禾、中禾、晚禾、稷、麦、胡麻、豆、黍。

蔬类 芥、菘、波棱、委蒿、蒿、胡荽一云元荽。蕨、葱、油菜、薤似韭而叶阔多白。笋、苋、茄、薯蓣、韭、芹《本草》作"蕲"。《尔雅》云:"楚葵,一名水英,可作菹食之。"有两种,荻芹、赤芹。在高者宜食之,生水中者不宜食。葫有重台者,有独子者,味辛温,微毒,主散痈肿风邪。蒜、姜、莱菔、牛蒡三岁一花,根可食。芋、苔出山门乡海中。紫菜、海藻生松门海山。鹿角菜细而紫色者,亦生松门海山。苏有紫苏、花苏、板苏三种。

瓜类 冬瓜、王瓜、甜瓜、西瓜、稍瓜、荔枝瓜。

果类 梅、桃、李、杏、梨、莲子、藕、石榴、枇杷、橘、柑、橙、朱栾、柚、杨梅、樱桃、林檎、葡萄、栗、榛、银杏、枣、柿、木瓜、菱生水中。芡俗名鸡头菱,陂塘间出。茭手即菰也,生水中。八九月间,中心生苔如小儿臂,甘美可啖。荸荠一名葧脐。性善毁铜,味苦甘,微寒,无毒。甘蔗有竹、荻二种,其茎有节,春种冬成。其汁煮之则成黑糖,又煮则成白糖。葛春生苗引蔓,根大如臂。主解酒毒。茨菰即凫茨,《东汉书》作凫茈。叶如燕尾,生水田中。

药类 茯苓老松余气入地而生,离根者为茯苓,傍根者为茯神。天南星二月生苗似荷,茎叶两头相抱,五月开花,黄色,七月结子作穗,似石榴子,根似芋而圆。天门冬杜诗作天棘。其藤柔弱轻盈,冬夏生白花,秋结黑子,俗呼贯藤。麦门冬叶似韭,冬夏长青,其子附根生,形如穬麦,故名。呼沿街草。苦参春生夏凋,开花黄,结子作荚,根味至苦。元参陶弘景云:"道家用以合香,能通气去疯。"薏苡形如珠而稍长。地黄有三种,以水浸试,沉者最佳,半沉者次之,浮者为下。**枸杞**其根即地骨皮。**茱萸**似椒青色者,曰山茱萸;粒大而黄黑者,曰吴茱萸。又有一种紫色,曰食茱萸,九日人以泛觞。**卷柏**丛生石上,以叶似柏卷,故名。**半夏**独茎生,皮黄肉白,一名守田。**椒**红色,香胜蜀椒。**细辛**白者良,土名马蹄香。**牵牛子**有黑、白二色,蔓生篱落间,一名鼓子花,碧色。陶弘景云:"此药始出,野人牵牛以易之,故名。"**蛇床子**一名蛇米,每枝上有花头百余,同结一窠。**车前子**丛生,大叶长穗,俗呼虾蟆皮。**决明子**叶似苜蓿而大,实似马蹄者,号马蹄决明。又有草决明,类细靛。**苍耳**一名羊负米,俗呼兼丝子。**何首乌**赤者雄,白者雌,本名交藤,因何姓者服之,白发还黑,故名。**覆盆子**以老者食之,可温水脏,故名。俗呼大麦莓。莓音妙。**菖蒲**生石罅者,曰石菖蒲,叶细;生陂泽者,曰水菖蒲,叶大。**五棓子**子青,大者如拳。**葶苈**《月令》:冬夏蘼草死。注云:藤草、荠、葶苈是也。**草薢**茎有刺者根实,无刺者根虚,虚者胜。又一种俗名山阿娘。**芘萋**《诗》所谓"果蠃之实"是也。**紫苏**下气,发表。**益母草**即□[一]蔚子,俗呼野天麻。**地肤子**一名落帚。**茵陈**叶类香薷而细。有山茵陈、家茵陈二种。

花类

牡丹、芍药、酴醾、海棠红色,以木瓜头接之,则色白。又有二种,曰黄海棠,曰垂丝海棠,以樱桃为接头,垂丝淡红,而枝下向。**岩桂**一名木犀,红者号丹桂。又有黄、白、紫、碧四色。重台而黄者尤香。**山茶**有红、白二色。**蔷薇**红紫、黄色,枝干有刺。**山樊**极香,木高数尺,北人呼曰"杨花"。**菊**有四十余种。又有自海外得种者,曰过海菊。**瑞香**一曰睡香。**丁香**一名选[二]花,有紫、白二种。**杜鹃**俗号映山红,一曰红踯躅,又有一种紫色。**丽春**茎生花,媚而香。**金钱**深黄,花圆如赤仄。**玉簪**质素而香,其形似簪。**金棣棠**淡金色。**迎春**一名黄雀儿花。**锦带**长条而花缀其上,有红、白二种。**金凤**有五色,状若飞凤,又曰凤仙。**木笔**初发如笔状,一名辛夷。**木槿**《诗》名舜华,一曰日及花。**玉绣球**

白圆如球。剪金分叶数歧，如剪裁之状。水仙本名雅蒜。又有一种金盏银台。栀子一作支子。百合红白色，根如胡蒜，垒生二三十瓣。又有川百合，先实后花，黄色，上有墨点，如洒墨然。鸡冠其状似之，佛书所谓"波罗密花"是也。紫荆俗呼百日红。

　　草类　芝按芝与菌蕈等皆不种而生，菌蕈是土木气所蒸而生，芝是天地和气所蒸而生，故芝瑞草也，世不常有。兰每干一花而香浓者兰，五七花而香薄者蕙。萱一名鹿葱，可以忘忧。夏开者大，秋开者短而叶细。蒲生陂湖中，似莞而褊，有脊。白苹、茜生山谷中，三棱，可以染绛。马鞭茎方，花钿色，下如鞭鞘。蒉《尔雅》谓之藄，又曰芒。江生者为淡蒉，近海生者为咸蒉。人以为缆，为席，为屦。苕可为帚。茅可为覆屋。龙须草、莎缘地遍生。稗实赤，可食。蓍草出蓍岙，今稀有。候潮草叶间有荚(三)，如榆荚，潮至则开，退则合。

　　竹类　斑竹晕紫色而点大。紫竹紫色，张文潜所赞紫君是也。筀竹、方竹茎方。箭竹《尔雅》谓之筱箭，即《禹贡》"会稽之竹箭"是也。淡竹、石竹节疏而平，可编壁。堇竹音与斤同，坚而促节，肉厚。可为弩。慈竹又名子母竹(四)，叶丛生。苦竹以笋味苦，故名。《临海异物记》云："以苦毒竹为枪，中虎即毙。"佛面竹节如人面。钓丝竹可为钓竿。桃枝竹、茅竹俗名笆篱竹。四季竹长笋不绝。筱竹叶似箬叶，以裹物，不渍润。公孙竹长尺许，成丛。

　　木类　松、杜松杉叶柏身。柏叶匾而香。桧、槐《尔雅》作"櫰"，叶大而黑。樟树最大，色赤，气辛。桐有黄桐、毛桐、梧桐等种。枫厚叶弱枝，善摇，枝(五)可为香。榆、楮一名谷，旧传皮斑而有瓣者为楮，皮白而无瓣者可为谷。冬青宫中号万年枝。练子可熟绢。樗、乌臼实如鸡头，液如猪脂，可压油为烛。柳其叶下垂，细者曰西河柳。又一种櫷，杜甫诗所谓"櫸柳枝枝弱"是也。黄杨岁长三寸，遇闰则缩一寸，东坡所谓"厄闰年"者是也。水杨叶圆而阔，且梗短，生水滨。苦条材可为弓。桑有黄桑、青桑、花桑、水桑、过海桑。柘叶不类桑，蚕惟三眠者食之。

货类 茶、盐、蜜、木绵花山田多产，春夏间种，秋开，色白者上，淡黄者下。蓝靛、蛎灰、黄蜡、白蜡、红花、棕榈、槐花、柏油、油烛、桐油、香油、茶油、菜油用⁽六⁾油芥子压为油。麻有白麻、黄麻、青麻。苎一年三收或四收，出古城、桃夏。织布，漂白染红，兼丝成者，曰苎兼丝。桑丝宜为绸绢，今妇女多治蚕，其丝比杭湖稍次云。柘丝作琴瑟弦，清鸣响亮，胜桑蚕。绵二季蚕茧多绷绵。绸、土纱、绢、苎布、木棉布粗者名蛮布，稍细者名腰机，以苎经合木棉纬成者，名散制纬。麻布缉麻为之。葛布纯用葛者，上路葛；以丝为经，缉葛为纬者，曰丝葛；以苎为经者，曰淡葛。草席出渭川、莞田等处。皂荚可用浣腻。又一种名肥皂，可浣衣。《南史》云："黄尘污人衣，皂荚相料理。"冶铁锅、釜、犁、锄等器，出泽库街。

畜类 羊《礼》为少牢，以充宾祭。猪子曰豚。其为牲，在羊之次。狗、鸡雄者有冠有距，毛羽烂斑，雌者暗然无章。古三牲，鸡居其一，今为常食。又按家畜有鹅，《礼》所谓舒雁也。有鸭，《尔雅》所谓舒鹜也。六扰未尝及之，今附见。

禽类 乌《说文》云，一名慈乌，以其能反哺而名。其腹白者曰鸦。又一种名寒鸦，状差小，初冬来自西北云。鹊俯鸣则阴，仰鸣则晴，闻其声则喜，故曰喜鹊⁽七⁾。鹳有似鹊而巢木者为白鹳，黑色曲头者为乌鹳。鹰苍黑色。鸠斑色，方言曰鹁。又一种色不斑，人以其鸣为耕候，名布谷。黄鹂一名仓庚，俗呼黄莺。雉即《书》"华虫"。竹鸡俗传白蚁闻之，即化为水。山鸡嘴与足皆红色。鹌鹑《列子》云"蛙变为鹑"，又云"鼠亦为鹑"。善斗，人以密网取之。鸲鹆人畜其雏，以竹刀剔其舌，可使能言。鸽一名舶鸽。翠碧毛可为饰，南方呼为红翠。郭公身赤而头尾黑。画眉白眉褐质，善鸣好斗。雪姑毛黑白相间。谢豹一名杜鹃，又名子规。雀斑褐色。又有黄色者，曰黄雀。八九月群飞稻田。或云海鱼所化，八月为雀,十月复入海为鱼。**啄木**按《本草》,褐者为雌,斑者为雄,穿木食蠹。**捣药禽**其声丁当似之。**山鹧**长尾而碧色,嘴与足皆红。**伯劳**一名鵙,一名博劳。黄头褐色,喜斗。**鹗**似鹏而小,一名鸺鹠。**鸬鹚**口中吐雏,土人以捕鱼。**鹭**足修而羽白。《南越志》云"随潮上下"。**鸥**臆白翅青。《南越志》云"随潮上下"。**凫**飞甚速。**鸳鸯**毛羽五色,雌雄相逐水滨。**百舌**一名孟桑,遇春初作百鸟鸣。

兽类 **虎**山兽虎为之君。牙有棱,上下相吻合无缝。其舌生倒刺,爪钩戟,藏缩不露,其毛浅,其须刚,其脏[八]无小肠。及怒而作势,则毛张爪露,大号风飒飒生,食不择肉。**豹**有青[九]、黑二种。又有文圆者,名金钱豹。**熊**形类犬豕,而性轻健,好攀缘上树,见人则自投而下。背上有脂,曰熊白,寒月有,夏则无之。其掌为珍味,胆可入药。**豺**方言曰豺犬。**狼**似虎而小。**野猪**牙利如镰刀,毛黑如锥,一名豪猪,即封豕也。**鹿**瘦身高脚,长颈秃尾,色黄,有白点,性最惊虞,角脱新生为茸,补虚劳。**麂、香狸**形如羊而小,有力,味甚珍。**兔**生缺唇,前两足短,后两足长,其行必跳。其尾下粪窍,一岁生一窍云。**猿**善援[十],故名。有通臂猿,左引则右短,右引则左短。臂可作箫。**猴**亦猿类,最黠[十一]。**狐**似狗而小,尾如长帚,能作妖惑人。**鲮鲤**似鲤,有四足,能陆能水,一名穿山甲。**獭**似犬而口锐,毛细,水不能濡,善捕鱼。**鼠狼**生田野中,似鼠而尾如帚,善捕鼠。**鼯**似小蝙蝠。**栗鼠**一名鼯鼳鼠。

鱼类 **鲈**肉脆者曰脆鲈,味极珍。又有江鲈,差小。然此鱼与鳜鱼相类,能食诸鱼,凡池塘放鱼秧,拣而出之,不然则败鱼。**石首**一名鲮鱼,首有两白石,故云。又名黄瓜鱼,又名金鳞鱼。**鲑**俗称乌狼。腹多刺,肝毒杀人,烹之必去齿目涎血。冬月为上味,有脂白如酥,名西施乳。**鳎**身扁而短蹙,色苍,无鳞与鲠。以其首锐腹广尾细,有似镖枪,故呼镖鱼。**马鲛**身圆而狭长,色亦苍,无鳞与鲠。谚云:"山食鹧鸪獐,海食马鲛鲳。"皆言其美也。**沙**二十四种,有白浦沙、黄头沙、白眼沙、白荡沙、青顿沙、乌沙、斑沙、牛皮沙、狗沙、鹿皮沙、鲹沙、鳓沙、燕沙、虎沙、犁头沙、昌沙、丫髻沙、刺沙。比目双则比目，单则王余。鱼状如牛脾，鳞细、紫黑色，眼相合而行。鲻身圆长而鳞缁黑，味甘。鲤无大小，行背有三十六鳞。陶弘景称为鱼王。银鱼口尖身锐如银条，以为鲊，尤美。梅首形类石首而小，俗呼梅童。土人暴以致远。鮴、火鱼、鳎身如膏髓，骨柔无鳞。白袋似牛而白，每自海入江，为水潦之兆。乌泽与鲻[十二]相类。细鳞生溪塘中，以鳞细，故名。带鱼、鳗、鳝、章巨八足，首圆正，名曰蜛蝫。郭璞《江赋》"蜛蝫森衰而垂翘"是也。今海滨人讹曰章鱼。有形似而小，曰望潮。江珧、螺、虾、鳖、蛏、蚶、乌贼、蛤蛎、蚳似蛤而长，壳有毛。龟脚以状似之。郭璞《江赋》"石蚴应节以扬葩"是也。牡蛎、蝤蛑八足四螯，随潮退壳，一退一长，肉亦随潮而生，潮大则虚，小则满。蟹、螃蟹带毛，糟之可致远。东坡云"蟹微生而带糟"是也。彭越《尔雅》名彭蜞。土人以其色青，呼为青越。又一种为彭蜞，性极寒。千人擘《海物异名记》："聚刺犷壳，擘之不能入。"蚌有珠。郭璞《江赋》曰："琼蚌晞耀而莹珠。"鲎雌常负雄而行，渔者双取之。子如麻，酱之可藏。蛇、蛤每一潮生一晕，海滨人以苗栽泥中，伺其长，然后取。淡菜一名夹壳，或有产珠者。龟、跳鱼生海边泥涂中，其大如指，色黑味丰，土人呼为摊涂，一曰弹涂。

虫类 蛇、蜈蚣腐草所生，足有青、赤二种。蜥蜴、蝇虎、蜻蜓小而黄者曰胡梨。蜂有蜜蜂、沙蜂、山蜂数种。萤、螳螂青色，长臂。蜩《诗》云："五月鸣蜩。"本生土中，夏则登木而蜕，秋鸣为蝉。斑猫生大豆叶上。

按：王者不贵异物，故方贡所出，必辨其土之所宜。古之君子耻一物之不知，其为政也，亦耻一物之不得其所，是故有土宜之法，以辨土物壤物，而蕃鸟兽，而毓草木，而教稼穑树艺。庶物咸若，山川鬼神，亦罔不宁，由是道也。故备列之以资采览。

校勘记

〔一〕□,此处模糊一字。

〔二〕选,《嘉靖志》作"巽"。

〔三〕莢,原文作"夹",据《嘉靖志》改。

〔四〕子母竹,原文无"竹"字,据《嘉靖志》及文义补。

〔五〕枝,《嘉靖志》作"脂"。

〔六〕用,原文作"周",误。据《嘉靖志》改。

〔七〕喜鹊,原文作"喜雀",与"鹊"不符。据《嘉靖志》改。

〔八〕脏,原文作"铁",误。据《嘉靖志》改。

〔九〕青,《嘉靖志》作"赤"。

〔十〕援,原文作"授",误。据《嘉靖志》改。

〔十一〕黠,原文作"黯",误。据《嘉靖志》改。

〔十二〕鲻,原文作"缁",误,据《嘉靖志》改。

太平县志卷之四

职官志

　　《职官》志何？设官分职，各有攸司。凡司民社、司教铎、司武备，其事绩之可传者，代不乏人，虽记载缺略，莫得其详，或仅存其姓氏，或并书其行实，而职守之要与官方之品，亦由之以定。作《职官志》。

知　　县

明

　　常完山阳人。由举人，成化六年以彭泽令调至。时县治初立，经理营建悉出其手。

　　袁道字德纯。吉水人。成化十年由进士至。公存心正大，莅治廉平，视民患如切己。有强盗林环者，诬指应华等二十三人，司府已锻炼成狱。公力为辩理，至以去就决，曰："民冤如此，何以官为？"一时旁观者为之泣下，华等卒得白。又备倭张总督勇以沿海仓粮腐析责偿于民，莫之敢后，公独据法与抗，曰："粮在仓而责之民，吾官可去，实不能以是令民。"张卒无如之何。黄岩界有贼杀捕盗官姜昕者，民惊悸甚，相率[一]拒户，竖白旗，几至激变。公亟至其地招谕之，曰："独杀人者死耳，吾为尔等白之，无忧也。"众始安。上之人卒从其言。居常杜私谒。公庭无事，乃衰镪金新学校，建乡贤祠，行保伍法，廉请耆宿主乡约，月朔呈报善恶，以示劝惩。

布衣有行义者，公必躬礼其庐。疏治迂浦闸，兴水利，岁以大穰。邑西乐清民闻其风，皆愿属焉，乃奏割东南凡六都隶平邑。然不善事上官，府符下，设有不□⁽二⁾于民者，公执不行。郡守刘公忠憾之，欲以法中公，诇无他过。会粮⁽三⁾储道参政行部，督粮急，公念夏月民艰食甚，约民使以货物为质，权宜令仓官预出朱契以粮完报，俟秋熟输米还质。刘诇得，以白于巡按，逮公责问。民老稚相扶携，无虑数百人，控监察御史，愿代公罚，已，竟释公。逾一考，以忧去，行李萧然，假贷以给路费，而赆赙一无所受。起复尹宜兴，治如太平。征入，擢监察御史，出按广东。公已去邑，士民列状于府，转请于巡抚彭公韶，为立去思祠，有司岁一祀之。仍祀名宦祠，至今伏腊公不衰。

　　丁隆字时雍。南昌人。成化十七年以进士至。寻迁监察御史，未几降为州判官。

　　刘用上饶人。成化二十二年由举人至。未几以忧归。

　　樊轩崇明人。由监生，弘治三年任。以不职去。

　　罗政新喻人，进士。弘治九年以黄岩知县起复至。后罢免去。

　　刘弼字邦直，南京锦衣卫籍，华阴人。弘治十六年由进士至。承罗政之后，一反其旧，以袁道为师表，筑县街，修学宫，民翕然称之。以调繁知黄岩，升兵部主事、户部员外郎，仕终袁州知府。

　　卢英字文华，四川崇庆州人，古之遗清也。由进士知黄岩县，百姓爱之如父母。已而为御史车梁所劾。因调简任平邑，以正德元年至。黄岩民相率走吁于朝，曰："有成命。"乃砻石请谢文肃为去思碑。公母太孺人就养官舍，公三日一市肉，仅以为养具，而公与家人止食菜茹蔬以为常。或以事至司府及行都鄙，皆自赍馕具，不以烦民。遇过客乡士大夫，礼物戋戋。字民如子，审里徭工⁽四⁾役均甚，尤明于治狱，民自以不冤。催科第，严程限，不甚箠楚，顾独严于吏胥及势要之家，一犯科条，辄置之法，不少贷。用是，公庭肃然，豪强敛迹。暇则校试诸生，为说作文读书之法。一日秋祭毕，召屠户，以所得丁胙坛胙悉与之，曰："吾将以考满上京，尔三日馈吾母肉一斤。馈已，呼吏人扃吾舍门，署封之，乃退。"屠者持其肉去，齎亹叹。及行，有松门卫官一人持赆来馈，公却不受。卫官曰："闻公囊橐萧然，到都下费大，恐公在铨部前伺候，求一杌子坐亦不可得。"公徐应曰："坐阶石、地上，何伤？"卫官亦亹亹叹不休。已而以征去，邑老稚遮道留靴。擢户部主事，值逆瑾擅权，调公教授镇江。瑾诛，复南京礼部主事。先是，平邑称贤令者，惟袁吉水为最，时人以公比之，谓之"袁卢"云。迄今与黄邑皆崇祀名宦祠。

颜樌龙溪人。正德三年由举人至，后改教职去。

梁瓘顺德人。正德五年由举人至。

祝弘舒字文安，温江人。由进士，正德八年以含山知县调繁至。公综理有方，剖决无滞，吏民咸不敢欺以私。后迁户部主事，历员外、郎中、楚雄知府、两淮盐运使致仕。

林正长乐人。正德十一年以国子监博士至。

吕川同安人。正德十二年由举人至。以述职卒于途。

邹山龄丰城人。正德十五年由举人至。

毛衢字大亨，吴江人。嘉靖二年由进士至。明敏有治才，尊崇学校，遇诸生以礼，厘剔奸弊，治市豪以法。至有盗窃者，公命捕其首而赦其从，余党尽散。且进田野小民服役公庭，使知礼法。先是，迂浦街有金星菩萨阁，横湖堂亦有神祠，祠主岁敛民金钱为穿臂会，云能消灾致福，远近趋赴，男女混杂，公因毁其阁及祠，曳神像火之，罪主者数人，而邪教以息。调知永康，士民遮道留靴。后升刑部郎中、四川按察司佥事。仕至副使。

李伯润字文泽，山海卫人。由举人，嘉靖四年以永康调至。公念民役烦，欲请于上官减去五寨民兵十之二，已而以觐期迫，弗果。觐已，吏部考公才力不及，调去。公犹具减省民兵移文上吏部。转闻于朝，檄布按勘议。民曰："李公于我有遗爱乎！"事竟停寝，不果行。

刘友德漳浦人。嘉靖八年由举人至。公优于德而短于才，寻以述职左调去。

陶秀字子实，南城人。嘉靖十一年由举人至。先是，里役不均，田多脱漏。公至，设为十甲均田之令，又清稽脱漏田以充旧额，民甚宜之。滨海故多军卫庄田,勿属编管,军豪率逋租抵禁,公建议立军图,奔走服役。又垫甃道路,起皇华、息肩二亭,筑治义冢,民益欢悦。第讼牒羁縻弗辄决,用是浸失誉,竟左调高淳去。父老为立政绩碑云。

曾才汉字明卿,泰和人。由举人授将乐县,未任,丁外艰,起复改除,于嘉靖十七年至。精勤敏干,凡县治改制经画,悉出其手。纂修邑志,及今赖有所据,皆公之功也。

魏豪〔五〕履历失考。

方辂嘉靖三十二年,值倭变,邑无城垣,营度创筑,民借以安。祀集贤祠。

赵孟豪嘉靖壬子,倭寇犯境,公率民兵守御。寇攻南门,几陷。公用邑人王庚计,以火药攻退,平邑赖以获全。

徐钺进士,信丰人。履亩以正经界,无所畏忌,竟以此获遣去。

叶浩五开卫人。

黄应忠履历失考。

翁仲益字受甫,福建晋江人。莅任之初,适岁饥,缓征赈乏。天旱祷雨悉应。且出视事,吏人持文牒鹄立,无一敢窥伺。亦不求要结以广上誉。次年,调剧邑。

王国宾进士。升南京户部山东司主事。

陈时行进士。

唐映贡士。慈祥,不妄鞭扑。时呼为"唐老佛"。

阎恒悟举人。万历十七年至。

俞咨益号星海,五开人。乙□〔六〕,万历二十一年至。廉干勤敏,摘奸锄盗,定祀礼,树保障,平渔税,均铺递,筑天柱塔于芝岙山上以壮邑势。至二十六年戊戌,以考最升任。民感其德,遂祀于山麓,以志永恩。今祀集贤祠。

晏文辉字怀泉,江西南昌人。以进士授太平令。修葺学宫,置备祭器,俱捐俸为之。躬迎耆老以励俗,旌奖贞妇以维风,循河造舟以利涉,滨海除道以通商,事皆切近平易,公以实心行之,不事虚文,故民皆翕然向化。至于除奸锄猾,又风烈矫矫,人不得干以私。一切美政,不可殚述。百姓作隐语,谣之有"万里长空收暮云"之语,盖⁽七⁾云"晏青天"也。升南京礼科给事中。临去之日,挽车涕泣者载道。士民相率立碑,作留靴亭,岁时祀之,至今口碑不衰。崇祀名宦祠。御史林国材撰文以志其事。

胡登明进士。万历二十八⁽八⁾年至。

吴从道举人,湖广人。

伍元正举人,号泰宇。万历三十六年⁽九⁾至。

唐世盛举人。

陈龙光举人。

王存理举人,金坛人。万历四十六年至。

卢天锡举人,河南人。

许成章进士,长洲人。调定海,升员外郎、温处兵备道。崇祀集贤祠。

谢坚字用砺,江西信丰人。天启五年至平邑。里甲旧有陋规,岁输无名之费。公惟洁己自爱,于正赋之外,一无所取,豪蠹敛手。他若汰冗役、严保甲、缮城隍,种种芳规,难以概述。崇祯三年升员外郎。

刘应鼎贡士,宿松人,号定庵。衣冠严肃,有南面之度。礼士惠民,美绩备著。

彭承苍举人,扬州人。

全鸿志贡士,石阡卫人。

胡学戴字白庵,湖广五开卫人。博学能文,待士极优,立泰社以振人文。居官自奉朴素,抚按交荐。擢升福建漳州同知。

黄弼福建人,由副榜进士至。风度超雅,温平和易,民乐其简。

国朝

刘履昌号元吉,盛京保定府清宛县人。由举人,顺治三年至。时鼎革之初,公至,抚民以恩,待士以礼。奉公执法,奸宄敛迹。因饷解中途被劫,以此去官。士民即其先所建泉溪书院为课士者,以祀公于不忘。

于大成辽东人。由生员,顺治十一年至。以箓箓不饬罢。

王道鹏举人,四川人。顺治十三年至。

张国栋盛京人。由贡士,顺治十七年至。

孙居相扬州人。由贡士,康熙二年至。

刘定国广东人。由举人,康熙三年至。

孙如兰字翘年,顺天大兴籍河南祥符人。由生员,康熙五年至。时饥馑洊臻,迁移殆尽。即有存者,城居苦于供应,村落疲于转徙。公招抚流亡,民始安堵。有不便于民者,即上令,亦坚执不行。奈兵饷绎络,借箸无策,竟以讦误去官,而民犹思之。

陈心澡字秋沆,山东济宁人。由进士,康熙八年至。廉静慈祥,以实心行实政。时方展界,工料所需,正供无可支给,悉捐俸,犹不敷,民感其诚,子来竣事。其法严,去莠掺,□〔十〕悬鱼,尤难殚述。惜天不为平邑福,竟以忧民殒于官。

许经世举人,福建人。康熙十年至。

郭治字醇子,河南彰德府临漳县人。戊子科,康熙十一年至。

汪湄号讷庵,江南长洲县人。由吏员,康熙十四年八月至。以积逋带征违限罢职。十七年去位,奉蠲复任。

刘豫祥字顺勤,号竹岩,北直隶蠡县人。庚戌进士,康熙十七年四月至。调改江都县,前令汪复任。十九年,汪以病罢。

曹文瑔字〔十一〕穆斋,陕西平凉府固原人。由官生,康熙二十年到任。平久称疲邑,侯甫下车,询民疾苦。士民具呈:"以地方之积困,由于钱粮之多逋;钱粮之多逋,由于户甲之不实;户甲之不实,由于经界之不明。善良之家,或一田而两赋;奸猾之辈,或漏赋而管田。由是箠楚恒及于无辜,催科莫诘于诡骗。下滋赔累,上频檄催。且有一人分作数十户者,苦于应接之艰难。亦有一户丛集数十人者,便于彼此之推托。故自十六年经今五载,十七年经今四载,十八年经今三载,十九年经今两载,每年各有带征,或一二千,或三四千,分日挨比,号□〔十二〕痛哭于县庭者,昼夜靡宁。历任父母非不深知其弊,苦于整理之无术,因循至今,流祸日甚。若再阅数年,逋欠愈多,顽顺莫分。功令森严,性命曷保!伏祈大施斡救之方,详立稽查之法,垂恩万户,流惠千秋。"侯阅呈,蹙额良久。适值审编,即至局,将从前之图册户籍,尽皆撤去。特申履亩踏勘之令,大书条约,示谕绅衿、民灶、军屯人等,各先自具田地实数,一呈存案,准除虚挂之累,并宥匿漏之愆。俟履亩勘明后,与自具之数不符者,置之重罪不宥。阅两月,履亩墟册俱齐。虚者悉除,漏者悉出,并无一人敢以虚数报者。由是审图编甲立户,以三千三百亩为一图,一图凡十甲,一甲凡十户。仍每年输出一甲为守柜管催记串之现役。凡每甲之十户,每户约该银二两,分作十限全完。每月一比,各户投柜,充满二钱者,即宁家免比。自二十一年至今,钱粮俱得于本年报完。较诸二十年以前,非先顽而后顺也,良由立法之得与不得耳。阖邑老稚,均感其恩,尤恐以各年之带征积欠重累父母,交相劝输,委曲措办,亦获全完。向时多逋,长令被参罚,而且累及上宪之考成,恒目此方为无良。自今以往,庶获免于无良,皆侯赐也。

校勘记

〔一〕率,原文作"卒",误。据《嘉靖志》改。

〔二〕□,此处模糊一字。

〔三〕粮储道,原文无"粮"字。据《嘉靖志》补。

〔四〕工,《嘉靖志》作"二"。

〔五〕豪,《嘉庆志》作"濠"。

〔六〕□,此处模糊一字。疑为"榜"字。乙榜,即指举人出身。

〔七〕盖,原文作"益",误。据文意改。

〔八〕二十八,原文作"八",据《嘉庆志》改。

〔九〕三十六年,原文作"十六年",据《嘉庆志》改。

〔十〕□,此处模糊一字。

〔十一〕字,《嘉庆志》作"号"。

〔十二〕□,此处模糊一字。

县　丞

明

齐礼无极人。由举人,成化六年至。清谨自持,未几以忧去,行李萧然,即赙赆礼概却不受。

王渊旌德人。成化八年由监生至。几两考,以致仕去。

李仓德化人。成化十三年由监生至。以忧去。

范瑛山阳人。成化十五年由监生至。卒于官。

范亮瓯宁人。成化十九年由监生至。慈祥廉慎,勤恤民隐,尝摄署邑政,修学宫两庑,改创公馆,缮治镇东桥。岁旱,素食草履,祈祷恳切,甘雨如注。已而,以奏荒事忤当道,罢去。去之日,民依依不忍舍,然贫无以归,父老相率赙之,一无所受。民又列状于府,欲以配祀袁公祠,竟亦弗得请,以为恨云。

万友谅长寿人。成化二十三年由吏员至。

邹胜弘治五年由吏员至。

魏能弘治十二年由吏员至。

常盛弘治十七年由监生至。

姚积正德二年由监生至。

庄敬正德七年由监生至。

黄通[一]正德十二年由监生至。

王凤鸣辽东人。正德十五年由监生至。性疏爽,尝为贡院供给官。已而以忧去。

张镇泰和人。嘉靖四年由官生至。世禄之家,落拓不善事上,以免去。

王元辉维扬人。嘉靖十年由监生至。廉健有干局,凡上官有所委遣,致期必办。亦尝为贡院供给官。逾一考,升林县知县。

卢潮字文溥,江都人。嘉靖十六年由监生至。

韩希琦_{嘉靖二十一年至。}

吴天锡_{嘉靖二十八年至。}

谭铿_{嘉靖三十年至。}

杨旻_{万历四年至。}

汪从清_{万历五年至。}

石蕴玉_{万历十一年至。}

陈大杰_{万历十三年至。}

火铣_{万历十七年至。}

范道行_{万历二十一年至。}

张大治_{万历二十七年至。}

苏煹_{万历二十□〔二〕年至。}

许楠_{万历三十□〔三〕年至。}

陈筹

陈云鸾_{万历三十六年至。}

刘大用_{崇祯年至。}

吕胤昌_{崇祯年至。}

林宸谟_{莆田人。崇祯□〔四〕年至。国朝升光宅知县。}

国朝

赵暗修_{贡士。顺治三年至。}

周钦_{贡士。顺治五年至，卒于官。}

江左龙_{顺治七年至。}

荣守坤_{内院中书办事。顺治九年至。升青田知县。}

文时成_{贡士。顺治十四年至。}

何标_{贡士。顺治十七年任。升郧阳知县。}

焦万言_{贡士。康熙四年至。升永嘉知县。}

张光恩_{福建福州人。由儒士、秀水县主簿升。康熙九年至。}

丁国泰号太寰。顺天府大兴人。由吏员，康熙十四年至。升江南金山卫经历。

董全光

校勘记

〔一〕黄通，《嘉靖志》作"莫通"，《嘉庆志》同本志。

〔二〕□，此处模糊一字。

〔三〕□，此处模糊一字。

〔四〕□，此处模糊一字。

主　簿

明〔一〕

史驯临朐〔二〕人。成化六年由吏员至。

张沔沔阳人。成化十二年由监生至。

张质安东人。成化十八年由监生至。

黄熺永福人。成化二十一年由监生至。

陈俊岳池人。弘治元年由监生至。

陈瑀〔三〕建平人。弘治五年由监生至。

董珍扬州人。弘治八年由吏员至。

谭章由监生至。

柏凤由监生至。

蔡昂正德五年由吏员至。

王元宝正德十三年由监生至。福州人。

梁穰泰和人。嘉靖二年由监生至。

唐翰抚州人。嘉靖七年由吏员至。

康磐潞州人。嘉靖十年由监生至。

张钰邵武人。嘉靖十四年由监生至。

高举字凌汉,柳州府象州人。嘉靖十七年由监生至。

杨梅嘉靖年至〔四〕。

胡天挺万历四年至。

夏彬万历年至〔五〕。

姜志学万历十三年至。

钱应旗万历二十年至。

蔡宪忠万历年至。

陈以期万历。

濮阳麓万历。

杜乔楚〔六〕

黄一棣万历。

周梦吉字惟修,号慎斋,湖广荆州府监利县人。三十三年至,万历四十年四月去任。有遗爱碑。

叶茂寀万历四十五年至。

嗣后衙门裁汰。

校勘记

〔一〕主簿明,原文作"明主簿",与上文目录不统一,改之。

〔二〕临朐,原文作"临驹",误。

〔三〕陈瑀,《嘉靖志》作"陈禹"。《嘉庆志》同本志。

〔四〕嘉靖年至,《嘉庆志》作"俱嘉靖间至"。盖具体年份不明。

〔五〕万历年至,《嘉庆志》作"俱万历间至"。盖具体年份不明。下"蔡宪忠、陈以期、濮阳麓、杜乔楚、黄一棣"诸人同。

〔六〕杜乔楚,原文不载何年至,《嘉庆志》作"万历间至"。

典　史

明

王琮杞县人。成化六年由吏员至。

崔富成化十年至。

汤志当涂人。成化十一年由监生至。

陆安上海人。成化十六年由吏员至。

吴珍电白人。弘治二年由吏员至。

江铨贵溪人。

马琏宁国人。

陈赋弘治十五年由吏员至。

傅智新喻人。弘治十八年由吏员至。

吴松正德六年由吏员至。

钱谷正德十二年由吏员至。

高忠正德十六年由吏员至。

张簏福建莆田人。

戴唐贤麻城人。嘉靖十一年由吏员至。

周时雍南昌人。由知印,嘉靖十五年至。

顾概嘉靖二十一年。

朱鳌嘉靖二十八年。

吴时嘉靖三十年至。

徐廷敕万历四年至。

陈法万历十一年至。

邹轮

李文超万历十三年至。

江宗海万历十七年。

唐谦万历二十一年。

梁乔万历二十五年至。

郭廷栋万历二十七年至。

蔡宸恩万历三十一年至。

张瑞万历三十八年至。

王自亮崇祯八年至。

唐廷谌崇祯十三年至。

王政选福建人。崇祯十五年至。

国朝

王三才顺治三年由吏员至。

郑应廷顺治三年由吏员至。

田元春顺治十二年由吏员至。

杨茂顺治十四年由吏员至。

李如珍顺治十八年由吏员至。

李熙昌康熙二年由吏员至。

马三畏康熙九年由吏员至。

王国宰〔一〕康熙十五年由吏员至。

吴国瑞

校勘记

〔一〕王国宰,《嘉庆志》作"王廷宰"。

属 官

盘马司巡检一员。明季裁。

沙角司巡检一员。国朝遣裁。

三山司巡检一员。国朝遣裁。

蒲岐司巡检一员。国朝遣裁。

小鹿司巡检一员。明季裁。

广盈一仓大使一员。今革。

　　二仓大使一员。今革。

　　三仓大使一员。今革。

　　四仓大使一员。今革。

黄岩场大使一员。

医官训科一员。以医生精其业者为之，其属有医生五名。今缺。

阴阳官训术一员。以阴阳生通其术者为之。今缺。

僧道官　僧会一员。道会一员。今缺。

吏　役

县六房科吏、户、礼、兵、刑、工各司吏一名，典吏二名。户房添设粮科司吏一名，典吏二名。承发架各铺长司吏各一名。

儒学司吏五名。

巡检司吏一名。

广盈仓吏四名。

黄岩场吏一名。

按：汉诏问民疾苦，必亲询长吏。宋元来，以京朝官知县事，盖甚重乎其职矣。古封建不过百里，士子释褐登仕，一经通籍，便膺雷封，先儒所谓"今之墨绶，古之诸侯"也。平邑自建治设官以来，其间循良著绩，镌碑立祠以纪之者，亦既有人矣。厥后之劳心抚字、功德及人者，犹得于口碑舆诵之遗载考芳徽。其人其事，固有无容沦没者。乃流品之高下有殊，而人才之超迈不一。即在吟松栖棘之下，其中又岂无人？则赞府尉佐,若丞若簿,又何可略焉?下至属流散秩,例得以爵书之。亦曰"委吏乘田,圣人不弃;侯门抱关,古道犹存"也云尔。

教　谕

明

郁珍江浦人。成化六年由举人改授,未至,以忧去。

黄初字明复,莆田人,壬午解元。成化七年至。平易旷达,尝三典文衡,秩满升温州府教授。

黄缙字绍荣,莆田[一]人。成化十七年由举人至。节缩俸资,立乡贤祠,修邑志。表率诸生,论文考课,校其勤怠。后以满去,诸生益思之不衰。

陈彝吴江人。弘治六年由举人至。

吴杰字世英,湖广兴国州人。弘治十五年由举人至,以病去。

张泽莆田人。正德三年由举人至。严饬学规,督课不倦。卒于官。

傅举金溪人。正德六年由举人至。月课第诸生,高下颇核。升罗田知县。

陈义延平人。正德十六年由训导至。升平羁卫教授。

陈策全州人。嘉靖七年由训导至,致仕去。

张廷器闽县人。嘉靖十一年由举人至。克勤敷教,矩矱严整,捐己资作先师龛幔,诸生有贫乏者济之。尤善论时事,上官多咨访之。未几以忧去。

陈光明字道昭,莆田人。由举人,嘉靖十五年以五河教授[二]起复至。

许珍嘉靖二十一年。

李德用莆田人。嘉靖三十年由举人至。升长乐县尹。崇祀名宦祠。

林凤仪福建侯官[三]人,举人。

张朝阳建德人。万历十二年至。

李纶

谢日培福建福清人。岁贡。

邹武陵南直无锡人。

章准南直绩溪人。

俞楠余姚人。万历十三年由岁贡至。

周国珍江西人。

吕端性〔四〕永康人。

卢明德〔五〕岁贡。

董成龙字云泉，海宁人，万历癸酉科。

何敏诸暨人。万历二十五年至。

王继善孝丰人，万历二十七年至。

冯应旻湖广沅州人。

周用中南直嘉定人，见"集贤祠"。

梁州彦号铉玉。

杨一龙

窦失名

汤一诰

林栋隆鄞县人。万历己未，由平教谕会试登进士，官至大理寺寺丞。

屠弘儒湖州人。由举人至。

罗斗章号湘汕，嘉兴县人。由举人至。

陈万钟号惺我，汤溪人。廉静有才，范诸生以礼教。时有一生为奸徒所诬，县令简详司道，陈具揭力白其冤，令亦谅其公而深服其义焉。故至今称师范者，多以陈为不易。及去，祀集贤祠。

陈熙廷字君穆，嘉兴人。由举人至。

姚启昌

国朝

张佐极顺治三年至。

范廷甫杭州人。顺治五年至,十五年失印去。

龚瑛字英玉,钱塘人。顺治十七年由举人至。乐育有方,多士沐其教泽。以奉裁去。

嗣后,教谕衙门裁去,止留训导一员 康熙十年复设。

冯宿荣号灿垣,钱塘人。由杭州府学岁贡,康熙十六年六月至,十七年正月升国学助教。

顾弘海盐人。由岁贡,十七年三月至。详复科举旧额,立多士文会。

校勘记

〔一〕莆田,原作"蒲田",误。下同此者径改,不再出校。

〔二〕教授,《嘉靖志》《嘉庆志》俱作"教谕"。按,五河在明时为县级建制,不设教授,当以"教谕"为是。

〔三〕侯官,原文作"猴官",误。

〔四〕吕端性,《嘉庆志》作"吴端性"。

〔五〕卢明德,据王舟瑶《嘉庆志注》引《处州府志》谓卢缙云人。

训　导

明

裴弼辽州人。成化六年由举人至,升长洲教谕。

张奎孝感人。成化六年〔一〕由举人至,秩满去。

张濬字文哲,侯官人。成化十年由举人至。性褊气豪,勇于为义。庠生毛津颇有才名,卒而贫,张买棺殓之。秩满升广东饶平县知县。

冯祥字世祯,安仁人。由监生,弘治元年至。

叶潆字仲哲,淮安人。弘治二年由监生至。

刘祥济宁人。弘治十年由监生至。

蔡琏弘治十一年由监生至。

吴寅连江人。弘治十六年由监生至。肫肫然笃实君子也。秩满去。

张儒歙县人。正德元年由监生至,卒于官。

杨文命莆田人。正德三年由教谕左迁至。宽厚长者。后升绍兴教授。

鲍凤字鸣岐,桐城人。正德六年由举人至。性爽朗。善品藻,得士子心。升宜黄知县。

袁鉥麻城人。正德八年由监生至。温雅恂恂,不见有喜怒色。升锡山教谕。

徐锐当涂人。正德十五年由监生至,升余姚教谕。

程绪歙县人。正德十六年由监生至。

罗文明长汀人,监生。嘉靖七年至。

朱文珊繁昌人。嘉靖八年由监生至。引年致仕去。

胡礼字子敬,安溪人,选贡。嘉靖十七年至。

张习字以翔,东莞人,岁贡。嘉靖十八年至。

吴国鼎

黄楠四川[二]人。嘉靖三十年至。

叶廷溥

谢阜倪江西抚州人。

李元泰

张秉衷江西抚州人。

饶锡江西南城人。

周爱南直丹阳人。

陈谘南直太仓人。

杜济民南直临淮人。

张珂[三]福建上杭人。

江孔时江西余干人。

杨民望湖广广济人。

章志良万历五年至。

张廷礼

杨叶〔四〕万历十一年至。

文德直隶南陵人。

夏文祖山阴人。万历十三年至。

卓尔瑞安人。万历十五年至。

萧继明定海人。

朱允若号三岗,上海人。万历二十二年至。

祝尔教

徐新

俞消络

姚大同河南人。

陈文馨

赵谟

沈一乔号见川,德清人。万历二十七年至。

谭光哲

萧凤来

谢三秀号君采,黔中人。

吴交荐

屠世表

狄遵制

范汝庆兰溪人,号锡谷。由贡士至丰〔五〕。庆旷达,博洽群书,日与诸生讲学论文,无倦容。时有邑人应四,居近学宫,生理无资,家几不保,公贷以俸金十两,俾营运度日。越二年,公任满将归,应感其恩,鬻二子得八金持偿，深以不满所贷，数为憾。公曰："贷十偿八，吾不为尔较。"遂火券而受。后闻其鬻二子也，□[六]掷还，令赎二子归。

郑之屏崇祯十年至。

段失名[七]。福建人。

稽日新归安人，号商铭。

裘秉睿

国朝

吴钦明孝丰人，号文伯。

张锡荫仁和人。顺治十三年[八]至。

潘志麟新昌人。顺治十六年[九]至。

俞光被字昭兹，山阴人。康熙五年至。性纯谨，冷署自甘，意泊如也。致仕去官，欣然一无系恋，士民多以长厚称云。诏以训导为印官始此。

张尹谐字占匏[十]，嘉兴海盐籍杭州海宁人。由岁贡，康熙十年至。性不羁，善古诗文。十三年曾养性犯界，印被劫，义不受伪札，隐遁山僻。十四年恢复，奉府详明回籍。

钱向仁号屏山，安吉州人。由岁贡，康熙十五年至。遇事直谈，无顾忌。捐俸四十金修葺圣殿，助竖两庑。历任八载，告致，上不允，究以老罢。

顾人龙字云驭，嘉兴府平湖县人。由岁贡，康熙二十二年至。博学工文，所著有《思乐轩集》。

按：学校之有师长，所以育才成德，表率群儒者也。如汉桓荣、唐郑虔、宋胡瑗诸君子，皆以大儒而端表率，故凡列博士弟子员者，惟以文章气节相为砥砺。国朝崇师重道，雅意作人，司教铎者，类多宿望。平邑兵燹之余，所赖以培士气、广教化者，尤重有望于师范之得人也已。

校勘记

〔一〕成化六年,《嘉靖志》同本志。《嘉庆志》作"成化八年",未知何据。

〔二〕四川,《嘉庆志》作"泗州"。

〔三〕张珂,《嘉庆志》作"张柯"。

〔四〕杨叶,《光绪续志·辨误》作"杨华"。

〔五〕丰,此字疑为衍字。

〔六〕□,此处模糊一字。

〔七〕失名,据《嘉庆志》,此人当为"段福"。

〔八〕十三年,《嘉庆志》作"十年"。

〔九〕十六年,《嘉庆志》作"十年"。

〔十〕占匏,《海宁州志稿》卷二十九"文苑"《张尹谐本传》作"古匏"。本志或误。

卫所官

明

松门卫指挥使四员。指挥同知三员。镇抚一员。左所副千户五员。右所正千户二员。副千户三员。中所正千户一员。副千户四员。前所副千户二员。后所副千户二员。百户五十员。

楚门所正千户五员。副千户四员。镇抚一员。百户一十员。

隘顽所正千户五员。副千户四员。镇抚〔一〕一员。百户一十员。

新河所正千户五员。副千户二员。镇抚一员。百户一十员。

以上卫所武职,国朝裁革。

校勘记

〔一〕镇抚,原文作"抚抚",误。

调　防

国朝

刘朝纲_{四川人,台镇千总。}

张子成_{台镇守备。}

周起龙_{嘉标把总。}

韩文盛_{湖标把总。}

王元佐_{湖标把总。}

刘进科_{嘉标中军。}

陈君初_{台标把总。}

韩进禄_{绍标把总。}

孙如龙

杨俊

周南

李一元_{金标都司。}顺治十六年,平城失守,力战,寇势稍退,箔西郊。一元追袭之,马蹶被杀。赐祭。

李国柱_{台镇都司。}顺治十六年,平城失守,国柱战北死之。赐祭。

郑元奖_{台标把总。}顺治十六年,平城失守,防军溃,元奖独力御之,终以不克故,亦受谪戍,人惜之。

张德俊_{陕西人。}山东曹州副将调防。智勇迈众,廉以持己,威以肃兵,仁以待民,勇以御寇,其功德不可殚述。如泽库之战,捷音已登御览。湖雾之役,徒步往袭。在乌沙门,则冒险涉水,两渡深沟。最后于大间单骑冲锋,斩获无数。但于顺治十五年,由山东初至时,乡导失人,地图路径未谙,以孤军深入海门之前所,孰知前所乃两经失守之地,雉堞不完,寇四集环围,若非其智勇兼具,不至全军覆没者几希。乃德俊卒能设奇计,破围而出,人皆以此服德俊才,而司军评者反以此为德俊过,且并其后此屡建之大功俱置不叙,竟被谪戍去,惜哉!

张秉璞曹州中军。

范明才山东营副将。

葛之覃中军。

王朝钦参将。陕西汉中府人。

蒋大成都司。

王虎参将。

汪起龙游击。字云峰,镇江丹徒人。登武进士,智勇韬略有古名将风,驻扎松门卫,地方勒石以纪德政云。

城　守

周祺参将。号寿岱,奉天广宁人。由庚辰科武进士,康熙九年至。赋性狷介,肃兵有纪。校射之余,兼好文墨。有雅歌投壶风焉。乞休去,标下镌碑于东城,曰"德量齐芳"。

梅豹中军守备。陕西人。

陈宇昌河间府景州东光县人。中乙酉科武举。康熙十一年以参至。十三年,与曾养性通,致其犯界。春秋严乱臣之诛,宇昌恐不贳于国法矣。

刘奎中军守备。淮安人。

汪国祥[一]参将。十四年至,升象山副将。

袁升高参将。康熙十六年至。仁而有勇,断而有容。一闻警息,则徒步涉高山峻岭,如行平地。凡于沿海之险要形势,皆遍历熟筹,分军驻防,地方赖以安枕。且其廉德懋著,民间之物价无亏;威望丕扬,海上之鲸波悉靖。口碑载道,洵贤将哉!

王日晖中军。康熙十四年至。

鲍辅仁参将。康熙二十二年至。二十二年升广春副将[二]。

王志胜中军。康熙二十一年至。

赵廷栋参将。康熙二十二年至。

按：宋制有厢军，供杂役，有禁军，教战守。巡徼县邑则有号兵，控扼海道则有寨兵。率召募以充。元有万户府、千户所，添设诸寨为巡检司，而军制未闻。比其衰也，方贼起海上，据有三州，遇大师至，辄航海走，已复潜据，莫之能制。明初，命汤信国公筑设沿海卫所，军皆取民间，抽配错置。巡司兵则取之徭户，岁为更调。顾承平日久，习于骄悍。官不谙韬略，军不娴击刺。嘉靖之季，倭寇辄犯，莫敢谁何，反借客兵以歼灭之。所称有备无患者安在乎？国初传檄海疆，前设卫所武弁，悉行裁革。继自松门、楚门之边境，亦尽行扞遣，惟隘顽旧址立寨。又新立东岙、六都二寨。然城无专官，官无专职，汛防、都守、千把更番调换。自康熙初年始立衙门，置城守、参将、中军、守备等官，分防驻守，武备焕然一新矣。

校勘记

〔一〕汪国祥，《嘉庆志》作"汪国洋"。

〔二〕广春副将，《嘉庆志》作"春江副将"。

留　绩

宋

朱熹字晦庵，婺源人。淳熙九年提举浙东路常平茶盐，遂请大府钱二万缗浚河、筑闸，民利其灌溉。兴义役，置常平仓，积谷备荒，所至有惠绩。又与林伯和诸子讲明理学，一时游其门者踵起。台南风气蒸变，文公倡化之功居多。

勾龙昌泰西蜀人。淳熙间，朱文公为常平使，议建闸。初就，以劾唐仲友故改江西。勾公继之。闵前闸事未成，请太府钱及出度僧牒一万四千缗，又益以本府钱六千缗，成其事。至今追念始事之勤，立祠肖像。勾公与考亭并垂不朽云。

元

泰不华蒙古人，为绍兴总管。方国珍叛据海上，达识帖木迩来招降，谷珍[一]兄弟登岸，不华欲命壮士袭杀之，达识帖木迩不肯，事乃止。明年，不华谪台路达鲁花赤，谷珍怀疑入海。不华遣义士王大用往谕，谷珍留不遣。不华与谷珍相遇于黄沙港，呼其党陈仲达申前议，仲达有贰心，不华即手斩之，谷珍党攒槊刺杀不华。

明

汤和谥武襄。洪武初以军功封信国公。沿边城郭，皆其所筑。如松门一卫，楚门、隘顽二所，筑于洪武之二十年。相形据险，所在有功，台之海僻，赖其屏蔽。

方鸣谦谷珍从子。谷珍归诚之后，明太祖录其子弟鸣谦以广洋卫指挥，来筑新河城。

阮勤成化五年以台州知府至邑。营建平城，皆其首功。

周志伟南康人。嘉靖己亥年守台郡。廉知太平闸河为民命所系，乃亲巡视，舍于野次，督浚修筑。又请于巡按傅公，出羡镪，添建永通闸，以备蓄泄。又请立河泊所官，管掌水利、启闭、疏浚。

戚继光字南塘[二]。嘉靖壬子，值倭寇由海边登岸，所至焚掠。彼众我寡，城几陷没。南塘单骑赴敌，乘间奋击，擒获渠魁，贼势披靡，一方赖以无危。

张允登四川人。由进士知台州府，泰昌元年至任。时太平乱民林勺、杨逊乌合无赖之徒，肆叛焚掠，耆民陈大用纠众抵御。叛党势益，乘间奔府，以事闻。公差捕兵计擒首恶林勺，立置于死。余皆溃散，乱遂息。

刘士明南京人[三]。由进士任黄岩知县，摄篆太平。汰革滥费，煽扬仁风，时有"执法如山，持心似水"之谣。

国朝

赵廷臣字君邻，铁岭人，总督浙江。康熙四年，出巡莅平。时平以锋镝之余，民多流亡，兵呼庚癸，汹汹不安。公简委严州司李高凌云到地招抚，特加轸恤。

高凌云江南人，戊戌进士。康熙四年奉委由严州司李至太平。时兵马云屯，水旱频至。公至，恩威并济，无不曲中舆情。下令停征，恐营兵有□[四]中之变，捐俸买米，分给兵士。稍缓。须臾，随赴督抚，请于外郡拨饷八千两，以免本邑坐兑之苦。且密上方略于督抚，汰悍兵，除奸蠹，禁虚役，民赖苏息。

范承谟满洲籍，宰相范□[五]之子，顺治壬辰科进士。以翰林学士简命浙江抚台，巡海至台，秋毫不扰。见芜田遍野，奏除积荒田租，平邑得五万有奇。先是，台郡民苦于征科，官病于考成，上下交困。奉蠲以来，官民均受其惠。禅益地方，功德不浅。时《留题生员黄元又种月楼诗》云："闻说台南地，频年困海滨。青烟残照里，今有百家存。万骑屯孤县，群山拥废村。少陵曾有句，嗟尔太平人！"

按：人之有治才者，凡其辙迹所至，自有功德之及人。而经纶事业，类皆可传而不可没。故职在旬宣，则巡行之绩可留；职在监司，则统治之绩可留。虽其绩之所留不仅于一邑见之，而一邑之歌思不忘，已可留于不朽也夫！

校勘记

〔一〕方谷珍，《明史》本传作"方国珍"。或言称"谷珍"含有贬义。
〔二〕字南塘，《嘉庆志》作"号南塘"，当以《嘉庆志》为是。
〔三〕南京人，《嘉庆志》作"颍州人"。
〔四〕□，此处模糊一字。
〔五〕□，原文范字下模糊一字，据《嘉庆志》，是为清代大学士范文程。

太平县志卷之五

选举志

　　《选举》志何？崇仕宦也。士既通籍而登之朝矣，乌可以不书？第资格不同，品流亦殊，有见于辟召者焉，有见于科目者焉，有见于明经、荫叙者焉，猗欤盛哉！济济者皆贤达之俦也。作《选举志》。

征　辟

宋

戴秉志〔一〕南塘人。绍兴元年官授从义郎。

郑越南监人。淳熙四年官授行人司行人。

林勉车路人。绍熙五年授连江令〔二〕，监邵武府酒税。

王祥小屿人。绍熙间授修职郎。

黄聪洞山人。德化令。

邱璂知永宁县军事。

黄祯聪从弟。授治粟都尉。

黄礽〔三〕祯子。太子洗马。

丘世良〔四〕泉溪人。松江府同知。

黄恪祯从子。举孝廉，仕至谏议大夫。

金乾平溪人。嘉熙初，李沐荐蓝山训导。终河间通判。

林恺祖字景仁，太平乡人。授平江书院山长。

林亨车路人。授浙东监司干办。

林济舟字良甫，太平乡人。授广西柳州融县知县。

陈尧道前陈人。附贾似道，官至殿中侍御史。

丁复温岭人。绍兴间驸马，仕至浙漕。

陈正〔五〕字大方，大闾人。宝祐二年为大理寺评事。西川镇抚使王惟忠有才略，时俞晦镇蜀，惟忠心轻之，呼其小字曰："俞再五来也。"晦怒，诬奏惟忠，诏下大理狱。大方锻成其事，遂斩于市。血上流，色不变，且谓大方曰："吾死，诉于天。"未几，大方亦死。

按：王东瀛先生作《赤城会通记》有"乡戮"条，盖以诛为臣不忠者，今于尧道、大方乎何诛哉？

元

戴恢南塘人。集贤院直学士。子君省，主簿。其族有曰夔者，翰林检阅，曰骊孙者，翰林编修。

林仁棨团浦人。信州治中。弟仁集，开化主簿；兄仁本，嘉兴下沙场司丞；弟仁枼，赣州巡检。

鲍与俦南监人。福建行省参政。弟与侃，海阳知县；族叔文虎，嵊县知县。

朱恩泾岙人。授运干。

林昉字仲昉，半岭人。授详"文苑"。

林应雷字子发，泉溪人。瑞安教谕。孙耕民，浙东宣慰司照磨。

黄智洞山人。授通判。

郑闳中莞田人。翰林编修。子传心，贵池县尹。

林良弼车路人。与弟良珉俱教谕。

潘柯<small>小泉村人。</small>授绍兴教授。<small>族子源,学录。</small>

郭公葵<small>南监人。</small>授翰林编修,有《谔轩集》。

陈颐老<small>叶屿人。</small>授官国子监学录。

林淳翁<small>珠村人。</small>授教谕。

陈元珏<small>蔡洋人。</small>授潞州副使。

毛南翰<small>丹崖人。</small>授鄮山书院山长。

潘孟翔<small>焦湾人。</small>授官黄岩州学正,有《松崖集》。

郑炜明<small>字仁光,新建人。</small>官处州路治中。

叶居暹<small>字从光,镜川人。</small>授官平阳学正。

王应璧<small>字庭瑞,祥之〔六〕。</small>官至广州路总兵。

郑文宝<small>丹崖人。</small>官浙江行省郎中。

戴奎<small>字文祥,南塘人。</small>钱塘学录。能诗。

何中立<small>字本道,蟹下人。</small>侯官知县。

张玺<small>四都人,寿朋父。</small>和州通判,未任而卒于途。

明

李时可<small>温岭人。</small>授监察御史,未几出知偃师县,所至有能名。布政使赵新、饶阳令郭槚皆其所汲引,时号知人。

陈铿翁<small>字太希,号石门,虞岙人。</small>平阳教谕,所著有《石门集》。鲍原弘其门人也。详见"文苑"。

黄友谊<small>温岭人。</small>初授蜀府长史,调国子助教,所著有《翠屏》《登瀛》二稿行。

戴怀玉<small>南塘人。</small>吏部主事。未几谢事归,太子赐诗。

程养源<small>小泉村人。</small>黄岩训导,升醴陵县教谕。

鲍原弘<small>南监人。</small>洪武间授乐清训导。详"文苑"。

谢敬铭<small>号芥舟,泉溪人。</small>授应天府经历。

李原绅<small>长屿人。</small>华亭县知县。

金从献平溪人。宜黄县知县。

林国修温岭人。历官江西按察司金事。

郑起深〔七〕闽中后。乐清训导,所著有《直正斋稿》。

杨文启〔八〕大闾人。历官大理寺寺丞。

陈楚宾〔九〕天祐之后。泗州学正。同族原达,真定新乐知县。

蒋鼎亨蒋洋人。授高州教授。

蒋复亨鼎亨弟。授兰溪教谕。

孔克铺江绾人,宜圣之裔。以武科举,官至大名府知府。尝构宗鲁堂,修《孔氏小宗谱》。

郑元益御史弘范之父。洪武初聘为通州训导,以言事擢阳春知县。尝献浑天仪。

何文仪泉溪人。授浙江提举。

鲍与传与传族弟。授大名府通判。

鲍世昌南监人。章丘县二丞。

林德玑淳翁后〔十〕。授嘉兴教谕。

徐数团浦人。任福安知县。

吴初消村人。授永清教谕。

徐希俊塘下人。乐安县二丞。

牟观温岭人。授合肥县丞。

林师度莘塘。授中牟主簿。

林师言师度弟。永康训导。与王静学为契交。

戴岳良齐之后。官蠡县丞。

戴友南岳弟。泗州学正。

瞿从钦泉溪人。授潜山知县。

林道生温岭人。授乐陵县丞。

王文启〔十一〕苍山人。元至正间检校。洪武初以故官迁汴梁,后转授济南府照磨。

高于民泉溪人。授青阳县丞。

林传道淳翁之后。授贵州卫知事。

李存仁长屿人。生平好施予,尝捐己资以济人急。永乐间,以贤良荐授沛县知县,寻徙新喻。有能声。详具习侍读《行状》。

林铭可[十二]珠村人。永乐间,以明经荐为郡学训导。文章尚淳朴。著《石盘稿》。

朱仲翼[十三]泾岙人。授诸城[十四]知县。

应志和泉溪人。正统间授本府训导。详"孝友"。

陈伯英岩下人。授诸城[十五]知县。

张仲经玺之后。授睢阳[十六]知县。

杨治温岭人。授遂溪知县。

王朝比南塘人,号云谷,天沐父。万历二十三年,由永康侯咨授前军都督府教授。

国朝

顾礽松门人,字南金。顺治初荐辟。历仕至福建藩司。

按:弓招车载之典,盛于古昔,而《礼》亦有季春名士之聘,由来远矣。唐虞辟于侧陋,殷周辟于耕筑屠钓,汉辟于贤良方正,晋魏辟于幕府椽史。明初辟于儒士,或辟于明经、于人才、于言事,法虽屡更,而制犹为近古。后代限人以资格,取人以门第,而征辟之格衰矣。陈群以吏部举核不实,舍上而徇下。九品中正亦矫时拯弊之为,行之既久,不无滋伪,反不如一听选注于铨衡者为当矣。古人有言曰:"辟署之始也,人乐自修,及其坏也,流竞成俗。"是重有望于当宁者慎持之,以庶几无弊云。

校勘记

〔一〕秉志,《嘉靖志》"志"作"智"。《浙江通志》引《太平志》作"戴秉器"。

〔二〕江令,原文缺"连"字,据《嘉靖志》《嘉庆志》补。

〔三〕礽,《嘉庆志》作"仍"。

〔四〕丘世良,按《嘉庆志》作元代人。

〔五〕陈正,字大方,大闰人。本传所载诬奏惟忠事,据《嘉庆志》卷十八"辨讹"当误。陷惟忠之陈大方为四明人,非本县之大闰人。

〔六〕祥之,此二字后疑或遗漏一字。祥,当指"王应祥",王应璧或为应祥之兄弟,族人,先辈。

〔七〕郑起深,《嘉庆志》作"郑溁,字起深"。

〔八〕杨文启,《嘉庆志》作"杨万,字文启"。

〔九〕陈楚宾,《嘉庆志》作"陈元用,字楚宾"。

〔十〕后,《嘉庆志》作"侄"。

〔十一〕王文启,《嘉庆志》作"王兴,字文启"。

〔十二〕林铭可,《嘉庆志》作"林仍达,字铭可"。

〔十三〕朱仰翼,《嘉庆志》作"朱仲翼"

〔十四〕〔十五〕诸城,原文皆作"朱城",误。据《嘉庆志》改。

〔十六〕睢阳,《嘉庆志》作"山阳"。

进　士

宋

陈甲　大闰人。咸平间进士,官枢密院副使。

陈申　甲之弟。授户部侍郎。

戴舜钦　南塘人。宣和间上书危言,赐同进士出身。官至南康司户。

徐似道　字渊子,上垳人。乾道二年萧国梁榜进士,历官太常丞、权直学士院,迁秘书少监。力学攻诗,与虞仲房友,自号竹隐,有文集藏于家。

林鼐珠村人。乾道八年黄定榜进士。详"理学"传。

刘允迪字进之,新渎人。淳熙二年詹骙榜,仕终桐城县二丞。

刘允济允迪之弟。淳熙五年姚颖榜。详"宦业"。

王居安大溪人。淳熙十四年王容榜。详"名臣"。

邱牧嘉泰二年傅行简榜,授淮西制置司干官。

丁木温岭人,字子植。嘉定四年赵建大榜。澧州通判。

叶应辅字子仪。嘉定十年吴潜榜。历校书郎,升右司谏,知明州,终敷文阁待制。尝从王侍郎居安游,以文名。自靖化乡徙居镜川。郎中[一]良佩之始基祖也。

黄石字曼卿,大闾人。吴潜榜。历官迪功郎[二]、邕州教授。初补太学生时尝上书言事。从黄勉斋得闻考亭之学。及老,授徒讲学,人多从之游云。

王居实字正卿,居安之弟。嘉定十六年蒋重珍榜。

陈雷字正叔。宝庆二年王会龙榜。仕终金坛尉。

戴逸卿舜钦之后。绍定二年黄朴榜。终朝散大夫。

戴良齐嘉熙[三]二年周坦榜。详见"理学"传。

戴登贾逸卿之族。淳祐七年张渊微榜。

朱繁宗字于朝,楼山人。淳祐七年辛丑张渊微榜,任秘书少监,迁翰林侍讲,改直学士。

毛鼎新丹崖人。张渊微榜。

陳镇雷之从子。宝祐[四]元年姚勉榜。官至镇南军节度推官。

陈淳伯坚之子。姚勉榜。

戴觉民逸卿之族。景定三年方山京榜,授两浙添差干官,转国史检阅、浙西提举、礼部郎中,终军器大监。当涂刻《李白集》有跋。

郑圭字简卿,瀛之后。方山京榜,仕京学教授。

赵文藻字汉章,乌根人。方山京榜,历邵阳、象山尉,有能声。德祐初,知宋室不竞,遂谢病归。

谢彦圣^{〔五〕}十三都人。咸淳四年陈文龙榜进士。

戴震晨逸卿族。咸淳十年王泽龙榜。仕终新昌尉。

上舍释褐

陈坚字与权，问道之族。绍熙四年释褐，仕宝章阁待制。

郑少明字子信，瀛之族。嘉定十五年释褐，仕江山县令。

特科

陈问道字图南，前陈人。中淳熙二年特科，授闽县丞，徙缙云丞致仕。所著有《通鉴谱》。

项观古字正己，桃夏人。淳熙二年特科。袁州录事参军。

郑瀛字子山，丹崖人。绍熙元年特科。仕终监南岳庙。有《丹崖八景》诗。

陈钥岩下人，嘉定十六年特科。

樊汝周樊塘人。中宝祐四年特科。

元

潘从善小泉村人。至正九年文允中榜。详"文苑"。

陈直观甲之后。至正进士。官至庆元路同知。

丁文升温岭人，少云后。历官兵部侍郎。

明

王谏字元贞，镜川人。洪武四年辛亥吴伯宗榜。历汝宁同知、太平知府，所至著廉能声。有诗集。

王蒙塘岭人。洪武十八年乙丑丁显榜。监察御史，终都督府^{〔六〕}断事。

戴信式之族。登制科进士。官监察御史、四川按察司佥事。

李茂弘长屿人。永乐十三年陈循榜。详"宦业"。

郑弘范陈循榜。详"宦业"。

李匡宣德二年丁未马愉^{〔七〕}榜。详"宦业"。

林璧正统丙辰周旋榜。详"宦业"。

黄彦俊正统丙辰周旋榜。详"孝友"。

陈钝竹冈人。正统丙辰周旋榜。授稽勋司郎中。

林鹗纯之子。景泰二年辛未柯潜榜。详"名宦"传。

谢省景泰五年甲戌孙贤榜。详"节义"。

李璲天顺元年丁丑黎淳榜。匡之族孙。字崇信。历官安乐知州,南京刑部员外、郎中,升肇庆府知府。

黄孔昭天顺四年庚辰王一夔榜。详"名宦"。

林克贤成化二年丙戌罗伦榜。详"宦业"。

谢铎天顺八年甲申〔八〕彭教榜。详"理学"。

林凤字五道,白璧人。成化二年丙戌罗伦榜。官至工部侍郎卒。

邵诚字元侃,虞岙人。成化丁酉登乡试第四,辛丑王华榜进士。擢南京吏科给事中,弹劾无所避。弘治初上疏言三事,一曰省圣躬,二曰名黜陟,三曰广言路,词甚恺切。已而,迁光禄少卿,在职勤励。张东白元祯尝称其趋端操洁,不愧其官云。

戴豪孚从孙。成化十四年戊戌曾彦榜。见"文苑"。

林霄鹗从弟。成化十四年戊戌曾彦榜。见"节义"。

陈绮字于章,闸头人。成化十四年戊戌曾彦榜。授中书舍人,转工部员外郎。抽分芜湖,能举其职,迁郎中。仕终四川参议。

赵宽〔九〕字栗夫,松门赵卓之子。早丧母,随舅氏移居吴江。以南京乡榜,中成化辛丑王华榜进士,殿试二甲九名。历官督学,遂归原里。

黄俌孔昭子。成化丁酉科登乡试,辛丑王华榜进士。授文选郎中。见《文毅公传》。

徐宽迁江人,海宁县籍。浙江乡试,辛丑王华榜进士。官至工部主事。

叶凤灵字昌诏。初授新城教谕。课诸生讲解作文,具有程度,为督学苏公所重,常以自随,俾阅诸士子卷。聘典四川文衡,校阅精审。壬戌以例上春官,登康海榜进士。尝诣方石谢公,睹案上书籍,曰:"了此庶可以无负矣!"寻拜南京刑部主事。已而,丁内艰归,卒。子慎辑其奕世遗诗,共为卷。

陈进莞岙人,字崇志。弘治甲子科乡试,乙丑顾鼎臣榜进士。善属文,力追古作,谢文肃公甚器之,曰:"此不羁才也。"授崇安知县,未任,卒,士林以为憾。

戴颙豪从弟,字师观。正德庚午乡试第一,辛未杨慎榜进士。入翰林为庶吉士,拜吏科给事[十]中,劾奏光禄卿冯兰不职,直声著闻,在朝咸惮之。寻卒。所著有《倦歌集》《筠溪稿》,藏于家。

戴驳镛从弟,字允化。正德庚午登乡试,辛未杨慎榜进士。官大理寺评事。

叶良佩镜川人,字敬之,居暹之后。正德丙子科登乡试,癸未姚涞榜进士。仕至南京刑部郎中。详"文苑"。

曾铣号石塘,松门人,曾友云从孙。少孤,力学,淹贯古今。长赘黄邑,归居松门卫南城外。由嘉靖戊子应天乡试,登己丑罗洪先榜进士。累官大同总督。详"节义"。

赵大佑崇贤孙,号方崖。嘉靖丙午登乡试,乙未韩应龙榜进士。历官南京兵部尚书,太子少保,参赞机务。详"宦业"。

潘阳春字汝泽。

潘融春字汝明。

潘同春字汝休。

林守信号泰寰,白璧人,凤之后。万历丙戌唐文献榜。终抚州府知府。

林继祖丙辰钱士升榜。己未赴殿试,卒于易州。

谢邦荐号可文,省五世孙。万历戊午登乡试,己未庄际昌榜进士。历任上饶知县。时饶乡老欲筑坝为利,饶民以不便,群吁于公,公从民便,致忤权贵,因被谪温州教谕。既而,魏珰事败,起公为刑部主事。详"文苑"。

王士瑞字五生，汇头人。崇祯丁卯登乡榜，庚辰钦赐进士。任邵武县知县，升邵武府同知。详"文苑"。

校勘记

〔一〕郎中后原有"实"字，于意未合，当是衍文。今从《嘉庆志》删此字。

〔二〕郎，原文缺此字，据《嘉庆志》补。

〔三〕嘉熙，原文作"嘉定"。查《嘉定赤城志》"人物"，嘉定二年无进士榜。今据《嘉靖志》改。

〔四〕宝祐，原文作"淳祐"。据《嘉靖志》《嘉庆志》改。又据南宋进士榜，淳祐元年状元为徐俨夫，宝祐元年状元是姚勉，故应以宝祐为是。

〔五〕谢彦圣，《嘉靖志》《嘉庆志》俱作"蒋彦圣"。

〔六〕终都督府断事，"断事"前原有"历"字，疑为衍文，据《嘉靖志》删。

〔七〕马愉，原作"马榆"，《嘉庆志》作"马愉"，据改。

〔八〕甲申，原文作"甲戌"。《嘉庆志》作"甲申"。按天顺八年为甲申年。今从《嘉庆志》改。

〔九〕赵宽，《嘉庆志》卷十八"辨讹"认为应是吴江人，非本县人。

〔十〕给事中，原文作"给士中"，误。

乡　科

宋

丁复字子礼，温岭人。乾道乙酉科。官驸马〔一〕。

林伦车路人。天圣四年发解于州。官大理寺司直。

林胜字敬中，谷山〔二〕人。大中祥符二年己酉发解。未仕卒。

林哲庆历四年发解。

林泽字大恩，胜之从操〔三〕。大观二年戊子发解。官大理寺评事。

林应丑字子寅，乔年侄。咸淳三年发解。历官兵部员外郎。上疏攻贾似道，引病归。见"节义"。

毛仁厚鼎新之族。开禧三年发解。详"一行"。

丘伟泉溪人。咸淳六年庚午发解于州。未仕卒。

戴昺石屏之族。嘉定十二年发解,仕赣州法漕参军。

元

林玩字易之,仁本之后。至正庚寅科,授福建教谕。与潘从善为友。

潘伯修字省中,淋头人。仁宗三年省试第一。

明

洪伯恭泉溪人。洪武庚戌科。定远教谕。

朱中敏号荣轩,繁宗五世孙。洪武甲子登乡榜,授获鹿知县。文学鸣世。见《征献录》。

朱中美中敏弟。洪武甲子与中敏同登乡榜,任温州路通判。见《征献录》。

陈孟清汇头人。洪武丁卯科。晋府教谕。

鲍珙纪善原弘之子。建文己卯〔四〕科。广信通判。

李旸长屿人。永乐甲午科。仕终常德教授。

林纯字居粹,应雷之后。永乐甲午科,官湖口训导。淬励风节,得士子心。卒于官,诸生立祠祀焉。以子鹗贵,赠刑部侍郎。

林芊字廷嘉〔五〕,纯之族。永乐十五年顺天乡试,刑部员外,南安知府。

朱珽字子芳,中敏之子。永乐庚子科登乡试,任合肥县主簿,擢罗田县丞。

李诚匡之族。宣德丙午科。惠安教谕。

李睦匡之族子。宣德己酉科。未授官卒。

林昂璧之族。宣德己酉科。海州学正。

林谟茂弘子。正统辛酉科。苏州训导。

李会匡之族子。正统甲子科。安福知县。

林凤 昂之子。正统丁卯科。尤溪[六]教谕。

林偓 昂之子。景泰癸酉科。黎城教谕。

林挺 仁棨之后。景泰丙子科[七]。蒙城教谕。

戴孚 舜钦之后。天顺己卯科。盐城教谕。

李殷 匡之族。成化乙酉科。临湘知县。

彭俊 竹冈人。成化乙酉科。大名[八]同知。

彭昭 俊之侄。成化乙酉科。由温州府学中式。仙游知县。

张甫 枫林人[九]。成化戊子科。由温州府学中式。文词典赡,尝授经[十]谢木翁家。未仕卒。木翁志其墓甚详。

应纪 志和子。成化庚子科。见"孝友"。

陈辅 钝之子。成化庚子科。应天中式。安溪知县。

张克用 甫从子。成化庚子科。顺天中式。归德州学正。

邵恒 诚从弟。成化癸卯科。钧州学正。

戴通 字允儒,豪之父。成化丙午科。以国子生中顺天乡试。官娄州[十一]知州,未几,以休致归。公行不愧名,人咸称为长者。

戴镛 字允大,通从弟。成化丙午科。授六安州学正。敦尚节义,进汪立信于乡贤祠,表俞节妇之墓。未几,以御史荐升南京国子助教,会监丞缺,章祭酒徼公署其事。已而,竟迁监丞。诸生稍有过失,必绳以法。至有患难困乏,顾捐资赈助之。声誉籍甚,当道交章论荐,吏部拟迁提学金事,会公卒,舆论懊惜焉。

李珏 匡之族。成化丙午科。未仕卒。

李洪繁 匡之族。弘治乙酉科。

赵崇贤 字彦达,维石之后。弘治壬子科。授汀州训导。善迪士类,历升六合知县、广德知州,调道州。所至有惠政。已而,谢事归。自号次山。论者曰:"赵公其有后禄[十二]乎?位不满德。"今从祀乡贤。

李亨 匡之族。弘治[十三]甲子科。晋江教谕。

戴特 字师唐,通从子。弘治戊午科。授鹤庆推官,调武昌府致仕。

性惆惆无华,顾喜吟。所著有《萃同集》。

邵潚字怀源,泉溪人。嘉靖戊子科。仕崖州知州,历官山东德府左长史。辑《古贤王懿行事实名训志录》,王嘉纳之。后乞归祭扫,王赐诗壮行,云:"春日凝装驾紫骝,长亭柳色不胜愁。咨卿拜扫宜还早,莫待寒霜涉九秋。"所著有唐^[十四]陈伯玉、杜少陵诗注。

应元清志和从孙。嘉靖辛卯科。福建教谕^[十五]。

钟世给号星山。嘉靖辛卯科。未授官卒。

林悦凤之子^[十六]。嘉靖十三年甲午科。山东兖州府巨野县知县,升济南府同知。

叶恒嵩良佩从子。嘉靖丁酉科。历官大理寺评事。

赵大佶字世伏^[十七]。嘉靖己酉科。仕泸州知州。尚书季弟。

李梦云长屿人。嘉靖庚子科。

赵成孚嘉靖戊午科。石埭知县。

赵大伦嘉靖戊午科,登乡试第七。尚书从弟。

林贵兆字道行,号白峰。嘉靖庚子科。仕都昌令。未几,谢病归。详"理学"。

李廷洁字世与,号文池。万历丙子科顺天乡试。终高州府通判。

郭振民万历己卯科。仕颖上知县。详"孝友"。

金孚兑万历庚寅^[十八]科。历官曲江知县、端州府同知。详"文苑"。

沈一夔号木公。天启丁卯科。未仕卒。

任可受号松风,松门人。随父任广东,由广州郡学中己卯科。未仕卒。

朱元胤字长孺,号月岩,中立之后。崇祯癸酉科。官武强知县。详"宦业"。

校勘记

〔一〕驸马,据《嘉庆志》卷十八"辨讹",此驸马当为郡马之讹。

〔二〕谷山,《嘉庆志》作"谷岙"。

〔三〕从操,"操"字疑为"孙"字之误。

〔四〕建文己卯,原文作"洪武庚武"。"庚武"或为"庚戌"之误。然据陈汝元《浙江登科考》,鲍珙登乡试在建文元年己卯科。且建文年间无"庚戌",故当以己卯为是。

〔五〕廷嘉,《嘉庆志》作"从嘉"。

〔六〕尤溪,原文作"龙溪",误。据《嘉庆志》改。

〔七〕丙子科,原文无"丙"字,据《嘉庆志》补。

〔八〕大名,原文作"大明",误。据《嘉庆志》改。

〔九〕枫林人,王舟瑶《嘉庆太平县志注》引《浙江通志》,谓张甫"温州人"。亦见《永嘉志》。《玉环志》作"枫林人"。

〔十〕经,原文模糊,据《嘉庆志》补。

〔十一〕娄州,《嘉庆志》作"安州"。

〔十二〕后禄,原文作"厚禄"。据《嘉庆志》改。"后禄"谓泽及后代。

〔十三〕弘治,原文作"洪治"。据《嘉庆志》改。

〔十四〕唐,原文此字模糊,据《嘉庆志》补。

〔十五〕福建教谕,《嘉庆志》作"福安教谕、新安知县"。

〔十六〕凤之子,《嘉庆志》作"侍郎凤之侄"。

〔十七〕世伏,《嘉庆志》作"世服"。

〔十八〕庚寅,《嘉庆志》作"辛卯"。

岁　贡

宋

林基伦之族。元丰间由州学贡,升上舍。仕终朝议大夫、知徽州。

陈天祐泾岙人。乾道八年由州学贡,补太学生。孝宗视太学,赐迪功郎。

林敏伦之后。乾道八年补太学生。

林乔年_{宝庆八年贡。见"一行"。}

丘考_{字松之。常州教授。}

丘年远_{咸淳三年贡。未仕卒。}

明

许伯旅_{洪武初选贡。详"文苑"。}

朱中立_{中敏兄〔一〕。洪武初选贡,授钱塘教授。以文学鸣世。同见《征献录》。}

赵起潜_{迁江人。洪武三年选贡。官至监察御史。}

潘时显_{择可从子。洪武五年选贡。与许伯旅同升大学,试文华殿,居首。}

陈仲素_{蔡洋人。洪武六年,由生员荐试吏部,授东昌府范县知县。}

林远_{湖雾人。洪武八年岁贡。邵武同知。}

林澄_{字从渊〔二〕,芉从兄。永乐二年贡,授滨州同知。}

孔克炯_{江绾人。永乐十二年由乐清县贡。}

丘用孚〔三〕_{海之子。宣德二年贡,补太学生。}

金如璧_{水洋人。宣德四年贡,补太学生。}

叶傅_{字士充,莞田人。宣德八年贡,补太学生。}

叶儋_{字士赞,傅之弟。宣德十年贡,授延平训导。}

王纯_{字宗一。正统二年贡,授单县教谕,事具尚书秦纮墓志。}

陈时缄_{孟清从子。正统五年贡,为国子生,授苏州府同知。}

林寿永_{正统己巳贡,授宁国训导。}

林湛_{字居湛,璧从弟。景泰四年贡,授华亭训导。}

李庸_{匡之族子。由国子生授潜江县丞。}

金祯_{如璧族子。授广陵训导〔四〕,升崇明教谕。}

金弘祯_{从弟。由国子生授漳浦知县。}

叶培_{牛桥人。由国子生授陕州判官。}

高彝湖雾人。天顺六年贡,补国子生,授大名推官,转九江府。

金汀祯从弟。补国子生。

陈诞天顺七年由乐清县学贡,仕郓城县丞。

滕顺由温州府学贡。为国子生,授临安通判。

李爵庸族弟。成化五年贡,补国子生。

李铠成化七年贡,授上杭训导。

林膰霄之兄。授建平训导。

程匡成化十三年贡。授兴化训导。

李洪谟璲之族子。成化十五年贡,授分宜训导。

林世用鹗从子。成化十七年贡,授宁津〔五〕训导。

林保艾成化十七年贡。

吴隆成化十七年贡。襄乡训导。

黄伦字汝彝,孔昭从子。成化十九年贡,任休宁训导。有诗名。

高升字弘谧,号兑斋。成化二十一年贡,授吉水训导。善启迪,得士子心,学者尊之曰"兑斋先生"。

叶平字持正,修之子。成化二十三年贡,授永丰训导,迁萍乡教谕〔六〕,修《萍乡志》。

林元古循道,恺祖孙〔七〕。任常熟训导。尝捐资修先世经畬堂,置义田以教乡之子弟。戴参政豪记。

叶勉小溪人。弘治二年贡,授清河训导。

金魁字凤魁,如璧之孙。任六合训导,以母老乞归。详具谢文肃公墓志。弘治二年贡。

鲍衡迁江人。弘治四年贡。亳州〔八〕训导。

陈秉纯之孙。弘治四年贡,任颍州训导。

林保苪〔九〕弘治五年恩贡。

林世冕〔十〕璧之孙。

黄彦良彦俊从弟。弘治六年贡,任延平训导。

林天爵字进修,号惕若。授安吉府训导。以不善取容,致仕归。博览经史,好深沉之思,至不知饥渴寒暑。尝修县志。所著有《读易杂抄》《纲目补注》《雕虫集》《庸字备考》。

张积弘治十年贡,任政和训导。

陈熙弘治十二年贡,补国子生。

陈玙弘治十三年贡,补国子生。

谢鉴省从子。弘治十四年贡,任福州训导。

蔡克诚字惇夫。弘治十五年贡。自少有才名,能诗。授松溪训导。

李秠字洪亘。弘治十六年贡,补国子生,授雷州通判致仕。

叶胚字全卿,号颐斋,良佩世父。弘治十八年贡,任建宁训导。公有义气,喜救人之难。诸生李楠以被诬黜,公力白之上官,得复学。谢纯伯一有才名,公以五十金贷之,竟不取。考满归,遂不赴吏部。修大宗祠,命从弟谏、嗣子聘之辑《丛珠录》刊焉。所著有《颐斋存稿》。

叶凤岐正德四年贡,授梓潼[十一]训导。

李学字习之,号秋江。正德四年贡,授高邮州训导。有诗名,所著《燕石稿》《金坛集》。

林永字克宣,芊之孙。任宁国训导。事具林鹗墓志。正德六年贡。

陈孝民正德八年贡,任东阿训导。

叶凤翔正德十一年贡,授镇江训导。

李循规正德十一年贡,补国子生。

谢霄澄源父。正德十二年贡,授万年训导。

江蕃字存玉。正德十二年贡,任邵武训导。所著有《樵阳稿》。

吴泰字宗郭,温岭人。正德十一年贡。以《易》授诸生,有时名。任休宁训导。其族子之玟[十二],诸生,博通经史,善手书,温郡刺史刘公深礼重之。

张宗宥号逊斋。由选贡,授衢州府训导。

潘禄字洪量，号云塘。嘉靖二年贡，授福宁州训导，升莘县教谕。所著有《云塘初稿》。

曹宠嘉靖二年岁贡，仕广昌训导。

谢增字希高。嘉靖四年贡，授宁阳训导。持身端谨，未半载致仕归。士林重之。

毛宣号罗洲。嘉靖乙酉贡，任平阳掌教。

林应开字必先，昂重孙。嘉靖六年贡，任永宁训导。

高崇文字端实，升之子。嘉靖八年贡，任延平训导。

曹文檠嘉靖十年岁贡，补国子生。

赵恩号小山，崇贤子。嘉靖十一年补国子生，任广东高州府推官。

林文相嘉靖十二年补国子生。

叶良储字厚之，良佩弟。嘉靖十三年补国子生，任阳山知县。配飨昌黎。

钟世谦世给从弟。嘉靖十五年补国子生。

蒋超字天挺。少有才名，屡试未第。嘉靖十七年岁贡，授封川训导。

吴邦一隆之子。由乐清县学贡，授当涂训导。

彭牧嘉靖十八年贡，任□□〔十三〕教授。

翁秀嘉靖十九年贡。

钟世符字喈甫。弱冠居父忧，庐墓三年，馇粥饮水。由弟子员补国子生。所著有《兰竹稿》。

曹颐嘉靖二十三年岁贡，任福州罗源县训导。

丘植字元立，应辰之后。补国子生。

李儒绯字义甫，世符从弟。补国子生。

钟世昭秪之子。补国子生。

江象补国子生。

李季绮儒绯弟。补国子生。

陈治由序班升鸣赞。

鲍全禄都督右府训导。

丘元善海重孙。由教读任天津训导。

金凤应左都督府训导。

林阔〔十四〕鹗从弟。左都督府训导。

金凤昂如珙从孙。由教读任平章训导。

沈升号晓山,松门人。历仕国子助教。著《楚游稿》。

林贡号云江,团浦人。嘉靖戊戌贡,授九江彭泽主簿,升兴平县知县。

林应秀嘉靖二十年贡。

赵献夫嘉靖丙午贡。

王廷正〔十五〕字叔庄。嘉靖丁未选贡,授惠州〔十六〕教授。

陆良臣号海庄,松门人,任含山知县〔十七〕。

赵成愈字子抑,号韩岳,司马四子。隆庆二年选贡。历官常州别驾。

王慎号玉溪〔十八〕,大溪人。

丘云鹤隆庆戊辰选贡。

叶恒荫号方北。万历元年任缙云训导,历余杭教谕、乐安府教授、西江宁国府长史。

赵纯琼号亦山。万历元年恩贡,任邵武知县。所著有《南游稿》。

李朝文万历七年岁贡,任鄞县训导。

鲍大濩万历九年岁贡,授长兴训导。

蒋宗周号嵩山。万历十一年岁贡。

赵大亶万历十三年岁贡。

叶恒哲万历十五年岁贡,授温州府学训导。

戴梦松万历十八年岁贡,授安西训导,升德府教授。

林应祯万历二十年岁贡。孝友博学。宋端平间,其祖乔年筑沙堘二闸,应祯捐资重修,以备蓄泄,乡人德之。所著有《一斋稿》。

陈应荐号抱一。万历二十年选贡。初任兴宁县知县,有政声。邑民建"却金亭""去思碑"以颂之。升延平通判,进奉议大夫。所著有《粤游稿》《闽游稿》《尊乡录》。校阅《家礼》行世。先是,其亲戚没于京,有婢方娠,鬻于太学生家,待选知其事,以重贿赎婢与子还。人多高其义云。

赵大荫万历二十四年贡,任温州训导,升仁和教谕。

高振辉号兑斋,授宁乡训导。

梁大器号弘庵。性豪爽,善诗文。万历二十六年选贡,授通判,未仕卒。

赵志行万历二十八年岁贡。历官保定、兖州通判,阿迷州知州。

张士巍万历三十年岁贡。

赵成宣万历三十年恩贡。历官吴县训导、遂昌教谕。

王束万历三十二年贡,授长兴县训导,升长兴知县。

李逢春万历三十三年由府学岁贡。

李怀霆万历三十四年贡。历官慈溪训导、宁州学正。

张良守万历三十六年贡。历武义训导、湖州教授。

郑应畿万历三十八年贡。历官慈溪训导、当阳教谕,寻升衢州府教授,不赴,致仕归。

林凤翔万历四十年贡。初仕义乌训导,寻升沅江教谕,不赴。

谢澄然万历四十二年[十九]贡。兰溪训导、於潜教谕。

朱赞万历四十二年由临海县岁贡。

金元声万历四十四年岁贡。历安吉州训导、永康教谕。

姜士龙号太骧。万历四十年由府学恩贡。历官楚府长史。

陈文理万历辛亥贡。

陈所志万历四十六年贡,任青田教谕。

林元栋号中冈。万历贡[二十],授漳州训导,升湖州教授,楚府[二十一]

所著有《率士迩言》《六不斋稿》。

林天相万历选贡。

李风声万历选贡。

谢邦赉邦荐从兄。万历四十八年岁贡,任温州府教授[二十二]。

毛明葩[二十三]号太乙。泰昌元年恩贡。光泽[二十四]教谕。

赵玉号楚阳。

阮文钱号凤麓。天启元年恩贡。

叶梦麟天启二年由府学贡。

王云字尚德。

张君宠号锡蕃。宜春知县。

毛容民字受之。选贡,授太平府司训。

鲍彦著号未衷。天启三年岁贡。乐清训导。

赵志厚号完一。天启乙丑岁贡。

叶忱天启辛酉副榜拔贡。

钟化光天启七年丁卯岁贡。

邵舜选号梧溪。

林大节号萃田。

阮世济号冲含。崇祯二年岁贡。历官龙南教谕,升灵寿知县,未任卒。所著有《尊生居稿》。

牟廷献号鼎铉,松门人。

赵应聘崇祯甲戌岁贡,授南康教授。

赵师雍崇祯丁丑岁贡。

林国祉号泰阶。崇祯辛未岁贡。未仕。奉恩冠带,县令全鸿志请赴宾筵。

王汝度号披云,新河人。崇祯十二年拔贡。未仕。奉恩冠带,赴宾筵。

高大勋号圣猷。崇祯庚午副榜。

朱子光松门人。

梁赟号襄明，后峰人。

谢国梗石阡推官。

蒋大捷号俊公。崇祯庚午由台州府学贡，授松阳教谕。

金国鼎字叔夏，小溪人。崇祯乙亥贡，授霍山知县，未任卒。

蒋德鲸崇祯九年岁贡。

张廷楠号上木，寿鹏后。崇祯十五年由台州府岁贡。

胡来甫号云公。由台州府学贡。

林辫字又辫。滕家桥人。

陈叔乐号咏嘉。由县学贡。

国朝

赵景融字淡生〔二十五〕。顺治丙戌岁贡，授嵩县知县。

许鸿儒号象垣。顺治丁亥岁贡，授广西罗城知县。详"节义"。

季廷梁字剑庵。顺治戊子岁贡，授广东潮州府普宁知县，补山西太原兴县知县。

谢三锡字捷军〔二十六〕。顺治己丑〔二十七〕岁贡，授处州训导，更嵊县，升海宁教谕。

葛茂春字元夫。顺治庚寅岁贡。详"孝友"。

林士龙字钱水。顺治庚寅恩贡，授香河知县。详"宦业"。

钟骧字汝牧。顺治辛卯选贡。

林月人字即仙〔二十八〕。

叶凤鸣

罗锦

林茂广

刘应陛

何维容

赵师昆

梁楫字木公。

李晋锡字虞城。

谢国隆字复旦。康熙丙辰恩贡。

何天衢字松萝。康熙丙辰岁贡。

陈廷简字仁趾。康熙戊午岁贡。

谢于宣字来侯。康熙庚申岁贡。

林章字平伯〔二十九〕。康熙庚申由府学生岁贡。

林槐字雯汉。康熙庚申岁贡,辛酉廷试候选教职。

潘汝珺字充珥〔三十〕。康熙壬戌岁贡,本年廷试候选教职。

柯澳字竹三。康熙壬戌岁贡,癸亥廷试候选教职。

张仲字石云〔三十一〕。康熙癸亥岁贡。

邬琛字译来。康熙甲子岁贡。

陈梦雷字涵玉。康熙庚申监贡,甲子考授州同。

谢于蕃字来叔。康熙壬戌监贡。

按:科贡之特典,多以文重。或谓汉吏多醇,必考其德行,乃始量能而授,不专以文也。然虞廷敷奏以言,汉以对策擢高第,亦未始不以文为阶梯。国朝取士之典,视昔加广,而要以科贡为正格。岂科贡果足以重人乎?抑人之有以重科贡也?

校勘记

〔一〕中敏兄,原文作"中敏弟"。据《嘉靖志》《嘉庆志》改。

〔二〕从渊,《嘉庆志》作"如渊"。《嘉靖志》同本志。

〔三〕丘用孚,《嘉庆志》作"邱庆,字用孚"。《嘉靖志》同本志。

〔四〕广陵训导,《嘉庆志》作"东莞训导"。《嘉靖志》同本志。

〔五〕宁津,原文"宁"字下无"津",疑漏字。据《嘉靖志》《嘉庆志》补。

〔六〕教谕,原文作"教训",据《嘉靖志》改。

〔七〕孙,《嘉庆志》作"裔"。

〔八〕亳州,原文作"豪州",据《嘉庆志》改。

〔九〕林保苄,《嘉庆志》作"林世冕,字保苄"。

〔十〕林世冕,据《嘉庆志》,即林保苄。存疑。

〔十一〕梓潼,原文作"梓童",今改。

〔十二〕之斑,《嘉庆志》作"之挺"。

〔十三〕□□,此处缺二字。

〔十四〕林阔,《嘉庆志》作"林润"。

〔十五〕王廷正,《嘉庆志》作"王廷立,字庄叔"。

〔十六〕惠州,原文此二字空缺,据《嘉庆志》补。

〔十七〕含山知县,原文空缺前三字,据《嘉庆志》补。

〔十八〕号玉溪,《嘉庆志》作"字玉溪"。

〔十九〕万历四十二年,《嘉庆志》作"嘉靖甲寅"。按,万历四十二年亦为甲寅年,先后相差六十年。未知孰是。存疑。

〔二十〕万历贡,《嘉庆志》作"嘉靖己未贡"。

〔二十一〕升湖州教授楚府,《嘉庆志·人物·仕进》作"升湖州教授,擢楚府纪善"。

〔二十二〕教授,《嘉庆志》作"教谕"。

〔二十三〕毛明葩,《嘉庆志》作"毛鸣葩"。

〔二十四〕光泽,原文作"光宅",误。据《嘉庆志》改。

〔二十五〕字淡生,《嘉庆志》作"字邦经,号淡生"。

〔二十六〕字捷军,《嘉庆志》作"字怀甫"。

〔二十七〕己丑,《嘉庆志》作"丁酉"。

〔二十八〕字即仙,《嘉庆志》作"字敷五,号即仙"。

〔二十九〕字平伯,《嘉庆志》作"字俊升,号平伯"。

〔三十〕字充珥,《嘉庆志》作"字祥甫,号充耳"。

〔三十一〕字石云,《嘉庆志》作"字仲英,号石云"。

武科进士

宋

蔡镐淳熙二年蒋介榜。详"宦业"。

明

潘居敬嘉靖壬辰第四名。官至陕西都使司^{〔一〕}。

季金隆庆^{〔二〕}戊辰第三名。恢复朝鲜,累官至都督金事。

吴震嘉靖戊戌科。历官至福建副总官。

郝肇元万历癸丑科。累官至山东总兵。

季光浙万历庚戌科。官至参将。

季光汤万历癸丑科。官至都司金书。

方叔显万历辛丑科。官至狼山参将。

徐一鹗万历戊辰科^{〔三〕}。官至都司金书。

校勘记

〔一〕陕西都使司,《嘉庆志》作"陕西都司"。

〔二〕隆庆,原文作"隆兴"。按"隆兴"为南宋孝宗年号。据《嘉庆志》改。

〔三〕万历戊辰科,按万历年间无戊辰,恐误。《嘉庆志》作"天启八年戊辰科",亦误,天启年号只七年,戊辰已为崇祯元年。

武科举人

明

潘青嘉靖壬子科。

张光烈万历丙子科。以父荫,历官指挥同知。

丘陵万历辛卯科。官至守备。

张光显万历戊子、辛卯二科。以父元勋荫,官至都司。

季钺万历癸酉科。

葛钦万历丁酉科。

李孟隆都督超子。中丁酉科解元。官至临山参将。

陈荩臣试三科。官至乍浦[一]守备。

任国恩试三科。累官漕运都司。

罗万卷试三科。累官苏松总兵。

季光满天启丁卯科。

季元植崇祯庚午、己卯二科。

国朝

潘坤康熙丙午科。福州参将。

林廷显康熙丙午科。

顾玑康熙丙午科。

单文焕康熙壬子科。

武职

葛浩松门人。先世以军功袭指挥同知。倭寇入犯,公单骑入营,擒其渠魁。总督胡宗宪公特荐于朝,授以广西都金书。会广倭窃发,公入重地,生擒梁保,广寇悉平。遂迁广西都使司,寻升柳庆副总兵,乞休归。

陈元彬下陈人。由武资擢黄岩州判。

李趋松门人。以靖倭功,累官至南路参将。

李越以战功,累官至游击。

郝钟松门人。指挥金事。倭寇松门,公御敌,力保孤城。以功为当道所攘,自刎而卒。追赠龙虎将军护军。

沈元宠松门人。指挥同知。以军功,累官至永生州参将。

张邦弼仲轻孙。福建游击。

吴献忠松门人。指挥金事。闽贼犯都城,公奉调入援,遇贼死之。

崔经新河所百户。由参将中军随戚南塘征剿倭寇,历升江西赣州参将。

丘廷表新河所副千户。随张东瀛公,随征闽广有功,官至江西鄱阳湖都司。

林仲华随征剿大同有功,授锦衣卫千户。

孙景贤随汤国公和〔二〕筑松门城,授北直守备。

张光祖袭父瀛荫。海门指挥使。

江鳞跃大陈关把总,升台州卫千户。

校勘记

〔一〕乍浦,原文"乍"字模糊,据《嘉庆志》补。

〔二〕汤国公和,原文作"汤国和",漏"公"字。据《嘉庆志》补。

貤　封

宋

戴岩肖字应求〔一〕。以子良齐贵,赠朝议大夫。

丘荣字士钊。扈从思陵恩,赠汝州州判。

明

林廷谏字从节,邑庠生。以子璧贵,赠吏部郎中。

林廷赞字从参。以孙鹗贵,赠刑部右侍郎。

李寅恭以子璲贵,赠安乐州知州。

林友民以子芊贵,赠刑部主事。

谢性端名乾。以孙〔二〕铎贵,赠礼部右侍郎。

谢性全以子省贵,赠兵部员外郎。

谢世衍以子铎贵,赠礼部右侍郎。

林居正以子克贤贵,赠刑部主事。

邵能政以子诚贵,赠吏科给事中[三]。

陈穆以孙璋贵,赠侍郎。

陈恺以子璋贵,赠侍郎。

陈伏嘉以子绮贵,赠工部郎中。

叶钊以子良佩贵,赠刑部主事。

赵相以子大佑贵,累封刑部尚书。

谢叶然以子邦荐贵,赠知县。

叶朝紫以子梦星贵,赠征仕郎,进阶大夫,南京虎贲左卫经历。

季世托[四]以子彦守贵,赠藩司正理。

金渊泉[五]以子孚兑贵,赠文林郎。

陈朝宾以子应荐贵,赠文林郎。

校勘记

〔一〕应求,按"理学"《戴良齐传》末载"从子应雷、应发皆为显官",不应其父字应求。疑有误。

〔二〕孙,原文作"子",误。

〔三〕给事中,《嘉庆志》作"给事"。

〔四〕季世托,原文无"世"字,据《嘉庆志》补。

〔五〕金渊泉,原文作"金涸泉",据《嘉庆志》改。

荫　叙

宋

林诜伦之后[一]。崇宁五年,以父荫,授右迪功郎、衡山主簿。

徐照似道之子。以父荫,授建昌通判。

黄孝以父荫,授观察通判。

黄厚孝之子。荫授忠翊右职,迁统领。

明

林薇[二]以父鹗恩，官寿州同知。

林菲以父霄恩，官授光禄署丞。

谢必祚以祖[三]铎恩，荫国子生。

谢适然以曾祖铎恩，授抚州通判，延平同知。

林怡以父凤恩，官晋安[四]通判。

陈袯以父璋恩，官光禄署正。

赵安妥[五]以父大佑恩，历官庆远知府。

谢天纵以高祖铎恩，补监生，授吏目。随征苗民有功，超升通判。

按：汉外戚及公主为子求郎于明帝，帝以郎官上应列宿，不许，卒赐钱千万缗。古人慎于命官如此！然则张安世、李德裕，宁非任子乎？功业在人，未可概以荫叙没也。《春秋》讥世□□[六]讥其人耳，贤者固不少也。

校勘记

〔一〕伦之后，《嘉庆志》作"伦之子"。

〔二〕林薇，《三台诗录》作"林保薇"。

〔三〕祖，原文作"父"，误。据《嘉庆志》改。

〔四〕晋安，原文作"进安"，据《嘉庆志》改。

〔五〕安妥，《嘉庆志》作"成妥"。

〔六〕□□，此处模糊一字，空缺一字。

童　科

詹会龙范岙人。建炎间，与同乳弟桧龙同召见，年甫五岁。时外省献果，上分赐之，曰："一盂果子赐五岁神童。"对曰："三尺草茅对万年天子。"上大异之，拟补从事郎，以其幼，未任，赐还。未几卒。后弟桧龙及长,授通判,令其里号神童门,而遗址犹在。

汪神童未考。

戴颜老子荣之子。生而秀骨奇姿。比及周,父循俗,修试儿故事,罗书籍玩具[一]果餖于庵,颜老顾盼无所取,独拿《礼记》一帙,披卷若诵读然。稍长,口授以书,两耳兼听,日记数千百言。七岁能诵五经,举止应对俨若成人。十岁善属文,思如涌泉。王帅干懋卿试以数题,捉笔辄就,懋卿称赏不容口。嘉熙元年丁酉,参政危公嘉其俊异,举神科第一。年十三卒。

按:前史所载,陆士龙六岁能属文,与兄机齐名,世人多以龙驹凤雏目之。今观会龙兄弟及颜老,古今人未始不相及也。乃天既付之以才而不永其年,何欤? 善乎! 杜清献之言曰:"神童宜以经史薰浸而茂悦之,以需其成。慎勿使早知名,揉扼其心志也。"其至言哉!

校勘记

〔一〕玩具,原文"具"字难辨,据《嘉靖志》补。

杂　选

署　丞

邵冲潏之父,字尚霄[一],号思养。以府掾进京,从镇朔大将军太师保国公事征伐。擢簿鸿胪,□[二]初考绩,领敕。进阶修职郎,迁光禄署丞。

林浩光禄寺,赐一品。

翁朝臣鲁府审理。

州　同

张特琅岙人,号节斋。正德间授河南邓州同知。

程授恩德庆。敕赐诰命。

州　判

张清

叶梦星历晋阶征仕郎。四川雅州。

张允邹琅岙人。宋郴州。

李必选徐州。

刘玉

邵世昌

经　历

张旗手卫。

应璁[三]

翁良瑞宽河卫。

王在京左卫。

丘世冕辰州卫。

邵应潮京卫。

曹凤沼泽库人。

陈士茂由江西星子县主簿升。

程大殷长沙府茶陵卫。

张禹鼎北京留守卫经历。松门人。

吴君茂

知　事

王湍夹屿人。德州。

陈世元松江府。

王德玠南宁府[四]。

县　丞

陈瑞

朱正琳

丘亮号君寅。由王府典宝升。

董凤鸣武清县[五]。

娄濂[六]连城县。

张世鉴永安县。

翁朝盈遵义县。

林凤声平原县。

丘九思

阮士献

丘必亨

程舜望宜良县。

照　磨

叶承运池州府。

林雁石

陈廷略澄江府。

潘鸣夏东莞[七]县。

陈直美

王德修同安县。

陈守缉新会县。

主　簿

林昕

张滨

季友

张汉

周光祖

王廷恩

林遇春潜山县。

章崇邦^{〔八〕}松江县。

瞿瞻云景陵县。

陈克琬广西藤县。

王朝政松滋县。

王廷翰昆山县。

李子海齐东县^{〔九〕}。

程舜卿藤县。

林承春渑池县。

林友云凤阳县。

李安信

吏　目

赵木

许朝倩湖广。

胡之显

许明侯广西左州。

孙弘^{〔十〕}

陈寿卿武站州。

陈谷峇坎头人。

陈正言

陈汉章

吴楚秀

丘邦习

典　史

王恒

丘仁

林凤

陈恩

黄浩

李洪浩

陈洪

林子俭_{寿光县。}

叶宗

林朝序_{朝城县。}

石承宠_{儒文县。}

金庆

林勤

张寿_{松溪县。}

叶澄_{东乡县。}

谢龄

胡恩

张邦赞

严兴法_{麻城县。}

蔡鉴之_{宝应县。}

金大显_{通江县。}

项从

董良工_{宁杨县。}

王天沐_{广西博白县。}

俞世明_{高安县。}

陈茂亨_{光泽县。}

潘廷禄_{东乡县。}

李思宪

丘必盛_{上杭县。}

江应时

巡　检

丁伦

孙玉

金龙

潘从朴同里司。

祝兴化

李大璧江西大庾司。

林承立山西。

孙明达江淮司。

张光濬金子矶镇。

金允华

谢天表漳州古雷司。

曹凤相广东黄塘驿升。

大　使

陈文俊

叶守正

陈诚

林钦

丘承周

丘秩

林承瑞京库。

孙继常脏罚司。

丘国英襄阳府仓。

董万祯象山县仓。

王汝为闽安镇。

蔡宗琏_{漳州府}。

金永谨_{夔州盐课司}。

林仲猷_{御马仓}。

蒋蓬湖_{北京}。

蒋大宴_{北京}。

林凤_{凤阳府一仓}。

程希钦_{沙河左仓}。

陈尚浩

儒　官

郑辕_{芳杜人}。

丘京资

省　祭

林子信

陈鸣时

林大芬

林之余

林承曹

王国泰

石承柬

林承琅

张廷凤

王兴统

夏元佐

林承周

夏亨杰

林恒雍

丁恒熙

李忠

丁邦岐

郭朝璧

翁大迁

金大盛

滕云蛟

胡文习

李宗周

李宗表

张逢亮

丘扬

王尚朝

张中勤

狄世郁

孔弘恭

伍文霄

丘弘允

高郡

程舜卿

陈国标

陈希恩

叶元汗

陈国聘

江宁

陈大化

林国佐

李彦卿

彭克彦

丘兴宇

曹嘉取

按：明经科第，为选举盛典。然观古人，有功曹橼史而位列通侯者，有啬夫亭长而上殿对仗。亦论其人何如耳。呜呼！此流品资格之说，未可限才谞之辈也。

校勘记

〔一〕字尚霄，原文无"字"字，据《嘉庆志》补。

〔二〕□，此处模糊一字。

〔三〕应璁，《嘉庆志》作"应聪"。

〔四〕南宁府，《嘉庆志》作"南京府知事"。

〔五〕武清县，原文作"武清清"，误。

〔六〕娄濂，《嘉庆志》作"娄廉"。

〔七〕东莞，原文作"东苑"，误。据《嘉庆志》改。

〔八〕章崇邦，《嘉庆志》作"章宗邦"。

〔九〕齐东县，《嘉庆志》作"山东齐河"。

〔十〕孙弘，《嘉庆志》作"孙宏"。

太平县志卷之六

人物志

《人物》志何？表之以树化也。有其地，斯有其人。然人传而地亦传，岂非地以人重哉！旧志编年杂序，兹则别例而记之。理学、宦业、忠节、孝友，各为一书，其他亦以类见，使尚论者得次第而备稽焉。作《人物志》。

理　学

宋

林鼐字伯和，太平乡人。乾道八年进士，授奉化主簿。有中贵人将入境，县令使摄尉以杂戏迓于百里外，鼐曰："吾性不好戏，且略吾地，无以迓为也。"竟不迓。改定海丞，郡令受租税，纵民自概量，吏不得为奸。与弟叔和俱受业于朱子之门。晦翁荐修水利，谓其通达谙练，为众所称。知侯官县。侯官俗淳，鼐宽以抚之，民服教令，终日寂寂，木阴满庭，邑无讼者。果决不回，不以声色徇上官。至有怒拍案者，从容报答之，不少屈。上官欲中以罪，访民间，闻颂声而止。迁筠州〔一〕判，未行，卒。叶水心志其墓。次子仲谋为隆兴司户，有名。

林鼐字叔和。叶水心一见即定交焉。后之四明，与沈焕、舒璘、杨简、袁燮友善。因言象山陆氏之学，走上饶求之，意见差异，竟受业朱子及赵师渊、杜烨，皆以学行称。学者多从之，尊曰"草庐先生"，表其居曰"景贤坊"。

戴良齐字彦肃,泉溪人。嘉熙二年进士,累官秘书少监。景定初,转对,奏祈天永命四事,一曰惩奸,二曰劝贤,三曰保民,四曰理财。已,又进君臣交修之说。言词凯直,帝嘉纳之。以古文名,尤精性理之学,所著有《中说辨妄》《通鉴前纪》《曾子遗书》《论语外书》《孔子年谱世谱》《七十子说》。林公辅《答徐始丰书》有曰:"当今经书虽皆具完,而《礼经》独为残缺,加以汉儒之记有不纯者,乡先哲戴少监尝力为之辨。吴文正公师之,得其说,于今未大行也。"观此,则其学之源委可见矣。谢文肃赞曰:"景定何时,安坐以戏。敌之方张,如火必炽。谁其忧国,永命祈天。我拜公疏,涕泗涟涟(二)。惟公之学,最深者《礼》。远淑诸人,曰吴澄氏。峨峨孔庙,俎豆以陈。公心不愧,父子君臣。泉溪之南,其流浞浞。逝者如斯,君子之泽。"从子应发、应雷,皆为显官。

元

盛象翁字景则,三溪人。公生宋季,尝从车玉峰、黄寿云游,得渊源之正。士人游其门者接踵。因其所居与圣水山近,遂尊之曰"圣泉"。延祐间,由荐辟官平阳、汀州路教授,聘典江浙行省文衡。识陆文奎高古之文。仕终昌国判官。所著有《易学直指本源》《圣泉文集》。从祀乡贤祠。

明

郭槚字德茂,号畅轩,提举晞宗后。提举生正肃公磊卿,尝从朱子游。与(三)方山、南湖二杜公为友。从子勉中,得诸家庭师友之间,学有委源。其子友直,孙敏夫,咸以儒世其家。公,敏夫子,从世父宽夫迁邑之松门山(四)。少勤问学,比壮,特有所悟。燕居独处,衣冠修整,率危坐终日。平时之所涵养,专用静中工夫。言动酬应,一循乎礼。邑士人多从之游,公教其先收放心,曰:"收得放心,方见吾道端倪,即圣贤言语皆有归着。"又曰:"学者若不惩忿窒欲,则自家都坏了。此是大切要处。"敏夫既没,兵荒不克葬者十余岁,公茹素抱戚,未尝破颜。迄葬已,始饮酒食肉。母杜氏患病,公衣不解带,亲为沃面澡身,浣垢涤清。凡六越月,手指湿烂成疹,终不以人代。洪武初,御史李时可荐授饶阳知县。饶阳隶真定之晋州,赋役繁重,公为均赋平役。设有上官令非其令,公力为争,民大德之。

满一考,上京,会其从兄犯罪诛,公亦坐免。归,逻者察于途,搜箧中,惟所著《易说杂评》《畅轩稿》数十卷及爪发一束。以闻,上嘉其清,赐纱幞、银带、宝钞以旌之。既归,号台南兀者。六十有二卒,门人私谥之曰"贞成先生"。从祀乡贤祠。谢文肃赞曰:"我台之学,考亭是宗。孰知而见,曰正肃公。公后百年,实奋以嗣。家学之深,有源有委。愤世道降,力起而更。饶阳之政,兆足以行。泽止而卑,曷以天下?於呼先生,台南兀者。"子熙,博学笃行,叶拙纳士冕尝从之游。从子煜,字元亮,以荐任新安训导。所著有《尚书该义》十二卷,为世重。孙玮,能诗,辑《郭氏遗芳集》刊焉。

　　谢铎字鸣治,号方石,贞肃从子。天顺己卯乡试第二名,甲申登进士,入翰林,授编修,奉旨校勘《通鉴纲目》。丁亥修《英庙实录》,迁侍讲。每经筵进讲,必尽言无讳。以外艰归。服阕,谢病不起。弘治初,台谏交荐,征修《宪庙实录》。擢南京国子祭酒,以身为教。上疏请增杨时从祀,黜吴澄。其他若择师儒、慎科贡、广载籍,诸论列尤多切要。寻擢礼部右侍郎掌国子祭酒事,力辞不得,始就职。请增号舍,修学宫。又出夫皂顾役钱,买地以拓庙廷,置官廨数十区居学官以省僦直。诸生有贫而无归者,咸赈给之。又请别祀叔梁纥,以曾皙、颜路、孔鲤配,用齐圣不先父食之义[五]。又修《历代通鉴纂要》。迄,乞致仕,不许。后乞归养疾,疏凡五六上,始许之。正德庚午卒于家,赠礼部尚书,谥文肃。公天资纯粹,动师圣贤,虽官崇阶,疏食饮水,不异寒素。居家孝友,凡俸赐尽给诸弟侄,置义田、书院田,构墓庐,以合宗族。其立朝建白,皆酌古义,持独见,未尝有徇俗希人意。论者谓其德业无让薛文清。及晚岁,日以著述为事,诗文自成一家,不为绨绘钩棘语,有《桃溪集》《续真西山读书记》《闽洛渊源录》《元史本末》《宰辅沿革》《明朝名臣事略》《尊乡录》《赤城新志》《论谏录》《祭礼仪注》行于世。从祀乡贤祠。

　　林贵兆字道行,号白峰,团浦人。领嘉靖庚子乡试荐。厌俗学纷靡,专务穷理。深慕薛文清、陈白沙之为人,而以生不同时为恨。闻郡城提学金一所先生唱道于东浙,往从之,常以心性名节相砥砺。后授江西都昌令,茹檗饮水,清风两袖。时权势当朝,大小竞效趋附,公笑曰:"我岂能为若作鹰犬耶!"即日解印绶去。行李萧然,父老涕泣留之,公别以诗曰:

"湖边植柳维官骑,柳未成阴官已去。殷勤父老莫留衣,旧瓢曾挂衙前树。"又云:"时艰无计缓征输,一夜忧民鬓已丝。唱断《南风》人不和,空留春色到棠枝。"士民思慕,立祠。复呈入名宦祠祀焉。给事梁梦龙以守道执法题荐于朝,公竟高卧不起。著书乐道,结社讲约,为时砥柱者三十年。乡人化之,称为仁厚之里。年八十二,无疾而终。门人私谥"文贞先生"。所著有《四书申解》《易经申义》《正志》《近说》《大学困知录》行世,有《识知》《齐治》《五伦礼》诸编藏于家。

按:理学之传,独盛于宋。后之学者,于考亭尤折衷焉。南迁以来,讲道授业,游其门者几遍江浙,而伯和兄弟首得其传于台左,嗣而戴少监、盛圣泉诸人,相与延续不衰,岂非作述之功有不可磨灭者乎?伯和兄弟尝与友人论象山之学,意见不合而去,然则朱陆洵异同哉!畅轩学专主静,或谓其教似陆,及观濂溪已有蒙艮主静之说,先儒未始不异流而同源也。谢方石、林白峰,人咸以薛文清、陈白沙拟之,洵乎理学之有渊源也。

校勘记

〔一〕筠州,《嘉庆志》作"均州"。

〔二〕涟涟,原文作"涟连",依《嘉庆志》改。

〔三〕与,原文作"于",误。

〔四〕松门山,《嘉靖志》《嘉庆志》并作松山里。按松门山与松山里相距甚远,考之诸志,似当以松山里为是。

〔五〕齐圣不先父食,语出《左传·文公二年》。齐圣,指孔子。原文空缺"先"字,据《左传》改。

名　臣

宋

王居安字资道,方岩乡人。登进士第三名,授徽州推官,后授江西提刑司干官。使者王厚之厉锋气，人莫敢撄，公遇事有不可□〔一〕平，立面争不少屈。入为国子博士，首言人主当以知人安民为要。改司农丞，知兴化军，召为秘书丞。转对，论疆场事称旨，迁著作郎。韩侂胄之诛也，公实首赞其决。明日，擢右司谏，极论侂胄奸邪窃柄误国之罪，请肆诸市朝以谢天下。右丞相陈自强愧怅朋比，乞追责远窜，以为为臣不忠之戒。初，侂胄欲钳天下之口，使不议己，太府丞吕祖俭以直言谪死，布衣吕祖泰亦以直言流远郡，公皆奏请明其冤。又疏言："元凶既歼，正当更化之时，若用人稍误，是一侂胄死，一侂胄复生也。"会赵彦逾与楼钥、林大中并召，公言："钥与大中用，天下苍生之福。彦逾始以赵汝愚不屑与同列，遂启侂胄专政之谋。汝愚斥死，彦逾之计居多。陛下乃使与二人同列，不几邪正并用乎？非所以示趋向于天下也。"疏已具，有微闻者，除目夜下，迁起居郎、崇政殿说书。公为谏官才十八日。既供职，即直前奏曰："陛下特迁臣柱下史，岂非欲使臣不得言耶！二史得直前奏事，祖宗法也。"遂极论之。又言："臣为陛下耳目官，谏纸未干，既以忤权要徙他职，不得其言则去，臣不复留矣。"帝为改容。御史中丞雷孝友论其越职言事。诏夺其官，太学诸生有举幡乞留者。四明杨简邂逅于山阴道中，谓此举吾道增重。江陵项安世致书云："左史，人中龙也！"逾年，复官知太平州，徙知隆兴府〔二〕。已而盗起，罗世传为首，势甚张。会江右〔三〕李元励〔四〕之兵亦起，列城皆震。朝廷忧之，以公为帅，督战于黄山，大胜之。贼惧，走韶州，势日促。遂命公节制江池。公召土豪问便宜，皆言贼恃险不可破，公曰："吾自有以破之。"会元励执练木桥贼首李才全至，公厚待才全而赏元励，众皆感激。罗世传果疑元励贰己，遂交恶。公语都统制许俊曰："两虎斗于穴，吾可成卞庄子之功。"已而，世传袭元励，擒之以献，磔于南门。元励既诛，世传自负有功，益骄蹇，名效顺而实自保。许俊请班师，公不许，俾因堡壁〔五〕固守。居无何，世传果与兄世禄俱叛。公密为方略，遣官兵合围之。世传自经死，斩首以徇，群盗次第平。公之在军中也，赏厚罪明，将吏尽力，始终用计，以贼击贼，故兵无伤者。江右尸而祝之，刻石纪功。徙镇襄阳，以言事罢，闲居十有一年。嘉定中，与魏了翁同召，迁工部侍郎。时方受宝，举朝皆动色相贺。公入对，首言："人主畏无难而不畏多难，舆地宝玉之归，盍思当时[六]所以失。"言极切至。居数年,以宝谟阁待制知温州,升龙图阁直学士,转太中大夫提举崇福宫。卒,赠少保。《宋史》与李文清宗勉[七]同传,史论曰:"居安宅心空明,待物不二。"又曰:"扫除群邪,以匡王国,其志壮哉!"自号方岩老圃,有《方岩集》。今从祀乡贤祠。叶海峰赞曰:"甚矣哉!直道之难容也。公为司谏,攻去韩侂胄,可谓有功于国,以忤执政,竟罢去。已,又剿除群盗,功亦不细。迄无厚赏,又罢去。居闲十有一年,始召入为侍郎。自后虽风度凝远,然侃直[八]之气亦少衰矣。是知容养枝圣[九]为子孙黎民计,厥在乎上之人哉!"

明

林鹗字一鹗,号畏斋。登辛未进士,明年拜监察御史。时朝廷方重台谏,一时言事之臣,率以捃摭细琐,或过其实。公独持大体,有言必当其实。由是掌院萧都宪举公看详奏牍,士论推重。景泰末,监京闱试,大臣有私其子者,公与刘学士俨坚执不从。比揭榜,有同邑人林挺名,乃逮讯,欲以连公。既而知挺非同宗,事乃已。英宗复辟,诏选良二千石,于是以公出知镇江府。召见面谕,赐食,兼给钞为道里费。比至郡,举偏补弊,与民更始。漕使以孟渎河漕多险,奏欲别凿七里港,引金山上流通丹阳以避之,巡抚崔恭是其议。将兴工,公曰:"七里港接故河几四十里,坏民田庐坟墓无算,且并山石多,功难成。接七里港之东有京口闸、甘露坝,皆漕河故迹也,浚而通之,抵故河便。于是崔以其言再疏于朝,上从之。寻以荐调苏州,治苏如镇江。苏故健讼,公曰:"图圄之设,正[十]为尔辈!"乃故淹之,狱不为理,久而讼简,民亦革心。公于是诣学宫,进诸生讲业校文,府庭肃静,若无事者。御史李晟行部至,公迎诸郭门,不跪,李颇衔之。或谓李曰:"林某非俗吏也,第善遇之。"成化初,迁江西按察使。会有犯大辟赂达官求生者,公屹不为动,其狱遂定。已而广右寇起,行劫赣之龙南、信丰,势张甚。公调兵约武帅兼程往剿之,寇闻遁去。广信民有妄传妖神者,立置其首于法,妖乃止。又尝访陆象山、雍虞公诸先儒之后,命有司存恤之,进其可教者于学宫,民咸感劝。已而进右布政使,逾年转左使。以岁饥,奏减常赋十五万石。寻召为南京刑部右侍郎,后改北京刑部。持法平正,屡与同官者忤,权要请托,一无所徇顾。抱疾犹治事如常,已而卒。

上遣使谕祭,仍给驿归葬。图籍之外,囊橐萧然。谢文肃曰:"官至三品,而家无百金之积,产无一亩之增,古之所谓居官廉,虽大臣无厚蓄者,公真其人矣。"公貌庄重,眉目秀伟,人望之耸然。平居对妻子无惰容,见小吏必束冠带。暇辄危坐阅书史,临古帖作楷书,夜分乃止。五鼓辄起,以为常。自奉俭薄,事母程氏至孝。母性至严,或少忤即大怒,公跪请,移时乃已。彭公从吾有言:"林侍郎之好礼,其严足尚也。"详具《名臣录》。祀乡贤祠。

　　黄孔昭字世显,号定轩。世居邑之洞山,后迁居旧邑之西。与谢肃为莫逆交。由乡荐,登庚辰进士,擢工部屯田主事。号浊曹,公持以正,遂为同僚所怨,嗾恶吏诬奏之,而公誉益起。调吏部文选郎中。在职守法处例,不市恩,不卖直,凡所举措,人莫敢干以私,即上之人或受干请,亦恒以公为解。每一贤进则喜,不肖不退则戚戚然忧。后先在文选者率骤迁改,否亦辄败,惟公得考满,人以为难。升右通政。又五年,擢南京工部右侍郎,署部事,澡剔宿弊,如恐不及。先是,沿江诸郡芦洲咸属工部资营缮,率为豪势所侵,公稽籍,悉归之官,专委属官董其入,著为令。节量诸费,除借办商贾所逋钱数万缗,俾不至荡产,民甚德之。有诏令大臣举堪任方面官,公举知府樊莹及致仕金事章懋,时称得人。公去吏部久,人益思之。尝两以吏部荐,不果用,然物论在,人皆以钧衡望之。所著有《定轩集》若干卷。后嘉靖追赠礼部尚书,谥文毅。从祀乡贤祠。

　　按:台垣铨部之官,朝廷气节廉隅之所自出。当光宗绍熙之际,朋邪窃柄,资道奋劾侂胄、自强之奸,申汝愚、祖俭之忠,可谓不愧台谏风烈。林一鹗为御史时,独持大体,品亦不在资道下。孔昭职司文选,守法奉公,莫干以私。昔吴玠仕魏为东曹椽,所举皆清正,若黄定轩者,岂其人哉!宜三世钧衡,时论以清望归之也。

校勘记

　　〔一〕□,此处模糊一字。

〔二〕隆兴府,原文作"阴兴府",据《嘉靖志》《嘉庆志》改。

〔三〕江右,原文无"右"字,据《嘉靖志》《嘉庆志》改。

〔四〕李元励,原文此处作"李元勋"。据下文及《嘉靖志》《嘉庆志》改。

〔五〕堡壁,原文作"壁壁",据《嘉靖志》改。

〔六〕时,原文作"睦",据《嘉靖志》改。

〔七〕李文清宗勉,即李宗勉。南宋理宗时左丞相,谥文清。原文作"李文清宋勉"。据《嘉靖志》《嘉庆志》改。

〔八〕侃直,《嘉靖志》作"鲠直"。

〔九〕枝圣,《嘉靖志》作"技圣"。指具有某种特殊品质或某方面特殊才能的人。

〔十〕正,原文"政",通"正",故改。后同此。

节 义

宋

陈宗字正夫。坚之子。理宗宝祐四年,侍御史丁大全既逐丞相董槐,益恣横用事。时宗为〔一〕太学生,与黄镛、陈宜中、林则祖、曾唯、刘黻上书攻之。大全怒,嗾御史吴衍劾之,削籍编管辽州,时号"六君子"。后竟以不善取容罢。

林应丑字子寅〔二〕,乔年之侄。咸淳三年发解,历官兵部员外郎。上疏攻贾似道,引病归。

元

林梦正字古泉,谷呑人。博学能文,与虞伯生、揭曼硕为友。以遗逸举为溧阳教授。未几〔三〕,蕲、黄贼起,古泉摄州事,州陷遇害,垂死,骂〔四〕不绝口。本县令立祠祀之。今从祀乡贤祠〔五〕。叶海峰赞曰:"林古泉,谅人也。仕元第学职〔六〕耳,顾以摄州事死封疆〔七〕。君子云:仕且摄焉〔八〕,而可以不死乎哉!林槐曰:"武城之曾子,□〔九〕去卫之子思,不可去古泉。教且摄,其死封疆也,折衷于二贤者,至矣!"

明

王叔英字原采。亭岭人。笃学力行。□□□□□[十]任仙居训导，升汉阳知县。有□□□□□[十一]孺召为讲官，议行井田，公遗书□□□□□[十二]而，公亦召入为翰林修撰，乃上□□□□□[十三]，曰务学问、谨好恶、辨邪正、纳谏诤、审才否、慎刑赏、明利害、定法制，皆援古证今，凿凿可行。且曰："高帝除奸强，如医者之去疾，农夫之去草。夫急于去疾，则或伤其体肤，严于去草，则或损于禾稼，固自然之势。然体肤疾去之余，则宜调燮其血气，禾稼草去之后，则宜培养其根苗，亦自然之理也。"识者知为经济[十四]远略云。永乐初，靖难兵起，公奉旨募兵广德。未几而成祖渡江，尚书齐泰来奔，公曰："泰贰矣。"令州人执之。泰至，告之故，乃释泰，图再举。已而，知事不可为，沐浴具衣冠，书绝命辞一首："人生穹壤间，忠孝贵克全。嗟予事君父，自省多过愆。有志未及竟，奇疾忽见缠。肥甘空在案，对之不能咽。意者造化神，有命归九泉。尝闻夷与齐，饿死首阳巅。周粟岂不佳，所见良独偏。高踪邈难继，偶尔无足传。千秋史臣笔，慎勿称希贤。"书其案曰："生既久矣，愧无补于当时；死亦徒然，庶无惭于后世。"遂自经而死。命道士葬于祠山之麓。夫人金氏死狱中，二女亦投井死。或上其所赋诗，上曰："彼食其禄，宜自尽心耳。"置□□[十五]。公别号[十六]静学，所著有《静学集》若干卷。杨文贞公士奇实公所荐，公既殁，文贞追题其墓曰："呜呼！故翰林修撰王公之墓[十七]。"申以言曰："先生学醇行正，子道臣道，终其身无一毫苟且。"又曰："先生之心，金石其贞；先生之志，霜雪其明。"建祠县治之东祀焉，今废。从祀乡贤祠。

林霄字克冲[十八]，鹗从弟。五六岁时号奇童[十九]。成化丁酉，中应天府乡试第七，连登进士。选入翰林，升刑科给事中。宪宗以其皙肤秀貌，言语洪亮，特赐一品服，出使暹罗。暹罗在海外几万里，人皆危之，公曰："君即天也。顾辱命是惧，何足危！"已而，至其国，竟以议相见礼不合，遂不肯宣诏。彼乃除馆于西郊，供张甚薄。公不屈，遂愤愤成疾死。后副使行人姚隆折节，获厚宴宝赂以归。上闻之，罢姚，诏霄子菲为国子生。其赠敕有曰："仗节不屈于蛮邦，结愤竟归于冥漠。"

国朝

许鸿儒松门人,号象垣。顺治四年岁贡,选广西柳州府罗城县知县。随征四载,缘兵燹城荒,土酋蟠踞。到任日,桂林失守,罗城孤立无援,被执不屈,骂贼而死。弟男五人俱遇害。事闻,敕赠广西按察使金事,遣使祭葬。其文略曰:"历潢池之起变,励臣节以弥坚,临难不屈,甘心殒命。"命府县两学祠祀,荫一子入监读书。

按:正夫与宜中俱以太学生上书言事,削籍投荒,靡有怼心。后宜中官至宰辅,誉颇不终,而正夫竟肮脏以没世。至似道,势方扇赫,子寅亦上书攻之。蕲、黄之变,林古泉以摄事捐躯,岂临难苟免者比哉!王静学与方逊志为友,革除兵起,舍生取义,皭然不滓,虽与日月争光可也。许象垣方莅任而能见危□〔二十〕命,其亦无愧先哲者乎!

校勘记

〔一〕为,原文此字残缺,据《嘉靖志》补。

〔二〕子寅,原文此二字残缺,据《嘉靖志》补。

〔三〕未几,原文"几"字残缺,据《嘉靖志》补。

〔四〕骂,原文此字残缺,据《嘉靖志》补。

〔五〕乡贤祠,原文"祠"字残缺,据《嘉靖志》补。

〔六〕学职,原文"职"字残缺,据《嘉靖志》补。

〔七〕封疆,原文"疆"字模糊,据《嘉靖志》补。

〔八〕焉,原文残缺,据《嘉靖志》补。

〔九〕□,此处残缺一字,疑为"可"字。

〔十〕□□□□□,此处残缺五字,《嘉靖志》作"洪武初,以荐"。

〔十一〕□□□□□,此处残缺五字,《嘉靖志》作"惠政。方正学孝"。

〔十二〕□□□□□,此处残缺五字,《嘉靖志》作"劝止之。已"。

〔十三〕□□□□,此处残缺四字,《嘉靖志》作"资治八策"。

〔十四〕经济，原文作"轻济"，据《嘉靖志》改。

〔十五〕□□，此处残缺二字，《嘉靖志》作"置不问"。

〔十六〕公别号，原文此"公"字模糊，据《嘉靖志》补。

〔十七〕呜呼！故翰林修撰王公之墓，此句中"呜呼"二字疑为衍文，"王公之墓"，《嘉靖志》作"王公原采之墓"。

〔十八〕克冲，原文"冲"字模糊，据《嘉靖志》《嘉庆志》补。

〔十九〕鹗从弟，五六岁时号奇童，原文此数字隐约可见，但不甚清晰，据《嘉靖志》《嘉庆志》补正。

〔二十〕□，此处模糊一字，疑为"捐"字。

宦　业

宋

蔡镐字正之，世居方岩乡之白山，富盛累世。至父待时，乃折节行义。淳熙二年，镐中武举，历武学教谕，终博士。孝宗谓周必大曰："蔡镐可喜，对朕语皆着实。缓急用之，亦不孤负人。"时有建议筑瓦梁堰，历地方四[一]百里，可为边防。镐力奏其不便，曰："是弃淮[二]西山外四州与盱眙也。且滁河两傍桑稻满野，民率成家计、长子孙矣，而又可鱼乎？"上悟，乃罢其役。先是，朱夫子为浙东常平使者，议建黄岩诸闸，荐镐可任。已而，朱子有江西之命，勾龙昌泰继之，镐与郡人谢敷经、陈纬、支汝绩经营其间，所建六闸，增三闸，皆攻致可垂永远。后世怀其德，乃建立先贤祠堂，祀朱子及罗适、勾龙昌泰，而以镐数人配享，元林昉为之记。从弟鉌，为江山佐；铅，为枢密检校；子淑，新宁令。咸有声称云。

王甸字伯俊，侍郎居安从[三]子。景定中，为桂阳军判官。寇至衡、永，桂阳且无城守，州守弃官走匿山中，军民惊乱。伯俊征知守匿所，夜追及之，力挽守出视事。众志及定，且立木城，除戎器，谕众曰："若有叵测，吾当与汝共死耳！"敌闻有备，竟不敢至。其精断如此，人谓有居安之风云。

明

李茂弘字用受，本林姓，乔年之后，以曾大父天麟后其舅氏李，遂以为姓。登永乐乙未进士，授刑部主事。勘狱闽藩，时称其有为有守。已而，擢考功员外郎，冰蘗之操，始终如一。辅臣尝欲荐之居禁近侍，或谓用受语言多南音，不宜近侍，乃止。已而当道交章论荐，尤为三杨学士所重。土木之变，李文达公谓人曰："往正统间，茂弘先生尝言可忧，谓君臣之情不通，经筵进讲文具而已，不过粉饰太平气象，未必可久。官满即抗章引疾去。乃今其言果验，智者见于未然，先生有焉。"又曰"茂弘为人恬淡，少许可，与人不苟合，而疾恶之心太胜，以故未至卿佐"云。《一统志》称公志尚澹泊，不慕荣进。可谓得生平之实矣。

林璧字贵璧，耕民孙。宣德丙辰登进士，拜精膳主事。出使广东，有司以土物致馈，一无所受。已而，以裁减官员免，还家。辛酉，聘主江右文衡，号称得人，彭文宪是其所取士。又明年，调祠祭主事，度天下僧道几万人，以廉著声。擢南京考功郎中，考核庶官，至公无私。未及引年即谢事去，士林尚之。公尝从族父艮斋游及乡先生程完、陈璲受业，学有渊源，为诗文有理致，士子多从之游。自号无逸先生。有《一枝集》《北游稿》。

李匡字存翼，长屿人。宣德丁未进士，授太常寺博士。迁御史，弹劾无所避。奉敕录囚陕右，减诛数百人，皆允当。寻出按江右，时有宦族子弟恃势暴横，公乃因民告诉，按治[四]如律，纤毫无所假。调四川兵备副使，平播州三郡，擢佥都御史，遂巡抚四川，许便宜行事。是年叙[五]叛，复讨平之。寻罢归且十年。宣府独石有惊，英宗乃起公视事。陛辞，赐宝钞以行。公至，奏增堡寨、广墩台、复屯田，御侮有方。朝降玺书褒美之，赐白金文绮。已而，以老致仕归。得赐诰命，赠父母如其官云。

谢省字世修，号愚得。登进士。天顺初年，南京车驾主事，未几转员外郎。成化己丑，迁宝庆知府。至，首与神誓，悉推堂食钱为公用，大书真西山"四事""十害"为僚属戒，条民隐十四事请于上，次第罢行之。春秋时行郊野，察民不足，给牛种以千百计。教妇女纺绩，斥淫祠以为社学。会计郡储积可支五年，乃选学宫子弟教之府，乡村之社学，皆得以饩食于公。公暇，则课业讲文，诣社学正句读，行赏罚。已，又撮取朱文公《家礼》，并作《十勿诗》，俾民诵习之。其怙终不率者，则一裁以法，至黜县令二人，籍其赃以代民赋。由是境内肃然，皆望风相戒，不敢犯。会岷府奏欲徙建宫殿，檄有司议，公执不可。府中人行数百金，令有势力者来间，不为动。已而巡抚、都御史力主其议，公乃乞补外翰，不许，乞养病，亦不许。比三年考满，至中途上疏径归，时年才五十有四。声誉籍甚，当道交章荐之，为清官第一。檄下郡县促公，竟不至。吏部或问其故，答曰："士方好进，吾当勇退以风之耳。"至公去，而岷藩之议行矣。宝庆人相与即学宫，立去思碑，巡抚吴公亦以其名荐于朝，盖清议之不容泯云。公归，囊箧萧然，田园邸舍一无所问，顾孜孜祠墓间，倡族人作会缌亭。朔旦必深衣幅巾，谒祖毕，即与弟子讲学，行乡约礼。复与二三布衣酌酒赋诗，里俗咸为感化。公早有诗名，博通经史，而尤深于《礼》。所著有《行礼或问》《杜诗注解》《逸老堂净稿》，板行于世。门人私谥"贞肃先生"。祀于乡贤祠。叶海峰赞曰："节义者，国之桢[六]也，四维赖[七]是以张。予思风厉同行，故每致意焉。然求如谢贞肃者，盖寡矣。"

林克贤字一中，号抑斋。少从李考功茂弘学，与侍郎一鹗实相师友。登成化丙戌进士，拜刑科主事，转员外郎，升福建按察司佥事。其在刑部，尽心狱事，不为顾忌苛刻。有阮成者，锦衣卫当以大辟，属公议。公知其冤，白尚书陆公曰："固知锦衣权重，然杀人以媚人，某勿为也。"陆悟，卒从末减。寻吏部诬王宗穰以投匿名书罪，宗穰之父渊尝以言官获谴，众曰："非林员外莫能辨。"遂以属公，卒得白。其在按察也，尤力振风纪。闽巡按御史某，公面质其过，日伺公隙不得，嗾无赖诬毁公，亦卒莫之浣。然竟坐是十年不得调。两为省闱监试官，御史欲以意黜陟人，公抗执不从。其坚于有守类如此。

戴豪字师文。弱冠中成化丁酉乡试第七名，连登进士。李文正得其卷奇之，以语谢文肃公。及廷试，冢宰尹公欲置之上第，而阁老万公以其文长难于奏读，遂置二甲之三，自是名动京师。拜兵部武库主事，迁员外，即擢职方郎中。公退，虽甚疲，亦手不释卷。升广东右参政，时年三十有六。未几，以疾卒，人嗟悼之。所著有《赘[八]言录》，文肃公序而传之。今从祀乡贤祠。

戴颙字师观，豪从弟。正德庚午乡试第一，登进士第八[九]，入[十]翰林为庶吉士，拜吏部给事中。劾奏光禄卿冯兰不职，章再上，竟降谪兰[十一]。武宗议南巡，百官伏阙谏且哭，大理寺少卿吴当喝令毋哭，君又上章劾之。由是直声著闻，在朝咸惮之。未几卒于官。著有《倦游歌草》《筼溪杂稿》，藏于家。

黄绾字宗贤，号石龙。孔昭之孙。幼颖异，攻作诗文。荫叙授后军都事。与王阳明、湛甘泉友。以病告家居。世宗嗣位，荐起南京都察院经历。时同张公孚敬、方公献夫辈议大礼，称旨，累升大理寺卿[十二]，改入翰林。修《明伦大典》，升詹事，充经筵讲官，寻升南京礼部右侍郎。时诸部院缺官，绾兼视五篆，一无废事。后摄领操江，严防御，谨盘诘，江盗屏息。转左侍郎，奉命抚勘大同功罪，计擒元凶三百三十余人，而一方难靖。还，知贡举。未几，丁内艰。服阕，以礼部尚书奉使安南，未行而罢。既归，犹屡上疏论国事，不报。平生博极群书，尤善经理世务，为海内名公所重。所著有《石龙集》《石龙奏议》《云疏稿》《经书原古》。从祀乡贤祠。

赵大佑字世胤，号方崖，州守崇贤孙。嘉靖甲午乡试，乙未登进士，授凤阳府推官，以敢问著声。荐剡四腾，擢升广东道监察御史，嗣巡按贵州。宣慰安万铨所为多不法，公械其党指挥张仁、李木毙诸狱。将按铨，巡抚刘某者纳铨周赇，使伪授甲而为移文诸司，公笑曰："大臣苟利社稷，死生以之，吾何爱一身！"更遣吏按之，铨即以其日囚服出就理。及为侍郎，奉命往勘伊藩，时严分宜当国，嘱公宽之。公至，则尽发伊藩不道事。分宜怒，遂出公南台。及分宜败而王始服法。后为南京刑部尚书。齐庶人杀其仆以诬儒生陆某，某故富家，法曹引嫌莫敢断，公独毅然出之。劾兵马司胡元弼，褫其官，因请定为终岁考察之法，以肃有位。阉人马广坐法当刑，或以巨珰王锦意，丐公缓死，公竟奏弃市。公自筮仕凡三十余年，历十余任。其在台时，浚川王廷相以诖误落职，公特疏起之。又劾时宰翟[十三]銮不合引用尚书周期雍、顾尧封等，有《分别君子小人》一疏，万余言，词甚剀直，朝廷卒用其言，时论韪之。赵御史之名震于阙下。后因亲老，恳疏归养。续值隆庆改元，台谏交章论荐，征复为刑部尚书，寻改兵部尚书、参赞机务。公两疏力辞，得赐诰。晨夕侍亲侧，足迹不入城。而尊乡一念，尤为切至。林恭肃故未有谥也，由公请乃得之。天台夏公镔以文行著，手授梓其集，并恤其孙。故勋业著于官，行谊闻于乡云。

金孚兑字吉所,乾之后。方七龄即知属文。万历辛卯举于乡,授广东曲江知县。甫莅任,值巨浸岁祲,公请于巡抚,奏蠲税粮,后发官帑赈之。曲江多渔者,夫妇操小艇昼夜居江中,岁输渔税千余两。公悯其苦,请免其税。江中有石牛为祟,风雾间作,舟□□□□[十四],触石辄沉,□□□□[十五]者,公为文祭江□[十六],其患遂息。人谓公精诚感格,犹昌黎之黜□[十七]也。韶郡密迩诸洞,互市郊关者,稍忤其意,辄群哗,抽利刃杀掠。公内严守御,外布恩惠,俚[十八]人戒不犯境。御史王公檄公入省闱,分试诸士,公潜心校阅,所拔皆名士,榜中称得人。唐宰相张九龄,曲江人也,时子孙衰微,公厚恤其家,荐其孙入黉序,俾奉祀。复建风度楼于故址以旌之。居曲江五载,多异政,当道交荐于朝,赐以诰命,迁江西瑞州府治中。去之日,曲江子民扳辕遮道,遂刻石建祠祀焉。瑞方患山寇,公多方剿抚,境内安枕。治瑞七阅月,忽起莼鲈之思,力辞而归。瑞州民拥舆挽留,亦如曲江。中途赋诗有"折腰非本意,蒿目有深情"之句。公为人尚端介淡泊,家居杜门不出,惟以古诗文自娱,尤精易理,所著有《存笥稿》《周易解》《曲江三议》。门人谢邦荐私谥之曰"文定先生"。

谢邦荐字可闻,省之孙。万历己未登进士,授上饶县令。饶多水利,乡绅惑于堪舆,每阻开浚,公毅然行之,唯以便民为事,以此获罪。时貂珰魏忠贤势焰,或以稍屈,意可大伸,无顾虑也。公坚执不移,竟左迁温州教授。后魏败,连及魏党诸绅,朝廷重公,起官刑部主事。赴任未逾月而卒,时论惜之。

国朝

朱元育原名避东宫讳,故削其两傍曰育,字长孺,号月岩,中立之后。好学笃行,登崇祯癸酉乡试荐,顺治己亥授北直武强令。武强夙苦流寇,公至,大开恩信绥怀之。众相率罗拜曰:"父母如此,忍自外乎?"降附无余类。复为修备御以戒不虞,兴屯法以资军储。捐俸葺学宫,月课诸生,勤校阅,必得真才。今待制中书刘君谦、张君星耀皆公首拔士也。其振兴文教类如此。时逃人,例重谪。有获者词连富室张可大家,当事罪以连坐,公力为辩雪,全其家八十二人。可大携男妇修重币为谢,却不受,曰:"释诬剖枉,我分内事也,何谢为?"其年值编审,一厘夙弊,田赋□[十九]

清,考绩为诸邑最。督抚具题卓异,右迁兵曹主事。将赴任,卒于官。所著有《易经手授》《论学渊源》。门人私谥"□〔二十〕简文穆先生"。

林士龙字震为,号钱水,恭肃公裔也。性耿直,不以世喜怒为从违。顺治戊子,以恩贡入太学。在□〔二十一〕邸,日以诗文为事,辟雍诸名士咸推重之。康熙丙午,授北直香河令。下车兴礼教,均力役,民大德之。县治逼黄河,素苦河患,是岁三月河复圮溢,城不浸者三版。邑父老咸向公泣曰:"民其鱼乎?"公询其故,云有金龙四大王时,怒涛鼓浪,势莫能遏。公正色言曰:"尔无虞,惟我在!"即躬率民夫,排塞疏通,于势稍杀。复为文,率父老致祭于金龙四大王,且泣告曰:"令实不德,以至于斯,如获罪,令自当之,无累我民。"水遂退。民感公至诚所格,以瓣香谢,于是有《瓣香集》。庚戌解组归,虽悠游泉石间,而犹以民生为念,凡事关风俗者,即白当道,不忌嫌怨。暇时雅好吟咏,所著有《芝山续集》。

校勘记

〔一〕四,原文残缺,据《嘉靖志》补。

〔二〕淮,原文残缺,据《嘉靖志》补。

〔三〕从,原文残缺,据《嘉靖志》补。

〔四〕治,原文作"法",据《嘉靖志》改。

〔五〕叙州,原文作"汝州",《嘉靖志》《嘉庆志》并作"叙州"。汝州在河南,当误。据改。

〔六〕桢,原文作"祯",据《嘉靖志》改。

〔七〕赖,《嘉靖志》作"藉"。

〔八〕赘,原文作"赞",误,据《嘉靖志》改。

〔九〕登进士第八,《嘉靖志》仅言登进士第,无"八"字。《嘉庆志》同本志。

〔十〕入,原文无此字,疑与前文"八"字混。据《嘉庆志》及文意补。

〔十一〕兰,原文无"兰",歧义。据《嘉靖志》《嘉庆志》补之。

〔十二〕大理寺卿,据《明史》本传,嘉靖六年六月,黄绾擢光禄寺少卿,非大理寺卿。

〔十三〕翟，原文作"擢"，误。据《嘉庆志》改。

〔十四〕□□□□，此处残缺模糊四字。

〔十五〕□□□□，此处模糊四字。

〔十六〕□，此处模糊一字。《嘉庆志》作"神"字。

〔十七〕□，此处模糊一字。《嘉庆志》作"鳄"字。

〔十八〕俚，原文作"狸"，误，据《嘉庆志》改。

〔十九〕□，原文此处空缺一字。

〔二十〕□，原文此处模糊一字。

〔二十一〕□，此处模糊一字。

军　功

明

张元勋字世臣，号东瀛，北直东安县人。承祖荫袭海门卫新河所百户。明嘉靖壬子岁，倭入寇，从参将戚继光侦剿，频获战功，授浙师守备。南路诸郡邑以次砥平。嗣而，大盗诸良宝、赖元爵、蓝一清等盘踞山海，闽粤骚然。复身任征讨，削平之。遂由偏裨晋中府金书，镇守广东。万历四年，征罗旁、徭浪等洞蛮，六师并进，捣平贼巢五百六十余处，拓罗定一州，东安、西宁两县，遂使遐荒遥裔，天日同瞻。初，旁之龙龛山开道，起一石偈云："东海蓬瀛，一凤飞鸣。千百年后，发我兹茔〔一〕。"然则东瀛之拓地也，岂偶然哉！特赐蟒玉，追封三代皆正一品，荫四子，一锦衣卫千户，三海门卫指挥。因而戒满乞休，奉诰特进上柱国、光禄大夫，以少保兼太子太保、中军都督府左都督致仕。卒以寿终于家，其赐祭葬，略曰："惟尔起家世胄，洊历戎行。总熊虎于师中，歼鲸鲵于海上。拥旄仗钺，振岭峤之军声；执讯献俘，扫罗旁之逋薮。投戈既久，推毂尤勤。何遽云亡，良可伤悼。爰颁祭葬，用示恤恩。灵爽有知，歆永无斁。"其妻杨氏夫人继卒，亦赐祭葬。历嘉、隆、万三朝，宠遇如一。初定八闽，再平五岭，土人德而祀之。与大司马汀公血食羊城，至今有祷而辄应云。

李超号天衢，松门人。其先世江右鄱阳人，起洪武，从征。超以军功袭封,习骑射,娴韬略。会倭寇浙东,观察谭公纶以超才堪御侮,荐于总督胡公宗宪,委以备倭之任。时甫莅三军而倭寇适至,遂单骑持矛,直突倭营,倭惊溃,斩获无算,谭公喜为得人。后谭以忧归豫章,适豫章寇为乱,势甚猖獗,超恐谭罹寇难,遂私率部下百余,径往豫章,斩杀靡遗,豫章获靖。及会,谭公又喜出望外,遂挟以见中丞薛公。薛方幸豫之获安,而未知其兵之何自也,得超大喜,遂特疏于朝,授南赣游击。屡著战功,迁金、台、严三郡参将。会倭深入台南,身督诸将,大败之,倭只帆不返,自是不敢复寇。事闻于朝,遂迁全浙护军,驻镇定海。历任十载,劳绩懋著,再迁京城卫军都督、提督京营,一时倚为长城锁钥。越两载而疾发,乞休,优旨特进柱国、光禄大夫,建三坊于浙省城中,以方古之名将,建"盛世干城"坊于松城,以表其懋绩云。

按:文以宦业著,武以军功名,乃前志宦业籍甚而军功寂焉无闻,岂平澄日久,无俟方略,故边绩未之传耶?瀛洲学士,凌阁功臣,自古并载,左文右武,恶可偏废也?张、李二公,俱以荫袭显,考其先世皆扳附之裔,推毂专阃,尤贵将种哉!

校勘记

〔一〕茔,原文作"莹",误。

文　苑

宋

徐似道字渊子,上珙人。乾道二年萧国梁榜进士。历官太常丞、直学士院,迁秘书少监,终朝散大夫〔一〕、提点江西刑狱。渊子力学攻诗,与虞仲房为友,自号竹隐,有文集藏于家。

戴敏字敏才,舜钦从子〔二〕。博学强记,以诗自适,号东皋子。平生不肯作举子业,终穷而不悔。且死,一子方襁褓中,语亲友曰:"吾之病革矣,而子甚幼,诗遂无传乎?"语不及他。已而,卒,人咸惜之。有《小园诗集》,四体俱备。子式之亦以诗名世。

于有声字君实,桃夏人。豪放不羁,以诗自适,与徐似道为友。尝举浙漕,已而谢去,放浪江湖。持所著诗一帙归,谓家人曰:"吾生平事业尽在此矣。"王侍郎居安为题其集。

戴式之名复古,字式之,以字行,别号石屏,东皋敏才之子。父没时,式之方在襁褓,东皋叹其诗之无传。比长,或告以遗言,式之乃笃志古学,从林景思、徐渊子游,又登三山陆放翁之门,讲明诗法。而后,又走东吴浙、西襄汉、北淮、南粤,凡乔岳巨浸,灵洞珍苑,空迥绝特之观,荒怪古僻之踪,靡不登历。凡二十余年,然后归,而诗乃大进。真西山称其句法不减孟浩然,由是遂名天下。平生好施予,即人有所赠遗,亦随手尽。所著有《石屏集》行于世。族子昺,字景明,族孙木,字子荣,咸以文名。景明有《东野农歌集》,自叙。子荣有《事类蒙求》,林丹丘昉为之跋。

元

林昉字仲昉,半岭人。别号晓庵。由荐辟官国史检阅。善属文,尤深经学,尝作《穀梁论》,辨震雷、月食等说,陆修正谓可以羽翼经传。曾孙伯云携其集至金陵,太史宋濂独爱《乳柑记》一篇,谓其行文绝类西汉。所著有《丹邱小稿》《半山文集》。

潘从善字择可,世居小泉村。宋时有评事永年、秘教起予,皆其先也。元至正九年文允中榜进士。累官承直郎、同知制诰兼国史编修,终福建儒学提举。攻古诗文,善小楷书,名重士林。所著有《松溪集》。

邱应辰字咏性^(三),泉溪人。博极群书。与叶本初、应景裕为友。元贞间举青田县教谕,不就。作《正异》《复井田》诸论。有《忧忧集》藏于家。今崇祀乡贤祠。

明

许伯旅字廷慎,号介石,泉溪人。洪武初,由选贡授官刑部给事中。以诗名,时称"许小杜"。所著有《介石稿》。林公辅尝见其《感兴》诸诗,问其得何法而然。廷慎曰:"法可言也,法之意不可言也。上士用法,得法之意;下士守法,得法之似。吾诗几用法矣?"识者以为不妄云。

陈铿翁字太希,亦以诗文名。由荐举任平阳教谕。所著有《石门集》。鲍纪善原弘,其门人也。

鲍原弘名仁济,字原弘,以字行,德贤之子。尝从石门陈铿翁游,石门之学得之进士祝蕃远,祝得之车玉峰,皆考亭之支流。公尤博通群书,为文精密雄健,一主于理。洪武间,以荐授乐清训导。永乐间,升伊府纪善,进《治国要道》十二章。遇事辄面争[四],不少隐,王不悦,遂欲坐以他事逐之,公往白于朝,以疾卒。先是,陈铿翁以孙女妻公,已而陈被诬,籍其家,公为文招其魂,祠于家之别馆,俾妻陈氏主之终其身,论者与之。兄仁牧,号受益,亦以诗名。

李毓[五]字长民,号药所,茂弘之父。方谷珍据有三郡,一时人皆附之,长民杜门不与通。尝与许介石为友。以诗名,所著有《药所稿》。长子茂端,号艮斋,孙棐,号颐轩,俱能诗文。

何愚字继直,号东阁,泉溪人。有才名,能诗,与李毓[六]为友,结社花山。

谢绩字世懋,贞肃之弟。公自少与贞肃自相师友,读书务穷极底里,贯彻为经,实际为纬。才高数奇,遁世无闷,以诗自娱。卒于家。文肃公铎辑其遗稿,曰《王城山人诗集》。山人之诗,始规仿盛唐,极宛转流丽之妙。晚独爱杜少陵,则尽变其故格,益为清澈悲壮。顾其忧思愉乐、叙事引典,虽往复开合,未尝不出于正,此可以知其人矣。李东阳、陈白沙两先生为之序。

叶海峰字敬之,讳良佩,号海峰,世居镜川。童时辄瑰特,父母私器之。及长,治举子业,精究典坟,旁及诸子百家,声名籍甚。正德丙子[七]领乡荐,癸未登进士,授新城令,刑简赋轻,民甚德之。因自署其门曰:"空庭不扫三分雪,泰宇长留一脉春。"部使者以其邑小而易治也,请于朝,改贵溪。贵溪为五达之衢,邑多巨猾,武断于乡,且其从权珰督造真人府,怙势横敛。公至,一绳以法,率不敢肆。虽案牍丛集,谈笑而立决之,庭无留狱。擢南京刑部主事。公以刑为民命所关,不容讹误,审五听,戒五疵,遇有请托,即纤毫无许假贷。有富阉当论死者,夜馈二百金,欲以移诸同事,公严拒之,竟抵于法。再转为河南司郎中。公任久,法益精,诸司有纷讼难解者,咸咨公而行,侪辈多推服之,然亦竟以是招嫉妒。未几报罢,公怡然拂袖归焉。日惟兀坐一室,翻阅校雠,思以作述名世。修《赤城郡志》〔八〕《太平县志》,所著有《海峰堂前稿》《周易义丛》《春秋测义》《读书记》《易占经纬》《洪范图解》《周礼易传》《天文便览》《地理粹言》《皇极经世集解》《太元经集解》《绿野青编》《燕射古礼》,全书数千卷。而其为人则又孝友俭约,出于天性。晚年寄情于酒,酣而不乱,而言貌温恭,士人恒乐亲之。巡道胡公梓其集以行。

　　陈应荐号抱一。长古文词,多著作。由选贡授广东兴宁宰。兴俗,遇人命,长令按勘,盛供具,繁铺设,不下百余金,例为官有,公骇曰:"肺肺之沉冤未辨,地方之滥费何名,予不忍以民命为己利。"却不受。又兴多巨商,公税之外复行私馈,公曰:"此辈栉风沐雨,贸易千万里之遥,非以势取,岂肯以锱铢分人,吾不欲效龙断为冠裳玷也。"立石永除。其持廉执法类如此。随升福建延平别驾,士民扳辕莫挽,祠前复建"却金亭""去思碑"以颂之。任延平较兴德声益著。即解绶归,著《芸窗书业》《牧爱要议》《粤游稿》《闽游稿》,序缉《尊乡录》,校家礼,修宗谱,有《敦伦篇》《睦族要语》,俱付梓行世矜式云。

　　按:自朱晦翁提举浙东,而台始有理学;郑广文贬司户至章安,而台始有文学;项丹徒尉斯来寓,而台始有诗学。邑之文,前此未有章者,无开先尔。迨后大雅迭作,代不乏人,无他,有开于先,必有继于后。当世作者,何患渊源之无自也。

校勘记

〔一〕朝散大夫,原文作"朝征大夫",误。据《嘉定赤城志》等改。

〔二〕舜卿从子,据《叶适集·水心文集》卷二十三页四六一、卷二十五页四九九(中华书局点校本 1961 年版)。戴氏若干辈的辈份:戴舜钦,子秉中,孙龟朋;戴舜文,子秉器,孙丁,曾孙木。又,戴复古《悼神童颜老》诗称木为族侄孙,近年出土的戴复古撰《毛氏墓志铭》称丁为族侄。据此,则戴复古与秉中、秉器同辈,其父戴敏与舜钦、舜文同辈。此处称戴敏为"舜钦从子",误。

〔三〕性,《嘉庆志》作"圣"。《嘉靖志》与本志同。

〔四〕争,原文作"诤","诤"通"争"。

〔五〕〔六〕毓,原文两处作"敏",据《嘉靖志》改。

〔七〕正德丙子,原文作"嘉靖丙子",据《嘉靖志》改。按,嘉靖间无丙子年。

〔八〕修《赤城郡志》,叶良佩未参与《赤城新志》编纂,此系误记。

孝 友

宋

陈参生回浦人。元兵至,负母逃。母曰:"我老病垂危,汝速去,俱死无益也。"参不忍舍,遂遭其害。

元

张寿鹏高浦人。尝从父定一州判之任和州,至临安道中,父卒,寿鹏奉柩归葬,庐墓,泣血不止。有芝生于庭,鹊巢檐角。泰不华守台,以闻,诏旌其门,建孝感坊。

叶本初名嗣孙,字本初,以字行,温岭人。德性淳厚,与兄养初同居,白首无间言。元大德中,举明经,不就。尝赋《方石》诗,潞国公张翥见之,呼为叶方石。子道滋,博经史,所著有《龟峰》《海珠》二集。

谢温良字伯逊,桃夏人。至正间客昌国,奉母陈氏以居。陈病症〔一〕,伯逊刲股作糜以进,母辄差。时昌国兰秀山盗发海上,州人皆匿山谷,伯逊侍母独不去,寇义而释之〔二〕。寻奉母至黄岩,而留橐于旧馆人。越一年,往取橐,比至,忽梦母盛饰坐堂上,辄弃橐以归,母果病危。又一年,母复病痹,手足痿痹不自举,伯逊扶持眠食,凡十有三载,不少懈。明洪武中,以孝廉应召授官,敕还祀其先,病卒。

明

陈圭字锡元,大闾人。洪武初,父弘为仇家所讦,法当死。圭自陈愿以身代,上大喜曰:"不意今日乃复有孝子,宜并赏之,为天下劝。"已而,刑部尚书开济奏谓:"不宜屈法,开侥幸之门。"遂听圭代死,而谪其父戍云南。明之执法如此。

陈子显前陈人。父万伯以事累,卒于杭,子显扶枢归。重不可行,因宿于庙,祝曰:"子显力殚财尽,愿父轻而易举。"及旦,枢果轻,其下有钞十锭,盖神赐之也。归葬,庐于墓侧,泣血三年。后举孝廉,授丰城令。

陈颜圭之族。洪武中,倭寇登岸,居民骇散,匿山中。颜母葛氏老且病,颜负而逃,力不能任,意寇追及之,母曰:"汝亟去,毋念我。即寇至俱死耳!"颜涕泣不忍去,遂俱遇害。

丘镡应辰之后。早丧母,事父至孝。父年高无齿,镡取鱼肉之精美者制为丸饼以进。比卒,遗命葬祖茔之侧。茔去家百里余,岁歉,费颇巨,镡悉力经营,卒如命,乡人共服而亟称之。修撰王叔英为作传,上其事于朝。

叶麟字士冕,本初从孙也。父希圣,操行为乡所重。季父咏,谪戍于淮,托以孀妇童孙,并其家财帛付之。后归,见所托妇孙俱植立,财帛如故,叹曰:"吾侄托孤寄命之节,当于古人中求之。"至其,濡染庭训,博通经史,好古力行。后从郭文康饶阳游,得性理之传学[三],授徒数十人[四]。其教以孝悌诚敬为本,而文艺次之,学者称为"拙讷先生"。且家徒四壁,性好施予,其束脩计八口全费外,即以均诸乡族之贫者。与弟尚夫同衣食,友于之谊无间。常折衷《学》《庸》众说,撷取《朱子语类》及黄超然《通义》,与语录相发明,附于《周易本义》,未终而卒。今从祀乡贤祠。长子原徽,次子原纪,皆以文学名。

黄彦俊名瑜[五],以字行,尚斌之子。登进士,拜职方司主事。会王师讨麓川,敕征兵于蜀,使公持节以行,所简数万人,皆精锐,师获成功。时京官告封赠者,必满九载。公为职方,有廉能声,大臣屡欲论荐,公力辞,以俟驰封,竟未得。以病卒,人皆惜之。后以子孔昭,累赠工部侍郎。有《职方集》藏于家。

应志和名律,以字行,号复庵。宋名儒恕之后,父尚惠,徙居镜川。

家旧多资,而从伯尚武贫无子,志和乃以资归其兄,而身为尚武后。尚武卒,伯母年老,竭力事之,无异所生。幼从叔父尚履游,比长,师叶拙讷,亟相推许。永嘉黄文简一见,遂定为忘年交,由是声誉日起。南京提学孙鼎荐为盐城训导,以年老辞。州守复以郡学荐,乃迎母就职。后改兰阳,升鄱阳教谕。兰阳人生祠之。寻归,有《复庵稿》。从祠乡贤祠。季子纪,字茂修,成化庚子举人,授六合教谕。时兄宜休翁家食,乃分俸为禄养,诸生贽礼及岁时馈物一无所受,顾复捐己资赡贫乏,用是六合士民俱尊信之。举摄县事且半载,平反冤狱,有能声。寻聘为福建考试官,所取皆博雅之士。改黟县,清修如六合。未几,致仕。既归而家益贫,讲授自给。自号继休居士。会袁通判文纪掌县事,袁六合人,素重公,乃尽捐其族人之徭,使以徭直给公膳,公辞不受,第令族人建一祖祠。

戴守温名瑱[六],以字行,信之族。少孤,事母极孝。母病,医者曰:"得鲫鱼和剂可愈。"时隆冬,守温解衣入水捕,得之以服,果愈。母没,哀毁过常。以病卒,贫无以葬,邑令袁道为营冢窆焉。同时有洪美者,泉溪人也,尝刲股以愈母疾,袁公举燕乡宾。

郭振民字德之,号东城,泉溪人,编修葵[七]之裔。性行醇谨,自幼以孝友著。嘉靖壬子,倭登岸,烧民舍,时邑未有城,不得已,厝母柩于西山。倭退,白父,欲扶榇还家,父不许,曰:"柩出而返不利。"振民泣曰:"脱有祸患,愿身受之。"竟返柩,而家与身俱无恙。其后,拔贡入南雍。登万历己卯科,授江西信丰教授,立学规以课诸生,有胡安定风。当道交荐,迁凤阳颖上令。值河决,治之有法。后岁又大祲,申请于朝,大赐蠲赈。且为革夫役,汰冗费,作《有规录》,以贻后人,颖上皆尸祝之。时有富弁欲邀公为宗派者,屡厚赂以遗公,公勿受,曰:"郭崇韬拜令公门墓,贻笑千古,我何敢妄附乎?"富弁衔之。公亦无意进取,遂致政回家,讲艺赋诗,陶然自适。一日病革,与诸子侄诀曰:"吾祖宗之遗,与吾母、汝母之家,宜相亲相恤,勿以少嫌介意,致情义乖离。"言毕而瞑。无一语及家事。殓至十五年,始葬郡城。有自颖来者,特述颖人感公之意,造拜于墓所,且曰:"我于颖凡六往返矣,颖人思公而不得见,见公同郡来者,有如见公。我所寓馆,人皆因公饷我,不受资直而立庙以祀之者凡七家,其身所未历,目所未经者,固不知其几矣!"乡士大夫聆其言,遂谥曰"贞惠先生"。所著有《鱼目集》《四书中说》《易经中说》。公季子世臣,字谐虞。事母孝,躬亲栉沐,世其家。同时有林凤灵,字汝翼,事母温颜柔声,无几微少忤,与弟学谕凤翔、县尹凤朝,白首无间。又有陈朝宾,字尔观。母病革,求牛黄不得,及自老病痰,医以牛黄进,不饵而卒。

林登字大登,号中冈,恺祖裔。父世博早世,登年甫十三,母陈氏孀居,弟妹幼藐,登勤奉不离膝下。读书遇古孝友事,辄感泣自励。比长,家益窘,惟以子职之莫供是惧。积资以安厝厥考,治寝室,朔望拜奠。弟婚妹嫁,务曲尽母心,以善继先志。母逮八旬,足微疾,恶卑湿,因筑楼致养,颜曰"春晖"。时登年六旬有三,寝膳问视,无间晨夕者复阅一十七载,虽其子若孙皆象贤,能代养,而断不与。已有倦容[八]。邑侯唐映旌其门曰"节孝"。乡先生赵大佑、叶良储辈更为《萱堂丽日之图》以扬厉之,盖备叙其子母兄弟之和顺,而且得时以善养云。年八十二。子子蛟,字潜斋。孙之干,字宁箴。蛟袭其先恺祖秘书,兼通《素问》《内经》,施药饵以活贫命无算。起"留耕堂"遗子孙,年七十八。之干,四岁丧母,泣血尽礼如成人。比长,事父及继母至孝,三党中有贫而无依者,皆衣食敛葬于其家。尤好蓄古书,广置经史及百家诸子,延名师以训子及族之子侄。笃古好吟,其于山川游适,恒有留题存焉,年六十二。

林继敦字恒笃,号养恒。亲卒,庐墓三年,足迹不入闺户。府县交旌其门。年八十九而终。后有王承章者,性至孝。幼丧二亲,哀慕不已。父号梅楼,见座有梅枝,珍重爱护,如对乃父。一日,瓶梅生根结实,乡间以为孝感所致,知县伍元正表其间。又有王应殿、徐善兼,皆诸生,以庐墓称孝。

程国俊字廷彩。髫龄锐志经史,赋性纯笃。□[九]父病剧,吁天求代,因割肉疗之,父病旋愈。州县并详其孝行,学道洪批给衣顶,旌额□□□□[十]。同时,有滕壮来者,年十二,亦能□□□□□[十一]。

国朝

金□□□[十二]洋人。亲殁,寝苫枕块,守制尽礼,不出素[十三]帏者三年。比葬，自营砖石而窀穸合□□[十四]。其为人端方谨慤，乡人称□□[十五]孝子，知县张国栋表其闾。

葛茂春[十六]字元夫，松门指挥世家也。父光莲，邑庠生，家贫，笔耨于金华。公年舞勺，经史贯□[十七]。登泮宫，侍父以游，而于馆舍之寒温定省，色养无间。其孝义文章丕著于彼，都人□□[十八]师而事之。迨后父归，卒于正寝，居丧□□[十九]，乡党群奉为范模。顺治甲午，由岁贡授湖州乌程训导，捐俸修文庙及明伦堂，讲学会文，岁终则于诸生之贫者，恒有所捐赠。巡按御史杜特荐升漷县令，去之日，士子扳留泣别，建去思碑于明伦堂。已而至漷，赋仅四里，丁止六十，不一载裁并通州，改授荔浦县令。荔浦徭獞最多，梗化难驯，公至，申明礼法，宣布恩威，卒成淳俗。当道最其绩，一岁间荐章二上，方以大展所学为公期，不谓公之母以讣至也。公闻讣泣绝，急欲奔丧，缘限于交代之例，详章凡十上而不获所请，涕泗滂沱，寝食俱废，即以致疾，卒于任所。赐勘合，令其子邑庠生雯移柩归。

郭世臣号谐虞[二十]，东城公侧室所产季子。年方幼，父暨嫡母俱亡，事所生庶母备极孝思。躬侍寝膳，以至洗涤垢污，靡或有怠。及娶妻王氏，方期主馈，同养仅二载，育子连城未一周而王氏卒，义不再娶，随蜚声黉序。家益窘，授徒以供甘旨，与诸弟子讲道论业，遇古忠孝廉节事，感慨欷嘘，惟恐反躬之不逮。以命蹇数奇，弃举子业，虔供子职，终母之养。子连城，邑庠生。

郑朝寿焦湾人。五岁父亡，母抚朝寿。稍长，事母至孝，力作供赡。十五岁，母病故，合葬父墓，朝寿庐墓六载。时有虎入庐，朝寿不惊，虎亦随避去。诸名公赠诗盈帙。

张世坚寿鹏后。母疾，药石不能痊，世坚甫弱龄，涕泣吁天，刲左臂和药以进，母遂愈。事闻，台道张旌曰："至性格天。"郡伯鲍旌曰："克绍先声。"署县事姜旌曰："孝行维风。"随详学道，给以衣顶。时有施伯申者，下保人。八岁，母病笃，家贫，药饵无支，彷徨泣天，刲股以进，母病得痊。邑令刘闻而旌曰"童年知孝"。

　　按：孝友，风化之原，德行之首也，古道而日漓矣。庐墓刲股，推资□□〔二十一〕之道，近古亦罕觏焉，有行□〔二十二〕者，悉载而著之。

校勘记

　　〔一〕症，指腹中结块的病。

　　〔二〕寇义而释之，《嘉靖志》卷七作"师义而释之"，《嘉庆志》卷十六《谢孝子传序》作"帅义而释之"。

　　〔三〕得性理之传学，《嘉靖志》作"得性理之学"。

　　〔四〕数十人，原文作"数千人"，据《嘉靖志》改。

　　〔五〕名瑜，《嘉庆志》作"字昌瑜"，《嘉靖志》与本志同。

　　〔六〕名瑱，原文作"名瑱金"，恐误。据《嘉靖志》《嘉庆志》改。

　　〔七〕葵，原文作"蔡"，误。据《嘉庆志》改。

　　〔八〕已有倦容，此句语意不通，或有漏字。

　　〔九〕□，原文此处模糊一字。疑为"值"字。

　　〔十〕□□□□，原文残缺四字，《嘉庆志》作"童年知孝"。

　　〔十一〕□□□□□，原文残缺五字，《嘉庆志》作"刲股疗亲疾"。

　　〔十二〕□□□，此处残缺三字，据原文位置及《太平县古志三种》，前二字为人名，后一字为地名首字。

　　〔十三〕素，原文残缺，据《嘉庆志》补。

　　〔十四〕□□，此处残缺二字。

　　〔十五〕□□，此处残缺二字。

　　〔十六〕葛茂春，原文残缺三字，据首字"葛"及字"元夫"，依《嘉庆志》补。

　　〔十七〕□，此处残缺一字。

　　〔十八〕□□□，此处残缺三字。

　　〔十九〕□□，原文二字残缺难辨，《嘉庆志》作"尽礼"。

　　〔二十〕号谐虞，《嘉庆志》作"字谐虞"。

　　〔二十一〕□□，此处残缺二字。

〔二十二〕□,此处残缺一字。

隐　逸

五　代

于履〔一〕后唐时人。与宁海郑睿俱以文名。睿仕吴越王为都官员外郎,履隐居不仕,自号药林。箕窗《志》:履隐于邑之叶茶寮,尝开山得楛矢云。《赤城会通记》有郑都官事迹。叶海峰赞曰:"吾邑多名山秀水,余独怪古无显者,意必有深藏遐蹈,而辀轩之使或未之知乎!若于隐居者,其一也。见□〔二〕知退,贤于郑都官远矣!"

黄绪其先闽人,为昭武镇都监。石晋时,避王审知兄弟乱,徙居邑之洞山。以忠厚立家传世,历宋、元至明,而子孙益蕃且显。叶海峰赞曰:"传称'种德者昌',若黄都监者,岂其人乎?"

宋

王公乂字治老,下保人。淡泊无所嗜好,惟市书,积数千卷,由是得尽读诸经、传、子、史、百家言,下至轩岐医药之书,靡不通晓。尤好施予,时会岁歉大雪,民饥,闾里闭籴,治老发粟赈贷,人咸以长者称之。其子粹〔三〕然,与王方岩同学。

蔡希点武博镐之孙,号春山。隐居教授,其徒常百余人。著《春山集》。

元

鲍德贤字性善,龙井人。父桂英〔四〕,自号乐闲居士。性善,少从陈孚仲学,淡于进取,乃隐居,以诗名。好作行书,得《圣教序》遗意。揭其居曰"有邻室",所著诗曰《有邻稿》。

陈国琥字君玉,鹅鼻山人,号行素。隐居教授,所著有《山中樵稿》。

林鸣善太平乡人。博览群书,尤工于诗。元季侨寓郡城,不慕仕进,号梅南,有《梅南稿》藏于家。

明

丘海字朝宗,应辰从孙。隐居不仕,自号慎余,有《慎余稿》。其孙震,字廷范,能世其业。

程完字德充,号成趣,小泉村人。气和行方,博涉经史,为文有典则,一时物论咸归重之。其同时有团浦沈元圭、沈诜,长屿李存清,夹屿王闻轩,珠村林士从,皆以经史自娱,不求仕进。

黄尚斌名礼遐,以字行,号松坞,都监绪之后。读书识大义,每阅史至奸臣贼子处,辄掩卷感愤。尝见人有盗其囷者,乃佯为不知而避之,其狷介而能有容类如此。年九十卒。后以孙孔昭贵,赠工部左侍郎[五]。

缪恭字敬思[六],号守谦。通《春秋》,为县学生。已而弃举子业,攻诗文。弘治初,诏求直言,公以布衣上书论天下事,其言曰:"臣少读书,老而不死,曝日献芹,负山填海,必欲言者六事,郁于时者累年。一曰保神器,二曰崇正学,三曰绍绝续,四曰怀旧勋,五曰广贤路,六曰革冗员。"首尾历历凡数千言。其曰绍绝续者,大略谓汉景帝立平陆侯刘礼为楚王者,盖思元王之贤,封礼以续其后也。矧懿文太子功施社稷,泽被生民,礼宜择贤宗室封国以续其祀。指斥忌讳,皆人所不敢道者。疏入,通政司官辄大惧,遂拘留而劾奏之。上亦不之罪也,特敕有司遣还家。有问之者曰:"万一不测,奈何?"公曰:"吾此行已自分一死!"自是杜门不出,环堵萧然,惟授徒以自给。然诸生束脩外,即亲友[七]有所馈遗,顾一切不受。自称"小茅山饿夫",示志也。年六十五卒。一子炼,一女适望江教谕张夔之子。公卒,会炼在望江,诸生叶大卿殓葬之。谢文肃公铭其墓曰:"韦布之忧,肉食之弃。明主之危,治世之利。呜呼敬思!罪或言高,思非出位。漆室杞天[八],我铭不愧。"茅山门人林暨哭之以诗曰:"吾师元是古贤才,直道生来比石坚。六事远闻阊阖户,一身甘饿碧山巅。村翁伏腊怜相走,庙祀春秋恨莫传。青草独留坟上土,漫将荣悴问苍天。"公所著有《茅山藏稿》[九]若干卷,藏于家。从祀乡贤祠。

陈彬字儒珍,别号敬所。年八十七卒,门人谢增、高崇文等治后事,泣谓方石谢公曰:"贤者故事易名,先生虽位不满德,不得上请于朝,而表扬懿徽以垂模范,独非门弟子责乎?按谥法,强毅果敢曰刚,好学不怠曰敏。先生自弱冠为县学诸生,与黄文毅、林金宪以文行相激励,尝十试于有司,一不售。比将入贡,乃力辞,不赴礼部,归隐于家。由是言之,刚其至矣。丁内外艰,蔬食寝苫,三年如一日。立义学以教宗族乡党,而士之从游者,岁恒以百数。又率宗族立大宗祠堂,讲行冠、婚、丧葬之礼,斥去淫祠,立里社,举行乡约及团拜礼。每日早即深衣幅巾,参谒祠堂毕,正坐中堂,教戒诸弟侄,然后与诸生讲论经史。如是者盖三十年未尝变。敏亦有焉。"谢公曰:"然。"遂谥而易之曰刚敏云。弟杨,字儒敷,不甚读书,然力于为善。邑令袁公道之始至也,命为保甲,俾监隰顽仓。有规利者啖之白金五十两,却不顾,闻者莫不惊叹。袁由是益知其可任,时以讼狱之难决者委之决。儒敷即裹粮亲诣其地,集耆老礼让列坐,剖判咸得其情。于是人之有质者,往往不之官而之儒敷家。儒敷家故贫,恒躬耕,质者至,即辍耕,立决之,罔不服。会袁奏清邑之土田,俾儒敷董之,亦罔不辨。郡邑大夫至,恒与抗礼为主宾。尤急于为义,宗族之死而无归者,必为掩埋,有孤贫无依者,率收养之。远近来游学敬所之门者,薪水毕具,然无代力,恒亲为之。又采乌桕油,立夜义学,乡邻童稚,昼或樵牧,迨夜必课之念书。环海以东,咸信而化之,有揖逊之风。详具谢公墓志。次子进,登进士。

王仁甫名良佐,字仁辅,以字行,后去车为甫,断事蒙之孙。能诗,善行书,自号古直。尝以布衣游浪江湖,与李西涯、吴匏庵诸公为友。所著有《古直集》。同时有牧村陈宙、雪窗林海、野处林如珺、卧云余敏,俱以诗鸣。宙,尝行举《吕氏乡约》于娄山堂,有《村居牧唱稿》。海,旷达不羁,自逃于酒,有《雪窗稿》。如珺有《野处集》。敏有《卧云集》。

赵廷时名铝,以字行,元万户师间之重孙。居县西大坞山,号白云,里人尊之曰"白云先生"。家故多资,至先生而好赈穷恤孤,家乃益落。平居未尝入城府,县大夫礼之乡宾,亦不至。令尹袁公道亲诣其庐,投之以诗,曰:"茅屋山中老,和云日采薇。县官强一见,岚气上征衣。"后年九十余卒。宗伯久庵为墓铭,称先生遇异人云。先是,桃夏有张勉轩者,亦沉晦,为二谢师。继此,又有许明佐者,天皇人,才优行洁,衡泌怡情,闾里共推。

林元协字子彦,号方城,郎中璧之孙。少极聪慧,器宇不凡。髫年攻举子业,虽宿儒为之避席。一日,检祖架上书,叹曰:"立品著书可以千古!"遂广搜前籍,兼历名山大川,以箕颖之行,任伊洛之传,识者以大儒目之。尝采邑之文行可称者,为《征献录》。又自著《瓴瓽集》《敝帚稿》。万历丙辰,杨按院入台访高士,邑大夫以元协应,赐粟帛。卒之日,邑侯题为"文节"。又有吴英师,字可文,乡达学谕吴泰之子,居官廉,无半亩遗,英师灶不举火,无愠色。尝读子美诗曰:"须得其仁民爱物意。"吟咏甚富。又有胡珙,字伯莹,博学善吟。尝寓郡城,与陈南衡、王盖竹二先生友,登巾子山,拾遗金不取。所著有《醉樵漫稿》,王娄峰亮为叙而传之。又有戴茂诚,字元统,博学不群,与从叔仿为最密。尝游金陵,遇王百谷,欢然投合。又交东嘉何无咎,所著有《西阁州》,二人皆为之序。仿亦工于诗,隐居教授数子,与林子彦唱和往还。同时若钟人龙号象冈、陈子传字述甫、王正邦字雍熙,俱以学生称,咸弃诸生,高隐自娱云。

　　林元考字大兴,号平城,乔年之后。父应吻,怡情讽咏,事二亲必尽欢。父卒,弟妹婚嫁皆极力经营,不屑私事丰殖,至于睦族敬乡,温温然饮人以和。凡邑中大事,恒望公裁决。无良之徒,耻为林君所知。时论比之陈仲弓、王彦方云。晚曳履芝山,啸傲泉石,与东嘉何无咎、冠屿赵可庵,族兄子彦,侄良相诗社往还,分韵赓和。邑令许成章高其清操,推重宾筵,时时造庐而问政焉。抚部累赠束带,为群邑风。公益自谦逊,惟思燕翼贻谋,以昌厥后。年至老髦,鹤发童颜,飘飘若仙,见者莫不景仰为人瑞云。寿八十九,无病而卒,门人私谥"孝穆先生"。有所著《芝山集》,藏于家。子承古,邑庠生,文行并优,累应制科不售。邑令胡学戴举介宾,有"诗篇老更醇"之句以赠,梓里咸敬服,年八十二卒。孙士龙,香河令,次士彪为县学诸生。平城之泽未有艾也。又其族有林元对者,号燕崖,贡士应祯子。结庐燕山,不以科第为荣。时永嘉何丹丘、夜郎谢芝房极器重之。又有林承妥者,应祯孙也。苦心典坟,洁志在林泉之间。华亭陈继儒、赤城陈涵辉为点次其文集,行世若"草茅之忠君""风木之孝母",一见于《一息草吟》,一见于《忆依吟》。

　　按:朝市、山林,原非二道。有巢许、务光,方显夔龙、周召;有商山、富春,乃著丰沛、南阳。其人志行卓绝,实能薄卿相而不为,傲王侯而不顾,故以隐称焉。后之号隐者则异矣。

浪迹山川之间,结社溪湖之上,征书不挂,锢疾徒存。采药洞口,无非避秦;卖卜街头,咸称入蜀。偶托终南之径,遂嘲北山之文。以夸于人曰:"吾处士少微也!"然乎否耶?富贵利禄中,皎皎者诚难其人,然有托而逃焉者,亦岂曰"徒携岭上之白云,空钓波间之青笠"已耶?如数君子者,睹其轶事,殆犹有古人之风云。

校勘记

〔一〕于履,原文残缺"于"字,据《嘉靖志》《嘉庆志》补。

〔二〕□,此处残缺一字。

〔三〕粹,原文为"碎",据《嘉靖志》改。

〔四〕桂英,《嘉靖志》作"英桂"。

〔五〕赠工部左侍郎,按本志"名臣"黄孔昭本传作"工部右侍郎"。

〔六〕字敬思,《嘉靖志》《嘉庆志》并作"字思敬"。

〔七〕亲友,原文作"亲女",误。

〔八〕漆室杞天,原文作"漆漆祀天",误,据《嘉靖志》《嘉庆志》改。

〔九〕《茅山藏稿》,《嘉靖志》《嘉庆志》俱作"《茅山秽稿》"。

遗　逸

宋

王立之字士特,楼旗人。志行高迈,童时已卓荦不群。入乡校,与右史徐公为友,声誉相颉颃。既而累举于有司,辄不利,乃放志自娱,寄兴嘲咏。率于广坐中援笔立就,由是同辈咸推服之。遇商确时事,辩论风生。淳熙间,邑病水灾,议久不决,立之指画形势,谓当开木屿港,泄月河水,其议乃定。已,竟赍志没,乡人恒以为恨。

王汶字希道,立之族,警敏刻厉。尝师事王公绰、叶水心二先生,水心告之曰:"子欲育子之德,盍观诸山出泉蒙乎?"于是希道遂以蒙名其斋,取古今载籍读之数年。豁然悟,操笔为文,日数千言,萃而名之曰《东谷集》。弟澄,字渊道,工诗。濬,字深道,发解于州。时称为"三王",然皆不偶于世。希道又尝志其从弟演墓曰:"演,字周道,于诸经史靡不通,其他文字率开合自置,不蹈俗绳尺。已而短命死。"渊道亦哭之以诗,曰:"把酒休教读奠文,有才无命可怜君。向来五色江淹笔,今作空山一冢云。"见《征献录》。

丁希亮字少詹,世雄从弟。年二十九岁始奋志读书,闻叶水心先生授经乐成,往受业焉。同舍人谓少詹年已长,读书有数而自许夸大,相与背笑之,少詹弗以愠,愈勤念典,自夜达旦。明年,从陈同甫于龙窟,同甫惊曰:"是人荦荦谔谔,非妥帖为学徒者。"既而又走金华,从吕成公游,得其绪余。与朱文公有往来诗。口诵手抄,卷册充十栋,纵笔所就,词雄意确,论事深渺,皆有方幅,人于是谓为巨器。益纵志不怠,率以月之二三日留治其家,余辄屏山航海,僧房民舍,随所栖止。有司劝之应举,未就道,竟卒,士林恨之。有文集数十卷。水心先生曰:"余观书传,士晚成必垂功名,少詹乃独不遇。"为铭其墓以慰之。

明

陈瑄字润卿,号养斋,彪之重孙。自幼有美质,读古诗文辄颖悟,同辈劝业举子,遂习时艺,亦辄有声,为学宫高等弟子。谢文肃公一见,大奇之。赴举累不第,以死。文肃公为序其存稿。同时赵湍、林倩、钟复、谢龙、王特皆科目遗材也。湍字存性,号南阳,倜傥有大志,食廪学宫,不利于场屋,遂翩然归隐,有诗见《赤城集》。倩字应美,号竹仙,少为诸生,与陈养斋为莫逆交,蔚有文名,时称为逋,比老亦归隐。所著有《竹净稿》行世。复字庆心,号养思;龙字鸣革,号月岭;特字崇俊,号静修。皆为一时学士所推,应试累居第一,称擢科秀才。已而相继死,士论称屈。后,养思子世给中乡科,声誉籍甚。静修子廷琮亦能以书香世其家。独月岭无嗣焉。

江琅字时修,芝田其别号也。长叶敬之八岁,声名每出其右。尝慷慨谓敬之曰:"吾欲与子相让,为甫、白、愈、翱。"敬之曰:"唐称韩柳,子顾举翱何?"曰:"翱文虽不及柳,其人可重也。"顷之,敬之举进士,而琅竟落

460

魄不偶。然考试累居世首选[一]。提学万潮简诸生异等者读书于杭之万松书院,琅居第一。已而竟死。

李得春号虚白。高蹈隐居。所著有《两京游稿》《春怀八咏》,梓行于世。

阮文铨字鸿山[二]。德行醇洁。长古文辞,尤最善骚雅。所著有《竹林清啸》,梓行于世,林栋隆为之序。

金殷仁字靖公,山下人。家贫好学,博极群书,读诵之声不以寒暑间,四方从游者数百人。年七十余,督学下征书,促赴蒲轮之聘,不就。终于家。

谢朝璞字城易,敬铭后。攻举子业,性孝友,学行为诸生冠。五赴棘闱不售,因放浪山水间。著作甚多,所梓而行者有《雁鸣山房诗集》,为世重。

陈应颙字尔瞻,叶屿人。幼孤,抚于母黄氏,比长,温清定省,克供子职。励志诗书,为弟子员试辄高等。艰于数,不获售,邑侯许成章题其门曰:"二五人中,宓子抠衣恐后;三千官[三]内,蹇修将币何迟。"才高遇厄,人所共惜。所著有《星野集》。年七十二,赋诗以终,有"风尘能暗黄金市,霄汉应开白玉楼"之句。人咸惜之。

国朝

林承晓号白生。诸生。习举业,淹贯经史。艰于遇,棘闱累试不售,放浪于古文词。为人性温雅,不设机械,平生无遽色疾言。至耄期,益谦退,群居赋诗言志,无少长,咸为欢洽,襟度豁如也。著作盈笥,贫未就梓,所编有《友说》行于世。

林茂　金鸣卿茂字长倩,卿字昌木。俱雅志洁修,不慕纷华。茂善鼓琴,世鲜知音,惟鸣卿能得其高山流水之意。后鸣卿死,茂置琴不再鼓,遨游于天台、雁荡间,人欲踪迹之,而恒不易见。

按:古之隐士,有遇圣君贤相高其行谊造庐以访而不出者,有当时穷势迫以贫贱为荣以富贵为辱而甘自适于山林者。

此从乎时之可隐而隐,与审乎时之不可不隐而隐,大概然也。曷为乎而有遗逸之称?曰:惜之也。谓其抱宏才、怀硕德,拔茅茹汇,方为人所共占,而竟致沦落不偶,故惜之也。嗟乎!荆璞爨桐,不遇识者,其不致泯没无闻者几希!惜之云者,不犹愈于莫为之惜乎?

校勘记

〔一〕累居世首选,当为"累居首选","世"字恐为衍文。

〔二〕字鸿山,《嘉庆志》作"号鸿山"。

〔三〕官,原文作"宫",据《嘉庆志》改。

寓　贤

宋

虞似良字仲房,本余杭人。建炎初,以父授官于台,因寓邑之横溪。淳熙中为兵部郎官,终成都府路运判官。自号横溪真逸。诗词清婉,得唐人旨趣。尤工隶书,笔意多宗汉,而仲房更出新意〔一〕。

于恕字忠甫,本诸城人。绍兴中,以父定远为州判官,寓居邑之桃夏。中特科,历官靖安尉、昌国主簿。少受学于母舅张九成,九成谪岭表,恕裹粮从之。汪应辰、樊〔二〕光远皆折节与之交。尤豪于诗,有文集数十卷。

陈良弼字希说,本祥符人。以父绎恩补内黄门,徽宗累迁皇城使提举。宣和五年,提举京城,增修城壕。靖康初,金人抵汴,渊圣议和,公宣力居多,赐玉带银绢。是年冬,京城陷,二圣播迁,高宗以南都即位,公奔赴行在,除宝庆承宣使。寻致仕,买舟顺流而下,抵邑境居焉。卒,赠保信军节度使,谥忠简,葬庆恩寺东,有石碑。

明

陆修正号草屋,吴郡人,寓居盘马。善属文,时称为草屋先生,有文集。

章一焯字陟瞻，乐清人，章恭毅公纶之后，以明经为明季饶阳县令[三]致仕。闻李自成盗篡燕都，佯狂走平邑境，至东阁，题诗于王静学[四]之祠曰："本欲厕身明伦堂，无奈城门谨护防。今幸先生祠建此，正好相邀入帝傍。"遂赴祠前水死。

按：平故海陬僻邑，地非通衢，人迹往往鲜至。自宋南渡后，名士始有结庐而来者，岂乘舆播迁，诸公旧有攀龙之愿，故托而居焉者乎？建炎、绍兴以后，称寓公者，亦罕闻矣。

校勘记

〔一〕新意，原文作"新卷"，据《嘉庆志》改。

〔二〕樊，原文作"懋"，据《嘉靖志》《嘉庆志》改。

〔三〕饶阳县令，《嘉庆志》据《通志》作"湖广耒阳令"。

〔四〕王静学，原文作"王靖学"，今统一作"王静学"，下同。

厚　德

宋

丁世雄字少云，温岭人。父轼，进武校尉。少云挟《周礼》应举，坐不如式罢。俄而校尉死，少云且读书且应家，慨然曰："岂天之与我有限哉！我非以家自没者也。"即其居，起高堂温室，辟园池，招致四方名士与游，意欲有所论著。客自台、雁来者必归之，留连旬月，有依之不去者。凡乡人有官私急难，常借助之，税役或为代输，疾病请药，死而无归者为殓葬。有以伪死乞敛具者，少云不以疑也，亦畀之。从弟希亮得疾垂绝，无妻，其子幼，乃请少云属以后事。少云泣曰："弟毋匆匆。"他日，少云之妻戴氏为其内，少云为其外，经纪诸用，过于希亮在时，人以此益多之。子木，见"进士"。

戴秉器舜钦从子。蔡滂谓水心先生曰：戴居南塘，富盛累世，秉器尤为邑里所敬，有长者之德。族人新为宅者，将立门以出，秉器故有大圃正值其地,族人嗫不敢言。秉器微知之,中夜毁圃,平其地。诘旦视之,族人殊不自意。其生平行事类如此。乡人罔不德之。秉器没既久,然怀其德者语及,辄陨涕曰:"今不复有戴公矣!"

　　陈纬字经仲,问道之族。少与谢丞相深甫同学,为莫逆交,已又为婚。比谢贵显,经仲引嫌自远,足迹不一至其门。尝同蔡武博修建永丰等九闸,积三岁不窥其家。复捐廪以赈饥民,不责其偿。里人咸呼为"陈义士"云。

　　毛仁厚字及之。开禧中,与清献公同发解于州。建义仓,岁或不登,发义廪贷之,窭甚者不责其偿。又率同志为诉于州县,请公廪赈。嘉定己亥岁大祲,时及之已感末疾,梦数万蚁浮水,引以竹乃得渡,觉而言曰:"其殆饥氓需我活耶。"乃力疾走州县请粟。家人忧其病,固止之,应曰:"饥民苟活,吾死不憾矣。"因得所请,竟含笑而卒。后清献公为表其墓。

　　赵希悦字安臣,方岩乡人。为上虞尹。好古尚义。蔡武博既没,其祖墓为大家陈氏所并。未几陈废,墓归于何,何且穴陈氏祖地,安臣有地在其北,欲并易之。安臣弟希冀,字直温,素愤武博墓地事,因劝其兄以前地易蔡地之入于何者,并蔡入墓之径旧属安臣者尽以归蔡。清献公为记其事。

　　赵处温字仲和,洪洋人,住[一]在方岩乡潭头里。与其季藤州使君亥出义庄田二[二]百亩,同供义役,岁储粟千石,乡之贫而无殓及嫁葬无力者,咸取给焉。详具车玉峰、王华甫文。

　　林乔年字松孙。泉溪人。养高不出,缌服共爨,庭无间言。又建沙埭二闸,溉田万余顷,乡人赖之。

元

　　余国元紫高人。其母徐氏乃二徐先生之裔。二徐至此后绝,国元奉二徐遗像及行实,遍求名公表扬之。潘从善序其事,谢方石、张汝弼有跋。

明

陈彪字炳文,元珏之后。尝设义塾以教宗党之孤贫者,延同邑程成趣为西席。其次子稍顽,程挞之,翼日死。炳文止家人毋哭之,安其师,里中传□□[三]美谈。

赵岩字维石,处温之后。同弟维扬[四]捐资筑二石闸,溉田凡数千亩[五],乡[六]人德之。

谢本立字原参,温良子。尝以□□□[七]京师。有丹阳学官陈俊者,岭南□,□□□[八]旅馆,以白金二百两托之,随游他□□[九]而,原参病濒危,乃亟遣其子廷翰速□□[十]归其金,已竟死矣。

江允孚义民。立旌义坊于盘马司侧。

钟永儒泽库人。一日寓京师,有解户遗白金三百两于途,永儒拾得,坐故处伺其人来,问实,竟还之。稍后,更有隘顽杜民显者,捐己资百金,垫甃大闾官路可十里许,前令大书"旌善"二字以颜其门。

黄龙字守庵,三都人。寿百有四龄,巡道谭嘉其齿德,造庐以访,欲为建坊。然年益高而谦益至,不欲其名为世誉,力辞中止。坊柱犹偃仆皇华亭侧。其裔孙鹏,字翼云,为邑诸生,能于族戚之贫者曲为捐助,年七十八。

丘渊海之后。尝委理社仓,岁凶谷少,救赈不足,每自捐补给。万历年间,学宫圮废,渊捐资修缉,府宪赐匾曰"盛世端人",又曰"黉序推贤"。他如疏河、修堞[十一],率先倡义碑碣,轻财好施,人恒难之。

黄承梯其族有黄典者,贫债鬻妻,代为偿以全其家。弟承产,煮粥济荒,以活贫民。且向有贷借,贫极无偿者,焚券不吝。

邵世昌字如海,松门人。弱冠游京师,捐资修造会馆,刻《天涯桑梓录》,以笃乡亲之谊。平邑城隍保障,不惜重资,塑像增饰。合邑高其义。

国朝

韩元杰业歧黄,济人不以贫富二心,人所难及。国初海警,官军游剿,执一女至,弁署中。元杰行医,闻其泣声,即罄囊,得二十金,取赎。后知女本湖雾陈姓,曾聘南阁章某,复益其衾以遣之,邑人高其义。后有叶承麟,为子娶妾,闻其良家女,即另择配而嫁之,合邑咸称义云。

石承柬字乾一。父母兄弟和顺无间,勤以服业,俭以绳家,而致饶裕。然不同于鄙吝自殖,乡党有急事,仓卒莫救者,辄发箧予之,无德色。有所亲以无厌求者,屡叩而屡应之。迨后稍拂其意,竟以怨报,诬承柬于官。乡里大不平,代为白,而仍欲共攻之,承柬力止,置不与较。甥章某早亡,遗子梦鼎,承柬教训而衣食之,俾入黉序,复为婚娶成家焉。鬻一婢为女媵,询属良家女,年荒失怙恃以致流落,即慷慨以百金予婿,而嫁其婢于珠村王子振为夫妇。今育一子。婢得所归而子振之祧亦借以不绝。至于寒而衣人以衣,饥而食人以食,随所见为解推,恒引至家,密授之,不欲以义声干誉,尤人所难。年七十二卒。

金尚麟字惺初。康熙五年,岁荒,煮粥赈饥民,严州司李高公凌云以招抚至太平,高其义,详宪旌奖。

按:德之为言难矣,备德而圣人,成德而君子。然诗有"秉彝懿德"之称,德本天所同畀,不以贤愚间也,特世风日趋于薄而遂无可言耳。兹以厚德称,或亦就世风之薄者形焉而见其厚也欤?

校勘记

〔一〕住,《嘉靖志》作"墓"。

〔二〕二,《嘉靖志》作"三"。

〔三〕□□,此处残缺二字。

〔四〕弟维扬,原文此三字残缺,唯"扬"字依稀可辨,今据《嘉靖志》《嘉庆志》补。然二《志》"维扬"皆作"维阳"。

〔五〕〔六〕,原文"亩""乡"二字残缺,据《嘉靖志》补。

〔七〕□□□,原文残缺三字,《嘉靖志》作"事输作"。

〔八〕□,□□□,此处残缺四字,《嘉靖志》作"人,与之共"。

〔九〕□□,此处残缺二字,《嘉靖志》作"郡。已"。

〔十〕□□,此处残缺二字,《嘉靖志》作"俊,还"。

〔十一〕堞,原文作"碟",误,据《嘉庆志》改。

侠 行

应允中字得闻,麑下人。方谷珍反,允中与朱俑、潘义和等募壮勇万余人,战于半野桥,坠水遇害。郡闻于朝,赠临海尉。

陈宣字钦召,太平乡人。至正间,方谷珍寇海上,郭仁本与之通,宣合乡兵御之,仁本焚其庐。宣自刎,葬黄大田,州正赵宜浩题曰"独节陈宣之墓"。

赵岩〔一〕字维石,处温之后。同弟维扬捐资筑二石闸,溉田数千亩。

陈懋儒字真叔。明季海寇刘香作叛,浙闽以南无宁岁。崇祯八年,焚温,遂围台。真叔以儒生献筹画,巡抚俞思恂、太守傅梅用其谋,贼寻就抚。功上闻,获褒赏。

陈大用字聚奎。泰昌辛酉年,乱民林勺、杨巽等倡乱,假公名以号召,合邑不从者,即焚其庐,尽掠资财以去。无赖之徒入其党以利人所有者数百,闭城门不许人出入,有司莫能御。大用纠众与之角,度势不能胜,乘间越城奔府,以事闻太守,张公允登密差捕兵,计擒首恶林勺,立置于死,杨巽亦随擒获正法,乱遂平。

丘九思字梦鹤。性好游,不事产业,足迹几遍九州。陈寒山、杨龙友两先生为之延誉,所交尽一时名公卿。颇厚于赠遗,九思随得随散,尽以分之朋友乡党而不为己蓄。尤多名笔诗画,见有好者亦辄予之。

按:古之以侠称者,间有其人。大概然诺不欺,胸襟磊落,能许人以死,救人以生,倾家以赠人弗吝,不必循乎理之正,而于义无所拂,斯足尚焉,然不多遘也。苟有得乎其意而存之,盖亦论世者所不容置也夫!

校勘记

〔一〕赵岩，此人已在"厚德"中立传，疑重复。

贞　烈

宋

朱士龙妻蔡氏博士镐之孙女也。既归五年而士龙卒，本路常平使者黄公唐闻其贤，固以请，尽室赞之，蔡拊膺恸曰："妇无二夫，即卿相，我何颜事之！"遂断发示信，终身蓬首垢面，奉舅姑以抚其孤，迄成立。年七十五而卒。

戴石屏妻金氏石屏尝游江右武宁，有富翁金氏爱其才，以女伯华妻之。居三年，忽作归计。伯华讯之，石屏具告以有妇。翁知之，乃怒，伯华力解免，既行，尽以奁具赠之，且饯以词，有"惜多才，怜薄命"之句，遂赴水死。比石屏归，而前妻已亡，临终题二句于壁，云"机翻白纻和愁织，门掩黄花带恨吟"。石屏大哭，为续成一律云。

元

郑谷祥妻陈氏临海郑刚中女，名贞一。年十九归莞田郑阂中之孙谷祥，仅五岁谷祥卒，时陈氏年二十四。媵周福儿生一子二女，皆幼，陈氏抚之如己出。闺门雍睦，乡人称之。至正七年，诏旌表其门。

戴南塘妇洪氏既许嫁而夫病，其父先遣媵女视夫汤药，已而有娠。及洪于归，至中途夫卒，从者皆尼其行。洪曰："吾既以身许人，宁可背之事他姓耶？且闻吾之媵妊娠，后嗣当有托。"竟归戴，服丧如礼。已而媵果生子，洪抚之如己出。既长，教以义方，卒至成立。事闻，旌之曰夫人。里人咸呼为洪氏夫人云。尝赋诗曰："谁谓妾无夫，中途弃妾身先殂。谁谓妾无子，侧室生儿继夫嗣。儿读书，妾辟卢，空房夜夜闻啼乌。儿今成名妾不嫁，良人瞑目黄泉下。"

马祀妻盛氏三坑里人。嫁同里马祀，生一子一女而祀死，盛氏年二十八。家贫，躬织纴以养其姑。夜则无烛，尝从暗中导其女纺，靡一缕紊乱。子琰仅能言，口〔一〕授书句以熟，竟至成立。元末方谷珍抄海上，琰扶盛避地西华□□□^(二)中,年已七十余。已而元政革,竟不得树绰襟云。

明

陈舜章妻王氏王静学妹。因兄革除之难,亦自缢死。军其子陈泰于罗龙卫,舜章亦义不再娶。万历十二年,巡抚浙江御史范奏免其军,泰之后裔仍回居屏下祖宅,王氏从祀忠节祠。

林汝殷妻王氏泉溪人。年二十归林氏,未几汝殷卒,事其姑极孝,有孝感之异。有里人陈文白慕,欲娶之,王断发,以死自决。其父母防之,劝之力,王佯许焉。久之,防者懈,乃阴嘱侍者分其嫁时服,一归其母,一予其妹,一以为殡殓之具,遂自缢而死。

谢乾妻赵氏名欢^(四)。适桃夏谢乾,生二女一男,男甫晬,乾卒。时赵年二十九,守志弗贰。有利其财产,欲逼其嫁者,赵闻,即断发自誓。遂散其财,厚资妆以嫁夫之幼妹,所存仅给衣食而已,利者乃止。一婢严,年十九,亦誓勿改节,与赵皆年几八十而终。乡邦称叹,因名其居曰贞则堂,学士刘文安公定之为文记。

金彦敬母梅氏彦敬方四岁而父丧,母不忍夫亡,遂裂其吭以殉。郭元亮有诗云:"烈妇处其变,感激蹈勇决。引刀割其吭,悲风洒腥血。孤儿弃弗顾,毅气凌冰雪。天仍恤其孤,不使宗祀绝。"今其子孙居于小溪,犹蕃盛云。

丘锵妻谢氏泉溪人。归锵,年二十有二而锵卒,止一女无子,其母欲嫁之,谢以死誓。姒娣间有以利害密劝之者,辄以大义拒之,皆含愧而退。其家贫甚,恒纺绩以自给。考功员外郎李茂弘高其行,求其女为子谟妻,谟后为训导。

金如珙妻陈氏名哲。适如珙七载而寡,无子,仅一女。如珙没时,每欲自杀以殉,所亲力劝谕之,乃断发系夫之臂,誓以同穴,卒抚其女。复以其女适兵部主事黄彦俊。拙讷叶士冕作《苦节传》。同时有金敬修妻施氏,在室时尝刲股肉自作糜以愈父疾。乃归金,其姑尝遘疾,医祷罔效,亦刲股肉作糜以进,而姑疾亦愈。乡里惊叹,以为孝感所致。叶士冕为作《金孝妇传》。

　　王寅良妻陈氏年十七归寅良，六载而寅良亡，其父母相继没。陈抱遗孤王云守苦块，葬其舅姑夫三丧率以礼。里豪金五者利其资，夜聚群恶少谋欲篡娶之，会有二虎踞其门，众惊散去。得完其节。

　　王崇仁妻潘氏归南塘王崇仁，生子槐而夫亡，潘年二十三，抚孤成立生子。已而槐亦亡，又抚其孙焰迄成立。年九十八终。其时有张矫妻林氏，尝刲股愈其姑疾，后林疾革，其子亦刲股以愈之。陈逸庵作碑以志其事。

　　节女赵偃小名佛女，松门赵贵之妹。贵妻梁氏不孝其姑，姑将闻之官，梁氏惧，即自尽。梁之兄弟梁明等怒，将缚贵而甘心焉。贵走匿，乃迫偃，欲污之，偃不从，遂遭群凶乱殴以死。邦人哀之，为作《长恨歌》。

　　严云松门人。年十六许嫁乡人郑某，未婚而夫亡。其姑嫜欲以夫弟接婚，父母利其资，听委禽焉。归有日矣，云绐以入内梳栉，遂自经以死。方景晖记其事。

　　朱氏山前蒋江童妻。叶氏关屿赵鉎妻。赵氏长屿李霞妻。金氏桃夏谢兴毅妻。陈氏高瑞表[五]妻。金氏泉溪王新妻。吴氏丘械妻。潘氏上琪项贵妻。江氏松门刘某妻，未娶守节。孙氏松门徐某妻。以上俱有坊表，载旧志。

　　蒋氏双节瓦屿蒋平夫妻叶氏及其子存清妻孙氏。何氏嫡媵半岭柯上妻叶氏，媵孙新奴。林氏冠屿赵幢妻。朱氏泾呑陈攀妻。林氏半溪金成岳之妻。

　　朱烈妇吴氏东寮朱四妻，年少寡，以父母欲夺其志，赴水死，其里有祠。

　　陈继会母赏氏松门人。有节妇坊。

　　韩氏名阜系。适石剌郑永广，生子怀玉、怀瑁而永广亡。自二十五守志，四十余年冰操不改。邑令卢天锡[六]为传焉。后瑁娶金氏，年二十七而瑁亡，遗二子，其昆弟欲再字之，金坚志不从。会天大风迅雷，聘者折其舟楫，遂惊骇而返。王金宪题曰"一志"，邑令颜其门曰"金山双节"云。

叶氏泉溪人,高于道妻。年二十四而夫逝,抚侄继嗣,养姑终年,府县旌奖。

陈氏茆岙林世博妻。年二十余世博卒,矢志抚孤,纺绩以求师训其后。子登亦克孝。享年九十有六。邑令阎恒悟表其门曰"贞寿"。

张四女琅岙张兴骥女也。父卒,母转适人,以女配叶家,已成婚矣。后有陈某者执称女父在日曾许为配,讼于郡守,判令从前。女曰:"官有枉法,妇无二夫。"藏匕首于轿中,即自刎。今赤城有烈妇祠。巡抚王士性传焉,府县官咸旌之。

张大桂〔七〕妻薛氏桂瘵,薛刲股肉和药以进。及其卒也,痛哭,绝而复苏。与子守节,织纴以自食。万历间建祠于迎晖门内。

丘茂匡未婚妻林氏名月汀,烈妇王氏曾孙女也。生而知礼。稍长,邻里罕识其面。迨十六,许配丘茂匡。未几匡卒,闻,泣告父母曰:"愿归丘氏。"家人力沮,勿得行,遂坚卧不起,欲自尽。父母许其在闺执丧礼,于是易素服,尽散其首饰与在笥之衣裳以见志。询其意,必欲归丘而后已。于是,父母修祭具,与偕奠焉。至则抚棺呼天,极其悲惨。须臾,枢裂,见匡,面色如生,随告姑曰:"畴梦郎至,其肩有瘢,且谕以临终失物所在,今窥其肩果然。"姑曰:"少时肩瘢,诚有是也。"因检其物,适如其梦无异。即日拜别父母,誓不还归。命设寝于枢侧,巾栉盘飧,无异事所生者。且孝事其祖以及舅姑,辛勤备至。自养生以逮送死,各如礼。服除之后,晚节愈严。言语非至亲不得通,妯娌服颜色者不敢进见。年五十不食荤腥。一日病卧,忽有雀自窗隙入踞枕上,令婢以手挥之,雀复集如故。次日,衔一小鱼吐席上,其弟悟,劝进腥食,疾遂愈。事闻,上台为之题疏旌表。先是,其婢许奴者,绍兴人,年十三,郡中丞王士琦先生聘为女媵。许奴思归不已,令仆送还原籍,且厚其资以赠之。仆利其资,私鬻于林氏之舅家,许奴泣欲投水。适林氏父在舅家卒,林氏赴葬,许奴一见,愿事之。或谓:"彼节妇也,汝胡误投?"许奴自矢甘终身焉,竟与俱归。中丞闻其鬻许奴也,欲究仆,后知其从节妇,遂释之。且偕天官项伏弘同造拜焉,各颜其门而去。自是,方伯杨师孔、冬官蔡宸恩、詹事陈函辉、邑侯许成章俱有赞记。国朝按宪王元曦上其事，发府县建坊。林氏泣曰："事由不幸，以至于此。非好名也。"力辞乃已。林氏寻卒，许奴今犹存。

林氏金大召妻。中年寡居，训子成人。娶李氏，复寡。司李蒋旌曰"姑媳双贞"。

罗氏生员叶思植妻。二十三岁守志，至八十三卒。知县伍元正题匾曰"恩旌节寿"。

张氏松门江圣培妻。年二十二守节，至七十三岁终。府县俱旌其门。

章氏生员张元德妻。知县阎恒悟额题表扬"潜节"。

石氏洪母尝刲股救夫，及夫亡，折发以殉，并棺而卧。知县彭承苪题额"贞慈贤母"。

林氏南塘王惟叟伯母。知县胡学戴题曰"冰节遐龄"。

李氏金大秀妻。知县谢坚旌匾曰"节寿双高"。

胡氏蔡项妻。年二十守节，孝事公姑，年终八旬。县令旌门"节孝垂芳"。

叶门双节镜川叶应符妻王氏，年二十守节。其孙恒览妻陈氏，年十七守志。知县田嘉言题匾曰"双节"。

张氏丘桂妻。生子四月，桂亡。矢志抚孤，备受艰苦。府颜其门曰"既贞且寿"，县题额曰"慈德遐龄"。

陈氏南塘王扩妻，教授王朝比母也。幼年守志，育子成人。知县唐映旌表曰"贞节"。朝比卒，妻唐氏孀居，抚子天沐，年及八旬。天启五年，知县许成章旌表其闾，额曰"贤节余庆"。

林氏丘世汪妻。幼读书，娴内则，与汪相敬如宾。年未二十而汪逝，子士英生数月，林矢志抚孤。兵备胡献来为作《贞节传》以表扬之。寿逾九十，无疾而终。

金氏赵顺妻。二十孀居，抚子成立，至七十余年卒。其子铃妻亦聘金氏，守志无异。司李李颜曰"双节"。

施氏_{副榜叶忱妻。}年十九夫亡，贫居守志，父母劝其改适，不以富贵移情，泣天自盟，始终一念。七十一岁终。

余氏_{松门人，吴材官妻。}海艕入城，遇余氏，欲污之，余绐以见夫而返。行不逾时，恰与夫遇，余即触阶，头裂而死，夫亦遇害。后官给银五十两葬之。

国朝

段氏_{明季北京留守卫经历张禹鼎妻。}禹鼎年二十六卒于官，段时年方二十，洁操媚居，誓柏舟以明志，端闺范以抚孤。其子德昌赖母教训，克振先猷。至国朝，享年八十八终。

朱氏_{生员王士奇母。}知县孙如兰旌匾曰"共操孟训"。

张氏_{两松人，庠生吴廉妻。}未三十而廉卒，剪发置棺，誓无二志。抚孤成人，教训有方。监察御史匾曰"贞节"，司李蒋题曰"节迈和熊"。至国朝，督学道题曰"熊丸荻笔"。

蔡氏〔八〕_{王秉太妻。}知县郭治旌曰"冰节松龄"，训导张尹谐旌匾曰"节寿天培"。

以上旌奖。

丘氏_{泉溪人，适三峇陈君翰。}海艕登犯，同群妇匿山中。海众搜山，遇丘氏欲污之，不从，即露刀迫之，丘氏引刀自刎。逾时，手携一子，直立不仆。后夫觅至，取子，始仆。

吴氏_{柳立然妻。}二十五岁夫亡，冰霜矢志，勤俭闲家，泣求伯叔延师训子，躬亲织纴，以供笔墨。其子及孙两人入泮，乡评共羡。

按：冀缺饁耕，梁鸿举案，夫妇之正经也。睢麟载二南，而《鲁诗》亦有令妻寿母之颂。道之顺也，志概不述。独于敬姜训子，共伯矢志，则缕缕焉录而不倦，岂以苦志之难贞乎？士以穷见节，臣以乱识忠。疾风劲草，岁寒松柏，彼妇也，而凛凛大义乃尔哉！

校勘记

〔一〕口,原文模糊不清,据《嘉庆志》改。

〔二〕□□□,原文残缺三字,《嘉庆志》作"岩深谷"。

〔三〕名欢,《嘉靖志》《嘉庆志》俱作"名欣"。

〔四〕高瑞表,《嘉靖志》《嘉庆志》俱作"高端表"。

〔五〕卢天锡,原文作"罗天锡",据《嘉庆志》改。

〔六〕张大桂,《嘉庆志》作"张大柱"。康熙《台州府志》、《浙江通志》俱同本志。

〔七〕蔡氏,《嘉庆志》作"蔡秉太妻王氏"。

仙　释

汉

周义山汝阴人,字季通。自幼好道,登委羽山,遇司马季主,受石精、金光、藏影、化形之术。在方城绝顶缚茅跌坐,所种田号仙人田。后又登桐柏山,遇王乔,受《素书》,道成,为紫庭真人云〔一〕。

晋

葛洪丹阳人,字稚川。初在赤城,后入丹崖山,有炼丹井、仙人迹、血藤、无鳞鱼。今其上有丹崖寺。

唐

张兆期天宝初,在温岭西原山寓坐二十年,后得道去。今山顶有丹灶、丹井云。

宋

范真官名锜。世传河西神尝侮之,为锜远谪。时邑林恺祖为平江书院山长,还乡,道遇神以家书附之曰:"可投庙旁古木中。"又曰:"某所石函中有书一部以酬,俾若世世用之不绝也。"恺祖归,至庙旁扣木投书,闻哭声。已而,启石函,果得书,乃《保婴秘方》也。于是,林遂以医名世云。

元

张云麓父号草窗，有道术，至云麓益精妙。凡乡人遇旱值灾，辄扣焉，无不感应。其子曰通，人呼为张颠。至正间大旱，邑人强之，遂诣妙智寺，以剑划水，即电掣，以砖击地，即雷轰，既而大雨，是岁有秋，邑令耆老咸赋诗以致谢。

明

盛炼师号希年，三坑人，象翁之后。住广德州山祠，能知未来事。静学王公官州时，以同里，故相与往还。及靖难兵至，年悟公意，卒与收殓，人尤义之。

梁道士松门人。能以符水救人。一日洗菜水滨，忽以菜叶洒水，向某方咒云："今日某处火，以此救之。"后有商自某处来，果云某日火，幸天雨熄，其雨皆有菜叶云。

王真人号竹廷，大阆人。筑静室于大阆山侧，有洞，妖凭之而祟。王持烛入洞，烛尽啮指为照，复前行数里，闻海舶欸乃声，止而出其洞，不复为祟。即今所传为阿婀洞云。

吴栖霞二十都消村人。居郡城栖霞宫，天旱，众请为祷雨，吴以天谴不能多求，随持咒嘱云："行雨三分，寄雨一分，寄往太平二十都中。"是年，消村借此有秋。至今人为传诵云。

隋

智颛颍川人，号智者大师。唐初，飞锡雪山应龙寺[二]，因重建寺，名崇因。其山有智者泉。

唐

师彦丹丘瑞岩禅师，法名师彦。自幼披缁秉戒。初至鄂州，礼岩头龕禅师，问曰："如何是本常理？"头曰："动也。"问："动时如何？"头曰："不是本常理。"师良久。头曰："肯即永脱根尘，不肯即永沉生死。"又一日，问："如何是毗卢师？"头曰："道甚么？"师再问，曰："汝年十七八未？"问："弓折箭尽时如何？"头曰："去得。"问："如何是岩中的的意？"头曰："谢指示。"曰："请和尚答话。"头曰："珍重。"问："三界竞起时如何？"头曰："坐却著。"曰："未审师意如何?"头曰："移取庐山来,即向汝道。"问："起灭不停时如何?"头喝曰："是谁起灭!"问："轮中不得转时如何?"头曰："涩。"问："路逢猛虎时如何?"头曰："拶。"问："如何道?"头曰："破草鞋向湖里著[三]。"师遂领悟,即出山,寻丹丘瑞岩,今黄岩瑞岩寺是其地也。坐盘石,终日如愚,每自唤主人公,复应诺,乃曰："惺惺著它,后莫受人谩。"有僧参元[四]沙举前话,沙曰："一等是弄精魂也甚奇怪。"师闻之,泛海至赏头山入定,遂得道。改赏头为岩头山,以闻道自岩头故。或云岩头山在县极东一百里海中,非赏头山云。

宋

禹昭宁海人。传智颙教,又与智贤论五经,得其奥旨,住明觉寺。

嵩大悲不知何许人。景德间来温岭入定,有神通法。邑人□□□□□□□[五]大悲尊者。后端坐示寂,其体不坏,门徒塑为像,供奉之。

德度黄岩人。游温岭,得嵩尊者大悲法,居天台茗谷,以飞沙咒水驱邪治病为事,艾灼双目,自绝色根。后往台城广福寺立坛,活人万计,时称咒师。

明

泐季潭名宗泐,号季潭,本姓陈,邑人,投临海周氏为养子。后出家从龙翔广智业。洪武初,以高僧召住天界寺,赐复见心斋,名宗泐。杜门坐室,取古人载籍矻矻读之,至忘寝食。游于缙绅宿德间,尝曰："为文辞者,识性不高则见地肤陋,体裁无度则铺叙失伦。"识者称之。所著有《全室集》。

道应俗姓陈,故少参公绮旌子也。母孕时,便蔬食,遇腥臊则呕。襁褓啼笑,常合掌和南念弥陀。至长,孝谨绝欲好施,众咸呼为善人。筑精舍于金鸡山侧,终日静坐,无文字寓目,内悟通透。万历辛卯岁,邑疫大作,请善人讽经即愈。越明年,至金清之浒,作偈曰："心在禅兮身混俗,红轮滚滚离尘欲。凡僧只说色与空,不觉不明真逐逐。"人始知其不诵文卷,心能了悟,得之平日趺坐、面壁之妙云。

绩篮和尚本行脚僧，不知何许人，或云水洋沧头人，即邵武令士瑞族子。初住皇华亭，继病疯，不能出户，构室独居亭畔，绩篮为食，室中惟供一大士像。一夕，灯结蕊大如拳，熠耀满室，若有语云："此西土三年前传信耳！"越三岁，灯复花，和尚悟，买薪自焚。火发，犹持诵，与诸人作别状。既而，得舍利，亦为行脚僧拾去。

文心林氏乔年之后。弃儒入释，为天台无尽师高徒，海内名公卿游台山者，咸闻名为敬礼之。长于吟咏，载《天台山外志》及名公集中。

国朝

德昌二十六都人。住梅溪明因寺三十余年不出山，持戒精严，远近拜为阇黎师。

僧摄庵本姓钟，太平扁屿人。往来于天台诸名山中，深契禅宗。初不甚读书，忽一日颖悟天开，捉笔行文，其错综开合，虽古诸大家无以异也。间有所吟咏，辄多警拔句。自明季以及国朝诸名公造访而请教者，不胜殚述。性至孝，语及其所生父母，辄涕泣不置。其与人言亦必以孝悌忠信为修行要旨。

松岩和尚和尚初至松岩，不看经礼佛，惟破衣草履，日以锄田为事，人亦不甚敬礼之。一日，忽谓众僧曰："我将于某月日回家。"遂援笔赋诗，分寄所识，以志别意。偶谈一二未来事，无不验。闻者以为奇，遂众叩之。阅数日，叩者益众，和尚谓其徒曰："我且于前所言之归期早十日以行，勿以众叩者之应接重劳汝也。"再阅两日，沐浴礼诸佛，入龛内趺坐而终，果于前言早十日。

按：二氏之学，儒者以异流摈之，此拘形之论也。观其离尘垢、齐物我，真有吾儒所不及者。特其假空寂以绝俗，托黄白以迷世，未尽仙释之妙耳。韩愈《佛骨表》、马迁《封禅书》辨其惑也，儒者遂借以辟二氏，二氏岂受哉？今有读圣贤书而不识忠孝廉耻大义，概为见许于孔子，有是理乎？学佛而不登于佛，学仙而未至于仙，亦犹学儒而弃于儒也。今之黄冠缁衣遍天下矣,吾恶似而非者,亦去其以伪乱真者而已。青牛白马亦有传人,乌可尽黜乎?

校勘记

〔一〕司马季主与王乔相隔二百多年,周义山不可能同时受业于此二人,此系神仙故事,虚诞不经,不可以为实有。

〔二〕智颛(538—597),陈、隋时高僧,佛教天台宗的创立者。明觉禅寺建于唐大中二年(848),智颛不可能在此挂单。此说源于《嘉定赤城志》,该志卷二十八"寺观门二":"明觉院,在县南八十里,旧名应龙,唐大中二年建。昔僧智颛尝飞锡于此,所指处泉自石出,号智者泉。"据此,或者智颛于建寺前曾云游经过此地,抑未可知。

〔三〕破草鞋向湖里著,按师彦与其师岩头对话,原据《五灯会元》卷七《岩头全奯禅师》及《瑞岩师彦禅师》二节删并。"如何道"、"破草鞋向湖里著"原文为"如何是道"、"破草鞋与抛向湖里著"。

〔四〕元,当为"玄",因避康熙名改。

〔五〕□□□□□□□,原文此处模糊七字。《嘉靖志》作"为筑塔建庵,称为"。

方　伎

明

郭乘龙字御六,振民孙。精于手谈。

赵景芳字孟麟,嵩令景融兄。诸生。善手谈,敏而无失,人称其神云。

丘秉藩字三峰,云鹤子。能诗,尤长于书法,远近竞索以为珍。其侄世请亦精于书。

周世隆号丹峰。善传神。嘉靖壬子,倭寇平城,几危,时传寿亭侯现于黉宫前木末,倭望见退去,隆遂图其攻御慑伏状以传,见者无不称至。后年至八十余,犹能行作细笔图画。以女孙妻金之演,亦精其艺云。

金简字友月，一都人。能书画，尤精于书。远近所竖匾联出其手者，人无不称羡。

丘贯字道之，亮之子。侍父宦游四方，授六法于异人，遂精其艺，然心不欲以伎名，懒于应酬，人以是益慕之。亮为典宝时，代王闻其名，召试之，贯进以《朝阳图》，王大称赏。一时贵戚共羡为异珍。或云贯平生只为十轴，以外不少概见。今里中所传翎毛、花草，皆赝本耳。间有授其徒为之者，第其颜色鲜明，数百年如一日。

金之昌字亦默，泉溪人，孚兑族。习举子业，不就。已而攻书画，宗宋苏、米体，尤精于画，晚益工。所绘山水《辋川图》及人物花鸟，即率意为之，无不神妙。方画时，凝神默想，恍如有所见，既而泼墨立就。胸有成局，然后挥毫。所绘图人争宝之。

赵策字贵方，周洋人。能诗，习丹青，攻神仙图，至今人珍为异宝。

丘审之字子问，自号雁荡山樵，贯从子。少习举子业，未就。适贯归自京师，谈异授六法，审之闻而笃嗜之，遂精于传神。邑令彭少失怙，以遗像不传为恨。一日审之晤其舅氏，遂图其像为令母，而彭见之竟涕泣，以为毫发不爽也。令广陵人，客有自广陵至者，闻审之，因请其偕游雁荡、天台两山，欲令图胜境以为玩，审之笑而辞之。令因益重之，乃为序其《山樵诗集》，并颜其闾为"高隐"云。

李慎斋[一]下村人。善岐黄术，授太医院目。每日求医者堂哄如市，李兼听之，随其症候缓急、道里远近先后付方，无一遗错罔效者，人咸称其神云。

王朝请字畴九，十七都双瑞人。世习岐黄业，尤攻于痘疹。至请，以儒习医，其术益神，论生死无逾时日者。授太医目。每出，随而延者塞途，无贵贱悉为之诊[二]，人以是益颂其德。郡伯传因医女验其神，令同时医者群拜师之。今请子允昌、孙皆能世其术，为远迩推服。或云其先世宦姑苏，于茶普所遇神授，故所著《三槐堂秘书》，率有异验云。

王佺号玉田，松门人。习星学。每为隐语以定人休咎，事至验，若左券。如推一朝贵云"晚年更得君王宠，临行又赠一车斤"，人以为误书"金"

为"斤"也。其后,朝贵竟以受戮,始悟其字也。如此类者不胜载。临没时,出一丸嘱家人研灌,其尸香闻满室。或谓其少习举子业,从游顾回澜先生之门,就试钱塘,见一人将所执伞乘以为渡,佺而拜之,遂授以书。故其所著如《醉醒子集》《十段锦》之类,今星家悉祖其说云。见《天台山方外志》[三]。

　　按:雕虫小技,壮夫不为。然语小莫破古今至理,有不能外也。不明神仙之数,不可以谈奕;不通阴阳之道,不可以治医。堪舆星相能究天文地理之精,龟策星纬必穷易象《春秋》之旨,故曰,虽小道,必有可观者焉。故为志。

校勘记

〔一〕李慎斋,《嘉庆志》作"李慎子"。

〔二〕诊,原文作"胗",据《嘉庆志》改。

〔三〕《天台山方外志》,原文作"天台山外志",误脱一字,今补。

太平县志卷之七

祠祀志

祀典之立，所以隆报也。《传》曰：有功德于民，则祀之。御大灾，捍大患，则祀之。天神地祇，由来尚矣！若夫生为圣贤，没为神明，又庸可忽乎？推之而赐恤以昭忠，设厉以哀馁，详矣哉！礼之为教也。作《祠祀志》。

坛壝正祀

社稷坛在观海门外半里所。北向，东西二丈五尺，南北如之。高四尺四，出陛各三级。坛下前九丈五尺，东西南各五丈。瘗次在其西北，以垣缭之，由北门入。神以石柱为主，长二尺五寸，方一尺一寸，刻其上，厥形如钟，埋于坛上正中近南，上露员尖，距坛边二尺五寸。神牌以木为之，高二尺五寸，博四寸五分，厚九分，跌座高四寸五分，博八寸五分，神号曰县社之神，曰县稷之神。右社左稷，祭毕藏主于库。其神厨库房、宰牲房、斋宿所，旧尝如制，建而未备，今屋圮。社为五土之祇，稷为原隰之祇，能生五谷者，以其有功于民，故东汉建武以后令郡县皆祀之。今祭用春秋仲月上戊日。

里社坛旧未之建，里中或立庙以祭，即祭亦不循礼。明成化间，陈敬所彬尝率其乡人去淫祠，立社坛，其后亦废。按，明洪武八年，令每里置社坛而不屋，凡遇春秋二社，里中父老备物以祈报云。

风云雷雨山川坛在县治东。旧在县治南大远桥。今址坛制坐子向午，高二尺五寸，方阔二丈五尺，四围共一十丈，四出陛，惟午陛五级，子卯酉皆三级，与社稷坛同。燎坛在其南。木主，制与社稷同，号曰风云之神，居中。境内山川之神居左，城隍之神居右。祭器三坛。按，风云雷雨皆天地之功用，能生育万物，而名山大川能出云雨，皆有功于民者，故祀焉。明洪武二年，令有司于城南以风雷雨师合为一坛，用春惊蛰日告祀，至雨旸时若秋成有望，则于雷收声日报祀，著为定式。其山川，则洪武元年令祀山川，府州县一体祭祀。至六年，以风云雷雨山川之神共为一坛合祭。后又以城隍合祭于坛云。

邑厉坛在仰山门外凤凰山下。南向，高二尺四寸，前出陛三级，缭以垣墙，前立门额厉牌。临祭日，长官率僚属迎城隍之主于坛上，以主其祭，仍设神牌二于坛下之左右，题曰本县境内无祀鬼神。祭死而无后者，以其死无凭依，或为人害，故祀之。

乡厉坛与邑厉同日致祭，里老备物以祀。今〔一〕里中率无坛，凡疾病之家咸祭于通衢。明洪武八年，令每里置一所，周以土墙，坛而〔二〕不屋。

庙祠正祀

文庙详"学校"。春秋二仲丁日释奠。

启圣庙详"学校"。春秋仲祀。

东西庑详"学校"。祀先贤先儒。春秋二仲。

宣圣庙在二十六都江缩孔氏。明洪武初，孔克镛为大名府知府，谒阙里，考宗谱，知为唐袭封文宣公齐卿之后，因建祠江缩。岁久屋坏，知县曾才汉重建，改名宣圣庙，后表其门曰"阙里遗芳"〔三〕。

禹王庙在南监北闸。朱文公疏水时建，以祀夏禹王。贡生丘云鹤有记。

城隍庙在县治东迎辉门内。其庙郡县皆有之，明初犹封显佑伯。洪武三年六月始正神号，曰某府某州某县城隍之神。又令各城隍庙依各府州县公廨起盖，率用兽头，其坐椅书案并同官府制造，去塑像为木主。

今庙中犹有像设者，未详何故。

关庙在县治西延照门内。明嘉靖三十九年，知县徐钺建。初，壬子年倭寇猖獗，攻城，几陷，帝显灵于学宫前之樟木上，寇望见震慑，官军乘之，歼无噍类。迄今百有二十余年无倭患者，帝之力也。

文昌祠建置详"学校"内。于春秋二仲上丁释奠毕祀梓童帝君。

魁星祠建置详"学校"内。祭日与文昌同。

县土地祠建置详县治内。新官莅任日祭，春秋二仲上戊日坛祀毕祭。

学土地祠建置详"学校"内。春秋释奠毕祀。

祈霖祠在县治东迎辉门外。明崇祯间，知县谢坚建，为祷雨之处。郡人陈函辉有记。

朱子祠在南监街。旧本佑圣观。宋时朱文公提举台左，立闸利民。明嘉靖十七年郡守朱世忠、知县曾才汉改其祠以祀焉。

名宦祠建置详"学校"内。祀知县袁道、卢英、晏文辉，教谕李德用。

乡贤祠在文庙戟门右翼。知县袁道建以祀乡先生：宋王居安、戴良齐、盛象翁、丘应辰、林梦正、郭槪，明王叔英、李茂弘、叶繡、程完、林鹗、黄孔昭、林克贤、林霄、谢省、谢铎、缪恭、陈彬、应志和、赵大佑、戴豪、李匡、林纯、黄绾，国朝许鸿儒。

集贤祠在千古如生坊西，三官堂前。以祀郡伯张允登，通判曹克谦，知县方辂、俞咨益、许成章，黄岩知县刘士明，教谕周用中、陈万钟。

怀德祠在宣圣庙旁。孔承爵、承贤等建，以怀曾侯之德。叶良佩有记。

去思祠在城隍庙右。以祀明知县袁道。谢文肃铎有记。

永思祠在万寿寺左。以祀明知县胡学戴。赤城陈函辉有碑记。

忠节祠在皇华亭北。祀明翰林编修王叔英。建文四年，靖难兵破京城，静学与宁海方逊志孝孺俱死节。后宁海有方特祠，而平邑无王祠，论者谓为缺典。知县曾才汉请于监司，报可而祠焉。

贞烈祠在黄淡岙。祀王静学之内子夫人及二女之与难而并死者。

烈士祠在第一都谷岙。明知县曾才汉为溧阳教授林梦正建。

烈妇祠一在县治东北二百步,明郡守罗侨檄县建,以祀林烈妇王氏。一在延照门内,万历二十七年知县晏文辉建,以祀张烈妇薛氏。一在县西三十五里,知县祝弘舒建,以祀朱烈妇吴氏。

按:国之大事在祀,是故古者立国必立坛壝诸祀,于社稷则有血祭,风伯雨师则有槱燎之祭,山林川泽则有狸沉之祭,追论功德则有禘宗大烝之祭,至于无祀鬼神又有泰厉、公厉之祭掌于春官大宗伯。今之郡邑有土有民,事神之礼其可忽诸?

校勘记

〔一〕今,原文作"令",据《嘉靖志》及文意改。

〔二〕而,原文作"无",据《嘉靖志》改

〔三〕芳,原文作"坊",据《嘉庆志》改。

寺观丛祀

明因寺在南隅。唐咸通五年建,始名灵泉。宋祥符元年重建,改今名。

万寿寺在迎辉门外。

镇东寺在渭漳桥之北。

显慈教寺在第二都。唐太和七年僧常一建。

治平讲寺在第二都。五季时建,名保安,宋治平三年改今名。元至正间重建。

梵兴教寺在第三都湖没。有义役碑[一]。梁贞明元年建。

资圣讲寺在第四都。唐咸通间建,名崇善。宋元祐七年,南海有钟浮来,火光烛耀,渔人叩之,沉而起,僧弘远焚香恳祷,钟泊岸。里有妇李妙元⁽¹⁾者,家富而寡,高宗南渡,运米饷军,赐封夫人,资产尽施归寺以收钟。事闻,赐今额。

普照讲寺在第五都。唐乾符元年建。

明觉禅寺在第六都,俗呼雪山寺。唐大中二年建,名崇国。僧智颛尝飞锡于此。宋太平兴国二年,改名应龙,治平三年改今名。

澄照讲寺在第七都屏上。宋天圣元年建。

净应讲寺在第八都。石晋间建。元元贞二年,鲍千三施田二顷。明天顺间,僧文晟重建。万历二年间编废。

兴教讲寺在第八都唐呑。本名兴国,宋治平三年改今名。

崇国禅寺在第九都。晋咸和中,闽僧睹异光发林塈,遂建,名普光。宋祥符元年重建,改今名。明永乐七年,僧可原重创。

登明教寺在新河。晋隆安二年建,旧在迂浦监,名灵石。宋大中祥符元年移今址,改名登明。有栖云楼。

广济教寺在夹屿。唐咸通八年建,名福寿,宋祥符元年改今名。

演法教寺在夹屿。宋端拱间建,治平三年改今名。

丹崖寺在丹山顶上。相传为葛洪炼丹之地,丹井、丹灶古迹犹存。寺前有池,鱼脊无鳞、螺鬓无壳,父老云乃葛翁于市铺烹熟者携放池中,辄复活。至今种类犹不绝云。

护法禅寺旧在凤城山。唐大顺二年建。一日,叩钟不鸣,里人闻声在天王山下,因徙焉。治平三年赐额。俗呼天王寺。

威神教寺在三坑呑。唐乾宁三年建,名灵湫,宋治平改今名。

普济教寺在十四都。唐光化二年建,名安济,宋治平三年改今名。明洪武三十二年僧粹玉温重建。

惠力禅寺在小唐岭。唐咸通三年建。

流庆教寺在十五都茅呑。晋天福二年建,名塔院,宋祥符九年赐额。

金仙禅寺在桃溪华盖山下。唐天宝元年僧子弘⁽³⁾建,名仙岩,宋治平三年改今名。旧院记云,乾祐三年,将仕郎赐太子正字裴士光⁽⁴⁾舍己地为基云。

　　梵安寺在十六都大溪。宋嘉定癸酉建。

　　惠众禅寺在楼旗岭上。宋开宝元年建,名灵泉,治平元年改今名。

　　祗园禅寺[五]在十八都。晋天祐间建,名瑞峰,吴越宝正六年改今名。有忠懿王赐神录师《五制帖》。

　　妙严禅寺在温岭。晋天福七年建,名同和,宋治平三年改今名。

　　庆恩教寺在二十都。晋天福三年建,名修福,宋治平三年改今名。

　　崇善教寺在紫高山。宋乾德五年赐名兴善[六],治平元年改今名。大殿后有泉出岩窦,人以和药,多效验。

　　小明因寺在梅溪岭下。晋天福六年僧德蟾建[七],宋治平二年赐名大明,元丰二年改今名。

　　灵山寺在玉环乡。晋天福二年僧启爽闻山南钟声,至其处,以石捍潮□[八]刹。宋熙宁元年僧石法咸筑涂成田七顷,事闻,赐额灵山。岁久浸敝,至元重建。

　　松岩讲寺在县西北二十五里十六都松岩山上。元至正间僧秋月建,初名水月禅院[九],后赐今额。明洪武间归并澄照讲寺。正德初,释永盛重建松岩堂。

　　千佛塔院在温岭江下。昔有僧大悲持钵左道除妖祟。遂建斯院。

　　长屿塔院在八都。有石塔九层,立院之前。其地与堂系平溪金氏舍。

　　大雅塔院在县治东二里雅屿山上。明嘉靖己亥知县曾才汉建。

　　天马山雁鸣塔在兴善堂后山。

　　天柱塔在芝岙山。明知县俞咨益建。

　　崇宝院在松门城东山。

　　普庆院在二都三岙。

　　崇福律堂在第二都锦屏东麓。

　　梵胜堂在一都下河。

　　观音堂在关庙西。明万历四[十]年丙子通判邹通建[十一]。

兴善堂在百家山侧。

横湖堂在百丈岩下。陈氏建。

下保堂在下保山。

崇善堂在灵伏山麓[十二]。

万松堂在虞岙岭。

崇善律堂在甓下。

亭岭头堂在亭岭上。康熙间参将王虎建。

凰山堂陈元杰建。

石牛堂珠溪林建。

万恩堂在八都。明万历二十四年建。

拈华堂在八都。

崇恩堂在十都横板桥南岸。

庆吉堂在紫高白云山。明崇祯十六年建。

塘下堂在南塘。

鹜屿堂在十二都。

祖师堂在小溪。

异岩堂在小溪。

新桥堂在十三都泽库。

大球堂在二十一都大球山。

宝胜堂康熙二年建。

梵音堂在二十六都。

梵庆堂林氏栖云庵分派。僧德慧建。

梅花庵在石牛山下。有梅花洞。

进云庵在县治西深山顶。俗称王大田。今废。

开云庵在丹崖山。

思庵在十四都江洋。叶氏建。

栖云庵在十五都茅岙。林氏建。

通济庵在十七都。

庆远庵在十五都江洋[十三]。叶氏建。

师山庵

西原庵在十八都西原山下。

澄云庵在十八都。一名水晶宫。

北门庙在仰山门里。

萧圣庙在县治南。

五通庙在县治北凤凰山下。今废。

白鹤庙在第四都石龟山下。宋敕武烈帝。今八都撮屿、十八都温岭俱有。

穿石庙在十三都天王山。

真武庙在南监场左。内有高庙。

灵佑庙在二十五都漳岙。元至元五年敕封忠显侯。

天王庙在天王山。

潜济庙在松门山。今遣。

灵观庙在温岭街西。

徐偃王庙在古城。旁有叶、鲍二将军庙。或谓王尝城其地,二将军与焉。

马王庙在城隍庙东。顺治庚寅知县刘履昌建。

戴石屏祠在七都屏山。宋戴式之既死,有神灵,乡人祀之。

三官堂一在观海门外大远桥南。一在东岳庙东,后有准提阁,康熙九年庚戌僧显祚建。

东岳庙在关庙东。明万历十一年知县唐映建。

东岳行祠在南监。元至正间戴氏女如玉捐资创南河。

元弼真君庙在十九都横屿。

圣妃宫在新河城内。

天真宫在塘下。元南塘真人张惟一建。

按：古者，官司之所止曰寺，悬象魏以示天下曰观。后异流作屋以栖其鼻祖像设，亦曰寺曰观，此则所未解也。顾今公署或圮陋不支，而仙宫佛殿乃蔽日连云。士人无百亩之入，而僧道之田遍天下。愈不知其故矣！

校勘记

〔一〕义役碑，原文作"议役碑"，误，据《嘉靖志》改。

〔二〕李妙元，《嘉靖志》《嘉庆志》并作"李妙玄"，本志或因避康熙名讳而改。

〔三〕天宝元年僧子弘建，《嘉靖志》作"天宝九年僧子鸿建"，《嘉庆志》作"天宝九年僧子宏建"。

〔四〕裴士光，《嘉靖志》《嘉庆志》俱作"裴光士"。

〔五〕祗园禅寺，原文作"祗国禅寺"，误。此寺今存。

〔六〕宋乾德五年赐名兴善，《嘉靖志》与本志同，《嘉庆志》作"太平兴国七年赐额兴善"。

〔七〕晋天福六年僧德蟾建，《嘉靖志》与本志同，《嘉庆志》作"唐咸通五年建，晋天福六年僧德潜重修"。

〔八〕□，此处一字模糊难辨，疑有"建造"意。

〔九〕水月禅院，原文作"月水禅院"，据《嘉靖志》《嘉庆志》改。

〔十〕四，原文此处残缺一字，据《嘉庆志》补。

〔十一〕邹通建，原文此处残缺三字，据《嘉庆志》补。

〔十二〕灵伏山麓，原文作"灵伏山下麓"，"下"字疑衍文。

〔十三〕十五都江洋，按《嘉庆志》"乡都"，江洋当属十四都，此处或误。互见"思庵"条。

太平县志卷之八

杂 志

《杂志》何志？欲受而门类无可附,故括而终焉,作《杂志》。

祥 异

吴王皓时,常无水旱,草稼丰美而实不成,民饥。

唐天宝元年,李生葫。

开成〔一〕四年,饥。

会昌五年,旱。

永昌三年五月,邑人冯义谦于东南海中得连理木三株。一高一尺五寸,连理者九株;一高一尺四寸,连理者五十株;一高七寸五分,连理者七十株。其年,郡司马孟铣表进。

宋天圣元年,渔者得神虾于海中。长三尺,前二钳可二寸,末有红须尺余。首如数升器,若绘画状。双目十二足。文如虎豹,五彩皆具。中使吴仲华绘像以闻,诏名神虾。

庆历五年夏,海溢,杀人万余。

元祐七年,南海钟浮,有火光,渔人扣之,沉而复起。

重和年,邑民陈氏妻一乳四男,诏改其乡为繁昌乡。

乾道九年,久旱无麦苗。

淳熙二年，大雨，郡城垫。十三年正月，雪深丈余，民多冻死。

嘉定八年，春旱，首种不入，至八月始雨。

嘉定间，里人祷于白塔潭岩罅，水流如线，忽有小鳖从旁窍出，因盛之归，既而大雨。山顶潭不盈尺，牧童续蔓坠石累十数，莫能尽。俄大雷雨，群儿惊散。次日过之，已失潭所。

绍定二年九月，大水。

嘉熙二年冬，雷电夜作。四年，荐饥。

淳祐元年，竹华实似麦。

宝祐三年三月，雨。

元大德十一年，大旱，饥民采草根树皮食。

至大元年，大疫，复饥。

至顺元年闰七月，大水。

至元〔二〕二年，自春不雨至秋。八月，郡城火。

至正初，邑中童谣："杨屿青，出贼精。"

至正间，大旱。祷雨至三，其不得蜃，公孙氏溺焉，还至井所，见净盂浮出，中有蜃，舁归辄雨。四年七月，海啸。八年十一月，方谷珍兵起。九年六月，地震。十二年六月，方谷珍毁黄岩县官亭民居。二十三年十二月，地震。

明洪武三十五年六月，有飞蝗自北来，禾穗竹木叶皆尽。

永乐十四年七月，大水，漂溺人畜田庐不可胜计。

宣德九年，旱。

正统五年，旱。

成化四年，大雨，海溢。

成化丙午，大旱。居民汲沙岗泉，一日至百，而水溢如常。六年，大水，饥。十一年，蝗。十二年，水。二十二年，大旱，饥。

弘治元年四月，大风雨，发屋走石，海水溢。十一年，大旱。十三年,大饥,民掘草根食。十八年九月十三日子时,地震有声。

正德三年,夏旱,螟为灾。五年春正月,披云山鸣,夏旱。十一年二月,玉峰山鹳生三子,其一鹤。十三年,大水。其冬,民讹言禁民毋〔三〕畜猪,率屠宰,几殄类。十六年,大疫。

嘉靖五年,大旱,米斗四百,民无盖藏。十七年春,霪雨百日。十八年十二月十三日,雷震有电。

壬子年,海倭入寇,攻城南门,几陷。忽儒学前豫樟上现寿亭侯统兵状,群倭望见罗拜,邑人王庚乘之,用火药攻退。

万历二年七月,龙斗于海,风雨大作,沿海漂庐舍数千。八年八月,海啸,潮溢,大雨连二旬,菽、木绵无收。十九年五月,大风坏民庐舍。二十五年,大风雨,涂田淤涨。四十二年,蝗虫伤稼,又旱。四十三年,大旱。四十七年,自五月至七月不雨。

国朝顺治三年,大祲。谷五斗,银一两,饥民采草根以食,死者甚众。五年戊子,一麦五穗。十一年三月,日光摩荡。五月,太白经天。十月十五夜,有火西流,其声若雷。十二年五月,雨豆。八月,天鸣。十三年丙申正月廿四、廿五二日,雨灰。十四年丁酉,大水。

康熙四年,彗星见。六年,白气如枪,见于西北。七年六月廿五起至七月初五日,风雨大作,田禾屋宇尽坏。九年三月初七日,雨雹大如斗,二麦俱伤。十二月廿四日,雪深三丈许。十一年八月大水,晚禾及豆皆无收。十三年六月,闽寇曾养性犯界,城池失陷。至十四年八月,王师云集,贼众溃散,遂恢复。十五年丙辰正月初五日,金清港水清五日。七月,城中火,房屋十去其半。十六年冬,金清港又清五日。二十年辛酉秋,大旱,晚禾不登。二十二年癸亥春,久雨,小麦无收。

按：天地阴阳之数，有乖有和。散而为气，结而为形，变幻于物类，隐现于神鬼，总以恒见者为常，创睹者为奇为怪。然何以天之所应，必验于人，人之所征，必占于天？天人占验，自古有之。夫尧水汤旱，拱桑雊鼎，何尝非异？而圣人处之，不以为咎。宣公十六年，鲁史书"大有年"，则独以记异。呜呼！识此义者，可以知吾志祥异之意也夫！

遗　　事〔四〕

晋孙恩寇边始末《晋史》载：安帝隆安间，孙泰学妖术于杜子恭，以讨王恭为名，收兵作乱。会稽内史谢辅发其谋，诱而斩之，其兄子恩逃入海，聚合亡命，以谋复仇。此孙恩寇乱所由始也。扬州刺史元显，性苛刻，生杀任意。恩因民心骚动，自海岛攻会稽，陷之，杀内史王凝之。于是，八郡皆杀长吏以应，旬日集众数十万，八郡皆为恩有。命谢琰、刘牢之与彭城刘裕引兵击之，恩复逃入海岛。以琰为会稽太守，都督会稽、临海、东阳、永嘉、新安五郡，戍海浦。后，恩复寇会稽，琰败死。嗣后日益横肆。东土遭变劫之余，因以饥馑，漕运不继，公私匮乏，而桓元遂举兵反，牢之辈亦相与叛附，晋室遂此不靖矣。后恩寇临海，为郡兵击死。恩党妹夫卢循为永嘉太守，据有其地，以犯中国。

元方谷珍寇边始末谷珍世居洋屿，昆弟五人，谷馨、谷璋、谷珍、谷瑛、谷珉，咸有膂力，以渔盐为业。一日侵晨，谷珍诣南塘戴氏假大桅木。时主人尚卧未起，梦厅事柱有黑龙蟠绕，屋为震撼，寤视之，乃谷珍也，遂以女妻其子。初，谷珍与蔡乱头以争牢盆相仇，州县不与直。已而，李天翁啸众乱海上，乱头继之，剽劫漕运，再杀使者，势甚鸱张，行省悬格命捕。谷珍，蔡仇也，又慕赏格，鸠众欲擒蔡。蔡惧，自投于官，总管焦鼎纳蔡赂，薄其罪不加诛。谷珍恚曰："蔡能为寇，我不能耶？"适以逋租，遣巡检某往捕之。谷珍方食，左执食桌为牌，右持巨杠为棍，格杀巡检，遂聚兵入海，掠截漕运。至正戊子八年十一月也。元命参政朵儿只班讨之，追至福州。谷珍焚舟将遁，元兵自相惊溃，只班被擒，为上招降之状，授谷珍海运千户，不受。十年庚寅十一月，舟兵千艘泊松门港借粮，居民罔敢不与。十二月，攻温州及沿海诸县，元遣孛罗帖木儿击之。十一年辛亥六月，兵至大间洋，谷珍率劲卒纵火鼓噪，元兵不战自溃，赴水死者过半，孛罗及郝万户皆被执。二人乃为饰词上闻，以求招安，遂特旨释之。众议立巡防千户所，设长贰参，授其三兄弟及党与十余人官，复遣大司农达识帖木迩至黄岩招降，谷珍兄弟皆登岸罗拜，退止民间。绍兴总管泰⁽⁵⁾不华欲命壮士袭杀之，达识帖木迩曰：“我受命招降，公欲擅命耶？”事乃止。明年，以泰不华为台州路达鲁花赤。时元方征徐州，募舟师守大江，谷珍怀疑，复入海。不华遣义士王大用往谕，谷珍留不遣，其戚党陈仲达往来议降。不华具舟张受降旗，乘潮下澄江，触沙不行，遂与谷珍遇于黄林港，呼仲达申前议。仲达目⁽⁶⁾动气索，不华觉其心异，手斩之，即前搏国珍⁽⁷⁾船，奋击之。贼群至，欲抱持入其船，泰不华瞋目叱之，谷珍之党攒搠刺之，中颈死。十二年六月，谷珍坐定光观，遣悍兵入黄岩，悉毁官亭民居。八月攻台州，谷瑛以舟师诱知州赵琬至黄岩，舍于白龙畚，琬不食死。十三年，元遣左丞帖里帖木儿、南台侍御史左答纳失里招谕之。二人报谷珍已降，遂降金符，宣授拜其昆弟及其党与官有差，伐石立宣德碑，谷珍不受命，拥船阻兵如故。是时，濒海豪杰若蒲岐赵纲、司家陈子游等皆倾家募士为官收捕，至兄弟子侄皆歼于盗手。潘省元伯修挺身说降，左答纳失里为奏其功，谷珍遣盗待诸隘杀之。谷珍遂据有台、温、庆元三路，开府庆元。十五年六月，明太祖起兵，自和阳渡江，规取中原，遣使往庆元招谕谷珍。元亦遣使命谷珍为海道漕运万户、谷珉衢州路总管。十八年十二月，明取婺州，复遣儒士陈显道招谷珍。明年春三月，谷珍遣郎中张本⁽⁸⁾赍书币以温、台、庆元三郡来降，且以次子关⁽⁹⁾为质。明太祖曰：“古者，虑人不从则为盟誓交质，今既诚信来归，便当推诚相与，何自怀疑而以质子为哉？”乃厚赐关而遣之，授谷珍江南行省平章事，谷珉江南行省枢密院金院，谷瑛福建行省参政，降以银印，遣博士夏煜赍往庆元开府授之，谷珍心持两端，印留而不用。是年十一月，元授谷珍浙江行省平章事，已又改为淮南左丞相。至正二十六年，元复以谷珍为江浙行省左丞相，谷珉、谷瑛，侄明善并为平章政事。吴元年，兵攻苏州，谷珍拥兵坐视，明太祖知其反复，以书责之，且命其贡粮二十万石，谷珍不报，遂遣汤和等进攻庆元。谷珍惧，乃遁入海。复命廖永忠引兵自海道会汤和讨之。十二月，谷珍遣子明完奉表谢罪乞降。明太祖览表怜之，赐书曰："昔汝外示归诚，中怀谲诈，今势穷来归，辞甚哀恳。吾当以汝此诚为诚，不以前过为过，汝勿自疑，率众来归，悉从原宥。"谷珍乃谒汤于军门。送谷珍等至建康，竟赦不问，拜谷珍行省左丞，用其子侄宿卫左右。及没赐葬。

　　明日本寇边始末 唐、宋以来，虽屡寇边陲，然鼠窃而已，驱之辄去。迄元至大二年，始大寇庆元路，火郡仪门及天[十]宁寺。明洪武五年寇温州乐清，十六年寇金乡卫，十七年寇岐头、大闾地方，二十七年寇小尖亭，二十八年寇茅岘，三十四年寇蒲岐所。永乐二年四月，寇定海卫穿山所，百户马飞兴被杀。十年正月初一日，寇楚门，盘石卫出海官军获船一并首级十三，解官犒赏。十五年正月初一日，寇沙图所，温州守备千户沈忠被杀。正月十五日寇海门卫，翌日又寇金乡庄士所，及寇平阳岐山地方。正统四年五月初八日，寇定海卫大嵩[十一]所，五月二十日寇爵溪所。八年六月初四日夜，迷失二倭，使头普福在乐清沙嵩藤岭获解。成化十六年四月十五日，寇栅浦。嘉靖二年五月初一日，谦导、宗设等以贡至宁波，仇杀瑞佐，侣伴劫东库，火嘉宾堂，敌杀总督刘锦。初七日，绑去指挥袁进，又杀百户刘恩、胡源。嘉靖十三年四月十三日，漳船假倭寇名劫略茅岘及西门何氏。又嘉靖壬子，倭寇猖獗，自松门弃舟登陆，直抵邑之南门，吹螺蚁附，近郊室庐，纵火焚掠，城几立破。时邑人王庚将火药攻退。次日，贼登高山四觇，以竹编战牌裹牛皮，拥逼城下，架云梯。我众发弩石，贼不得近，遂惊溃，奔鹿城。后为戚继光歼灭。

　　寄使事略始末 东方之译曰寄，其国为日本。按，日本古倭奴国也，都筑紫，其种类百有余国，皆为所属，号大倭王。传二十三世彦激尊第四子，自筑紫入都大和州。迄汉桓、灵间，倭奴作乱，互相攻伐，历年无主。有一女子名卑弥呼者，年长不嫁，以妖惑众，乃共立为王，法甚严峻，时称女王国。逮唐咸亨[十二]初，乃更号曰日本，取近日始升之义。先是，秦时遣方士徐福将童男女数千人入海求蓬莱仙，不得，惧诛，止彝、澶二州，号秦王国,属倭奴,故中国总呼之曰徐倭。其性多狙[十三]诈狼贪,往往窥伺,得间则肆为寇掠,故边海复以倭寇目之云。其形体,男子断发魋头,黥面文身,以文左右大小为尊卑之差。妇女披发屈紒,以丹扮身。缘海俗患水妖,故象龙子以避之。其服饰,男子衣裙襦,横幅结束,不施缝缀,足[十四]多跣,间用履,形如屦,漆其上而系之足,首无冠。妇女衣如单被,穿其中,贯头而着之,亦衣裙襦。其接见,以蹲踞为恭,以搓手为悦。其交易用铜钱。汉光武时始奉贡朝贺,赐以印绶。初无文字,自魏、隋五经佛法得自中国,始知儒音,尤信佛经。唐咸亨、开元间,遣使者粟田贡方物,请从诸儒授经,悉赏物货书以归,自后称之为寄使云。宋雍熙二年[十五],遣僧奝然献铜器十余事并日本《职员》、《年代纪》一卷[十六],天子嘉其意,存抚甚厚。越明年,附台、宁海商舶归。南渡以后,历久无贡。元世祖遣使招谕之,不从。逮明洪武四年,国王良怀遣使僧祖朝贡。七年复来,以无《表》文却之。其臣亦遣僧贡马及茶、布等物,以其私贡,亦却之。革除年复来,诏定为贡期,约十年一贡。永乐间,国王嗣立皆受册封。自是或二三年,或五六年,贡无定期。正德四年,南海道刺史细川高国强请勘合,遣使宋素卿贡。正德六年,西海道刺史大内艺兴遣使省佐贡。嘉靖二年,各道争贡,大内艺兴遣使宗设、谦导,细川高国遣使瑞佐、宋素卿交贡,舟泊宁波港,互相诋毁。宗设、谦导等仇杀宋素卿[十七],伴从追至绍兴,经过地方莫不骚动。嘉靖十八年,南海道刺史复遣使来贡,巡按应山傅公檄宁波府馆护之,奏请得旨,始遣至京师待命云。

按:孙恩倡祸,以妖术乱晋,据有八都。太平未立州县,其地当隶郡临海、永嘉之间。致寇所由,宜详厥记载,乃旧志缺而未闻何居[十八],岂恩起兵攻杀而平邑居民未罹其祸,故未之记耶? 及考《赤城志》,载隆安三年王崇守会稽,以恩陷,弃官而遁。泊四年,又寇,临海太守辛景击斩之,则此地之受祸,未始不烈矣。吾过温岭,父老相传有所为孙恩城者,详见于《永嘉志》,故得序其始末而追补之。晋末之有孙恩,犹元之谷珍、明之漳倭也,起兵海畔,祸连数郡,东南半壁,几陷者数矣。盖凭海为险,进可以战而退亦易为出没,故难制也。使孙恩不遇辛景,谁与授首?谷珍不逢廖永忠,孰肯乞降?漳倭不得戚继光,终属跳梁。安内攘外之道,尤贵择慎将帅哉!

校勘记

〔一〕开成,原文作"开化"。按,唐代无"开化"年号。据《嘉靖志》改。

〔二〕至元,原文无此二字,据《嘉靖志》补。

〔三〕毋,原文作"母",误。

〔四〕遗事,此二字原文遗漏,据目录补之。

〔五〕泰,原文作"秦",误,今改。下同。按泰不华,字兼善,家于台。年十七,江浙乡试第一。明年,进士及第,授集贤修撰,累官至浙东道宣慰使。死于方国珍之难,追封魏国公,谥忠介。

〔六〕目,原文作"口",据《嘉靖志》改。

〔七〕国珍,即谷珍。

〔八〕张本,按《嘉庆志》卷十八《兵寇》作"张本仁"。

〔九〕关,按《嘉靖志》作"亚关"。

〔十〕天,原文作"人",误。据《嘉靖志》改。

〔十一〕大嵩,原文作"大嵩",据《明史·列传·外国三》改。

〔十二〕咸亨,原文作"咸淳",据《明史·列传·外国三》改。

〔十三〕狙,原文作"徂",据文意改。

〔十四〕足,原文作"只",据文意改。

〔十五〕二年,《嘉靖志》作"元年"。

〔十六〕并日本《职员》、《年代纪》一卷,按,中华书局点校本《宋史》卷四九一《外国传》作"并本国《职员今》、《王年代纪》各一卷",并出《校勘记》疑"今"当作"令"。

〔十七〕宗设、谦导等仇杀宋素卿,与上文"明日本寇边始末"言宗设杀瑞佐记述不一。据《明史·列传·外国三》,宗设所杀者应为瑞佐。

〔十八〕居,当作"据"。据文意改。

图书在版编目(CIP)数据

嘉靖太平县志;丹崖山志;康熙太平县志 / 毛伟
民等整理、点校. —杭州:浙江大学出版社,2019.12
(温岭丛书)
ISBN 978-7-308-19911-7

Ⅰ.①嘉… Ⅱ.①毛… Ⅲ.①温岭－地方志－明清时
代 ②山－地方志－温岭－清代 Ⅳ.①K295.54 ②K928.3

中国版本图书馆 CIP 数据核字(2019)第 297712 号

嘉靖太平县志　丹崖山志　康熙太平县志
毛伟民等　整理、点校

责任编辑	宋旭华
责任校对	蔡　帆
封面设计	项梦怡
出版发行	浙江大学出版社
	(杭州市天目山路 148 号　邮政编码 310007)
	(网址:http://www.zjupress.com)
排　版	浙江时代出版服务有限公司
印　刷	绍兴市越生彩印有限公司
开　本	880mm×1230mm　1/32
印　张	15.75
字　数	367 千
版 印 次	2019 年 12 月第 1 版　2019 年 12 月第 1 次印刷
书　号	ISBN 978-7-308-19911-7
定　价	120.00 元